Ralf Laue, Agnes Koschmider, Dirk Fahland
Prozessmanagement und Process-Mining
De Gruyter Studium

Weitere empfehlenswerte Titel

Modellierung und Analyse von Geschäftsprozessen.
Grundlagen und Übungsaufgaben mit Lösungen
Andreas Drescher, Agnes Koschmider, Andreas Oberweis, 2017
ISBN 978-3-11-049449-5, e-ISBN (PDF) 978-3-11-049453-2,
e-ISBN (EPUB) 978-3-11-049207-1

Analyse und Design mit der UML 2.5.1. Objektorientierte
Softwareentwicklung
Bernd Oestereich, Axel Scheithauer, 2021
ISBN 978-3-11-062621-6, e-ISBN (PDF) 978-3-11-062909-5,
e-ISBN (EPUB) 978-3-11-062642-1

Praxishandbuch Prozessmanagement in Bibliotheken und
Informationseinrichtungen
Cornelia Vonhof, Eva Haas-Betzwieser, 2018
ISBN 978-3-11-050002-8, e-ISBN (PDF) 978-3-11-049959-9,
e-ISBN (EPUB) 978-3-11-049725-0

Blockchain und Knowledge Graphen im Digital Health
Daniel Burgwinkel, 2020
ISBN 978-3-11-069096-5, e-ISBN (PDF) 978-3-11-069106-1,
e-ISBN (EPUB) 978-3-11-069115-3

Wirtschaftsinformatik
Hans Robert Hansen, Jan Mendling, Gustaf Neumann, 2019
ISBN 978-3-11-058734-0, e-ISBN (PDF) 978-3-11-060873-1,
e-ISBN (EPUB) 978-3-11-060920-2

Prozessmanagement und Process-Mining

Grundlagen

Herausgegeben von
Ralf Laue, Agnes Koschmider und Dirk Fahland

DE GRUYTER

Herausgeber

Prof. Dr. Ralf Laue
Westsächsische Hochschule Zwickau
Fachgruppe Informatik
Dr.-Friedrichs-Ring 2a
08056 Zwickau
Deutschland
ralf.laue@fh-zwickau.de

Prof. Dr. Agnes Koschmider
Christian-Albrechts-Universität zu Kiel
Arbeitsgruppe Wirtschaftsinformatik
(Process Analytics)
Hermann-Rodewald-Str. 3
24118 Kiel
Deutschland
ak@informatik.uni-kiel.de

Prof. Dr. Dirk Fahland
Eindhoven University of Technology
P. O. Box 513
5600 MB Eindhoven
The Netherlands
d.fahland@tue.nl

ISBN 978-3-11-050015-8
e-ISBN (PDF) 978-3-11-050016-5
e-ISBN (EPUB) 978-3-11-049755-7

Library of Congress Control Number: 2020944493

Bibliografische Information der Deutschen Nationalbibliothek
Die Deutsche Nationalbibliothek verzeichnet diese Publikation in der Deutschen
Nationalbibliografie; detaillierte bibliografische Daten sind im Internet über
http://dnb.dnb.de abrufbar.

© 2021 Walter de Gruyter GmbH, Berlin/Boston
Coverabbildung: enot-poloskun / E+ / Getty Images
Satz: VTeX UAB, Lithuania
Druck und Bindung: CPI books GmbH, Leck

www.degruyter.com

Geleitwort

Geschäftsprozessmanagement gehört ohne Frage zu den zentralen Aufgabenstellungen im Unternehmen. Diese Aussage gilt ganz besonders im Zeitalter der Digitalisierung. Deren Ziel ist es nicht, gegebene Prozesse einfach eins zu eins in die Rechnerwelt zu übertragen, sondern die Möglichkeiten der modernen Informations- und Kommunikationstechnologie innovativ zu nutzen, um Geschäftsprozesse effektiver und effizienter auszuführen.

In der Hochschullehre an der Schnittstelle zwischen Informatik und Betriebswirtschaftslehre hat dieses Thema seit nunmehr über 20 Jahren einen festen Platz gefunden. Sprachen, Methoden und Werkzeuge des Geschäftsprozessmanagements gehören zum notwendigen Handwerkszeug der Absolvent(inn)en von Informatik-, Wirtschaftsinformatik- und BWL-Studiengängen.

Das jüngere Thema Process-Mining fängt gerade erst an, in eigenen Lehrveranstaltungen behandelt zu werden, und wird teilweise noch als Randgebiet des Prozessmanagements betrachtet. An der Schnittstelle zwischen Data Science, Prozessmanagement und Künstlicher Intelligenz angesiedelt, ist Process-Mining aber bereits zu einem unverzichtbaren methodischen Managementwerkzeug in vielen Unternehmen geworden. Unternehmen im Bereich Process-Mining schießen wie Pilze aus dem Boden, der entsprechende Markt für Software-Werkzeuge und Beratung wächst derzeit überdurchschnittlich.

Insofern trifft das vorliegende Buch genau den Nerv der Zeit. Eine Gruppe kompetenter Expert(inn)en hat sich zusammengefunden und in gemeinsamer Arbeit die wichtigsten Aspekte dieser Thematik aufbereitet. Nach einer knappen Einführung der Grundbegriffe des Geschäftsprozessmanagements wird das wichtige Thema der Geschäftsprozessmuster behandelt. Anschließend werden exemplarisch einige der in der Praxis am meisten verwendeten Modellierungssprachen vorgestellt. Es werden Modellierungsrichtlinien diskutiert, die zur Verbesserung der Lesbarkeit von Modellen beitragen sollen. Zur Verbesserung der Prozessausführung werden zahlreiche praktische Maßnahmen vorgestellt. Sehr ausführlich wird auf das Thema Simulation von Geschäftsprozessen eingegangen. Petri-Netze werden als formale Prozessmodellierungssprache eingeführt. Dazu werden auch einige wichtige Eigenschaften sowie Analysemethoden vorgestellt. Kurz wird auf die Automatisierung der Prozessausführung eingegangen. Der Rest des Buches ist dann dem Thema Process-Mining gewidmet. Methoden des Process-Minings werden motiviert und eingeführt. Viele praktische Beispiele lockern das Buch auf und erleichtern Leserinnen und Lesern das Verständnis. Das Buch ist insofern sehr gut geeignet für die Lehre und kann auch für das Selbststudium verwendet werden.

In seiner inhaltlichen Zusammenstellung nimmt das Buch eine Sonderstellung ein. Es adressiert sowohl Studierende der Wirtschaftsinformatik und benachbarter Studiengänge als auch mit dem Geschäftsprozessmanagement befasste Personen aus

https://doi.org/10.1515/9783110500165-201

der Praxis und kann von beiden Lesergruppen gewinnbringend genutzt werden. Somit schließt das Buch eine Lücke auf dem deutschsprachigen Lehrbuchmarkt für Geschäftsprozessmanagement und Process-Mining.

Möge das Buch eine große interessierte und aufmerksame Leserschaft finden.

Karlsruhe   Andreas Oberweis
im Mai 2020

Vorwort

Dieses Buch unterteilt sich in 13 modulare Kapitel – eine Einführung in die Grundlagen des Geschäftsprozessmanagements und Process-Mining gefolgt von zwölf vertiefenden Kapiteln. Die jeweiligen Kapitel wurden von den folgenden Expert(inn)en des Geschäftsprozess-managements und Process-Minings geschrieben:

1. Grundlagen
   (Prof. Dr. Agnes Koschmider, Christian-Albrechts-Universität zu Kiel)
2. Geschäftsprozessmuster
   (Prof. Dr. Agnes Koschmider, Christian-Albrechts-Universität zu Kiel)
3. Ereignisgesteuerte Prozessketten
   (Prof. Dr. Ralf Laue, Westsächsische Hochschule Zwickau)
4. Business Process Model and Notation
   (Dr. Luise Pufahl, Technische Universität Berlin)
5. Modellierungsrichtlinien
   (Prof. Dr. Henrik Leopold, Kühne Logistics University & Hasso-Plattner-Institut Potsdam)
6. Prozess-Optimierung
   (Prof. Dr. Ralf Laue, Westsächsische Hochschule Zwickau)
7. Simulation von Geschäftsprozessen
   (Prof. Dr. Ralf Laue, Westsächsische Hochschule Zwickau)
8. Petrinetze: Grundlagen der formalen Prozessanalyse
   (Dr. Robin Bergenthum, FernUniversität in Hagen)
9. Geschäftsprozessmanagementsysteme und Robotic Process Automation
   (Prof. Dr. Christian Janiesch, Universität Würzburg)
10. Process-Mining: Prozessanalyse mit Ereignisdaten
    (Prof. Dr. Dirk Fahland, Eindhoven University of Technology)
11. Abweichungsanalyse (Conformance Checking)
    (Prof. Dr. Matthias Weidlich, Humboldt-Universität zu Berlin)
12. Automatische Prozessaufnahme mit Process Discovery
    (Prof. Dr. Dirk Fahland, Dr. Luise Pufahl, Prof. Dr. Agnes Koschmider)
13. Entscheidungsintensive und flexible Geschäftsprozesse
    (Prof. Dr. Stefan Schönig, Universität Regensburg)

Obwohl viele Mitautoren beteiligt waren, haben wir Wert auf einheitliche Terminologie und die Verwendung durchgehender Beispiele gelegt. Daher war es die Regel, dass alle Autoren auch an den „fremden" Kapiteln mitgeschrieben haben.

Entstanden ist ein Buch, in dem alle zwölf vertiefenden Kapital aufeinander aufbauen – und in dem gleichzeitig jedes Kapitel für sich selbst steht und gelesen werden kann.

https://doi.org/10.1515/9783110500165-202

Nach der Einführung in Grundlagen werden zwölf Themen für eine Vorlesung „Geschäftsprozessmanagement" behandelt. Je nach inhaltlichem Schwerpunkt der Vorlesung können die Themen in einer unterschiedlichen Tiefe besprochen werden. Die Kapitel 8 (Petrinetze) als auch Kapitel 10–12 (Process-Mining) beispielsweise erlauben aufgrund ihres Seitenumfangs eine stärkere Fokussierung auf entweder die formale Analyse von Geschäftsprozessen oder das Thema Process-Mining. Es ist auch möglich, einzelne Kapitel zu überspringen, ohne dass für andere dadurch die Grundlagen fehlen; lediglich die Kapitel zum Process-Mining sollten gemeinsam gelesen werden.

Als durchgängiges Beispiel wird im Buch der Prozess der Reiseplanung und -buchung verwendet, der anhand von Kontrollflussmustern und den Notationen EPK, BPMN und Petrinetzen modelliert wird. Der Prozess wird ebenfalls als Grundlage zur Prozess-Optimierung, für die Simulation und die formale Prozessanalyse genutzt. Aus einem Ereignisprotokoll wird der Prozess mit Hilfe von Process-Mining aufgefunden und mit Methoden des Conformance Checkings analysiert. Wir hoffen, dass die Verwendung eines durchgängigen Beispiels die Lesbarkeit und Verständlichkeit des Buches unterstützt.

Wir wünschen viel Spaß beim Lesen dieses Buches,

Ralf Laue
Agnes Koschmider
Dirk Fahland

Inhalt

1 Grundlagen

In diesem Kapitel werden Begriffe zu Geschäftsprozessmodellen und der Modellierung von Geschäftsprozessen eingeführt, auf die im weiteren Verlauf des Buches verwiesen wird.

1.1 Einführung in Geschäftsprozesse

Definition 1.1 (Geschäftsprozess). Ein **Geschäftsprozess** (engl. *business process*) ist eine Menge von manuellen, teil-automatisierten oder automatisierten betrieblichen Aktivitäten, die nach bestimmten Regeln auf ein bestimmtes Ziel hin ausgeführt werden. Die Aktivitäten hängen über betroffene Personen, Maschinen, Daten, Dokumente, Betriebsmittel u. ä. miteinander zusammen (nach [63]).

Eine **Aktivität** besteht aus einer Menge von **Aufgaben** (engl. *tasks*), die von einer Ressource für einen Fall ausgeführt wird und deren Unterbrechung kein sinnvolles Ergebnis liefert. Eine Aufgabe wiederum entspricht einem (atomaren) Arbeitsschritt.

Ein Beispielprozess ist die Planung und Buchung einer Reise in einem Reisebüro. Zunächst muss der Kunde ein Reiseziel festlegen, bevor die Planung der Reise beginnen kann. Eventuell kann es auch noch zu einer Änderung des Reiseziels kommen. Grundsätzlich läuft die Planung und Buchung der Reise dann nach einem Standardverfahren ab: Suche nach Flug und Hotel, Buchung von Flug und Hotel und Ausdrucken der Reiseunterlagen. Abb. 1.1 veranschaulicht eine Menge von Aufgaben für die Planung einer Reise. Die Aufgaben, als Rechtecke dargestellt, sind unsortiert, d. h., eine sinnvolle Reihenfolge der Abarbeitung der Aufgaben ist nicht angegeben. Bei der *Modellierung* des Prozesses muss diese Reihenfolge dann festgelegt werden, vgl. Kapitel 1.3.

Weitere Beispiele für Geschäftsprozesse sind die Abwicklung von Schadensfällen bei einer Versicherung oder die Bearbeitung von Kreditanträgen in einer Bank.

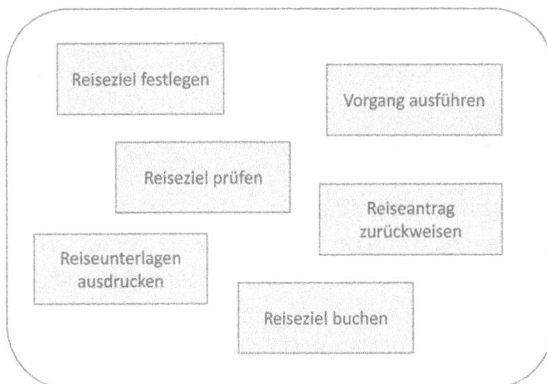

Abb. 1.1: Menge von Aufgaben, die im Zusammenhang mit der Reiseplanung auftreten.

https://doi.org/10.1515/9783110500165-001

Die Struktur realer Geschäftsprozesse wird durch so genannte **Geschäftsprozessmodelle** (engl. *business process model*) beschrieben. Bevor Systementwickler lauffähige Computerprogramme erzeugen oder Systemanalytiker Anpassungen oder Verbesserungen der Geschäftsprozesse vornehmen können, benötigen sie als Grundlage ihrer Arbeit ein Geschäftsprozessmodell, welches die relevanten Arbeitsschritte, die dafür verwendeten Daten und Ressourcen und die verantwortlichen Personen beschreibt.

Definition 1.2 (Geschäftsprozessmodell). Ein **Geschäftsprozessmodell** ist eine Beschreibung aller für einen bestimmten Zweck relevanten Aspekte eines Geschäftsprozesses unter Verwendung einer Modellierungssprache (nach [63]).

Geschäftsprozessmodelle liefern die nötigen Informationen über alle ausgeführten Arbeitsschritte, die im Prozess ausgetauschten Objekte und Daten und die verwendeten Ressourcen. Dazu müssen alle (Ausführungs-)Pfade entlang des Prozesses und alle Regeln, die für die Wahl der Pfade entscheidend sind, identifiziert und in der Modellierunssprachen beschrieben werden. Ein Geschäftsprozess umfasst typischerweise ein **Startereignis**, das Auslöser des Prozesses ist, **Aktivitäten**, die durch den sogenannten **Kontrollfluss** in eine zeitlich-logische Reihenfolge gebracht werden (vgl. Kapitel 2) und ein oder mehrere **Endereignisse**, die mögliche Ergebnisse der Prozessausführung darstellen. Aus dem modellierten Kontrollfluss können dann die möglichen Ausführungsfolgen von Aktivitäten entlang der Pfade im Modell abgeleitet werden.

In vielen Fällen ist der Kunde oder der Kontakt zum Unternehmen der Auslöser des Prozesses. Beispiele für Prozessauslöser sind *Kundenanfrage eingegangen*, *Reisewunsch geäußert* oder *Schadensfall aufgetreten*. Das Endereignis beschreibt auch meist wieder etwas, das für Kunden ein Ergebnis von Wert ist. Das Wort „Kunde" kann in diesem Fall übrigens durchaus auch eine interne Organisationseinheit bezeichnen. Beispielsweise kann das Referat Controlling Kunde für den Geschäftsprozess *Verkaufskennzahlen erstellen* sein.

Abb. 1.2 zeigt mögliche Pfade der Aktivitäten für die Reiseplanung aus Abb. 1.1. Ein Reisewunsch wurde vom Kunden geäußert. Zunächst muss das Reiseziel festgelegt werden. Anschließend muss das Reiseziel geprüft werden, indem das Hotel und der Flug geprüft werden. Wenn die Hotel- und Flugsuche erfolgreich war, dann wird das Reiseziel gebucht. Falls die Unterlagen unvollständig sind, wird der Reiseantrag zurückgewiesen. Konnte die Reise gebucht werden, werden die Reiseunterlagen ausgedruckt.

Anhand dieses Geschäftsprozesses sind die zeitlich-logische Reihenfolge der Abarbeitung von Aktivitäten und die Regeln für die Wahl von Pfaden zu erkennen. Wir erkennen zwei mögliche **Ausführungspfade**: Ein Pfad (in Abb. 1.2 markiert mit ①) hat als Ergebnis die Aktivität *Reiseunterlagen drucken*. Ein zweiter Pfad (markiert mit ②) endet mit der Aktivität *Reiseantrag zurückweisen*. Für die Aktivität *Reiseziel prüfen* wurde die Regel festgelegt, dass das Hotel und der Flug geprüft werden müssen. Eine weitere Regel in dem Geschäftsprozessmodell bezieht sich auf die Aktivität *Buchung starten*. Ein Reiseantrag ist zurückzuweisen, wenn die Unterlagen unvollstän-

```
┌─────────────────────────┐
│  Reisewunsch äußern     │
└─────────────────────────┘
 ① ②        ↓
┌─────────────────────────┐
│  Reiseziel festlegen    │
└─────────────────────────┘
 ① ②        ↓
┌─────────────────────────┐         ┐ Prüfen des Fluges
│  Reiseziel prüfen       │─────────┤ Prüfen des Hotels
└─────────────────────────┘         ┘
 ① ②        ↓
┌─────────────────────────┐
│  Buchung starten        │
└─────────────────────────┘
 ①    ja  ↓              ②  ↘ nein, falls Unterlagen unvollständig
┌─────────────────────────┐    ┌──────────────────────────────┐
│  Reiseziel buchen       │    │  Reiseantrag zurückweisen    │
└─────────────────────────┘    └──────────────────────────────┘
 ①         ↓
┌─────────────────────────┐
│  Reiseunterlagen ausdrucken │
└─────────────────────────┘
```

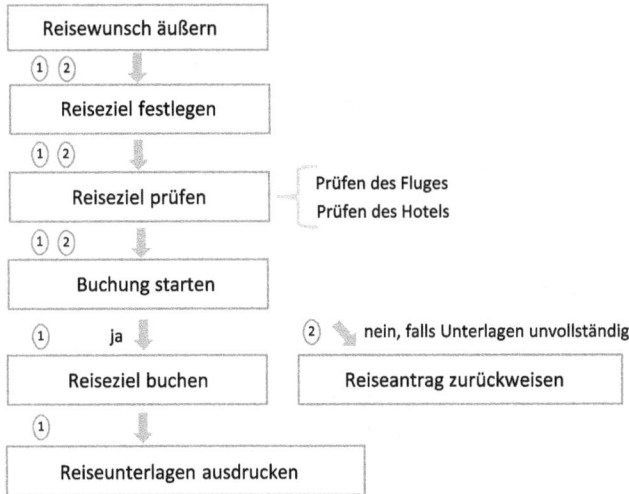

Abb. 1.2: Ein Geschäftsprozessmodell mit zwei Ausführungspfaden.

dig sind. Trifft dies zu, so ist die Aktivität *Reiseantrag zurückweisen* auszuführen, und der Prozess endet mit der Beendigung dieser Aktivität. Dieser Geschäftsprozess kann nun beliebig erweitert bzw. verkompliziert werden, indem weitere Pfade und zusätzliche Aktivitäten eingefügt werden. Die Benennung der Aktivitäten in Abb. 1.2 ist sicherlich noch nicht treffend genug gewählt. So wird die Bedeutung der Aktivität *Buchung starten* erst durch die Betrachtung der nachgelagerten Aktivitäten verständlich. Zur Bedeutung der Benennung von Aktivitäten sei auf das Kapitel 5 (Modellierungsrichtlinien) verwiesen.

Ein Geschäftsprozessmodell wird von einem Modellierer durch Beobachtung der realen Abläufe, durch Studium von Organisationshandbüchern, durch Interviews mit Wissensträgern oder mit Process-Mining (vgl. Kapitel 10) ermittelt. Ein solches Modell hat immer einen allgemeinen Charakter. In einem Reisebüro wird also beispielsweise nicht ein einzelner Geschäftsfall „Städtereise nach Wien für Familie Konrad planen" modelliert, sondern allgemeiner ein Prozess „Planung und Buchung einer Reise". Dieser Prozess kann dann wiederholt durchgeführt werden, möglicherweise mit verschiedenen Parametern (z. B. Reiseziele, Reisedatum, Kundenname, Extrawünsche etc.). Diese konkreten Ausführungen eines Geschäftsprozesses werden **Instanzen des Geschäftsprozesses** oder kurz **Prozessinstanzen** genannt. Insbesondere im Zusammenhang mit Case-Management-Systemen (siehe S. 155) wird statt von einer „Instanz" auch von einem **Fall** gesprochen.

Auch bei der Ausführung einzelner Aktivitäten sprechen wir von Instanzen. Wird etwa dreimal eine Aktivität *Angebot für einen Mietwagen einholen* ausgeführt, sagen wir, dass drei Instanzen dieser Aktivität ausgeführt werden.

Wir unterscheiden zwischen strukturierten, schwach (semi-)strukturierten oder unstrukturierten Geschäftsprozessen. Der Grad der Strukturierung von Geschäftsprozessen stellt also eine Möglichkeit der Klassifizierung von Geschäftsprozessen dar. Andere Klassifizierungsmöglichkeiten wären beispielsweise nach der Art und Häufigkeit des Auftretens des Geschäftsprozesses oder danach, ob es sich um einen internen Prozess der Organisation oder um einen Prozess unter Beteiligung externer Partner handelt [21].

Strukturierte Geschäftsprozesse haben die folgenden Merkmale:

- Sie sind wiederholbar.
- Es gibt feste Regelungen für Abwicklung der einzelnen Aktivitäten.
- Meist sind Einzelaufgaben und ihre Abfolge vollständig vorher bestimmbar.

Merkmale schwach (semi-)strukturierter Geschäftsprozesse:

- Sie enthalten bestimmte Anteile, die sich genau regeln lassen.
- Sie enthalten aber auch Anteile, die wenig formalisierbar sind.
- Es gibt Problemlösungs- oder Entscheidungsfindungsschritte.

Merkmale unstrukturierter Geschäftsprozesse:

- Der Prozess ist nicht formalisierbar, sondern verlangt kreativen Freiraum.
- Es ist eine Problemlösungssuche/Entscheidungsfindung enthalten.

Ausführungspfade können wir in Modellen strukturierter Prozesse direkt entlang der Pfeile im Modell ablesen. Sie zeigen uns die logischen Abfolgen der Aktivitäten im Prozess (vgl. Abb. 1.2). Wir werden in den folgenden Kapiteln sehen, dass Pfade sich auch *parallel* verzweigen können. Die Aktivitäten zweier paralleler Pfade werden dann zeitlich *nebenläufig* zueinander ausgeführt. Eine konkrete zeitliche Reihenfolge der Ausführung von Aktivitäten nennen wir **Ausführungsfolge** bzw. **Ablauf** des Prozesses. Jede Prozess-Modellierungssprache beschreibt Regeln, die sogenannte *Semantik*, mit denen wir die möglichen Ausführungsfolgen aus der Modellstruktur, der *Syntax*, ablesen oder berechnen können. Kapitel 3, 4 und 8 stellen die Syntax und Semantik verschiedener Modellierungssprachen für strukturierte Geschäftsprozesse vor.

In vielen Geschäftsprozessen wird der konkrete Ablauf bzw. die konkrete Ausführungsfolge von Aktivitäten allerdings erst durch die Auswertung von verschiedenen Daten während der Prozessausführung bestimmt, und die Prozesse besitzen eine große Anzahl an Entscheidungspunkten (vgl. Kapitel 13). Hier sprechen wir von entscheidungsintensiven oder flexiblen Prozessen. Tab. 1.1 fasst die Strukturierungsgrade von Geschäftsprozessen zusammen.

Zusammenfassend haben wir bisher Folgendes zu Grundbegriffen rund um Geschäftsprozesse gelernt:

1. Aktivitäten hängen bezüglich betroffener Personen, Maschinen, Daten, Dokumente, Ressourcen u. ä. miteinander zusammen.
2. Aktivitäten werden von personellen und nicht-personellen (maschinellen) Aufgabenträgern ausgeführt.

Tab. 1.1: Strukturierungsgrade von Geschäftsprozessen.

strukturiert	schwach strukturiert	unstrukturiert
A priori definierte Bearbeitungsstruktur	Koexistenz von ad-hoc-Entscheidungen und strukturierten Anteilen	Ad-hoc-Entscheidungen
Nächster Bearbeiter oder Gruppe wird durch vordefinierte Regeln festgelegt	Die Bearbeitungsstruktur ist offen und lässt flexible ad-hoc-Entscheidungen zu	Nächster Bearbeiter bzw. Bearbeitungsgruppe wird durch ad-hoc-Entscheidungen festgelegt
Beispiel: Reisebuchungsprozess, Eröffnung eines Kontos	Beispiel: **Krankenhausprozesse**	Beispiel: Prozess der Entscheidungsfindung, kreative Problemlösung

3. Aufgaben sind als zu erbringende Leistungen zu verstehen, wobei die Erfüllung einer Aufgabe durch Ausführung einer oder mehrerer (vorhergehenden) Aktivitäten erfolgt.
4. Ein Geschäftsprozess ist die Vorlage für mehrere konkrete Ausführungen, die wir Instanzen des Geschäftsprozesses nennen.
5. Ein Geschäftsprozess erzeugt für Kunden ein Ergebnis von Wert.
6. Er kann strukturierte/schwach strukturierte Anteile enthalten.

Geschäftsprozesse bestehen in der Regel aus Teilen, die auf einem Computer ausgeführt werden, sowie aus Teilen, die nicht durch Computer unterstützt werden. Die Teile, die sich automatisieren lassen, können als ein Workflow ausgeführt werden [63].

Definition 1.3 (Workflow). Ein **Workflow** ist ein zusammenhängender rechnergestützter Teil eines Geschäftsprozesses.

Überlegen Sie, welche Aufgaben sich leicht automatisieren lassen und welche weniger gut.   ▮**?**▮

Aufgaben, die regelmäßig auftreten und sich häufig in gleicher Weise wiederholen, lassen sich sehr gut automatisieren, vgl. Kapitel 9 (Geschäftsprozessmanagementsysteme). Beispiele sind sich wiederholende Bestellungen oder Genehmigungen. Entscheidungsfindungsprozesse hingegen lassen sich weniger gut automatisieren.

1.2 Modellierung von Aufgabenträgern

Aktivitäten werden von personellen und nicht-personellen (maschinellen) Aufgabenträgern (z. B. Maschinen, Software) durchgeführt. Personelle Aufgabenträger bzw. **personelle Ressourcen** sind im Organigramm des Unternehmens hinterlegt. Sie sind für die Ausführung von Aktivitäten verantwortlich. Im Geschäftsprozessmodell ordnen wir den Aufgaben nicht konkrete Personen sondern **Rollen** zu. Die Rollen bestimmen also die Verantwortlichkeiten und Befugnisse der Aufgabenträger. Herr Mustermann ist beispielsweise Angestellter im Reisebüro. Die Aktivität *Buchung starten* wird durch die Rolle Reisebüroangestellter ausgeführt, da das Wissen dieser Rolle zur Ausführung benötigt wird. Durch die Zuweisung von Rollen zu Aufgaben bleiben Geschäftsprozessmodelle konstant, auch wenn bei Aufgabenträgern Veränderungen eintreten (z. B. im Falle des Ausscheidens eines Mitarbeiters aus dem Unternehmen).

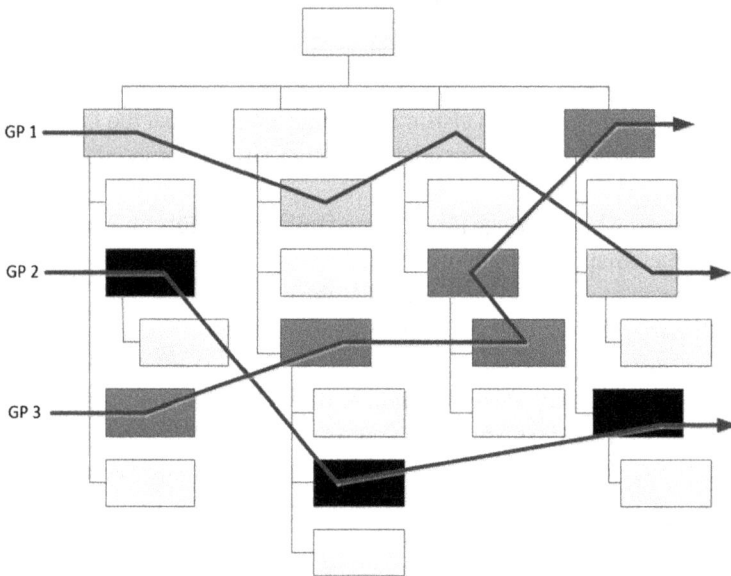

Abb. 1.3: Geschäftsprozesse ziehen sich über mehrere Organisationseinheiten eines Unternehmens.

In der Regel sind mehrere Mitarbeiter bei der Ausführung des Geschäftsprozesses, oft auch bei der Ausführung einer einzelnen Aktivität, beteiligt. Abb. 1.3 zeigt einen Geschäftsprozess, in den mehrere Abteilungen involviert sind. Die durchgezogene Linie repräsentiert die Abwicklung eines Geschäftsprozesses innerhalb eines Unternehmens. Aus dem Organigramm in Abb. 1.3 können Organisationseinheiten abgelesen werden.

Wichtige Instrumente, damit Geschäftsprozesse den technischen und wirtschaftlichen Änderungen gerecht werden und an Umwelteinflüsse des Unternehmens adaptiert werden können, sind die Modellierung, Analyse und kontinuierliche Verbesserung von Prozessen.

1.3 Einführung in die Modellierung

Das Erstellen eines Prozessmodells auf Basis vorhandenen Expertenwissens oder vorhandener Daten wird auch Prozessaufnahme genannt. Sowohl bei der Prozessmodellierung von Hand als auch beim Process-Mining sind verschiedene Beteiligte eingebunden: Der Domänenexperte verfügt über ein detailliertes Wissen auf dem Gebiet. Der Modellierer erfasst das Modell und der Benutzer nutzt das Modell entsprechend seinen Modellierungszielen. Üblicherweise entspricht die Rolle des Modellierers nicht dem Benutzer. Eine detaillierte Unterscheidung der Beteiligten bei der Geschäftsprozessmodellierung findet sich im Buch von Weske [108]. An dieser Stelle sei auf die Bedeutung gut gewählter Benennungen von Aktivitäten im Modell verwiesen (vgl. Kapitel 5). Namen für Aktivitäten sollten Modellierungsrichtlinien erfüllen und idealerweise selbstbeschreibend sein, damit Geschäftsprozessmodelle auch für den Nicht-Modellierer verständlich sind. Denkbar ist, dass der Domänenexperte die Rolle des Modellierers übernimmt. Auch in diesem Fall sollten Prozessmodelle verständlich sein, damit sie ohne größeren Aufwand später wiederverwendet werden können. Im Folgenden werden mögliche Ziele einer Prozess-Modellierung nach [63] aufgelistet:

1. zur Erleichterung der Kommunikation zwischen verschiedenen Personen,
2. für die Dokumentation,
3. für die Analyse für eine nachfolgende Verbesserung und Reorganisation,
4. zu Entwurfszwecken,
5. zur Planung des Ressourcen-Einsatzes,
6. als Grundlage für die Unterstützung durch ein System bei der Ablaufplanung,
7. als Grundlage der Überwachung und Steuerung von Abläufen.

Modelliert werden können statische und dynamische Aspekte. Statische Objekte sind beispielsweise die Struktur von Datenobjekten (z. B. einer Datei). Dynamische Aspekte sind zum Beispiel Abhängigkeiten zwischen Aktivitäten, Ausnahmen, Zeitaspekte, Sicherheitsaspekte oder Geschäftsregeln.

Zur Unterstützung einer systematischen Modellierung empfiehlt es sich, die nachfolgenden grundlegenden Fragen heranzuziehen, die abhängig vom Modellierungsziel detailliert werden können:

- Was ist für den vorgesehenen Modellierungszweck relevant für die Modellerstellung?
- Welche Beziehungen bestehen zwischen den Objekten?
- Wie viele Details sollen angegeben werden?

Für den konsistenten Entwurf eines Prozessmodells soll auf einen einheitlichen Abstraktionsgrad bei der Modellierung geachtet werden. Viele Modellierer vermischen die Abstraktionsgrade von Prozessaktivitäten: Auf der gleichen Prozessebene werden einige Aktivitäten detaillierter und andere weniger detailliert dargestellt. Das Ergebnis dieser unpräzisen Vorgehensweise sind Geschäftsprozessmodellvarianten,

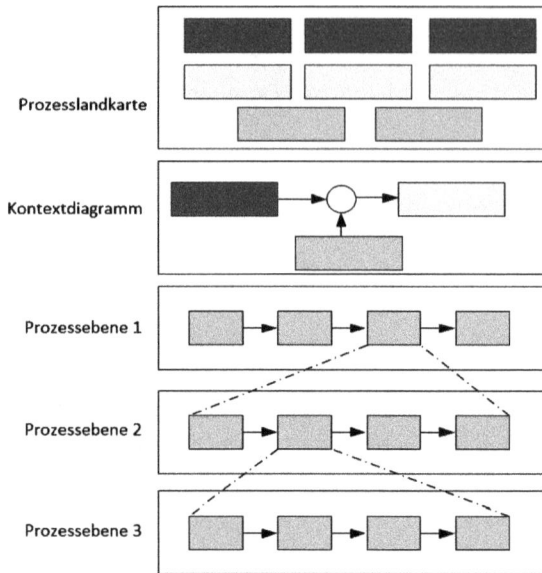

Abb. 1.4: Hierarchieebenen der Geschäftsprozessmodellierung. Auf der obersten Ebene befindet sich die Prozesslandkarte mit einer abstrakten Darstellung der Kernprozesse, die schrittweise bis zur Prozessebene 3 verfeinert werden kann.

die nur mit viel Modellierungserfahrung als solche erkannt werden können. Zur Beherrschung der Abstraktion von Prozessaktivitäten empfiehlt sich die Nutzung von Teilprozessen, in denen Aktivitäten detailliert werden. Es sollte aber darauf geachtet werden, dass die Aktivitäten auf einer Ebene gleiches Abstraktionsniveau haben. Meist werden fünf Hierarchieebenen unterschieden, vgl. Abb. 1.4:

1. Prozesslandkarte: Abstrakte Übersicht über die für den Modellierungszweck interessanten Geschäftsprozesse (Prozesse mit einem hohen zukünftigen Potential für die Wertschöpfung oder allgemein für die Erreichung der Geschäftsziele kritische Prozesse).
2. Kontextdiagramm: Darstellung der Beziehungen zwischen den Prozessen der Prozesslandkarte.
3. Prozessebene 1: konkrete Modellierung eines Geschäftsprozesses.
4. Prozessebene 2: Verfeinerung einer Aktivität aus Prozessebene 1.
5. Prozessebene 3: Verfeinerung einer Aktivität aus Prozessebene 2.

1.4 Wahl der Modellierungssprache

Zur Modellierung von Prozessen können verschiedene Sprachen eingesetzt werden, unter anderem Ereignisgesteuerte Prozessketten (vgl. Kap. 3), Business Process Model and Notation (BPMN) (vgl. Kap. 4) oder Petrinetze (vgl. Kap. 8).

Vor der Wahl einer konkreten Modellierungssprache muss sich der Modellierer über die Anforderungen im Klaren sein, die die gewählte Sprache erfüllen soll. Tab. 1.2 fasst Anforderungen an Modellierungssprachen zusammen.

Tab. 1.2: Anforderungen an Modellierungssprachen nach [63].

Ausdrucksmächtigkeit	Um alle relevanten Aspekte mit adäquaten und angemessenen Modellierungskonstrukten zu modellieren
Anpassbarkeit	Zur Reaktion auf veränderte Rahmenbedingungen
Wiederverwendbarkeit	Zur Vermeidung aufwändiger Neuentwicklungen
Offenheit	Zur Integration von existierenden und neuen Modellen
Einfachheit, Verständlichkeit	Zum leichten Erlernen der Sprache und zur leichten Verwendung der Sprache
Formalisierungs- bzw. Präzisierungsgrad	Zur flexiblen Anpassbarkeit an das Ziel der Modellierung und zur flexiblen Anpassbarkeit an die Zielgruppe des Modells
Visualisierungsmöglichkeit	Zur graphischen Darstellung (leichte Handhabbarkeit, Lesbarkeit, Abstraktion) und für unterschiedliche Sichten mit angemessenem Abstraktionsgrad
Entwicklungsunterstützung	Zur methodischen Unterstützung für die Modellierung und zur Werkzeugunterstützung
Analysierbarkeit bzw. Ausführbarkeit/Simulierbarkeit	Zur Validierung, Verifizierung und Leistungsbewertung, zur formalen Repräsentation und Konsistenz des Modells
Zum Einsatz von Geschäftsprozessmanagementsystemen oder zur Analyse anwendungsbezogener Aspekte, wie Durchlaufzeiten, Reaktionszeiten, etc.	
Unabhängigkeit von einem Unternehmen	Zur universellen Verwendung sollte idealerweise ein unabhängiges Standardisierungsgremium vorliegen.

Es gibt aber nicht die einzelne Modellierungssprache, die alle Situationen abdeckt. Vielmehr hängt die Wahl der Modellierungssprache vom Modellierungsziel, dem Grad der Abstraktion, der Anwendungsdomäne (z. B. Krankenhaus, Fertigung, Versicherung) und von zu modellierenden Sichten ab, vgl. Tab. 1.3.

Neben der Modellierungssprache verdient auch das zur Bezeichnung von Aktivitäten, Ereignissen etc. verwendete Vokabular Beachtung. Zu beobachten ist, dass Modellierer ihre Geschäftsprozessmodelle in der Regel nicht einheitlich beschreiben. Zur Modellierung von Prozessaktivitäten werden branchenspezifische Begriffe verwendet, die auch bei Unternehmen gleicher Branche variieren können. Branchenspezifische Begriffe erschweren die Anpassung von Geschäftsprozessen, da die Erkennung unterschiedlicher Begriffe für gleiche Prozessobjekte entsprechendes Kontextwissen voraussetzt (vgl. Kapitel 5). Standards wie eTOM für die Telekommunikationsbranche oder Supply Chain Operations Reference (SCOR) für Produktions- und Logistikprozesse können helfen, die Begriffsbildung und die Modellierung zu vereinheitlichen.

Bestehende Werkzeuge zur Modellierung von Geschäftsprozessen unterstützen Modellierer bei der **Geschäftsprozessanalyse.** Prozessmodelle können validiert, ve-

Tab. 1.3: Verschiedene Modellierungssichten.

Funktionssicht (Prozesssicht oder Prozessmodell)	Beschreibt die Funktionen (man spricht auch von Prozessen, Vorgängen, Tätigkeiten, Aktivitäten oder Aufgaben) und Teilfunktionen. Abstrahiert von der Zeit und damit vom Ablauf.
Verhaltenssicht (Kontrollfluss)	Beschreibt, in welcher Reihenfolge und unter welchen Bedingungen die Funktionen ausgeführt werden dürfen.
Datensicht (Datenmodell)	Beschreibung der Daten, die in einem Prozess oder Informationssystem verarbeitet oder gespeichert werden. Abstrahiert von der Zeit, unabhängig von Ablaufsicht.
Objektsicht (Objektmodell)	Beschreibt einen Prozess oder ein Informationssystem als eine Menge von interagierenden Objekten. Abstrahiert vom Ablauf, Integration der Daten- und der Funktionssicht.
Organisationssicht (Organisationsmodell)	Beschreibt den Aufbau der Organisationseinheiten, die an einem Prozess oder Informationssystem beteiligt sind. Zur Aufbauorganisation gehören die Kommunikations- und Weisungsbeziehungen zwischen den Einheiten.
Leistungssicht	Beschreibung der Ergebnisse der Prozessausführung durch Produktmodelle.

rifiziert und bewertet werden. Bei der **Validierung** wird überprüft, ob das Modell die Wirklichkeit richtig abbildet – durch Prüfung der Struktur und des Verhaltens der einzelnen Prozesse. Die Korrektheit des Prozessmodells (Verklemmungsfreiheit, Lebendigkeit, siehe Kapitel 8) wird bei der **Verifikation** geprüft. Bei der **Leistungsbewertung** erfolgt die Auswertung der Leistungsfähigkeit des Prozesses, indem einzelne Parameter, wie beispielsweise die Durchlaufzeit, die Kosten oder die Ressourcenauslastung überprüft werden, vgl. Kap. 6 und 7.

1.5 Geschäftsprozessmanagement

Das **Geschäftsprozessmanagement** umfasst Konzepte, Methoden und Werkzeuge zur Definition, Administration, Konfiguration, Durchführung und Analyse von Geschäftsprozessen und zielt auf die Identifikation von Fehlerquellen und Verbesserungsmöglichkeiten und die kontrollierte Ausführung von Geschäftsprozessen. Es umfasst somit deutlich mehr als die Darstellung von Prozessen. Damit die Modellierung, Administration, Konfiguration, Ausführung und Analyse von Geschäftsprozessen ermöglicht wird, ist eine Kombination aus Methoden, Konzepten und Techniken erforderlich [108, 115], die unter dem Begriff Geschäftsprozessmanagement zusammengefasst werden [21].

Definition 1.4 (Geschäftsprozessmanagement). Das **Geschäftsprozessmanagement** beschreibt Konzepte, Methoden und Techniken zur Modellierung, Administration, Konfiguration, Ausführung und Analyse der Geschäftsprozesse. [108, 115].

Die zum Geschäftsprozessmanagement gehörigen Aspekte werden im **Geschäfts-prozessmanagement-Lebenszyklus** beschrieben: Nachdem das Modellierungsziel festgelegt wurde, ist zu prüfen, ob existierende Geschäftsprozesse verbessert werden sollen oder ob neue, innovative Geschäftsprozesse erstellt werden sollen. Abhängig von der Ausgangslage beginnt der Geschäftsprozessmanagement-Lebenszyklus in einer anderen Phase, vgl. Abb. 1.5. Der Geschäftsprozessmanagement-Lebenszyklus besteht aus fünf Phasen.

–   Entwurf: In dieser Phase werden Geschäftsprozesse modelliert, also Geschäfts-prozessmodelle entworfen.
–   Analyse: Diese Phase adressiert die Validierung, Verifikation und Leistungsbewer-tung von Geschäftsprozessmodellen.
–   Implementierung: In dieser Phase geht es um die technische Umsetzung eines Prozessmodells, einschließlich der Festlegung spezifischer Parameter zur Ver-knüpfung des Modells mit Implementierungsdetails.
–   Überwachung: In dieser Phase werden Leistungskennzahlen der Prozessausfüh-rung kontrolliert, um Engpässe in einem Geschäftsprozess zeitnah zu erkennen und darauf mit Gegenmaßnahmen reagieren zu können.
–   Evaluierung: In dieser Phase werden Informationen aus den vorhergehenden Phasen genutzt, um Geschäftsprozessmodelle zu verbessern. In dieser Phase sind Techniken des Process-Minings hilfreich, vgl. dazu Kapitel 10.

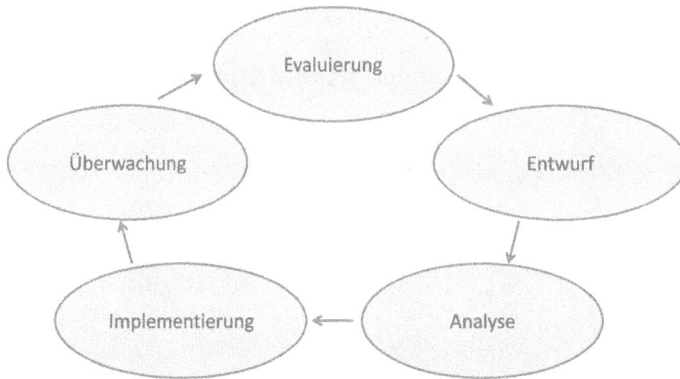

Abb. 1.5: Der Lebenszyklus des Geschäftsprozessmanagements.

2 Geschäftprozessmuster

Muster beschreiben bewährte Lösungsschablonen für verbreitete oder wiederkehrende (Entwurfs-)Probleme. Die Idee von Mustern kann auf Arbeiten von Alexander et al. [2] in den 1970er Jahren zurückgeführt werden, die sich mit Mustern für die Stadtplanung und die architektonische Gestaltung von Gebäuden beschäftigen. In die Softwareentwicklung wurde die Idee der Muster durch die Entwurfsmuster nach Gamma, Helm, Johnson und Vlisides [30] übertragen, die bewährte Lösungen für wiederkehrende Software-Entwurfsprobleme beschreiben. Im Bereich Geschäftsprozessmanagement wurden die ersten Muster im Jahre 1995 von Ould vorgeschlagen [67]. Erst die Workflow Pattern Initiative [102, 82] aber hat die Nutzung von Mustern im Geschäftsprozessmanagement befördert.

Definition 2.1 (Geschäftsprozessmuster). Ein **Geschäftsprozessmuster** ist „die Beschreibung einer bewährten Lösung für ein wiederkehrendes Problem, das mit der Erstellung oder Änderung von Geschäftsprozessmodellen in einem bestimmten Kontext zusammenhängt. Diese Beschreibung ist typischerweise in einem strukturierten Dokument organisiert, das dem Leser hilft, zu verstehen, unter welchen Umständen die vorgeschlagene Lösung nützlich sein wird." [26].

Mittlerweile findet sich in der Literatur eine Vielzahl diverser Muster, die bewährte Lösungsschablonen für wiederkehrende Modellierungsprobleme beschreiben.

Um die Literatur zu Geschäftsprozessmustern systematisch zu strukturieren und damit die Suche nach passenden Geschäftsprozessmustern zu erleichtern, wurde eine bibliographische Klassifikation und Taxonomie vorgeschlagen, die in [26] nachgelesen werden kann. Eine Übersicht über die Literatur zu Geschäftsprozessmustern findet sich auf der Webseite http://www.bpmpatterns.org, die vielfältige Suchmöglichkeiten unterstützt.

Die bekanntesten und wichtigsten Muster für die Geschäftsprozessmodellierung sind die auf http://www.workflowpatterns.com/ beschriebenen **Workflowmuster** (engl. *workflow patterns*). Sie untersuchen, welche grundlegenden Elemente eine Geschäftsprozess-Modellierungssprache oder ein Prozessausführungssystem aufweisen sollte.

Workflowmuster sind in mehrfacher Hinsicht hilfreich [82]:
1. Sie können zur Bewertung der Ausdrucksmächtigkeit einer Modellierungssprache verwendet werden, vgl. hierzu [113]. Wird eine neue Modellierungssprache vorgeschlagen, so kann ihre Ausdrucksmächtigkeit anhand der Unterstützung der Muster untersucht werden. Das heißt, man kann vergleichen, wie viele der Muster die Modellierungssprache im Vergleich zu einer anderen Modellierungssprache unterstützt.
2. Sie ermöglichen die Evaluation von Geschäftsprozessmanagementsystemen, vgl. hierzu Kapitel 9. Der Funktionsumfang eines Geschäftsprozessmanagementsys-

https://doi.org/10.1515/9783110500165-002

tems wird anhand von Mustern angegeben. Man kann also Aussagen zum Funktionsumfang eines Geschäftsprozessmanagementsystems anhand der eingesetzten Muster treffen.

3. Sie unterstützen eine syntaktisch korrekte Modellierung und Analyse von Geschäftsprozessmodellen.

2.1 Kontrollflussmuster

Die grundlegendsten Workflowmuster sind die Kontrollflussmuster (engl. *controlflow patterns*). Sie beschreiben, welche Konstrukte es zur Modellierung der zeitlichlogischen Abfolge von Aktivitäten im Prozess geben soll. Dieser Aspekt der Modellierung wird als **Kontrollfluss** bezeichnet und beschreibt die möglichen Ausführungsfolgen der Prozessaktivitäten.

Insgesamt existieren 43 Kontrollflussmuster, die in acht Kategorien aufgeteilt sind. Jedes Werkzeug und jede Sprache zur Modellierung von Geschäftsprozessen sollte die elementaren Kontrollflussmuster, vgl. Tab. 2.1 unter *Basic Control-Flow Patterns*, unterstützen.

Die einfachsten Kontrollflussmuster beschreiben die Hintereinanderausführung von Aktivitäten (Muster „Sequenz") sowie die Aufteilung des Kontrollflusses in mehrere Zweige. Diese Zweige können dann entweder gleichzeitig (parallel) bearbeitet bzw. ausgeführt werden, oder im Prozess wird abhängig von der aktuellen Situation ausgewählt, welcher von mehreren möglichen Zweigen zu bearbeiten ist.

Eine solche Verzweigung und ebenso die dann später wieder mögliche Zusammenführung von Zweigen wird in den meisten Modellierungssprachen explizit mit einem Symbol dargestellt. Diese Symbole nennt man **Verknüpfungsoperatoren** oder auch Konnektoren oder Gateways. Es gibt zwei Arten von Verknüpfungsoperatoren. Eine **Teilung** bzw. **Split** hat genau einen eingehenden und mehr als einen ausgehenden Pfeil. Sie spaltet also den Kontrollfluss in mehrere (alternative oder parallel zu bearbeitende) Pfade auf. Eine **Zusammenführung** bzw. **Join** hat mehr als einen eingehenden und genau einen ausgehenden Pfeil; sie führt also mehrere (alternative oder parallel zu bearbeitende) Pfade wieder zusammen.

Alternativ können Verzweigungen auch dadurch dargestellt werden, dass die zu verknüpfenden Elemente mehr als eine ausgehende bzw. mehr als eine eingehende Kante haben. Diese Form der Darstellung finden wir z. B. bei Petrinetzen (siehe Kap. 8).

Die nachfolgende Darstellung der Kontrollflussmuster orientiert sich an der Modellierungssprache Business Process Model and Notation (BPMN). Generell soll aber noch einmal betont werden, dass Kontrollflussmuster unabhängig von einer konkreten Modellierungssprache sind.

Tab. 2.1: Übersicht über die Kontrollflussmuster [80, 21].

Kategorie	Nummer	Name	Erläuterung
Elementare Kontrollflussmuster (Basic Control-Flow Patterns)	Muster 1	Sequence	Beschreiben einfache Beziehungen zwischen Aktivitäten. Diese Muster werden in den meisten Werkzeugen zur Modellierung von Geschäftsprozessen unterstützt, um sequentielle, parallele und konditionale Prozessschritte zu modellieren.
	Muster 2	Parallel Split	
	Muster 3	Synchronization	
	Muster 4	Exclusive Choice	
	Muster 5	Simple Merge	
Erweiterte Verzweigungs- und Synchronisationsmuster (Advanced Branching and Synchronization Patterns)	Muster 6	Multi-Choice	Beschreiben im Gegensatz zu den elementaren Kontrollflussmustern erweiterte Aufspaltungs- und Zusammenführungsmuster.
	Muster 7	Structured Synchronizing Merge	
	Muster 8	Multi-Merge	
	Muster 9	Structured Discriminator	
	Muster 28	Blocking Discriminator	
	Muster 29	Cancelling Discriminator	
	Muster 30	Structured Partial Join	
	Muster 31	Blocking Partial Join	
	Muster 32	Cancelling Partial Join	
	Muster 33	Generalized AND-Join	
	Muster 37	Local Synchronizing Merge	
	Muster 38	General Synchronizing Merge	
	Muster 41	Thread Merge	
	Muster 42	Thread Split	
Mehrfachinstanz-muster (Multiple Instance Patterns)	Muster 12	Multiple Inst. without Synchronization	Unterstützen die Beschreibung von mehrfachen Instanzen einer Aktivität. Es ist möglich, mehrere Instanzen einer Aktivität zu erzeugen und die Instanzen zu synchronisieren. Dabei kann es sein, dass die Anzahl der Instanzen erst zur Laufzeit bekannt ist.
	Muster 13	Multiple Inst. with a Priori Design-Time Knowledge	
	Muster 14	Multiple Inst. with a Priori Run-Time Knowledge	
	Muster 15	Multiple Inst. without a Priori Run-Time Knowledge	
	Muster 34	Static Partial Join for Multiple Instances	
	Muster 35	Cancelling Partial Join for Multiple Instances	
	Muster 36	Dynamic Partial Join for Multiple Instances	

Tab. 2.1: Fortsetzung.

Kategorie	Nummer	Name	Erläuterung
Zustandsbasierte Muster (State-based Patterns)	Muster 16	Deferred Choice	Ermöglichen die Modellierung konkreter Zustände.
	Muster 17	Interleaved Parallel Routing	
	Muster 18	Milestone	
	Muster 39	Critical Section	
	Muster 40	Interleaved Routing	
Abbruchmuster	Muster 19	Cancel Task	Ermöglichen die Modellierung von Abbrüchen einer oder mehrerer Aktivitäten oder des gesamten Prozesses.
	Muster 20	Cancel Case	
	Muster 25	Cancel Region	
	Muster 26	Cancel Multiple Instance Activity	
	Muster 27	Complete Multiple Instance Activity	
Iterationsmuster (Iteration Patterns)	Muster 10	Arbitrary Cycles	Ermöglichen die Beschreibung von Wiederholungen in Geschäftsprozessen.
	Muster 21	Structured Loop	
	Muster 22	Recursion	
Beendigungsmuster (Termination Patterns)	Muster 11	Implicit Termination	Beschreiben Umstände, die zur Beendigung eines Geschäftsprozesses führen.
	Muster 43	Explicit Termination	
Triggermuster (Trigger Patterns)	Muster 23	Transient Trigger	Beschreiben externe Einflüsse, die notwendig sind, damit eine bestimmte Aufgabe gestartet werden kann.
	Muster 24	Persistent Trigger	

Die elementaren Kontrollflussmuster sind:
1. Sequenz
2. Und-Teilung
3. Und-Zusammenführung
4. Exklusiv-Oder-Teilung
5. Exklusiv-Oder-Zusammenführung

2.1.1 Sequenz

Das erste elementare Kontrollflussmuster ist die Aufeinanderfolge von Aktivitäten (**Sequenz**, engl. *sequence*), wie beispielhaft in Abb. 2.1 gezeigt. Bei einer sequentiellen Reihenfolge wird kein Verknüpfungsoperator verwendet, da der Kontrollfluss weder verzweigt noch zusammengeführt wird.

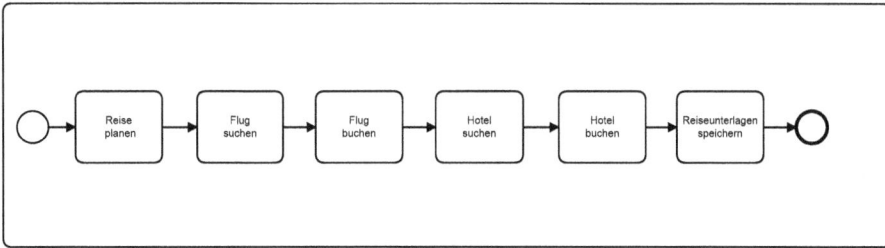

Abb. 2.1: Elementares Kontrollflussmuster: sequentielle Reihenfolge der Reiseplanung.

Motivation: Das Muster **Sequenz** wird verwendet, um eine Reihe aufeinanderfolgender Aktivitäten zu modellieren, die nacheinander ausgeführt werden.

Beispiel: Abb. 2.1 stellt eine sequentielle Reihenfolge dar, bei dem die Aktivität *Reise planen* beendet werden muss, damit die Aktivität *Flug suchen* aktiviert werden kann und so weiter.

Dieses Geschäftsprozessmodell ist stark vereinfacht dargestellt – die Aktivitäten werden alle nacheinander ausgeführt. Möglicherweise können Aktivitäten aber auch parallelisiert werden, um so die Prozessausführung zu beschleunigen. Man kann sich das so vorstellen, dass von zwei Bearbeitern unabhängig voneinander die Suche nach Flügen und die Suche nach Hotels gestartet wird. Das führt uns zu den Mustern *Und-Teilung* sowie *Und-Zusammenführung*.

2.1.2 Und-Teilung und Und-Zusammenführung

Die Aufteilung des Kontrollflusses in zwei oder mehr nebenläufige Zweige, in denen Aktivitäten parallel[1] ausgeführt werden können und die Zusammenführung von Zweigen nach Beendigung der parallelen Abarbeitung werden durch die Muster **Und-Teilung** (**AND-Split**, engl. *parallel split*) bzw. **Und-Zusammenführung** (**AND-Join**, engl. *synchronization*) beschrieben. Die Aufteilung bzw. Zusammenführung der Zweige kann entweder explizit durch ein eigenes Symbol oder implizit durch mehr als eine aus-/eingehende Kante angegeben werden. In Abb. 2.2 werden die Muster Und-Teilung und Und-Zusammenführung durch das in der Modellierungssprache BPMN verwendete Symbol ⊕ dargestellt.

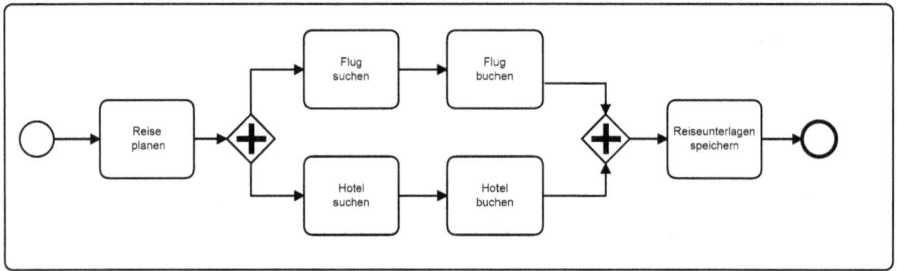

Abb. 2.2: Elementare Kontrollflussmuster: Nebenläufige Ausführung und Synchronisation von parallelen Zweigen (Und-Teilung und Und-Zusammenführung).

Motivation: Aktivitäten können ohne gegenseitige Beeinflussung parallel, nacheinander oder teilweise parallel bearbeitet werden. Nach einer Und-Teilung laufen die Aktivitäten nebenläufig ab. Nebeläufige Aktivitäten können durch die Und-Zusammenführung wieder synchronisiert werden. Pfade, die durch eine Und-Teilung parallel ausgeführt werden, sollen durch das korrespondierende Muster der Und-Zusammenführung, wieder zusammengeführt (synchronisiert) werden.

    Beispiel: Der Aktivität *Reise planen* folgen die nebenläufigen Aktivitäten *Flug suchen* und *Hotel suchen*. Die beiden Aktivitäten *Flug buchen* und *Hotel buchen* müssen abgeschlossen sein, damit die Aktivität *Reiseunterlagen speichern* beginnen kann.

---

[1] Die Begriffe „nebenläufig" und „parallel" bedeuten in der Informatik nicht immer dasselbe. Wir wollen es hier aber einfach halten und verwenden „nebenläufig" und „parallel" mit der gleichen Bedeutung.

2.1.3 Exklusiv-Oder-Teilung und Exklusiv-Oder-Zusammenführung

Die Kontrollflussmuster **Exklusiv-Oder-Teilung** (**XOR-Split**, engl. *exclusive choice*) und die **Exklusiv-Oder-Zusammenführung** (**XOR-Join**, engl. *simple merge*) dienen dazu, aus mehreren möglichen Alternativen, wie Aktivitäten ausgeführt werden können, genau eine auszuwählen. Diese Muster werden in der BPMN-Notation durch das Symbol ⬦ dargestellt (Abb. 2.3).

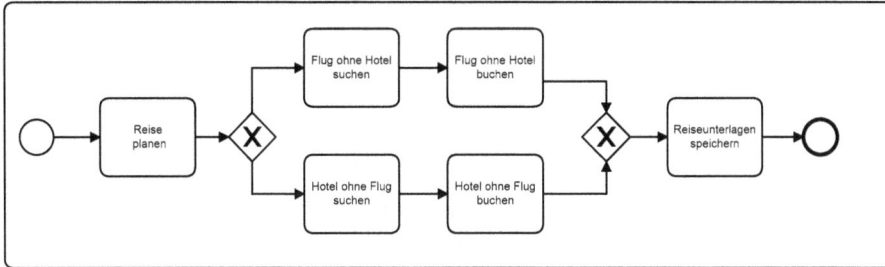

Abb. 2.3: (Exklusiv-Oder-Teilung und Exklusiv-Oder-Zusammenführung werden genutzt, um eine Entscheidung aus mehreren Möglichkeiten darzustellen, von denen genau eine ausgewählt wird.

Motivation: Eine Exklusiv-Oder-Teilung wird verwendet, um eine Entscheidung aus mehreren Möglichkeiten darzustellen. Abhängig vom Ausgang dieser Entscheidung wird genau ein ausgehender Kontrollflusszweig gewählt und abgearbeitet. Dieses Muster ermöglicht also die Modellierung von alternativen Abläufen. Durch die Exklusiv-Oder-Zusammenführung können alternative Pfade wieder zusammengeführt werden. Das heißt, es erfolgt eine Verschmelzung von einem oder mehreren Zweigen in einen einzelnen Folgezweig.

    Beispiel: Der Kontrollfluss nach der Aktivität *Reise planen* verzweigt sich in die alternativen Pfade *Flug ohne Hotel suchen* und *Hotel ohne Flug suchen* von denen genau ein Pfad ausgewählt wird. Die Aktivität *Reiseunterlagen speichern* kann erst aktiviert werden, wenn die Aktivitäten des ausgewählten Pfades beendet wurden; also entweder nach Beendigung der Aktivität *Flug ohne Hotel buchen* oder *Hotel ohne Flug buchen* (abhängig davon, welcher der beiden Pfade ausgewählt war).

    Die bisher vorgestellten Kontrollflussmuster sind die grundlegendsten, die jede Geschäftsprozessmodellierungssprache beherrschen muss. In der Terminologie der Kontrollflussmuster werden sie **elementare Kontrollflussmuster** (engl. *basic control-flow patterns*) genannt. Etwas komplexer sind die in den folgenden Abschnitten beschriebenen Kontrollflussmuster, die **erweiterte Verzweigungs- und Synchronisationsmuster** (engl. *advanced branching and synchronization patterns*) heißen.

2.1.4 Multi-Auswahl und Multi-Zusammenführung

Die ersten beiden erweiterten Verzweigungs- und Synchronisationsmuster sind die **Multi-Auswahl (OR-Split)** und die **Multi-Zusammenführung (OR-Join)**. Diese Muster werden durch das Symbol ◈ dargestellt (Abb. 2.4).

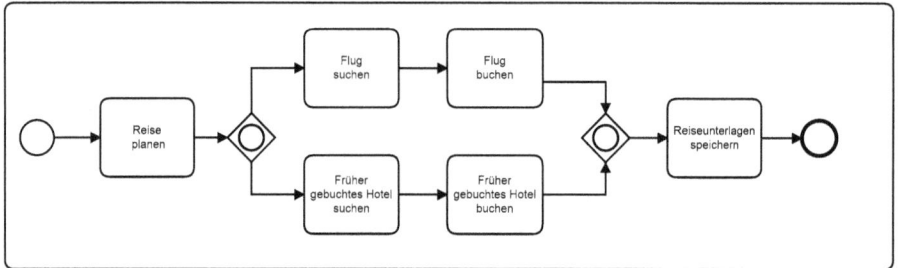

Abb. 2.4: Erweiterte Verzweigungs- und Synchronisationsmuster (OR-Split und OR-Join).

Motivation: Die Multi-Auswahl beschreibt eine Entscheidung, einen oder mehrere Zweige (parallel) abzuarbeiten. Die Wieder-Zusammenführung in einen Folgezweig erfolgt über das Muster Multi-Zusammenführung, wobei der Kontrollfluss erst an den Folgezweig weitergeleitet wird, wenn die Aktivitäten *aller abzuarbeitenden* Eingangszweige beendet wurden.

    Beispiel: Abhängig von der Art des Reiseziels wird entschieden, was gebucht werden soll. Dabei gibt es drei Möglichkeiten:
a)   Es wird nur der Flug gesucht und gebucht.
b)   Es wird nur das früher gebuchte Hotel gesucht und gebucht.
c)   Es werden sowohl Flug als auch Hotel gesucht und gebucht.

Im letztgenannten Fall können die beiden Aktivitäten *Flug suchen* und *Früher gebuchtes Hotel suchen* parallel ausgeführt werden. Die Aktivität *Reiseunterlagen speichern* kann in jedem Falle erst ausgeführt werden, wenn alle zuvor gestarteten Aktivitäten beendet wurden. Wir heben hervor, dass *Reiseunterlagen speichern* auch dann nur einmal ausgeführt wurde, wenn unter den oben beschriebenen Fällen der Fall c) gewählt wurde.

2.1.5 Mehrfache Zusammenführung

Im Gegensatz zur Multi-Zusammenführung wird durch das Kontrollflussmuster **Mehrfache Zusammenführung** (engl. *multiple merge*) die zusammenführende Aktivität mehrfach ausgeführt. Dieses Muster stellen wir in Abb. 2.5 durch eine Raute mit den

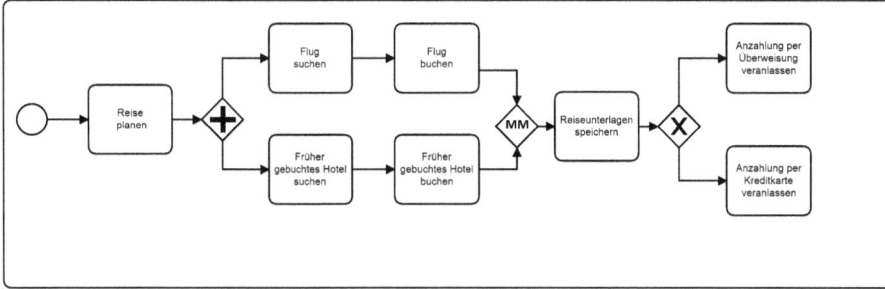

Abb. 2.5: Erweiterte Verzweigungs- und Synchronisationsmuster: Mehrfache Zusammenführung dargestellt durch eine Raute mit den Zeichen MM darin.

Zeichen *MM* darin dar. Anders als bei den vorangegangenen Mustern ist dies kein Symbol aus der Modellierungssprache BPMN.

Motivation: Dieses Muster wird verwendet, wenn die zusammenführende Aktivität jedesmal ausgeführt werden soll, wenn einer der davorliegenden Pfade abgeschlossen ist. Dies bedeutet, dass die zusammenführende Aktivität mehrfach aktiviert werden kann, im Gegensatz zum oben erklärten Muster Multi-Zusammenführung, bei dem die zusammenführende Aktivität nur einmal aktiviert wird.

Beispiel: Die Aktivitäten *Flug buchen* und *Hotel buchen* erfolgen parallel zueinander. Die Beendigung jeder der Aktivitäten führt zur Aktivierung der Aktivität *Reiseunterlagen speichern*. Das bedeutet, dass die Aktivität *Reiseunterlagen speichern* zweimal aktiviert wird, so dass einmal die Reiseunterlagen für den Flug und einmal die Reiseunterlagen für das Hotel gespeichert werden. In der Folge werden auch die Aktivitäten *Anzahlung per Überweisung veranlassen* oder *Anzahlung per Kreditkarte veranlassen* mehrfach ausgeführt.

Die mehrfache Ausführung von Aktivitäten kann womöglich zu unerwünschtem Verhalten der nachgelagerten Aktivitäten führen.

Überlegen Sie, weshalb es in dem Prozessmodell in Abb. 2.6 zum unerwünschtem Verhalten kommen kann.

Die Antwort auf die soeben gestellte Frage ist die folgende: Bei einer Kombination von Kontrollflussmustern wie in Abb. 2.6 können auch die Aktivitäten G und H aufgrund der zweifachen Aktivierung der Aktivität F zweimal ausgeführt werden, was eventuell nicht beabsichtigt war. Das trifft auf den Prozess in Abb 2.5 zu, wo es wohl nicht gewünscht ist, dass mehrfach eine Anzahlung veranlasst wird. Abb. 2.7 zeigt, welche Ausführungsoptionen es im Geschäftsprozessmodells aus Abb. 2.6 gibt, nachdem die Aufgaben B, C, D und E beendet sind.

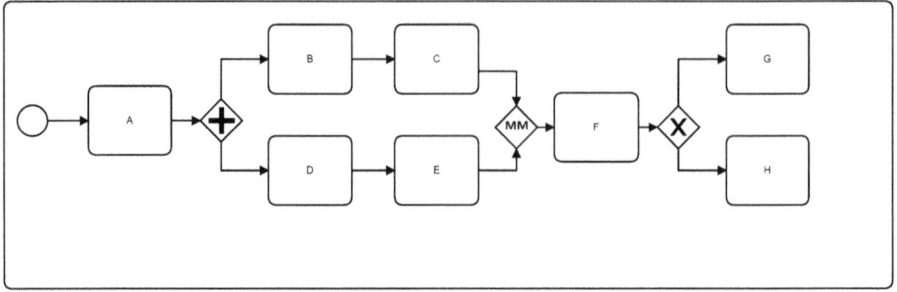

Abb. 2.6: Die Verwendung des Kontrollflussmusters *Mehrfache Zusammenführung* mit Buchstaben als Elementnamen.

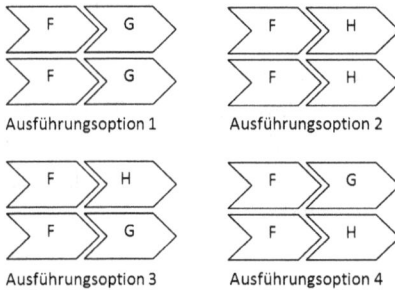

Ausführungsoption 1   Ausführungsoption 2

Ausführungsoption 3   Ausführungsoption 4

Abb. 2.7: Ausführungsoptionen für das Geschäftsprozessmodell aus Abb. 2.6. Die Aktivitäten G und H könnten zweimal ausgeführt werden, ohne dass dies beabsichtigt ist.

2.1.6 Strukturierter Diskriminator

Um die Ausführungen von Aktivitäten nach einer Zusammenführung von parallelen Zweigen zu kontrollieren, kann das Muster **Strukturierter Diskriminator** (engl. *structured discriminator*) verwendet werden. In Abb. 2.8 ist der Strukturierte Diskriminator mit dem Symbol ❖ dargestellt.

Motivation: Das Muster Strukturierter Diskriminator wird verwendet, um die Ausführung von Aktivitäten nach einer Zusammenführung von nebenläufigen Aktivitäten zu kontrollieren. Dem Diskriminator muss das Kontrollflussmuster *Und-Teilung* vorausgehen. Die nachfolgenden Aktivitäten werden einmal (und nur einmal) ausgeführt. In der Kombination mit Schleifen (vgl. Iterationsmuster in Abschnitt 2.1.7) ist dieses Muster sehr nützlich, um unerwünschtes Verhalten im Prozess zu verhindern.

Beispiel: Die Aktivitäten *Flug buchen* und *Früher gebuchtes Hotel buchen* werden nebenläufig ausgeführt. Wurde die Aktivität *Flug buchen* beendet, soll die Folgeaktivität *Visaunterlagen beantragen* nur einmal gestartet werden – unabhängig davon, ob die Aktivität *Früher gebuchtes Hotel buchen* noch aktiv ist. Das Beenden der Aktivität *Früher gebuchte Hotel buchen* führt nicht zur wiederholten Aktivierung der Aktivität *Visaunterlagen beantragen*.

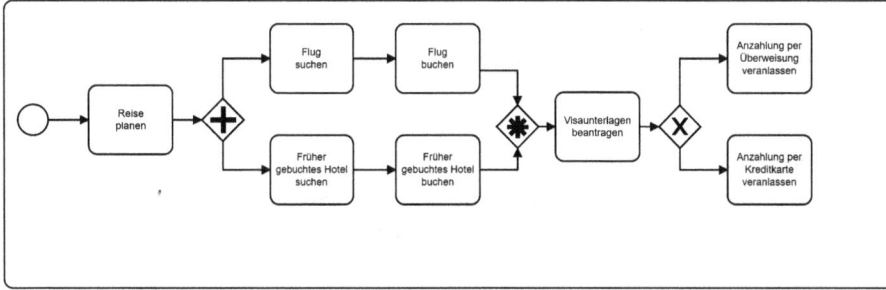

Abb. 2.8: Durch die Verwendung des Kontrollflussmusters Strukturierter Diskriminator werden die Aktivitäten F sowie danach G oder H nur einmal ausgeführt.

2.1.7 Iterationsmuster

Mit **Iterationsmustern** (engl. *iteration patterns*) können **Schleifen** bzw. **Zyklen**, d. h. Rücksprünge zu früheren Aktivitäten, in einem Prozessmodell dargestellt werden.

Das Kontrollflussmuster **Strukturierte Schleife** (engl. *structured loop*) stellt Wiederholungen in Prozessmodellen in einer strukturierten Weise dar, während die Verwendung des Kontrollflussmusters **Unstrukturierter Zyklus** (engl. *arbitrary cycles*) zu einer unstrukturierten Modellierung führt und möglichst vermieden werden sollte. In Abschnitt 5.2.6 werden wir darauf noch einmal eingehen.

Motivation: Das Kontrollflussmuster Strukturierte Schleife beschreibt die mehrfache Wiederholung einer Aktivität oder eines aus mehreren Aktivitäten und ihren Verbindungen bestehenden Teils des Prozessmodells. Diese Wiederholung erfolgt so oft, bis eine bestimmte Bedingung erfüllt ist. Dies entspricht den aus der strukturierten Computerprogrammierung bekannten Kontrollstrukturen while...do oder repeat...until.

Beispiel: Die Bestandteile einer Reise (eine beliebige Anzahl an Flügen und Hotelreservierungen) sollen schrittweise gesucht und gebucht werden, bis die gesamte Reise komplett organisiert ist. Nach jeder Buchung eines Bestandteils sollen die Reisedokumente gespeichert werden. Das Modell in Abb. 2.9 nutzt hierfür das Kontroll-

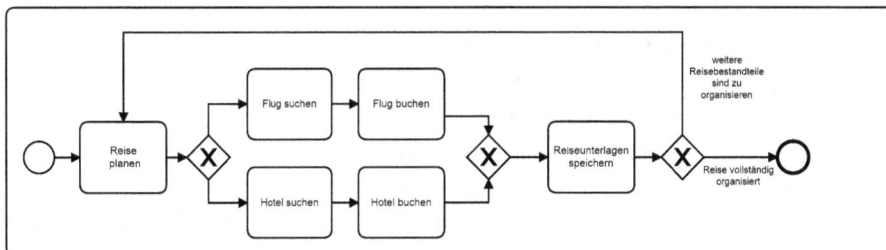

Abb. 2.9: Iterationsmuster *Strukturierte Schleife*.

flussmuster *Strukturierte Schleife*. Der „Rücksprung" im Modell sorgt dafür, dass ein Teilmodell mehrfach durchlaufen werden kann. Zu beachten ist in dieser Abbildung, dass hier die Aktivität *Reise planen* zwei eingehende Pfeile hat. Das bedeutet, dass diese Aktivität (ebenso wie die Folgeaktivitäten) mehrfach ausgeführt werden kann.

Demgegenüber veranschaulicht Abb. 2.10 das Muster *Unstrukturierter Zyklus*. Im Beispiel wird zunächst entschieden, eine Reise entweder als Komplettpaket zu buchen oder die einzelnen Reisebestandteile (Übernachtung und Flug) einzeln zu suchen und zu buchen. Nach jeder erfolgten Buchung werden die Reiseunterlagen gespeichert. Hier liegt das Ziel des Rücksprungs innerhalb des Modellfragments, das mit einer Exklusiv-Oder-Teilung beginnt und einer Exklusiv-Oder-Zusammenführung endet. Diese Muster werden somit mit der Darstellung des Rücksprungs „vermischt", was die Verständlichkeit von Modellen negativ beeinflussen kann und auch die Gefahr von Modellierungsfehlern erhöht.

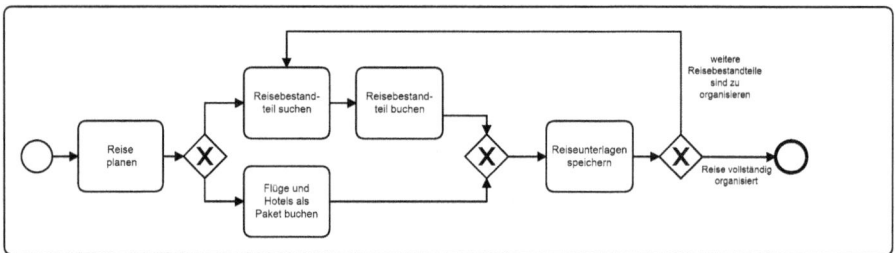

Abb. 2.10: Iterationsmuster: Unstrukturierter Zyklus.

Zusammengefasst dienen die Kontrollflussmuster *Strukturierte Schleife* und *Unstrukturierter Zyklus* dazu, die mehrfache, *wiederholte* Ausführung von Modellteilen darzustellen. Demgegenüber erlauben die im Folgenden dargestellten Kontrollflussmuster auch die Modellierung mehrerer Instanzen einer Aktivität, die *zur gleichen Zeit* ausgeführt werden können.

2.1.8 Mehrfachinstanzmuster

Die Kategorie der **Mehrfachinstanzmuster** (engl. *multiple instance pattern*) wird verwendet, um die Ausführung mehrerer Instanzen einer Aktivität zu modellieren. Es gibt die folgenden Arten, wie neue Instanzen erzeugt werden:

1. Eine Aktivität ist selbst in der Lage, mehrere Instanzen von sich selbst durch explizite Angabe der gewünschten Instanzen zu erzeugen. Angenommen wir wissen, dass 5 Kopien von Reiseunterlagen benötigt werden, dann wird diese Information bei der Aktivität hinterlegt. Wenn die entsprechende Aktivität aktiviert wird, dann werden 5 Instanzen erzeugt.

2. Von einer Aktivität werden mehrere Instanzen durch unabhängige vorangehende Auslöser erzeugt. In den Abbildungen 2.5 und 2.6 haben wir beispielsweise die mehrfache Aktivierung einer Aktivität durch das Muster *Mehrfache Zusammenführung* diskutiert. Je nachdem, ob mehrere Instanzen erwünscht sind, kann mit dem Muster *Strukturierter Diskriminator* entgegengewirkt werden.

3. Mehrere Aktivitäten teilen sich in einem Prozess dieselbe Implementierungsdefinition (z. B. bei einer Aktivität mit mehreren Instanzen dieselbe Aktivitätsdefinition). Zwei (oder mehr) dieser Aktivitäten können so ausgelöst werden, dass sich die Ausführungen der Aktivitäten überschneiden.

Unterscheiden lassen sich Mehrfachinstanzmuster anhand von drei Merkmalen:

1. Wie neue Instanzen erzeugt werden: wie soeben beschrieben

2. Wann die Anzahl der Instanzen bekannt ist: die Anzahl der Instanzen wird entweder zur Entwurfszeit (engl. *design-time*) oder erst zur Laufzeit (engl. *run-time*) bekannt. Ist die Anzahl der Instanzen einer Aktivität zur Entwurfszeit bekannt, heißt das, dass man schon bei der Erstellung des Modells weiß, dass beispielsweise *immer* fünfmal die Aktivität „Reiseunterlagen kopieren" ausgeführt werden muss. Das Muster zur Erzeugung der Aktivitäts-Instanzen heißt dann **Multiple Instances with a priori Design-Time Knowledge**. Entscheidet sich die Zahl der nötigen Kopien erst während der Prozessausführung (z. B. in Abhängigkeit von der Zahl der mitreisenden Personen), spricht man davon, dass die Zahl der Instanzen dieser Aktivität erst zur Laufzeit bekannt ist. Diesen Fall beschreiben die Kontrollflussmuster **Multiple Instances with a priori Run-Time Knowledge** und **Multiple Instances without a priori Run-Time Knowledge**.

3. Ob andere nachfolgende Aktivitäten auf die Fertigstellung aller gestarteter Instanzen warten müssen. Soll keine solche Synchronisation stattfinden, wird das Muster **Mehrfachinstanzaktivitäten ohne Synchronisation** (engl. *multiple instances without synchronization*) verwendet.

Wir wollen nicht alle Mehrfachinstanzmuster im Detail diskutieren, sondern an dieser Stelle nur das Muster *Mehrfachinstanzaktivitäten ohne Synchronisation* motivieren.

Motivation: Das Kontrollflussmuster *Mehrfachinstanzaktivitäten ohne Synchronisation* ermöglicht die Erzeugung und Ausführung mehrerer Instanzen einer Aktivität, ohne dass nachfolgende Aktivitäten auf die Fertigstellung all dieser Instanzen warten müssen. Die Instanzen können unabhängig voneinander ausgeführt werden. Sobald die letzte Instanz der Aktivität erzeugt wurde, kann die nachfolgende Aktivität ausgeführt werden, vgl. Abb. 2.11.

Beispiel: Eine Liste mit Reisebuchungen wurde vom Reisebüro empfangen. Für jede Reisebuchung wird eine Empfangsbestätigung verschickt. Das Versenden der Empfangsbestätigungen läuft unabhängig voneinander ab. Sobald alle Aufgaben *Bestätigung verschicken* im Prozessausführungssystem angelegt (aber noch nicht

Abb. 2.11: Mehrfachinstanzaktivitäten ohne Synchronisation.

notwendigerweise beendet oder auch nur tatsächlich gestartet) wurden, kann die Folgeaufgabe *Bestätigung speichern* beginnen.

2.1.9 Zustandsbasierte Muster

Zustandsbasierte Muster (engl.: *state-based patterns*) erlauben es, die Prozessausführung abhängig von einem Zustand zu machen. So kann das Muster **Meilenstein** (engl. *milestone*) ausdrücken, dass eine Aktivität nur dann aktiviert werden kann, wenn sich der Prozess in einem bestimmten Zustand befindet. Weitere zustandsbasierte Muster sind **Interleaved Parallel Routing** und **Deferred Choice**. Letzteres wollen wir ein wenig genauer betrachten:

Das Kontrollflussmuster *Deferred Choice* ermöglicht die Aktivierung von Aktivitäten abhängig von Entscheidungen der externen Prozessumgebung (z. B. Nachrichten, Entscheidungen).

Motivation: Das Kontrollflussmuster *Deferred Choice* ermöglicht, abhängig von Variablen der physischen Umgebung (z. B. eintreffende Nachrichten, verfügbare Ressourcen etc.) eine Entscheidung über den Prozessverlauf zu treffen. Zu einem bestimmten Zeitpunkt gibt es mehrere Möglichkeiten, den Prozess fortzusetzen.

Beispiel: Es gibt die Möglichkeit, mit dem Bus oder mit dem Taxi vom Flughafen zum Hotel zu fahren. Je nachdem, ob der Reisende nach Verlassen des Flughafengebäudes zuerst einen Bus oder ein Taxi vorfahren sieht, wählt er diese Beförderungsmöglichkeit.

Wie auf Seite 65 beschrieben wird, wird dieses Muster in der Modellierungssprache BPMN auch häufig dazu verwendet, um den Fall zu modellieren, dass nach einer gewissen Wartezeit etwas Erwünschtes nicht passiert ist, also z. B. eine Anfrage nicht innerhalb einer Woche beantwortet wurde.

2.1.10 Abbruchmuster

Abbruchmuster und Muster mit erzwungenem Ende (**Cancellation and Force Completion Patterns**) ermöglichen die Modellierung von Abbrüchen einer oder mehrerer Aktivitäten oder des gesamten Prozesses.

Motivation: Abbruchmuster werden verwendet, wenn eine bereits geplante, aber noch nicht tatsächlich begonnene Aktivität oder eine Prozessinstanz vor der Ausführung zurückgezogen werden soll oder eine Menge von Aktivitäten (**Cancel Region**) abgebrochen werden soll. Für den Abbruch einer aktivierten Aktivität wird das Kontrollflussmuster **Aufgabe abbrechen** (engl. *cancel task*) verwendet. Der Abbruch einer Prozessinstanz wird mit dem Muster **Fall abbrechen** (engl. *cancel case*) modelliert. Beim Muster *Fall abbrechen* werden alle gegenwärtig ausgeführten Aktivitäten abgebrochen. Weitere Aktivitäten der betroffenen Prozessinstanz, deren Ausführung für die Zukunft geplant wurde, werden ebenfalls nicht mehr gestartet.

Beispiele: Für das Muster *Aufgabe abbrechen*: Zwei Mitarbeiter suchen in verschiedenen Foto-Datenbanken nach einem Foto für den Reisekatalog. Sobald einer von ihnen ein Foto gefunden hat, sucht der zweite Mitarbeiter nicht weiter, die entsprechende Aufgabe kann also abgebrochen werden.

Für das Muster *Fall abbrechen:* Eine Prozessinstanz wird abgebrochen, wenn während des Buchungsprozesses festgestellt wird, dass der Kunde die Reise nicht bezahlen kann. Als Konsequenz werden alle Aktivitäten abgebrochen, die mit dieser Prozessinstanz verbunden sind.

2.1.11 Beendigungsmuster und Triggermuster

Beendigungsmuster (engl. *termination patterns*) beschreiben Umstände, die zur Beendigung eines Geschäftsprozesses führen. Triggermuster (engl. *trigger patterns*) beschreiben externe Einflüsse, die notwendig sind, damit eine bestimmte Aufgabe gestartet werden kann.

Abb. 2.12 zeigt die Kombination von mehreren Kontrollflussmustern anhand des Reisebuchungsprozesses. Zahlreiche Übungsaufgaben zu Kontrollflussmustern finden sich in [21].

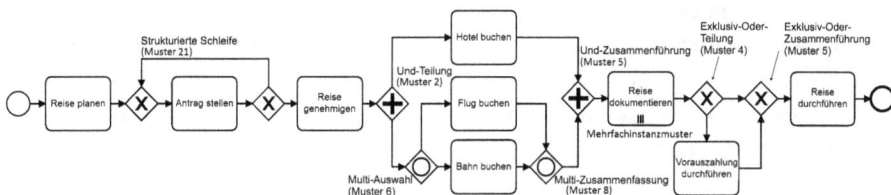

Abb. 2.12: Kombination mehrerer Kontrollflussmuster anhand des Reisebuchungsprozesses.

2.2 Workflow-Ressourcen- und Datenmuster

Die bisher besprochenen Kontrollflussmuster befassen sich mit der Prozesssicht, also der Organisation der Reihenfolge, in der Aktivitäten ausgeführt werden. Daneben wurden auch Workflow-Muster beschrieben, die andere Sichten betrachten, nämlich die Organisations- sowie die Datensicht.

Workflow-**Ressourcenmuster** (engl. *resource patterns*) beschäftigen sich mit der Frage, wie die Aktivitäten einem Ausführenden zugeordnet werden [81]. Unter „Ausführenden" verstehen wir dabei sowohl menschliche Ressourcen (einzelne Bearbeiter oder Organisationseinheiten, die für eine Aktivität verantwortlich sind), aber ebenso auch nicht-menschliche Ressourcen wie Computersysteme, die Aufgaben ausführen.

Mit Hilfe von Ressourcenmustern kann untersucht werden, wie die Arbeit den Ausführenden angeboten, zugewiesen und von ihnen verwaltet wird. Wie die Kontrollflussmuster, so unterstützen auch die Ressourcenmuster die Evaluation und den Vergleich von Geschäftsprozessmanagementsystemen.

Die 43 in der Literatur beschriebenen Ressourcenmuster werden in die folgende Kategorien unterteilt:

– **Muster zur Definition von Regeln zur Zuordnung von Aufgaben zu Ressourcen** (engl. *creation patterns*) beschreiben die Modellierung von Regeln zur Definition von Rollen, Verantwortlichkeiten und Berechtigungen sowie von Vorschriften, nach welchem Verfahren die Aufgaben an Ressourcen zugewiesen werden.

– **Muster zur Zuordnung von Aufgaben zu Ressourcen** (engl. *push patterns*) beschreiben, wie Aufgaben den Ausführenden zur Bearbeitung zugewiesen oder angeboten werden können.

– **Muster zum Abruf von Aufgaben durch Ressourcen** (engl. *pull patterns*) beschreiben, wie die Ausführenden anstehende Aufgaben zur Ausführung auswählen.

– **Umleitungsmuster für Aufgaben** (engl. *detour patterns*) beschreiben die Behandlung von Situationen, in denen die ursprünglich vorgesehene Zuordnung von Aufgaben zu Ausführenden geändert werden muss.

– **Auto-Startmuster** (engl. *auto-start patterns*) beschreiben die Fähigkeit von Ausführenden, mit der Abarbeitung einer Aufgabe zu beginnen, sobald diese Aufgabe zugewiesen wurde bzw. alle vorhergehenden Aufgaben fertiggestellt sind.

– **Sichtbarkeitsmuster** (engl. *visibility patterns*) beschreiben, inwiefern die Verfügbarkeit von Aufgaben für die Ausführenden sichtbar sein soll.

– **Muster, bei der einer Ressource mehrere Aufgaben oder einer Aufgabe mehrere Ressourcen zugeordnet werden können** (engl. *multiple resource patterns*) beschäftigen sich mit Fällen, wo keine 1:1-Zuordnung zwischen Aufgaben und Ausführenden besteht.

Workflow-**Datenmuster** (engl. *data patterns*) erfassen die Möglichkeiten, wie Daten in Workflows dargestellt und verwendet werden [79]. Auch Datenmuster können zum

Vergleich von Geschäftsprozessmanagementsystemen genutzt werden, indem beispielsweise die Datenunterstützung für parallel ausführbare Aktivitäten untersucht wird.

Die Datenmuster sind in die folgenden Kategorien untergliedert:

- **Datensichtbarkeit** (engl. *data visibility*) – Diese Muster befassen sich damit, in welchem Kontext die im Prozess anfallenden Daten gespeichert werden sollen. So gibt es beispielsweise die Möglichkeit, Daten nur im Kontext einer Aufgabe zu speichern. Andere Aufgaben derselben Prozessinstanz und erst recht Aufgaben anderer Prozessinstanzen haben dann keinen Zugriff auf diese Daten.
- **Interne Dateninteraktion** (engl. *internal data interaction*) – Diese Muster befassen sich damit, wie Daten zwischen den Aufgaben einer Prozessinstanz oder auch zwischen verschiedenen Prozessinstanzen ausgetauscht werden können.
- **Externe Dateninteraktion** (engl. *external data interaction*) – Diese Muster befassen sich damit, wie Daten zwischen dem Geschäftsprozess und der Umwelt ausgetauscht werden können.
- **Datenübertragung** (engl. *data transfer*) – Diese Muster ergänzen die Muster zur Dateninteraktion. Sie beschreiben die technische Umsetzung der Datenweitergabe.
- **Datenbasierte Flusssteuerung** (engl. *data-based routing*) – Diese Muster befassen sich damit, wie Daten den Kontrollfluss eines Prozesses beeinflussen können. Beispielsweise kann die Aufgabe *Feueralarm auslösen* gestartet werden, sobald die Daten eines Rauch- oder Temperatursensors einen gewissen Wert überschreiten.

3 Ereignisgesteuerte Prozessketten

3.1 Geschichte und Bedeutung

Die Modellierungssprache der Ereignisgesteuerten Prozesskette (EPK) wurde 1992 von einer Arbeitsgruppe des Instituts für Wirtschaftsinformatik in Saarbrücken entwickelt, ursprünglich, um die Prozesse des bei der Firma SAP in Entwicklung befindlichen R/3-Systems abzubilden. Zu dieser Zeit dominierte in der Modellierung die Betrachtung des Datenflusses. Für die Modellierung des zeitlich-logischen Ablaufs eines Prozesses waren neue Modellierungskonzepte notwendig.

Bei der Entwicklung der Modellierungssprache EPK stand also das Ziel im Vordergrund, eine schon implementierte Software durch Modelle zu dokumentieren. Die Modelle sollten auch für Praktiker aus der Betriebswirtschaft verständlich sein. Dagegen war modellgetriebene Softwareentwicklung ursprünglich nicht das Ziel der EPK, weshalb auch die Definition einer formalen Syntax zunächst nicht im Vordergrund stand.

Die EPK fand vor allem in den deutschsprachigen Ländern eine weite Verbreitung. Der Grund hierfür lag darin, dass das SAP R/3-Referenzmodell in Form von EPK-Modellen zur Verfügung gestellt wurde und dass die Modellierungsmethode in die für die betriebliche Modellierung weitverbreiteten ARIS-Werkzeuge der Firma IDS Scheer (später: Software AG) aufgenommen wurde.

Eine große Zahl von strukturierten Prozessen wurde in den Jahren seit der Einführung der Modellierungssprache der Ereignisgesteuerten Prozessketten als EPK modelliert, und das Wissen über diese Modellierungssprache ist unter Wirtschaftsinformatikern weit verbreitet.

Heute ist zu beobachten, dass Modellierungsprojekte in der Regel in der „moderneren" Notation der BPMN durchgeführt werden (siehe Kapitel 4). Eine Gegenüberstellung von EPK und BPMN findet sich in Abschnitt 3.7.

3.2 Bestandteile von EPK-Diagrammen

Die wichtigsten Elemente von EPKs sind **Funktionen** (engl. *functions*, dargestellt als Rechteck, meist mit abgerundeten Ecken) und **Ereignisse** (engl. *events*, dargestellt als Sechseck). Unter einer Funktion wird verstanden, was in den meisten anderen Kapitel dieses Buches mit „Aufgabe" bezeichnet ist: eine fachliche Tätigkeit, von der man einen Anfangs- und einen Endzeitpunkt angeben kann. Eine Funktion kann also so etwas wie *Antrag prüfen, Reiseunterlagen übergeben* oder *Mietvertrag unterzeichnen* sein. Unter einem Ereignis versteht man das Auftreten eines beobachtbaren Zustands. Beispiele für Ereignisse sind: *Ein Kunde hat das Geschäft betreten, Ein neuer Monat hat begonnen* oder *Die Internetsuche lieferte kein Ergebnis*. Ereignisse können Auslöser wie auch Ergebnis einer Funktion sein. So kann das Ereignis *Antrag eingegangen* die Funktion *Antrag prüfen* auslösen, deren Ergebnis das Ereignis *Antrag wurde geprüft* ist. Der Grundgedanke, dass Ereignisse die Ausführung von Funktionen veranlassen, gab der

https://doi.org/10.1515/9783110500165-003

```
   ⬡ Antrag
     eingegangen

       ⬍

   ▭ Antrag
     prüfen

       ⬍

   ⬡ Antrag
     wurde
     geprüft
```

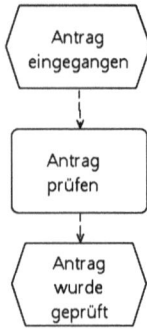

Abb. 3.1: Ein einfaches EPK-Modell.

Modellierungssprache ihren Namen. Aus den drei im Beispiel genannten Elementen lässt sich schon ein (sehr einfaches) EPK-Modell erstellen, zu sehen in Abb. 3.1.

Allgemein beginnen EPKs immer mit einem (oder mehreren) Ereignissen, die wir als **Startereignisse** (engl. *start events*) bezeichnen. Sie enden auch mit einem (oder mehreren) Ereignissen, die **Endereignisse** (engl. *end events*) heißen. Dazwischen wechseln sich Ereignisse und Funktionen ab. Dadurch soll deutlich gemacht werden, dass die Ereignisse (oder anders formuliert: die im Prozess erreichten Zustände) für die Steuerung der Abarbeitung verantwortlich sind. Der Blick auf Start- und Endereignisse ist sehr hilfreich, um die ersten wichtigen Informationen über einen Prozess zu erhalten. Die Startereignisse beschreiben die Vorbedingung der Prozessausführung. Sie zeigen also die Voraussetzungen dafür, dass der Prozess ausgelöst werden kann. Die Endereignisse beschreiben die Nachbedingung der Prozessausführung. Sie zeigen die möglichen Ergebnisse des Prozesses. Der in Abb. 3.1 gezeigte Prozess endet also immer mit dem Ergebnis *Antrag wurde geprüft*.

Die Forderung, dass sich Ereignisse und Funktionen im Prozessablauf abwechseln, kann zur Modellierung sog. Trivialereignisse führen, die für den Leser des Modells keine hilfreichen Informationen beinhalten (siehe Abb. 3.2). Es ist üblich, diese Trivialereignisse bei der Modellierung wegzulassen. Dadurch entstehen besser lesbare Modelle (Abb. 3.3).

Wenn wir uns noch einmal das Modell in Abb. 3.1 ansehen, stellen wir fest, dass die Prozessdarstellung noch unbefriedigend ist. Denn die Prüfung eines Antrags führt ja nicht zu dem allgemein formulierten Ereignis *Antrag wurde geprüft*. Tatsächlich gibt es mindestens zwei verschiedene Ereignisse, die möglich sind: *Antrag wurde bewilligt* und *Antrag wurde abgelehnt*. Solche Entscheidungen im Kontrollfluss werden in der EPK mit sog. **Verknüpfungsoperatoren** (auch Konnektoren, engl. *connectors* genannt) dargestellt. Diese werden durch einen Kreis mit einem Symbol darin dargestellt. Es gibt zwei Arten von Verknüpfungsoperatoren: **Teilungen** bzw. **Splits** haben genau einen eingehenden und mehr als einen ausgehenden Pfeil. Sie spalten also den Kontrollfluss in mehrere (alternative oder parallel zu bearbeitende) Pfade auf. **Zusammenführungen** bzw. **Joins** haben mehr als einen eingehenden und genau einen aus-

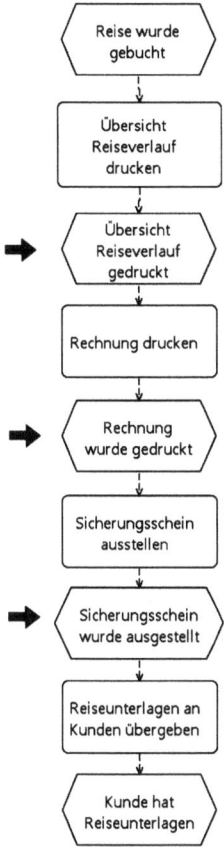

Abb. 3.2: EPK mit vielen
Trivialereignissen.

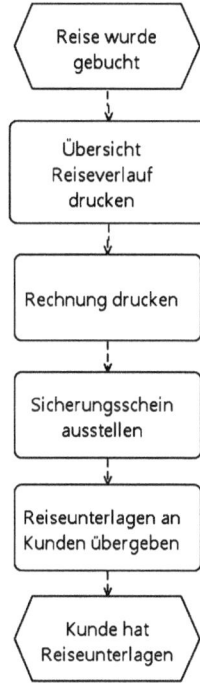

Abb. 3.3: Im Vergleich zu Abb. 3.2
kompaktere Darstellung.

gehenden Pfeil, führen also mehrere (alternative oder parallel zu bearbeitende) Pfade wieder zusammen.

Eine Entscheidung aus mehreren Möglichkeiten, von denen genau eine ausgewählt wird, ist eine Exklusiv-Oder-Teilung und wird mit einem **XOR-Split** (Symbol: $\otimes$) dargestellt. Die auf den XOR-Split folgenden Ereignisse zeigen an, welche möglichen Zustände eintreten können. In Abb. 3.4 heißt das, dass nach der Prüfung zwei Möglichkeiten (Genehmigung und Ablehnung) existieren.

Natürlich kann der Prozess auch noch weitergehen: Nach der Entscheidung für eine Genehmigung oder Ablehnung kann der entsprechende Bescheid verschickt werden. Wie es danach weitergeht, ist wieder unabhängig vom Ausgang der Prüfung: In jedem Falle ist nämlich der Antrag zu archivieren. Wir sehen am Beispiel von Abb. 3.5, dass auch zum Zusammenführen von mehreren Ausführungspfaden wieder das Symbol $\otimes$ verwendet wird. Wir sprechen dann von einem **XOR-Join**, der eine Exklusiv-Oder-Zusammenführung darstellt.

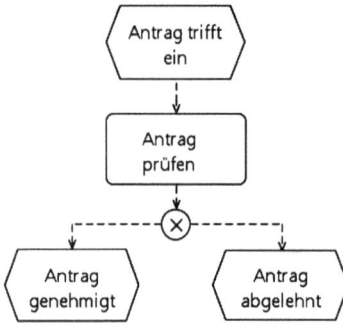

Abb. 3.4: Modellierung einer Alternative mit einem XOR-Split.

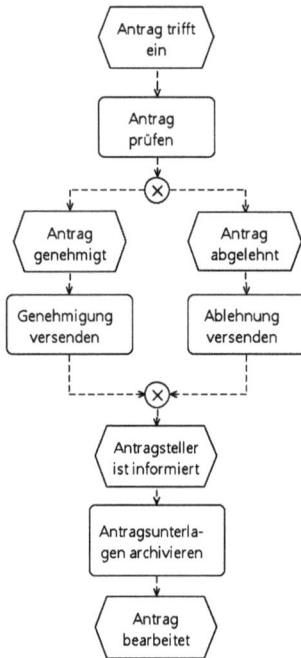

Abb. 3.5: Die alternativen Zweige werden unten wieder zusammengeführt.

Und-Teilung sowie Und-Zusammenführung können wir mit **AND-Split** bzw. **AND-Join** (Symbol: ∧) darstellen.

So wie durch XOR-Split und XOR-Join eine Entscheidung zwischen mehreren Alternativen modelliert wird, besagt eine Kombination aus AND-Split und AND-Join, dass Funktionen zur gleichen Zeit (parallel) ausgeführt werden können. Ein Beispiel dazu ist in Abb. 3.6 gezeigt. Anzumerken ist, dass ein solches Modell keinesfalls fordert, dass die „parallelen" Funktionen exakt zur gleichen Zeit begonnen und abgeschlossen werden oder dass sich die Zeiten ihrer Ausführung überhaupt überschneiden müssen. Es ist lediglich dargestellt, dass es möglich ist, dass an beiden Funktionen zur gleichen Zeit gearbeitet wird.

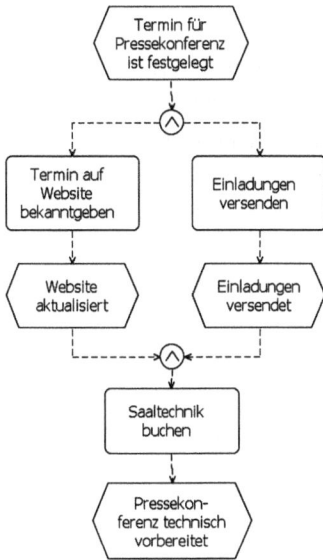

Abb. 3.6: Modellierung paralleler Abläufe mit AND-Split und AND-Join.

Neben XOR (*exklusiv-oder:* genau ein Pfad wird ausgewählt) und AND (*und:* alle Pfade müssen durchlaufen werden) gibt es eine weitere Art von Splits und Joins: Ein **OR-Split** (Symbol: ⊗) zeigt an, dass von den ausgehenden Pfaden beliebig viele, aber mindestens einer durchlaufen werden muss. Im Beispiel von Abb. 3.7 kann der Kunde mehr als eine Leistung auswählen. Mindestens eine muss aber ausgewählt werden. An dem Beispiel sieht man auch, dass von einem Split auch mehr als zwei Pfade ausgehen können bzw. ein Join mehr als zwei Pfade zusammenführen kann. Das gilt ebenso für XOR- und AND-Splits bzw. -Joins.

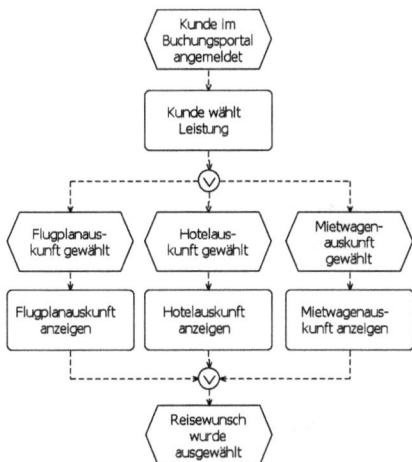

Abb. 3.7: Beliebig viele, jedoch mindestens ein Zweig können (parallel) ausgeführt werden.

Man überlege sich nun, wie viele Wahlmöglichkeiten, welche der von einem Split ausgehenden Pfade zu durchlaufen sind, es bei einem Split mit n ausgehenden Pfaden jeweils gibt. Bei einem AND-Split ist es genau eine, da stets alle Pfade zu durchlaufen sind. In welcher Reihenfolge allerdings die Funktionen auf den n Ausgangspfaden gestartet und beendet werden, ist durch das Modell nicht dargestellt. Bei einem XOR-Split gibt es n Möglichkeiten einen der Pfade auszuwählen. Nach einem OR-Split gibt es $2^n - 1$ Möglichkeiten.

? Überlegen Sie sich, wie wir zu der Formel $2^n - 1$ kommen!

Es ist noch anzumerken, dass OR-Splits und -Joins von weniger erfahrenen Modellierern zu häufig genutzt werden. Ein Modellierungsanfänger ist gut beraten, jedes OR in einem Modell kritisch zu hinterfragen. Er wird oft feststellen, dass der Sachverhalt besser durch ein XOR modelliert werden sollte. Situationen wie in Abb. 3.7, die wirklich ein OR erfordern, sind eher selten.

Generell gilt, dass Verknüpfungsoperatoren sowohl nach bzw. vor Ereignissen als auch nach bzw. vor Funktionen benutzt werden dürfen – mit einer Ausnahme: Vor XOR- bzw. OR-Splits **muss** eine Funktion stehen. Der Grund dafür ist einfach: Ein (X)OR-Split wird immer dann verwendet, wenn zuvor eine Entscheidung gefallen ist, welche von mehreren alternativen Möglichkeiten auszuführen ist bzw. sind. Diese Entscheidung soll ausdrücklich modelliert werden. Im Modell von Abb. 3.8 fehlt offensichtlich eine wichtige Information: Wie soll entschieden werden, welche der beiden Möglichkeiten einer Prüfung gewählt werden soll? Erst mit dieser zusätzlichen Funktion wie in Abb. 3.9 ist das Modell vollständig. Wir merken uns also: Vor einem (X)OR-Split muss immer eine Funktion – kein Ereignis – stehen!

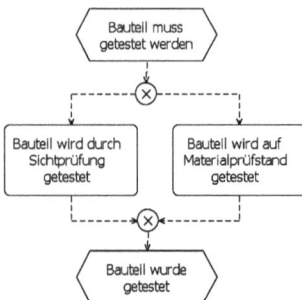

Abb. 3.8: Fehlerhaftes Modell: Es fehlt die Entscheidung vor dem XOR-Split.

Abb. 3.9: Korrektes Modell mit einer Funktion, die die Entscheidung darstellt.

In komplexen Modellen treten die von Splits und Joins gebildeten Blöcke auch oft ineinander „verschachtelt" auf, vgl. dazu Abb. 3.10. Der AND-Split gleich nach dem Startereignis sorgt dafür, dass zwei Stränge des Modells parallel bearbeitet werden. Im linken Strang folgt nach Funktion B eine Aufteilung in drei alternative Möglichkeiten. Je nachdem, welcher Fall eintritt (modelliert durch die Ereignisse D, E oder F), wird als nächstes die Funktion H, I bzw. J ausgeführt. Im rechten Strang sehen wir, dass es auch möglich ist, einen Pfeil vom XOR-Split direkt zum XOR-Join zu zeichnen. In unserem Modell bedeutet das, dass die Ausführung der Funktion K entfallen kann, wenn der durch das Ereignis O beschriebene Zustand bereits ohne Ausführung von K erreicht wurde.

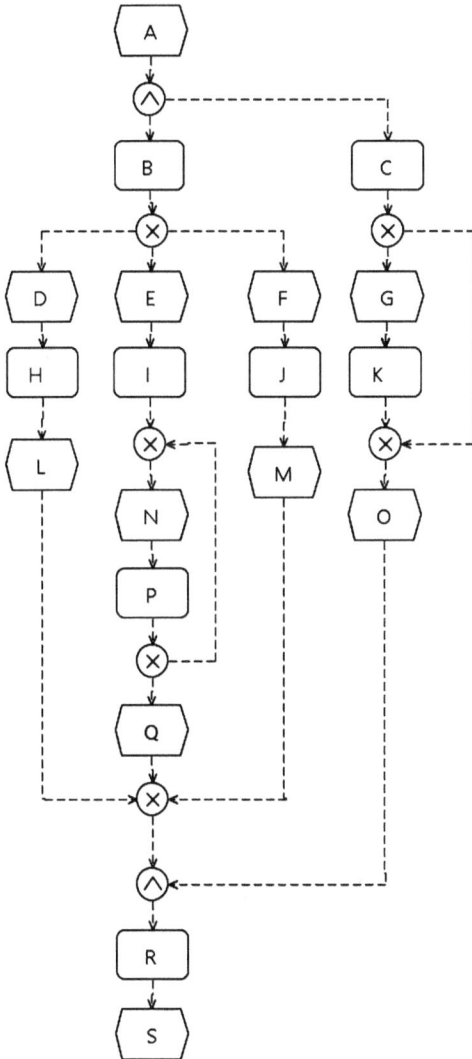

Abb. 3.10: Umfangreicheres EPK-Modell.

Abb. 3.10 zeigt noch eine weitere Möglichkeit der Verwendung von XOR-Konnektoren: Die Funktion P kann wiederholt ausgeführt werden. Der Pfeil „zurück" sagt aus, dass P solange zu wiederholen ist, bis der durch das Ereignis Q bezeichnete Zustand eintritt. Das Ereignis Q modelliert also den Erfolg, während das Ereignis N besagt, dass noch ein Schritt (nämlich P) auszuführen ist, um zum Erfolg zu kommen. Zu beachten ist, dass auch bei der Modellierung eines solchen Rücksprungs immer ein Paar aus XOR-Split und XOR-Join zu verwenden ist. Falsch wäre es, den Rücksprung so zu modellieren, dass eine Funktion oder ein Ereignis mehr als einen eingehenden Pfeil hat.

Auch wenn es sich bei Abb. 3.10 um ein etwas umfangreicheres Modell handelt, stellen wir fest, dass jedem Split ein Join des gleichen Typs zugeordnet ist. Das erlaubt es dem Leser des Modells, den Prozess gedanklich in überschaubare „Teil-Bausteine" zu zerlegen, also etwa nur den Teil zwischen Funktion C und Ereignis O zu betrachten. Im Sinne einer verständlichen Modellierung ist es erstrebenswert, eine solche Art der Modellierung einzuhalten. Allerdings erlaubt die Modellierungssprache EPK, Splits und Joins auch auf beliebige andere Weise zu kombinieren. Einen typischen Fall, in dem dies sinnvoll ist, sehen wir in Abb. 3.11. Die beiden Prüfungen können parallel durchgeführt werden, da hierfür verschiedene Abteilungen zuständig sind. Kommen beide Prüfungen zu einem positiven Ergebnis – und nur dann – kann der Vertrag unterschrieben werden. Ist aber das Ergebnis mindestens einer Prüfung negativ, darf der

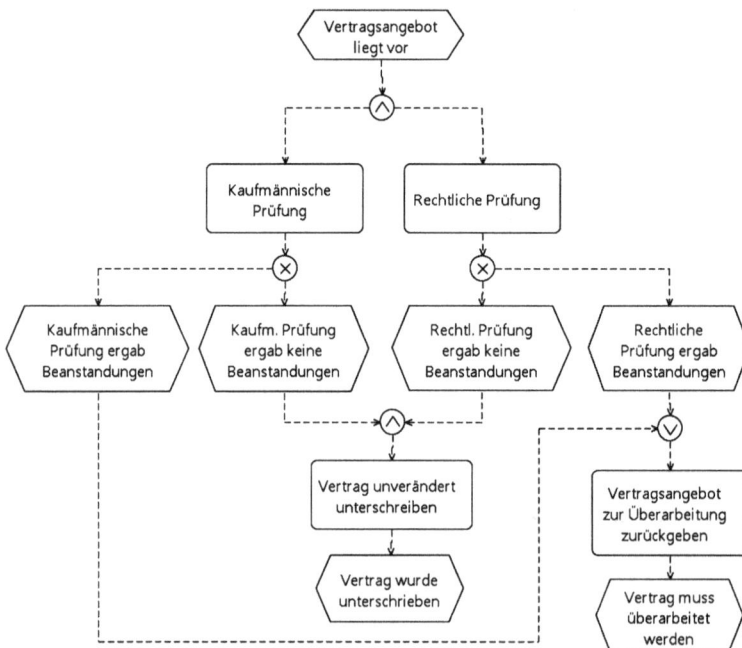

Abb. 3.11: Die Konnektoren treten hier nicht paarweise auf.

Vertrag in der vorliegenden Form nicht unterzeichnet werden. Wir erkennen, dass hier Splits und Joins nicht paarweise auftreten. So gibt es zwar einen OR-Join, aber keinen OR-Split im Modell. Dennoch ist der Sachverhalt mit dem OR-Join vorigen Modell korrekt modelliert. Überlegen wir uns dazu, ob der OR-Join durch einen AND- oder XOR-Join ersetzt werden könnte. Ein AND-Join steht für das Warten auf die Fertigstellung aller eingehenden Pfade. Folglich ginge es nach einem AND-Join nur weiter, wenn sowohl die kaufmännische als auch die rechtliche Prüfung Beanstandungen ergaben. Ein XOR-Join dagegen verlangt, dass genau einer der eingehenden Pfade abgeschlossen wurde. Das schließt aber den Fall aus, dass sowohl kaufmännische als auch rechtliche Prüfung Beanstandungen ergaben. Der OR-Join dagegen modelliert den Sachverhalt korrekt.

Am Beispiel des Modells aus Abb. 3.11 sehen wir, dass in EPKs Splits und Joins auf recht vielfältige Art verbunden werden können. Allerdings sollten wir von dieser Möglichkeit nur sparsam Gebrauch machen. Eine Blockstruktur ist aus Gründen der besseren Verständlichkeit immer vorzuziehen. Unter „Blockstruktur" verstehen wir dabei, dass wie in Abb. 3.10 ausschließlich Blöcke, die durch einen Split und einen Join gleichen Typs begrenzt sind, miteinander kombiniert werden.

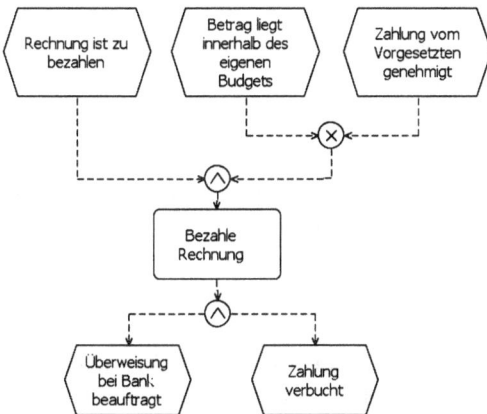

Abb. 3.12: EPK mit mehreren Start- und Endereignissen.

Eine letzte Möglichkeit, Splits und Joins zu nutzen, muss noch erwähnt werden: Sie können auch eingesetzt werden, wenn mehrere Start- oder mehrere Endereignisse zusammengefasst werden sollen. Abb. 3.12 zeigt, dass sich dadurch Vor- und Nachbedingungen für die Ausführung eines Prozesses (der in diesem Fall aus einer einzigen Aufgabe besteht) gut modellieren lassen: Der Prozess startet, wenn eine Rechnung zu bezahlen ist und die Zahlung entweder den eigenen Budgetrahmen nicht übersteigt oder vom Vorgesetzten genehmigt wurde. Die Nachbedingung ist durch zwei Ereignisse beschrieben. Generell gilt, dass es beim Lesen eines EPK-Modells häufig eine gute Idee ist, zuallererst einen Blick auf die Start- und Endereignisse der EPK zu werfen.

Das gibt einem einen Überblick über die möglichen Zustände vor und nach der Ausführung des Prozesses.

3.3 Modularisierung

In der Praxis sind Geschäftsprozesse häufig sehr komplex. Will man sie in einem EPK-Modell abbilden, wird das Modell recht schnell sehr groß und somit unübersichtlich und schwer zu verstehen. Die EPK-Modellierungsmethode sieht zwei Möglichkeiten vor, ein großes Modell in mehrere kleine EPKs aufzuteilen: **Prozesswegweiser** (engl. *process interfaces*) und **hierarchisierte Funktionen** (engl. *hierarchical functions*).

Prozesswegweiser dienen dazu, zwei EPK-Modelle, die einen Prozess auf derselben Abstraktionsebene beschreiben, zusammenzufügen. Betrachten wir zum Beispiel den Prozess in Abb. 3.7. Sicher soll der Ablauf noch weitergehen, nachdem der Kunde die gewünschte Leistung gewählt hat. Nehmen wir als Vereinfachung an, dass der Kunde mit dem Angebot immer zufrieden sein wird und die gewählte Reise bucht. Dann folgen als nächste Funktionen *Reise bezahlen* und *Reiseinformationen drucken*. Natürlich kann man diese Funktionen an die in Abb. 3.7 gezeigte EPK anhängen. Es ist aber auch möglich, diesen zweiten Teil des Prozesses in eine eigene EPK auszulagern. Um darzustellen, wie die beiden Teilmodelle dann zu einem größeren Modell zusammengefügt werden, werden Prozesswegweiser genutzt. Diese sind mit einem Symbol dargestellt, das wie eine Überlagerung von Funktions- und Ereignissymbol aussieht. Das Prozesswegweiser-Symbol ist mit dem Namen der EPK beschriftet, die an dieser Stelle angefügt werden soll. Prozesswegweiser kann man bildlich als „Klebestellen" zwischen EPKs bezeichnen. Abb 3.13 macht deutlich, wie die schon bekannte EPK *Kunde wählt Leistungen* aus Abb 3.7 (links dargestellt) mit einer EPK *Kunde bucht Reise* (rechts dargestellt) verbunden wird. Wir sehen, dass die Prozesswegweiser jeweils den Namen der „benachbarten" EPK enthalten und dass das Endereignis der einen EPK dem Startereignis der anderen EPK entspricht.

Mit Prozesswegweisern lassen sich also große Modelle in kleinere Teilmodelle aufteilen. Aber das ist noch nicht alles. Diese Teilmodelle lassen sich möglicherweise auf nicht nur eine Weise miteinander kombinieren. Beispielsweise könnte unser Reisebüro Werbemails versenden, in denen Kurzreisen mit im Voraus vom Reisebüro zusammengestellten Leistungspaketen verkauft werden. Aus Sicht des Kunden, der das Angebot aufruft, könnte der Prozess wie in Abb. 3.14 aussehen. Wir sehen, dass auch diese EPK mit einem Prozesswegweiser zur EPK *Kunde bucht Reise* aus Abb 3.13 endet. Prozesswegweiser können auf diese Weise auch dazu genutzt werden, Teilmodelle in verschiedenen Variationen miteinander zu kombinieren.

Während also Prozesswegweiser dazu dienen, EPKs aneinanderzufügen, die Teile eines Prozesses auf gleicher Abstraktionsebene modellieren, dienen hierarchisierte Funktionen einem anderen Zweck. Mit hierarchisierten Funktionen können Prozessschritte auf verschiedenen Abstraktionsebenen modelliert werden. Beispielsweise

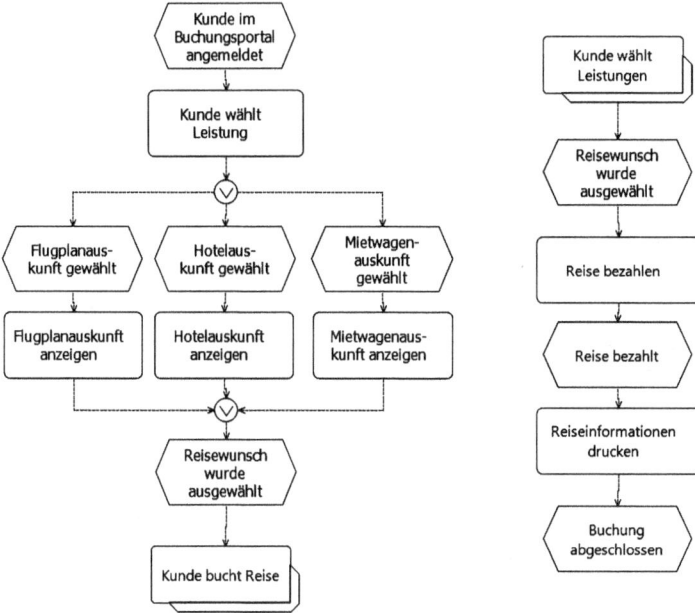

Abb. 3.13: Prozesswegweiser verbinden die linke EPK *Kunde wählt Leistungen* mit der rechten EPK *Kunde bucht Reise.*

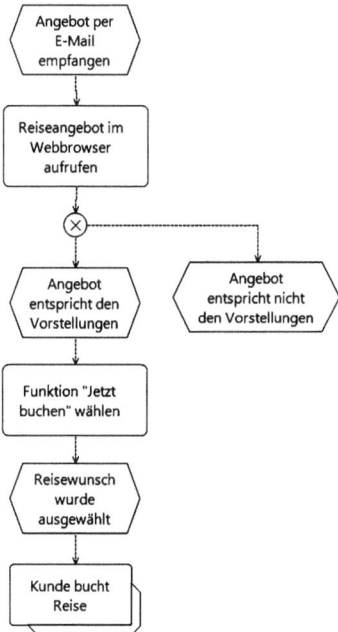

Abb. 3.14: Auch diese EPK kann mit *Kunde bucht Reise* aus Abb. 3.13 verbunden werden.

könnte die Funktion *Reise bezahlen* in Abb. 3.13 aus mehreren Teilschritten bestehen. Um den gezeigten Prozess im Wesentlichen zu verstehen, sind diese Detailinformationen nicht erforderlich. Soll nun aber der Bezahlvorgang technisch implementiert werden, müssen die Teilschritte des Bezahlvorgangs im Detail bekannt sein. Ihre Modellierung kann in einer separaten EPK erfolgen. Wie deren Start- und Endereignis aussehen, gibt das Modell *Kunde bucht Reise* vor: Das Startereignis (=Vorbedingung) ist *Reisewunsch wurde ausgewählt*, das Endereignis (Nachbedingung) heißt *Reise bezahlt*. Dazwischen können nun so viele weitere Schritte modelliert werden wie erforderlich sind, um den Bezahlvorgang darzustellen. Die Details der Funktion *Reise bezahlen* werden also in einer eigenen EPK modelliert, man spricht auch von einer „Verfeinerung" der Funktion.

Auch in der EPK, die den Bezahlvorgang darstellt, können Funktionen nochmals verfeinert werden. Man kann auf diese Weise ein Prozessmodell schaffen, dass einen Blick auf den Prozess auf ganz verschiedenen Abstraktionsebenen erlaubt – von „ganz grob" bis „sehr technisch-detailliert". In einem guten Modellierungswerkzeug kann man nun mit einem Klick auf die Funktion die detaillierte EPK aufrufen und somit zwischen verschiedenen Abstraktionsebenen je nach Bedarf hin- und her wechseln.

3.4 Formale Syntaxdefinition

Eine ausführliche formale Diskussion der Syntax von EPKs findet sich in [78], [40] und [62]. Ein EPK-Modell ohne Prozesswegweiser kann formal als gerichteter Graph G beschrieben werden, also als geordnetes Paar (V, E) aus einer Knotenmenge V und einer Menge $E \subset V \times V$ von gerichteten Kanten zwischen diesen Knoten.

Die Knotenmenge V ist die Vereinigung der folgenden fünf paarweise disjunkten Mengen:
- F (Menge der Funktionen)
- E (Menge der Ereignisse)
- V_{xor} (Menge der XOR-Verknüpfungsoperatoren)
- V_{or} (Menge der OR-Verknüpfungsoperatoren)
- V_{and} (Menge der AND-Verknüpfungsoperatoren).

Für eine syntaktisch korrekte EPK müssen die folgenden Eigenschaften erfüllt sein:
Allgemeine Eigenschaften:
1. Der Graph G ist endlich und zusammenhängend
2. G ist antisymmetrisch und hat keine Mehrfachkanten.
3. Die Mengen E und F sind nicht leer, d. h. es gibt mindestens ein Ereignis und mindestens eine Funktion.

Zahl der Eingangs- und Ausgangskanten der Knoten:
1. Funktionen besitzen genau eine eingehende und genau eine ausgehende Kante.

2. Ereignisse besitzen höchstens eine eingehende und höchstens eine ausgehende Kante. (Besitzt ein Ereignis genau eine eingehende und keine ausgehende Kante, nennen wir es Endereignis. Besitzt ein Ereignis keine eingehende und genau eine ausgehende Kante, nennen wir es Startereignis.)
3. Verknüpfungsoperatoren (also Knoten, die zur Menge $V_{xor} \cup V_{or} \cup V_{and}$ gehören) haben entweder genau eine eingehende und mehr als eine ausgehende Kante (dann heißen sie Split) oder mehr als eine eingehende und genau eine ausgehenden Kante (dann heißen sie Join).
4. Es gibt mindestens ein Start- und mindestens ein Endereignis.

Anordnung der Knoten im Graphen:
1. Mit Ausnahme der Endereignisse folgt auf ein Ereignis im Graphen immer entweder direkt eine Funktion oder aber eine Folge von Verknüpfungsoperatoren, die wiederum von einer Funktion gefolgt werden.
2. Auf eine Funktion folgen im Graphen immer entweder direkt ein Ereignis oder aber eine Folge von Verknüpfungsoperatoren, die wiederum von einem Ereignis gefolgt werden.
3. Ein Ereignis darf im Graphen nicht (ggf. über weitere dazwischenliegende Konnektoren) von einem XOR-Split oder einem OR-Split gefolgt werden. Mit anderen Worten: Ein Weg von einem Ereignis zu einem Split $s \in V_{xor} \cup V_{or}$ muss mindestens eine Funktion enthalten.
4. Der Graph G enthält keinen Zyklus, der nur aus Verknüpfungsoperatoren (also Knoten, die zur Menge $V_{xor} \cup V_{or} \cup V_{and}$ gehören) besteht.
5. Für jeden Knoten im Graphen gibt es einen gerichteten Pfad von einem Startereignis zu diesem Knoten.
6. Für jeden Knoten im Graphen gibt es einen gerichteten Pfad von diesem Knoten zu einem Endereignis.

Außer Ereignissen, Funktionen und Verknüpfungsoperatoren, wie in der vorangehenden Definition beschrieben, dürfen EPK-Modelle auch Prozesswegweiser enthalten. Erlaubt sind dabei Kanten von einem Prozesswegweiser zu einem Startereignis sowie von einem Endereignis zu einem Prozesswegweiser. Damit die durch Prozesswegweiser verbundenen EPKs „zusammenpassen", sind weitere Einschränkungen zu beachten, die in [62] und [35] formalisiert sind.

3.5 Erweiterte EPK

In den bisher besprochenen EPK-Modellen werden Ereignisse und Funktionen abgebildet. Das ist nur eine der in Tab. 1.3 auf Seite 10 besprochenen Sichten, nämlich die Verhaltenssicht. Es fehlen Informationen wie:
– Welche Daten werden gelesen bzw. geschrieben?

- Wer führt die Funktionen aus?
- Welche EDV-Systeme sind beteiligt?

Um auch solche Informationen modellieren zu können, gibt es die sogenannte **erweiterte EPK** (eEPK, engl. *extended EPC*), die über zusätzliche Notationselemente verfügt. Die wichtigsten sind in Abb. 3.15 gezeigt.

Zunächst gibt es zwei Symbole, die die verwendeten Dokumente und Dateien darstellen. Das „unten abgerissene Papier" (*Formular „Reisemängel"*) steht für ein Papierdokument. Von diesem führt ein Pfeil zur Funktion *Reklamation erfassen*, das Dokument liefert also die Eingangsdaten für diese Funktion. Die Ausgangsdaten landen in der Datei bzw. Datenbank *Vertrags-Datenbank*.

Um die für die Ausführung einer Funktion verantwortlichen Ressourcen oder Rollen anzuzeigen, werden zwei verschiedene Symbole genutzt: Das rechteckige Symbol *Mitarbeiter Reisebüro* steht für eine Stelle, das Oval *Abt. Reklamationsmanagement* für eine Organisationseinheit. Die Stelle bzw. Organisationseinheit ist mit der Funktion verbunden, für die sie verantwortlich ist. Gibt es mehrere Beteiligte, kann eine Funktion auch mit mehreren Stellen bzw. Organisationseinheiten verbunden werden.

Schließlich steht das mit *Vertragsverwaltung* beschriftete Symbol dafür, dass bei der Durchführung der Funktion ein EDV-System „Vertragsverwaltung" genutzt wird.

Die beschriebenen Notationselemente sind jeweils mit der Funktion verbunden, auf die sie sich beziehen. Zu beachten sind die verschiedenen Arten der Verbindung: Die gestrichelten Pfeillinien stehen für den Kontrollfluss, die durchgezogenen Pfeillinien für den Datenfluss. Es ist also zu erkennen, was Eingangs- und was Ausgangsdaten sind. Da wir es gewohnt sind, von links nach rechts zu lesen, empfiehlt es sich so wie in Abb 3.15 die Eingangsdaten links und die Ausgangsdaten rechts von der Funktion zu platzieren. Verantwortliche Stellen bzw. Organisationseinheiten sowie beteiligte

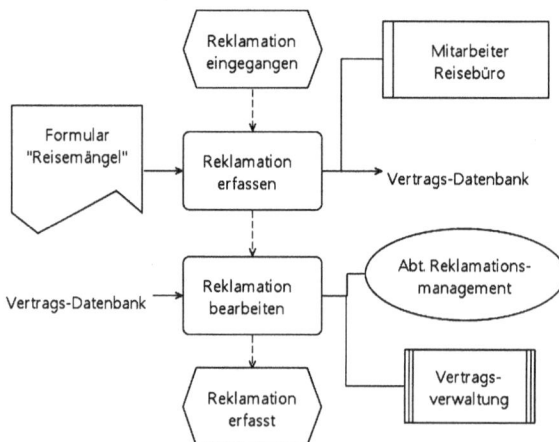

Abb. 3.15: Notationselemente der erweiterten EPK.

EDV-Systeme werden mit der Funktion durch einen einfachen Strich ohne Pfeilspitzen verbunden.[1]

3.6 Stand der Standardisierung

Auch über 25 Jahre nach Einführung der Modellierungssprache EPK lässt sich der Stand der Standardisierung mit der kurzen Feststellung zusammenfassen, dass es keine gibt. Eine 2016 (zu spät) gestartete Standardisierungs-Initiative, die dies ändern wollte, scheint ohne brauchbare Ergebnisse im Sande verlaufen zu sein. Zwar besteht über die in Kapitel 3.2 genannten Regeln weitgehend Einigkeit, zwischen verschiedenen Lehrbüchern und Werkzeugen gibt es dennoch geringfügige Unterschiede. Manche Darstellungen etwa beharren streng auf einem Wechsel zwischen Ereignissen und Funktionen. Der mit Abb. 3.2 und 3.3 diskutierte Verzicht auf Trivialereignisse wäre damit unzulässig. Auch die strikte Trennung zwischen Splits und Joins gibt es nicht überall. Manche Autoren erlauben Konnektoren, die sowohl Split als auch Join (vom selben Typ) in sich vereinen. Ein weiterer Unterschied besteht in der Verwendung von Prozesswegweisern, die häufig auch im Inneren von Modellen zu finden sind (so wie wir in Kap. 3.3 hierarchisierte Funktionen verwendet haben). Es fehlt ein allgemein anerkanntes und standardisiertes Metamodell der EPK.

Das hat auch zur Folge, dass es kein standardisiertes Speicherformat gibt, das den Modellaustausch zwischen verschiedenen Modellierungswerkzeugen erlaubt. Die IDS Scheer, über viele Jahre hinweg der Marktführer bei EPK-Modellierungswerkzeugen, führte für ihr Produkt ARIS Toolset (jetzt ARIS Architect & ARIS Designer von der Software AG) immerhin ein XML-basiertes Austauschformat ein.[2] Verschiedene andere kommerzielle Anbieter hingegen legten offenbar eher Wert darauf, dass die mit ihren Modellierungswerkzeugen erstellten EPK-Modelle nicht in Werkzeuge anderer Anbieter importiert werden können. Mendling und Nüttgens [59] schlugen die EPC Markup Language (EPML) als einfaches XML-basiertes Austauschformat für EPK-Modelle vor. Es wurde vor allem in quelloffenen Werkzeugen wie der bflow* Toolbox (www.bflow.org) oder ProM (www.promtools.org) implementiert. Ein Beispiel soll einen Eindruck vom Aufbau einer EPML-Datei geben. Wir betrachten die EPK in Abb. 3.16.

Wie die in Abb. 3.16 dargestellte EPK im EPML-Format aussieht, zeigt das folgende Listung. Jeder Funktion der EPK entspricht ein function-Element, jedem Ereignis ein event-Element und jedem Konnektor ein AND-, OR- oder XOR-Element. Jedes der

---

1 Das Gesagte bezieht sich auf das freie Modellierungswerkzeug *bflow* Toolbox* (www.bflow.org), mit dem die Beispiele in diesem Buch erstellt sind. Andere Modellierungswerkzeuge können leicht abweichende Darstellungen haben.

2 Das kostenlose ARIS Express kann allerdings Modelle nur in einem nicht dokumentierten Binärformat speichern.

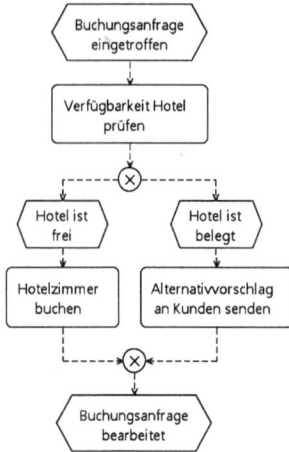

Abb. 3.16: Ein einfaches EPK-Modell.

genannten Elemente hat ein Attribut namens id, durch das es eindeutig identifiziert ist. Der Kontrollfluss wird durch arc-Elemente codiert. In unserem Beispiel bezeichnet das arc-Element mit dem Attribut id=11 den Kontrollfluss-Pfeil zwischen dem Element mit id=1 und dem Element mit id=2, also zwischen dem Ereignis *Buchungsanfrage eingetroffen* und der Funktion *Verfügbarkeit Hotel prüfen*.

```xml
<?xml version="'1.0"' encoding="'UTF-8"'?>
<epml:epml xmlns:epml="'http://www.epml.de"'
  xmlns:xsi="'http://www.w3.org/2001/XMLSchema-instance"'
  xsi:schemaLocation="'epml_1_draft.xsd"'>
  <epc EpcId="'1"' Name="'EPC"'>
    <event id="'1"'>
    <name>Buchungsanfrage eingetroffen</name>
    </event>
    <function id="'2"'>
      <name>Verfügbarkeit Hotel prüfen</name>
    </function>
    <xor id="'4"'>
      <name/>
    </xor>
    <event id="'5"'>
      <name>Hotel ist frei</name>
    </event>
    <event id="'6"'>
      <name>Hotel ist belegt</name>
    </event>
    <function id="'7"'>
```

```
   <name>Hotelzimmer buchen</name>
 </function>
 <function id="'8'">
   <name>Alternativvorschlag an Kunden senden</name>
 </function>
 <xor id="'9'">
   <name/>
 </xor>
 <event id="'10'">
   <name>Buchungsanfrage bearbeitet</name>
 </event>
 <arc id="'11'">
   <flow source="'1'" target="'2'"/>
 </arc>
... sowie je ein weiteres <arc>-Element für jeden Pfeil im Modell
  </epc>
</epml:epml>
```

3.7 Vergleich mit anderen Modellierungssprachen

Auch wenn die EPK nach wie vor recht bekannt ist und viele Firmen zahlreiche Geschäftsprozessmodelle als EPK erstellt haben, ist die EPK heute doch nicht mehr die erste Wahl unter den Modellierungssprachen. Modellierungsprojekte werden heutzutage eher mit BPMN modelliert (siehe Kapitel 4). Für die Verwendung der BPMN spricht zum einen, dass es sich dabei um einen anerkannten Standard handelt. Dieser legt neben der Modellsyntax auch ein Austauschformat für Modelldateien fest. Zum zweiten verfügt BPMN über einen größeren Sprachumfang. Zum Beispiel gibt es in BPMN im Gegensatz zur EPK Notationselemente, um das Kontrollflussmuster *Deferred Choice* zu unterstützen. Dieser Vorzug hat freilich auch seinen Preis: Während es bei der EPK nur die Notationselemente Ereignis, Funktion sowie AND-, XOR- und OR-Konnektor gibt, gibt es bei BPMN (nach Zählung von [118]) 11 Basiselemente und 39 erweiterte Konstrukte. Die allerwenigsten BPMN-Modellierer kennen den gesamten Sprachumfang.

Wir wollen auch zwei Dinge erwähnen, die mit EPK-Modellen „schöner" als bei BPMN sind: Zum einen lassen sich durch einen Blick auf Start- und Endereignisse einer EPK immer die Vor- bzw. Nachbedingung eines Geschäftsprozesses sehr leicht erkennen. Es ist durchaus ratsam, diesen Vorzug auch in die BPMN-Welt zu übernehmen, wo Start- und Endereignisse nicht zwingend modelliert werden müssen, aber durchaus modelliert werden können.

Anders als bei BPMN lässt sich auch gut darstellen, wenn mehrere Rollen an der Ausführung einer Aktivität beteiligt sind.

3.8 Zum Nachdenken und Weiterlesen

[?] Überlegen Sie sich, ob die Forderungen 5 und 6 im Abschnitt „Anordnung der Knoten im Graphen" zur EPK-Syntax (Seite 10) tatsächlich separat erwähnt werden müssen oder ob sie sich aus den übrigen Forderungen ableiten lassen.

[?] Informieren Sie sich über die Standards Meta Object Facility (MOF) und XML Metadata Interchange (XMI) der Object Management Group. BPMN unterstützt diese Standards ab Version 2.0, die EPK dagegen nicht. Diskutieren Sie, welche Vorteile beim Modellaustausch zugunsten BPMN sich hieraus ergeben.

Details zum Austauschformat EPML können auf http://mendling.com/EPML/ nachgelesen werden.

4 Business Process Model and Notation

Eine weitere wichtige Prozessmodellierungssprache neben der Ereignisgesteuerten Prozesskette ist Business Process Model and Notation (BPMN). Diese ist eine sehr ausdrucksstarke Sprache, die nicht nur die Modellierung und Darstellung von strukturierten Geschäftsprozessen unterstützt, sondern mit deren Hilfe auch die Prozessausführung definiert werden kann. Durch ihre leicht verständliche Notation, aber auch durch ihre Ausdrucksmächtigkeit, hat BPMN schnell eine hohe Verbreitung in Wirtschaft und auch Forschung erlangt [74]. Es gibt viele Anbieter von Werkzeugen zur Prozessmodellierung, die BPMN unterstützen. Als Beispiele im deutschen Raum sind *Camunda bpmn.io* sowie der *Signavio Process Manager*[1] zu nennen.

BPMN wurde ursprünglich vom Business Process Management Institute (BPMI) entwickelt und im Jahre 2004 veröffentlicht, damals noch als *Business Process Modeling Notation*. Die Begründer von BPMN hatten das Ziel, eine Prozessmodellierungssprache für alle Prozessbeteiligten zu schaffen, die sowohl von Prozessanalysten für die grobe Darstellung eines Geschäftsprozesses als auch von technischen Entwicklern für die Implementierung eines Prozesses nutzbar ist [110]. Das BPMI fusionierte mit der Object Management Group (OMG), einem Konsortium für Standards in der Computerindustrie, das vor allem für den Unified Modeling Language (UML)-Standard bekannt ist. Damit wurde BPMN ein industrieller Prozessmodellierungsstandard der OMG.

In Ergänzung zu BPMN wurden von der OMG zwei weitere wesentliche Standards für das Geschäftsprozessmanagement herausgebracht: Decision Model and Notation (DMN) zur Modellierung von operationalen Entscheidungen in Prozessen und Case Management Model and Notation (CMMN) zur Erfassung und Darstellung von wissensintensiven, flexiblen Prozessen. Beide haben auch Anknüpfungspunkte zu BPMN. Die aktuelle BPMN-Version, BPMN 2.0, wurde im Januar 2011 veröffentlicht.

BPMN definiert eine Notation und ein MOF-konformes[2] Metamodel zur Prozessmodellierung, welches die Syntax der Prozessmodellierungselemente textuell und mit Hilfe von UML-Klassendiagrammen beschreibt. Zudem ist die Ausführungssemantik der BPMN-Prozessdiagramme weitestgehend präzisiert und wird bereits von unterschiedlichsten Prozessausführungssystemen wie zum Beispiel Bizagi,[3] Camunda[4] oder Signavio Workflow Accelerator[5] unterstützt.

Im Folgenden werden wir verschiedene BPMN-Diagrammarten betrachten und eine Übersicht über deren Bestandteile geben. Danach werden die Grundelemente von BPMN-Prozessdiagrammen im Detail vorgestellt. Weiterhin werden wir Elemente

---

1 academic.signavio.com
2 Der Meta-Object Facility (MOF)-Standard ist ein Metamodellierungs- und Metadatenstandard der OMG [91]. Ein Metamodell beschreibt, wie Modelle eines bestimmten Modellierungsansatzes zu erstellen sind. Es definiert eine abstrakte Modellierungssprache.
3 https://www.bizagi.com/
4 https://camunda.com/
5 https://www.signavio.com/products/workflow-accelerator/

https://doi.org/10.1515/9783110500165-004

zur Aufteilung von BPMN-Prozessdiagrammen in kleinere, überschaubare Teilmodelle betrachten. Dann diskutieren wir das erweiterte BPMN, das zusätzlich zum Kontrollfluss die Modellierung von Ressourcen und der Datensicht in BPMN ermöglicht. Am Ende des Kapitels werden Kollaborationsdiagramme, die die Zusammenarbeit zwischen verschiedenen Prozessen darstellen, und Erweiterungselemente zur individuellen Spezifikation von existierenden BPMN-Bestandteilen näher betrachtet.

4.1 BPMN-Diagrammarten und Übersicht der Bestandteile

Der BPMN-Standard bietet verschiedene Diagrammarten für die Modellierung, die wir im Folgenden kurz beleuchten werden: Ein **Prozessdiagramm** (engl. *process diagram*) erlaubt die Darstellung eines internen Geschäftsprozesses einer Organisation. Beispielsweise stellt das Prozessdiagramm in Abb. 4.1 den internen Prozess einer Reisevorbereitung dar, bei dem zunächst die Reise geplant wird, dann sowohl ein Flug als auch ein Hotel gesucht und gebucht wird und am Ende die Reiseunterlagen gespeichert werden. Ein Prozessdiagramm stellt den Fluss der Aktivitäten und Ereignisse dar, der zum Erreichen eines Geschäftsziels (wie zum Beispiel, dass die Reise gebucht ist) durchlaufen werden muss. Die wichtigsten Elemente eines Prozessdiagramms sind in Abb. 4.2 dargestellt. Um den Kontrollfluss eines Geschäftsprozesses zu beschreiben, bestehen BPMN-Prozessdiagramme im Wesentlichen aus sogenannten **Flusselementen** (engl. *flow elements*): Aktivitäten, Gateways und Ereignisse. Diese werden durch **Sequenzfluss** (engl. *sequence flow*) verbunden, dargestellt durch einen Pfeil, der eine *Sequenz* (vgl. Kapitel 2) zwischen zwei Flusselementen zeigt.

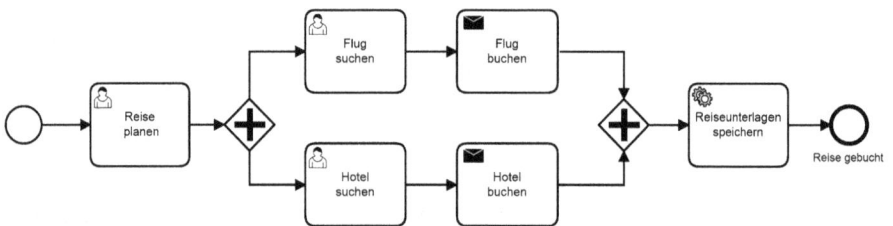

Abb. 4.1: BPMN-Prozessdiagramm zur Reisevorbereitung.

Der Kontrollfluss, dargestellt als durch Sequenzfluss verbundene Flusselemente, beschreibt die Ausführungspfade des Prozesses und kann mit **Artefakten**, wie zum Beispiel Kommentaren oder Datenobjekten angereichert werden. Ein Artefakt kann durch eine **Assoziation** (engl. *association*), abgebildet als gepunkteten Kante, mit einem Kontrollflusselement verbunden werden. Schließlich kann die Verantwortlichkeit für einen Geschäftsprozess durch einen **Pool** (graphisch repräsentiert durch ein Rechteck, welches nach dem Prozessbesitzer, zum Beispiel „Reisebüro" benannt wird) de-

Fließelemente	Verbindungsobjekte	Artefakte
Aktivität	Sequenzfluss	Daten-objekt
Gateway	Assoziation	
	Nachrichtenfluss	Anno-tation — [Text
Ereignis	**Verantwortlichkeitsbereiche**	
Start- | Zwischen- | End-ereignis	Pool | Lane A | Lane B	

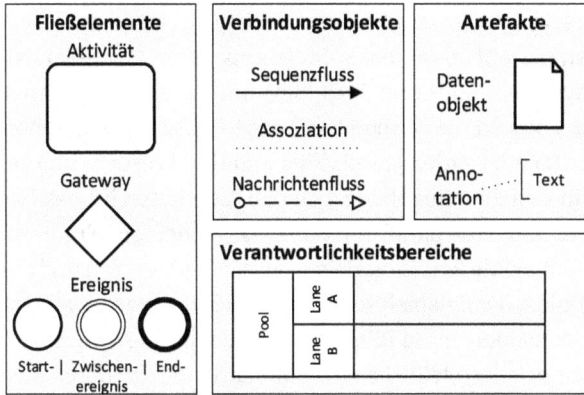

Abb. 4.2: Hauptelemente von BPMN-Prozess- und Kollaborationsdiagrammen.

finiert werden. Verantwortlichkeiten für einzelne Aktivitäten können durch **Lanes** erfasst werden, welche einen Pool weiter unterteilen.

In einem Prozessdiagramm können bereits mögliche Interaktionen zu anderen Partnern dargestellt werden. Beispielsweise senden die Aktivitäten zum Buchen des Fluges und des Hotels Nachrichten an externe Partner. Jedoch spielt der Kooperationspartner/-prozess in dieser Diagrammart keine Rolle.

Ein **Kollaborationsdiagramm** (engl. *collaboration diagram*) wiederum richtet den Fokus auf die Zusammenarbeit (Kollaboration) mehrerer Geschäftsprozesse und deren Nachrichtenaustausch. Jeder einzelne Geschäftsprozess eines Partners wird dann jeweils in einem Pool erfasst. Die Pools der Kommunikationspartner können dann mit Hilfe von **Nachrichtenfluss** (engl. *message flow*) verbunden werden. Beispielsweise kann eine sendende Aktivität eines Kunden mit der empfangenden Aktivität eines Reisebüros durch einen gestrichelten Pfeil verbunden werden, welcher Nachrichtenfluss darstellt.

Eine weitere Diagrammart, die BPMN anbietet, ist das **Choreographiediagramm** (engl. *choreography diagram*). Ein Choreographiediagramm kann eine Zusammenarbeit (Kollaboration) verschiedener Prozesse/Partner auf einer abstrakteren Ebene abbilden. Es wird nur der Austausch von Nachrichten und deren Reihenfolge modelliert. Eine Choreographie-Aktivität kann das bloße Senden einer Nachricht repräsentieren, aber auch das Senden und Antworten auf eine Nachricht.

Im weiteren Verlauf des Kapitels werden wir uns auf Prozess- und Kollaborationsdiagramme konzentrieren. Im folgenden Abschnitt werden die Grundelemente eines Prozessdiagramms vertiefend betrachtet.

4.2 Grundelemente eines BPMN-Prozessdiagramms

Im Kern besteht ein BPMN-Prozessdiagramm aus einer Menge von Flusselementen, die durch Sequenzfluss verbunden werden. Flusselemente können Prozessaktivitäten, Gateways, oder Ereignisse sein. Das Prozessdiagramm in Abb. 4.1, das den Prozess einer Reisevorbereitung erfasst, besteht aus einem Startereignis, sechs Prozessaktivitäten, zwei parallelen Gateways (AND-Split und AND-Join) und einem Endereignis. Das Diagramm beschreibt, dass sobald die Vorbereitung einer Reise gestartet wird, zunächst die Reise geplant wird. Dann werden jeweils Flug und Hotel gesucht und gebucht, wobei die Aktivitäten für den Flug unabhängig zu den Aktivitäten für das Hotel ausgeführt werden. Dies wird durch die parallelen Gateways modelliert. Nur wenn Flug und Hotel gebucht sind, können die Reiseunterlagen gespeichert werden und der Prozess ist damit beendet. Nachdem der Beispielprozess kurz erläutert wurde, werden wir im Folgenden auf die Grundelemente eines BPMN-Prozessdiagramms eingehen.

Eine **Aktivität** (engl. *process activity*) stellt einen Arbeitsschritt dar, für deren Ausführung Zeit beansprucht wird. Die **Beschriftung** (engl. *label*) gibt an, welcher Arbeitsschritt ausgeführt wird. Beispielsweise, braucht es eine gewisse Zeit, eine Reise zu planen, abgebildet durch die Aktivität *Reise planen*. Es empfiehlt sich, Aktivitäten im *Objekt Verb*-Stil zu benennen. Hierdurch wird ausgedrückt, dass eine Aktivität (zum Beispiel „planen") auf einem Objekt (zum Beispiel „Reise") ausgeführt wird. Im nächsten Kapitel (Kapitel 5), werden Prozessmodellierungsrichtlinien ausführlich betrachtet.

Man unterscheidet in BPMN zwischen zwei Arten von Aktivitäten: Eine **Aufgabe** (engl. *task*) ist eine atomare (nicht teilbare) Aktivität. Im Gegensatz dazu besteht ein **Teilprozess** (engl. *subprocess*) aus mehreren Teil-Aktivitäten. Wie Teilprozesse verwendet werden, um die Komplexität von Prozessmodellen zu reduzieren, wird im nächsten Abschnitt näher erläutert.

Aufgaben können durch einen Dekorierer – eine Markierung in der linken oberen Ecke – typisiert werden. In unserem Beispielprozess in Abb. 4.1 etwa ist die Aufgabe *Reise planen* eine Benutzeraufgabe, *Flug buchen* eine sendende Aufgabe und *Reiseunterlagen speichern* eine Service-Aufgabe. Im Folgenden werden die wichtigsten Aufgabentypen, deren Symbole in Abb. 4.3 gezeigt sind, erläutert:

Abb. 4.3: Häufig verwendete Aufgabentypen aus BPMN, markiert durch verschiedene Dekorierer.

– **Benutzeraufgabe** (engl. *user task*) und **Manuelle Aufgabe** (engl. *manual task*):
Sobald eine Benutzeraufgabe aktiviert ist, wird diese Aufgabe einem oder mehreren Prozessteilnehmern, die für die Aufgabe vorgesehen sind, über eine graphische Benutzerschnittstelle des Prozessausführungssystems angezeigt. Dort kann sie jederzeit bearbeitet werden. Die Aufgabe gilt als abgeschlossen, sobald der Prozessteilnehmer im Prozessausführungssystem angibt, dass sie durchgeführt wurde.
Im Vergleich dazu wird eine manuelle Aufgabe unabhängig von einem Prozessausführungssystem abgearbeitet. Das Starten oder Beenden von manuellen Aufgaben hinterlässt gewöhnlicherweise keine digitalen Spuren (vgl. hierzu das Kapitel 10) und kann von einem Prozessausführungssystem nicht kontrolliert werden. Daher ist man oftmals bestrebt, manuelle Aufgaben in Benutzeraufgaben zu überführen.

– **Sendende/Empfangende Aufgabe** (engl. *send/receive task*): Sendende oder empfangende Aufgaben ermöglichen die Kommunikation mit externen Partnern oder anderen Prozessen. Eine sendende Aufgabe übermittelt eine Nachricht und ist nach dem Senden beendet. Eine empfangende Aufgabe ist solange aktiviert, bis eine entsprechende Nachricht empfangen wurde. Danach ist sie abgeschlossen.

– **Service-Aufgabe** (engl. *service task*): Eine Service-Aufgabe wird automatisch ausgeführt. Dazu wird ein entsprechend gewählter Service ausgeführt, welcher unterschiedlicher Natur sein kann (beispielsweise ein Webservice oder ein Java-Service). Sobald dieser den geforderten Rückgabewert als Antwort liefert, ist die Aktivität beendet.

– **Geschäftsregelaufgabe** (engl. *business rule task*): Eine Geschäftsregelaufgabe dient dazu, während der Prozessausführung abhängig vom aktuellen Zustand und den vorliegenden Daten automatisch eine Entscheidung zu treffen. Dazu kann beispielsweise auch ein Entscheidungsmodell (ein sogenanntes DMN-Modell [66], siehe Kapitel 13) hinterlegt werden, welches die Entscheidungslogik enthält.

Zusätzlich stellt BPMN noch weitere Aufgabentypen zur Verfügung, die im Standard nachgelesen werden können. Aktivitäten, aber auch die anderen BPMN-Elemente, können zusätzlich durch Attribute beschrieben werden, die nicht graphisch dargestellt werden. Beispielsweise kann für eine Service-Aufgabe die Technologie, mit der der Service implementiert ist, im Attribut *Implementation* hinterlegt werden.

Um die kausale Beziehung zwischen Aktivitäten beziehungsweise deren Reihenfolge zu definieren, werden Prozessaktivitäten durch Sequenzfluss miteinander verbunden. Dieser wird in BPMN durch einen Pfeil abgebildet. In unserem Prozess der Reisevorbereitung in Abb. 4.1 sind beispielsweise die Aktivitäten *Flug suchen* und *Flug buchen* durch Sequenzfluss miteinander verbunden. Das bedeutet, dass zunächst immer ein Flug gesucht werden muss, bevor er gebucht werden kann. Zur Verzweigung des Sequenzflusses bietet BPMN eine Reihe von verschiedenen **Gateway**-Typen, welche als Raute dargestellt werden. Die zwei wichtigsten sind das **Exklusiv-Oder-Gateway** (*XOR-Gateway*, engl. *exclusive gateway*, Symbol: ◈ oder ◇) zur Modellierung einer Exklusiv-Oder-Teilung beziehungsweise -Zusammenführung sowie das **parallele Gateway** (*AND-Gateway*, engl. *parallel gateway*, Symbol: ✛) zur Modellierung einer Und-Teilung beziehungsweise -Zusammenführung. Ein weiteres relevantes Gateway ist das **Inklusiv-Oder-Gateway** (*OR-Gateway*, engl. *inclusive gateway*, Symbol: ◯). Seine Semantik entspricht dem auf Seite 19 diskutierten Kontrollflussmuster Multi-Auswahl/Multi-Zusammenführung. Da dessen Semantik jedoch häufig für Praxisanwender nicht intuitiv ist, wird empfohlen, das Inklusiv-Oder-Gateway zu vermeiden oder nur sehr sparsam zu verwenden.

Abb. 4.4 stellt die beiden Aktivitäten *Flug buchen* und *Hotel buchen* umrahmt mit den drei verschiedenen Gateway-Typen dar. Im Folgenden wird die Semantik der verschiedenen Gateway-Typen anhand dieses Beispiels erläutert.

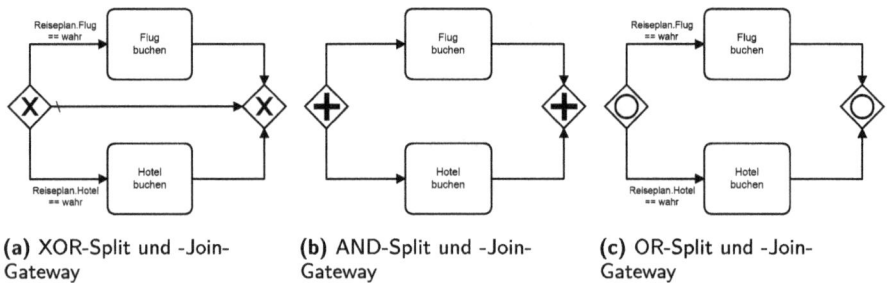

(a) XOR-Split und -Join-Gateway

(b) AND-Split und -Join-Gateway

(c) OR-Split und -Join-Gateway

Abb. 4.4: Verzweigungen in Prozessen mit dem Exklusiv-Oder-Gateway (XOR), dem parallelen Gateway (AND), und dem Inklusiv-Oder-Gateway (OR).

In Abb. 4.4a ist mit Hilfe des XOR-Splits-Gateways und des XOR-Join-Gateways beschrieben, dass entweder ein Flug, ein Hotel, oder weder noch gebucht wird. Das XOR-Split-Gateway setzt das Kontrollflussmuster *Exklusiv-Oder-Teilung* (vgl. Kapitel 2) um. Es aktiviert genau einen seiner ausgehenden Sequenzflüsse beziehungsweise Pfade. Dafür prüft es nacheinander die Bedingungen an den ausgehenden Pfaden. Die Reihenfolge der Prüfung ist nicht durch die graphische Darstellung definiert, sondern wird intern in einem BPMN-Prozessausführungssystem festgelegt. So wird für unseren Beispielprozess zuerst geprüft, ob im Reiseplan ein Flug erwünscht ist (`Reiseplan.Flug==wahr`). Wenn diese Bedingung nicht wahr ist, sondern `Reiseplan.Flug==falsch` gilt, dann wird als Nächstes geprüft, ob `Reiseplan.Hotel==wahr` ist. Ist dies der Fall, wird der ausgehende Pfad aktiviert und das Hotel kann gebucht werden. Wenn keine der Bedingungen erfüllt ist, dann wird der **Standardfluss** (*default flow*) gewählt, dessen Pfad durch einen Schrägstrich markiert ist. In Abb. 4.4a ist dies der mittlere Pfad. Wir empfehlen, bei der Verwendung eines XOR-Split-Gateways mindestens einen Standardfluss zu modellieren, um eine erfolgreiche Ausführung sicherzustellen.

Der XOR-Join hat im Gegensatz zum XOR-Split keine komplexe Semantik: Sobald ein XOR-Join Gateway erreicht wird, wird sein ausgehender Pfad aktiviert. Die Grundannahme dabei ist, dass der XOR-Join exklusive Verzweigungen, bei denen nur ein Pfad aktiviert wurde, wieder zusammenführt.

Das AND-Split-Gateway setzt das Kontrollflussmuster *Und-Teilung* und das AND-Join-Gateway die *Und-Zusammenführung* (vgl. Kapitel 2) um. Im Prozessausschnitt in Abb. 4.4b wird durch das AND-Split-Gateway verlangt, dass sowohl ein Flug als auch ein Hotel gebucht werden. Die Reihenfolge in welcher diese beiden Aktivitäten ausgeführt werden, spielt dabei keine Rolle; sie sind nebenläufig zueinander. Das heißt, diese Aktivitäten können unabhängig voneinander (möglicherweise auch gleichzeitig) bearbeitet werden. Das AND-Join-Gateway in Abb. 4.4b sichert, dass beide ausgehenden Pfade des AND-Split-Gateways beendet sein müssen, bevor der nachfolgende Sequenzfluss aktiviert wird. Er kann nur ausgeführt werden, wenn all seine eingehenden Sequenzflüsse aktiviert wurden.

Kurz zusammengefasst: Der XOR-Split erlaubt es, genau einen von mehreren ausgehenden Pfaden auszuwählen und zu aktivieren. Beim AND-Split werden alle ausgehenden Pfade aktiviert. Das OR-Split-Gateway wiederum erlaubt es, eine nichtleere Teilmenge der ausgehenden Pfade zu aktivieren, die dann später mit Hilfe des OR-Joins wieder vereinigt werden können. Es setzt die Kontrollflussmuster *Multi-Auswahl* und *Multi-Zusammenführung* um. Im Beispiel in Abb. 4.4c wäre es möglich, entweder nur den Flug zu buchen, nur das Hotel oder beides – je nachdem, welche Bedingungen für eine Prozessinstanz gelten. Wie auch beim XOR-Split-Gateway, werden alle Bedingungen der ausgehenden Pfade geprüft, aber es wird nicht nur ein Pfad aktiviert, sondern alle Sequenzflüsse, deren Bedingung erfüllt sind.

Das OR-Join-Gateway wartet, bis alle aktivierten Pfade des OR-Split-Gateways beendet wurden, bevor es die Ausführung fortsetzt. Im Gegensatz zum XOR-Gateway und zum AND-Gateway reicht es dem OR-Join nicht, zu wissen, welche seiner eingehenden Pfade aktiviert wurden. Er braucht auch „globales" Wissen darüber, welche der Pfade durch den OR-Split aktiviert wurden, um das Zusammenführen korrekt auszuführen. Dies muss in einer Implementation des OR-Joins sichergestellt werden.

Nachdem wir Gateways zur Darstellung von Verzweigungen und Zusammenführungen des Kontrollflusses kennengelernt haben, werden wir im Folgenden BPMN-**Ereignisse** (engl. *events*) näher betrachten. Diese werden in der BPMN-Notation als Kreise dargestellt.

BPMN unterscheidet zwischen eingetretenen und ausgelösten Ereignissen. Ein **eingetretenes Ereignis** (*catching events*) ist ein Ereignis in der Prozessumgebung, welches für den Geschäftsprozess relevant ist und den Prozessverlauf beeinflusst. Der Prozess reagiert also auf das Ereignis. Beispiele für solche eingetretenen Ereignisse können sein:

- Der Prozess wird gestartet.
- Es trifft eine Nachricht von einem anderen Akteuer ein.
- Ein Benutzer bricht eine bereits aktivierte Aufgabe ab, bevor sie fertiggestellt wurde.

Ein **ausgelöstes Ereignissen** (*throwing event*) ist ein Ereignis, das der Prozess selber auslöst. Ein typisches Beispiel dafür ist, dass der Prozess eine Nachricht an einen anderen Partner versendet. Wie in Abb. 4.5 zu erkennen ist, wird ein solches ausgelöstes Ereignis in der BPMN-Notation dadurch dargestellt, dass im Kreis, der das Ereignis darstellt, ein schwarzes Symbol notiert ist.

Weiterhin wird nach der Position des Ereignisses im Prozess unterschieden zwischen: Startereignis (engl. *start event*, mit einer einfachen Umrandung), Zwischenereignis (engl. *intermediate event*, mit einem doppelten Rand) und Endereignis (engl. *end event*, mit einem fett markierten Rand), vgl. Abb. 4.5.

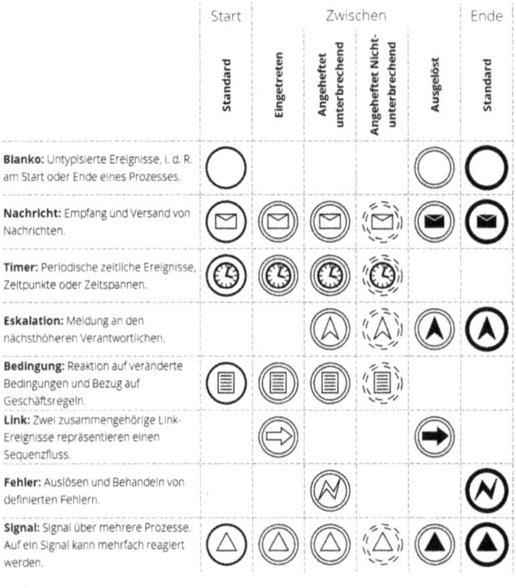

	Start	Zwischen				Ende
	Standard	Eingetreten	Angeheftet unterbrechend	Angeheftet Nicht-unterbrechend	Ausgelöst	Standard
Blanko: Untypisierte Ereignisse, i. d. R. am Start oder Ende eines Prozesses.	◯				◯	◯
Nachricht: Empfang und Versand von Nachrichten.	✉	✉	✉	✉	✉	✉
Timer: Periodische zeitliche Ereignisse, Zeitpunkte oder Zeitspannen.	◷	◷	◷	◷		
Eskalation: Meldung an den nächsthöheren Verantwortlichen.			⌃	⌃	⌃	⌃
Bedingung: Reaktion auf veränderte Bedingungen und Bezug auf Geschäftsregeln.	▤	▤	▤	▤		
Link: Zwei zusammengehörige Link-Ereignisse repräsentieren einen Sequenzfluss.		⇨			➡	
Fehler: Auslösen und Behandeln von definierten Fehlern.			⚡		⚡	
Signal: Signal über mehrere Prozesse. Auf ein Signal kann mehrfach reagiert werden.	△	△	△	△	▲	▲

Abb. 4.5: Auswahl an BPMN-Ereignissen und deren Einsatzmöglichkeiten, angelehnt an http://www.bpmb.de/index.php/BPMNPoster.

In Abb. 4.6 haben wir den Prozess zur Reisevorbereitung etwas adaptiert und zusätzlich vier Zwischenereignisse für das Buchen und den Erhalt der Buchungsbestätigung hinzugefügt. Um Ereignisse von Aktivitäten zu unterscheiden, sollten Ereignisse im Stil *Objekt–Verb im Perfekt* benannt werden, zum Beispiel *Flug ist gebucht*. Im Folgenden werden wir Startereignisse, Zwischenereignisse, und Endereignisse einzeln beleuchten.

Startereignisse sind immer eingetretene Ereignisse; sie lösen die Ausführung eines Prozesses aus. Im ursprünglichen Prozess in Abb. 4.1 war das Startereignis nicht durch ein Symbol im Kreis genauer beschrieben. Man spricht dann von einem **nicht**

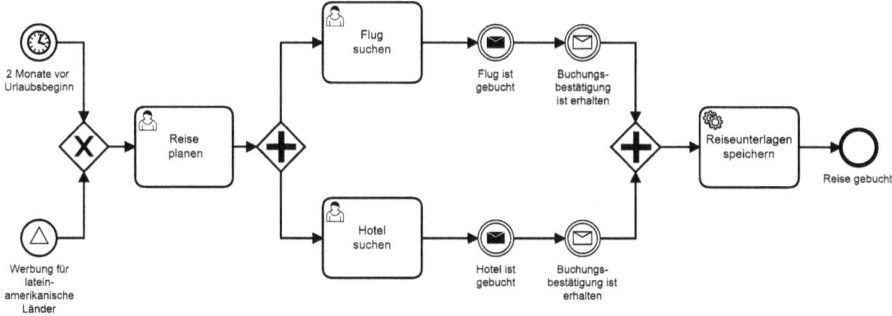

Abb. 4.6: Prozess der Reisevorbereitung erweitert mit verschiedenen Ereignissen.

typisierten Startereignis (engl. *blank start event*). In diesem Fall wurde im Modell kein definierter Auslöser für den Start des Prozesses dargestellt. Häufig findet man eine solche Modellierung, wenn ein Prozess jederzeit manuell gestartet werden kann.

Die Reiseplanung in Abb. 4.6 kann sowohl durch ein **Zeitereignis** (engl. *timer event*), zwei Monate vor der Urlaubszeit, als auch durch ein **Signalereignis** (engl. *signal event*), hier durch Werbung, ausgelöst werden.

Gibt es mehrere mögliche Startereignisse, von denen jedes zum Start einer Prozessinstanz führen kann, werden diese Startereignisse durch ein nachfolgendes XOR-Join-Gateway verbunden.

Zeitereignisse können genutzt werden, um einen Zeitpunkt oder eine Zeitdauer anzugeben, auf dessen Erreichen der Prozess wartet. Beispielsweise könnte ein Prozess zur Rechnungslegung jeden letzten Montag im Monat ausgelöst werden.

Signalereignisse werden genutzt, um Informationen zu verteilen, wobei der Endempfänger nicht bekannt ist. Ein gutes Beispiel ist Werbung, wo der ganz konkrete Interessent nicht vorher bekannt ist. Der BPMN-Standard vergleicht es mit „einem Signalfeuer, welches in den Himmel geschossen wird" [64], sichtbar für jeden, der interessiert sein könnte und darauf reagieren will. Prozesse, die am Signal interessiert sind, wie der gegebene Beispielprozess, können durch ein eintretendes Signalereignis ausdrücken, dass sie diese Information empfangen möchten. Im Beispielprozess in Abb. 4.6 würde eine interessante Werbung für latein-amerikanische Länder (das Signal) eine neue Reiseplanung auslösen. Eine Übersicht über die wichtigsten Ereignistypen der BPMN und wo diese eingesetzt werden dürfen, findet sich in Abb. 4.5.

Ein typischer Grund für das Modellieren von **Zwischenereignisse** besteht dann, wenn Informationen während der Prozessausführung empfangen oder verteilt werden sollen. Im aktualisierten Prozess der Reisevorbereitung in Abb. 4.6 wird ein **sendendes Nachrichtenereignis** (Briefumschlag ist ausgefüllt) genutzt, um die Buchung zu senden und ein **erhaltendes Nachrichtenereignis** (Briefumschlag ist nicht ausgefüllt), um die Buchungsbestätigung zu empfangen. Im Vergleich zu Signalereignissen haben Nachrichtenereignisse einen dedizierten Empfänger, der beim Senden der Nachricht festgelegt ist. Sendende Nachrichtenaktivitäten und -ereignisse sind in ihrer Semantik ähnlich. BPMN-Aktivitäten stellen jedoch im Vergleich zu Ereignissen Arbeiten dar, die mit einer bestimmten Dauer verbunden sind. Daher bieten sich Nachrichtenaktivitäten dann an, wenn das Senden mit bestimmten Vorbereitungen verbunden ist oder ein manueller Transport zum Empfänger stattfindet. Bei Nachrichtenereignissen werden die Informationen „nur" übermittelt, wie beispielsweise die Flugbuchungsinformationen in Abb. 4.6. Das Gleiche gilt für empfangende Nachrichtenaktivitäten und -ereignisse.

Endereignisse sind grundsätzlich ausgelöste Ereignisse, die über Prozessende beziehungsweise -resultate informieren. Im Beispielprozess in Abb. 4.6 informiert ein *leeres* Endereignis (engl. *empty end event*) über das Ende des Prozesses. Ein solches Endereignis kann aber auch mit einer Nachricht, einem Signal etc. typisiert werden, welches dann zum Beispiel das Starten eines anderen Prozesses auslösen kann.

4.3 Aktivitäten als Repräsentationen von Arbeitsschritten

Nachdem die Grundelemente eines BPMN-Prozessdiagramms eingeführt wurden, sei noch einmal die Rolle von Aktivitäten genauer betrachtet. Im vorherigen Abschnitt wurde eine Aktivität als ein **Arbeitsschritt** eingeführt, dessen Ausführung eine gewisse Zeit in Anspruch nimmt, wie zum Beispiel *Reiseunterlagen speichern*. Darüber hinaus wurde zwischen atomaren Aufgaben und komplexen Teil-Prozessen, sowie vielfältigen Aufgabentypen (z. B. Benutzeraufgabe oder Service-Aufgabe) unterschieden. All diese verschiedenen Arten von Aktivitäten haben jedoch eines gemeinsam: Sie stellen eine *Repräsentation* eines Arbeitsschrittes des modellierten Geschäftsprozesses dar. Das heißt, dass ein Arbeitsschritt das abstrakte Konzept ist, welches durch die entsprechende Arbeit beziehungsweise Tätigkeit definiert ist. Eine Aktivität in einem BPMN-Prozessdiagramm ist ein konkretes Modellelement, welches auf solch einen Arbeitsschritt Bezug nimmt und ihn entsprechend repräsentiert.

In diesem Sinne ist die Beziehung zwischen einem Arbeitsschritt und einer Aktivität analog zu der Beziehung zwischen einem Geschäftsprozess und einem Prozessmodell zu sehen. Für einen spezifischen Geschäftsprozess, zum Beispiel für eine Reisevorbereitung beziehungsweise -buchung innerhalb einer bestimmten Abteilung eines konkreten Unternehmens, können durchaus mehrere Prozessmodelle existieren. In diesem Fall gibt es mehrere Repräsentationen des Prozesses. Genauso kann es innerhalb eines Modells mehrere Repräsentationen eines bestimmten Arbeitsschrittes geben. Zum Beispiel kann es in einem BPMN-Prozessdiagramm mehrere Aktivitäten beziehungsweise Aufgaben geben, welche den gleichen Arbeitsschritt repräsentieren und aus diesem Grund die gleiche Beschriftung haben. In Abb. 4.6 könnte es zum Beispiel zwei Aktivitäten *Reiseunterlagen speichern* geben, eine direkt nach der Aktivität *Reise planen* und eine, wie gehabt, vor dem Endereignis. Beide Aktivitäten würden dann den gleichen Arbeitsschritt repräsentieren, welcher das Abspeichern aller aktuell für die Reise verfügbaren Informationen beinhaltet. Der jeweils durchgeführte

Arbeitsschritt ist demnach der gleiche, auch wenn das Ergebnis im Sinne der gespeicherten Daten unterschiedlich ist, da die zweite Ausführung nun bereits Hotel- und Fluginformationen beinhaltet.

In vielen Anwendungsfällen wird die Unterscheidung zwischen einem Arbeitsschritt und seiner Repräsentation vernachlässigt und beide Konzepte als synonym angesehen. Gerade wenn ein Arbeitsschritt nur durch eine Aktivität innerhalb eines Modells repräsentiert wird, ist dies im Allgemeinen unproblematisch. Sofern allerdings mehrere Aktivitäten auf einen Arbeitsschritt Bezug nehmen, ist die Unterscheidung mitunter wichtig. Wenn zum Beispiel in dem Modell definiert werden soll, dass zwischen den Arbeitsschritten *Reise planen* und *Reiseunterlagen speichern* maximal ein Tag vergehen darf, so müsste man die entsprechende Bedingung für alle Paare von Aktivitäten, welche diese Arbeitsschritte repräsentieren, im Modell vermerken.

4.4 Aufteilung in Teilprozesse

Geschäftsprozesse sind im Allgemeinen recht komplex. Als Regel gilt, dass ein Prozessdiagramm möglichst nicht die Größe eines A4-Blattes überschreiten soll, damit es verständlich und lesbar für Praxisanwender ist. Ein einfaches Hilfsmittel, um ein übergroßes Prozessdiagramm auf mehrere Seiten aufzuteilen, sind die **Linkereignisse** (engl. *link event*). Um von detailreichen Aspekten in Geschäftsprozessen zu abstrahieren, bietet BPMN außerdem das Konzept der **Teilprozesse** (engl. *subprocess*). Sie erlauben eine Auslagerung von Detailinformationen in ein separates Modell. Im Folgenden werden wir kurz die Semantik der Linkereignisse erläutern und dann **zugeklappte** (engl. *collapsed*) und **aufgeklappte** (engl. *expanded*) Teilprozesse vorstellen.

Wie bereits angedeutet, erlauben Linkereignisse, ein größeres BPMN-Diagramm auf mehrere Seiten oder Bildschirme aufzuteilen. Den Prozess in Abb. 4.7 haben wir um eine Genehmigung, die für die Reise eingeholt werden muss, erweitert. Nachdem die Genehmigung erhalten wurde, wird das Diagramm visuell durch das auslösendes Linkereignis *Reiseplanung ist genehmigt* unterbrochen. Das Linkereignis trennt somit den Prozess, den man auch mühelos in einem zusammenhängenden Diagramm darstellen könnte, zur Erhöhung der Übersicht in zwei Teile auf: *Reise planen* und *Genehmigung erfragen* stehen im oberen Diagramm vor dem ausgelösten Linkereignis *Reiseplanung ist genehmigt*. Der Prozess wird durch ein eintretendes Linkereignis im unteren Diagramm fortgesetzt, welches genauso wie das ausgelöste Ereignis benannt ist. Durch die gleiche Benennung der Ereignisse entsteht die Verbindung zwischen oberem und unterem Diagramm.

Teilprozesse werden genutzt, um bestimmte Prozessdetails auszublenden. BPMN unterscheidet zwischen zugeklappten und aufgeklappten Teilprozessen, welche beispielhaft in Abb. 4.8 dargestellt sind. Das Heraussuchen und Buchen eines Fluges/Hotels ist hier im zugeklappten Teilprozess *Reisemittel buchen* (eine Aktivität mit einer

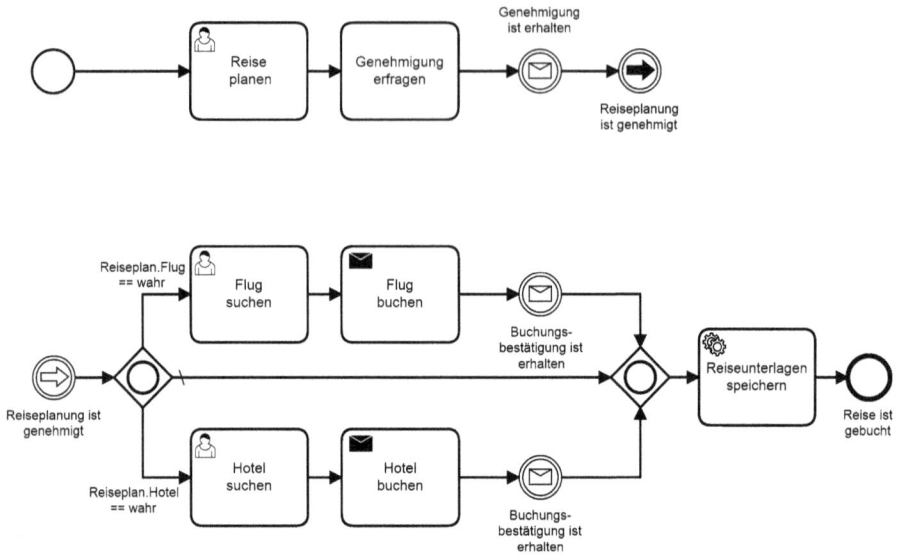

Abb. 4.7: Prozess zur Reisevorbereitung unterteilt mit Linkereignissen.

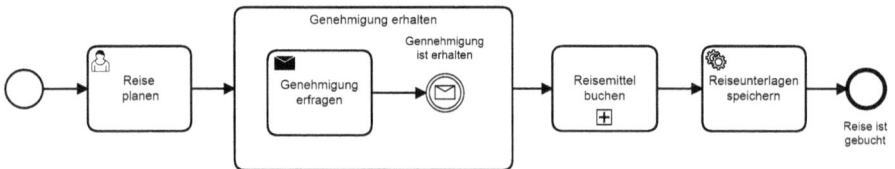

Abb. 4.8: Prozess der Reisevorbereitung mit einem aufgeklappten und zugeklappten Teilprozess.

Plus-Markierung) gekapselt. Dieser zugeklappte Teilprozess referenziert auf ein weiteres BPMN-Prozessdiagramm (vgl. Abb. 4.9), in welchem die Details modelliert sind. Durch die Kapselung der Details in einem Teilprozess wird die Darstellung des Hauptprozesses wesentlich übersichtlicher im Vergleich zu Abb. 4.7. Bei gut gewählter Abstraktion kann es auch möglich sein, dass ein Teilprozess innerhalb verschiedener anderer Prozesse aufgerufen werden kann. Beispielsweise kann derselbe Teilprozess *Zahlung per Kreditkarte* sowohl für die Bezahlung einer Flugbuchung als auch für die Bezahlung einer Hotelbuchung genutzt werden. Diese Wiederverwendung spart Zeit beim Modellieren. Spätere Änderungen am Teilprozess sind einfacher, da das Modell nur an einer Stelle zu ändern ist.

Mithilfe eines aufgeklappten Teilprozesses – wie zum Beispiel *Genehmigung erhalten* in Abb. 4.8 – kann die interne Struktur eines Teilprozesses im Prozess sichtbar gemacht werden. Bei der Verwendung gängiger BPMN-Modellierungswerkzeuge lassen sich Teilprozesse mit jeweils einem Klick auf- beziehungsweise zuklappen. Unabhängig davon können aufgeklappte Teilprozesse auch zur Gruppierung von Elemen-

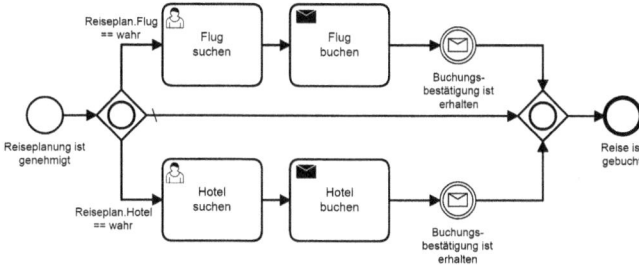

Abb. 4.9: BPMN-Prozessdiagram für „Reisemittel buchen".

ten eines BPMN-Diagramms verwendet werden. Der Leser eines Modells erkennt, dass alle Elemente, die demselben Teilprozess zugeordnet sind, zu einer logischen Einheit gehören.

Intern beginnt ein Teilprozess normalerweise mit einem einzelnen *leeren* Startereignis. Wenn kein Startereignis modelliert ist, können alle Aktivitäten ohne eingehenden Sequenzfluss gestartet werden. Laut BPMN-Standard muss auch kein Endereignis vorhanden sein, die Verwendung von Endereignissen ist aber im Interesse der Verständlichkeit zu empfehlen. Im Teilprozess *Genehmigung erhalten* wurde ausdrücklich ein Endereignis modelliert, um das Ergebnis des Teilprozesses deutlich zu benennen.

Es ist möglich, Ereignisse an Teilprozesse oder an Aufgaben „anzuheften". Das Ereignissymbol wird dann auf den Rand der Aktivität gezeichnet. Solche Ereignisse werden als **angeheftete Ereignisse** (engl. *boundary events*) bezeichnet. Sie machen deutlich, dass der Teilprozess oder die Aufgabe durch das Auftreten des Ereignisses unterbrochen wird oder ein Pfad parallel dazu ausgelöst wird. Dazu unterscheidet BPMN zwischen sogenannten **unterbrechenden** (engl. *interrupting*) und **nichtunterbrechenden** (engl. *non-interrupting*) angehefteten Ereignissen (vgl. Abbruchmuster in Kapitel 2). Im Beispiel in Abb. 4.10 sind am Teilprozess *Genehmigung erhalten* zwei Ereignisse angeheftet. Wenn während der Ausführung des Teilprozesses das Zeitereignis oder das Signalereignis eintritt, wird darauf reagiert. Nach Beendigung des Teilprozesses *Genehmigung erhalten* werden diese Ereignisse nicht mehr weiter beachtet.

Das Signalereignis *Reisestopp im Unternehmen ist ausgelöst* ist ein unterbrechendes Ereignis, erkennbar am durchgezogenen Rand. Falls es während der Ausführung des Teilprozesses auftritt, wird der Teilprozess an der Stelle, an der er sich befindet, abgebrochen und der ausgehende Pfad des Ereignisses (hier das Endereignis *Reiseplanung ist verschoben*) wird ausgelöst. Hier hätte man auch die Möglichkeit, Aktivitäten zur Kompensation des Aktivitätsabbruchs hinzuzufügen oder Abschnitte des Prozesses nochmal zu wiederholen. In unserem Beispiel wird der Prozess beendet, da zur Zeit keine Reisen im Unternehmen erlaubt sind. Wäre der Teilprozess bereits abgeschlossen und eine Reisegenehmigung wäre erteilt gewesen, hätte die Reise trotzdem stattfinden können, da auf das angeheftete Ereignis *Reisestopp im Unternehmen ist*

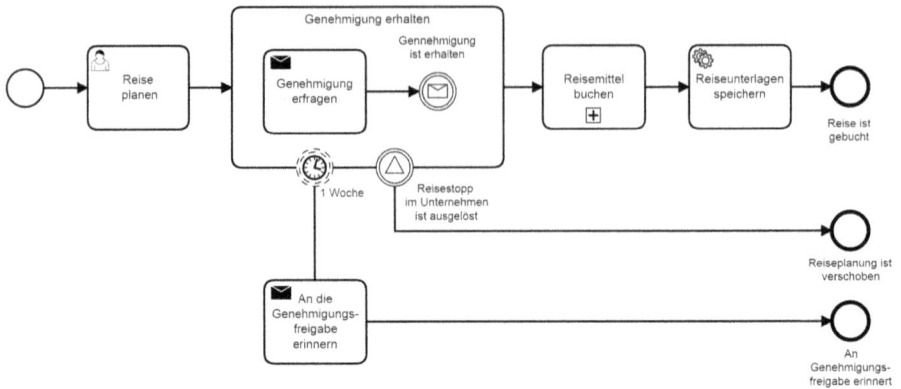

Abb. 4.10: Teilprozess *Genehmigung erhalten* mit zwei angeheftet Ereignissen.

ausgelöst nur während der Ausführung des Teilprozesses *Genehmigung erhalten* reagiert wird.

Im Gegensatz zum Signalereignis ist das Zeitereignis als nicht-unterbrechendes angeheftetes Ereignis modelliert, dargestellt durch einen gestrichelten Rand des Ereignisses. Es wird ausgelöst, sobald der Teilprozess schon länger als eine Woche läuft. Wenn dieses Ereignis auftritt, wird eine Nachricht herausgeschickt, die daran erinnert, dass die Genehmigung erteilt werden muss. Der Teilprozess würde weiterhin ausgeführt werden und auf die Genehmigung warten. Der parallele Pfad, der jetzt durch das Zeitereignis ausgelöst wurde, sollte wieder geordnet beendet werden. Ansonsten gibt es parallel zu der Teilprozessausführung eine weitere Prozessausführung entlang des ausgehenden Pfads des nicht-unterbrechenden Ereignisses, welches zu nicht erwünschtem Verhalten führen könnte.

4.5 Erweiterte BPMN

Bisher haben wir uns vor allem darauf konzentriert, wie Aktivitäten und deren Kontrollfluss in BPMN beschrieben werden. Zusätzlich können auch verwendete Ressourcen und Daten mit Hilfe der BPMN dargestellt werden, worauf wir uns in diesem Abschnitt konzentrieren wollen.

BPMN bietet **Pools** und **Lanes**, um die Organisationssicht in Prozessdiagrammen abzubilden. Ein Pool beinhaltet genau einen Prozess und stellt dar, dass eine bestimmte Organisationseinheit für den Prozess verantwortlich ist. Das kann eine Person oder Personengruppe sein, wie zum Beispiel ein Kunde, eine Abteilung, eine Organisation oder auch ein IT-System. In unserem Beispielprozess in Abb. 4.11 ist der Prozessverantwortliche das *Unternehmen XY*. Ein Pool kann weiter durch Lanes unterteilt werden. Aktivitäten werden dann auf die Lanes verteilt, um die Verantwortlichkeiten für die Aktivitäten abzubilden. In unserem Beispiel ist der Mitarbeiter zuständig, eine Reise

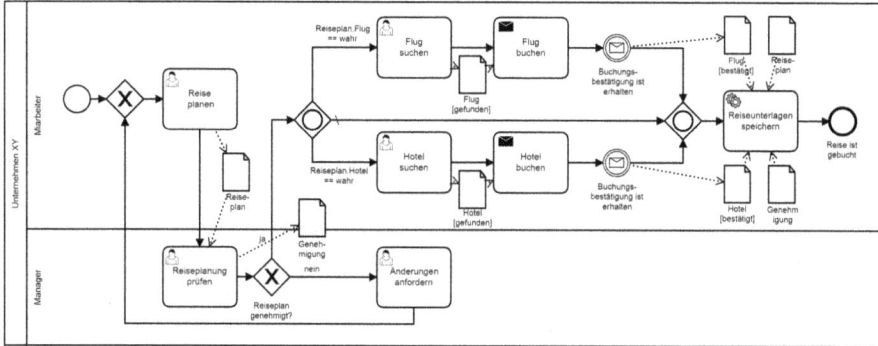

Abb. 4.11: Prozess der Reisevorbereitung erweitert mit zwei Lanes und Datenobjekten.

zu planen und auch später zu buchen, aber der Manager verantwortlich, die Reise zu genehmigen. BPMN macht es möglich, Abteilungen, Rollen oder Personen Aufgaben zuzuordnen. Das eigentliche Organisationsmodell muss jedoch außerhalb der BPMN definiert werden.

Weiterhin können Dokumente beziehungsweise Daten, welche von Aktivitäten verwendet oder erstellt werden, mit Hilfe des **Datenobjekt**-Elements (*data object*) dargestellt werden. Datenobjekte können durch punktiert dargestellte Pfeile mit Aktivitäten oder Ereignissen verbunden sein, um deren Schreib- oder Lesezugriffe auf die Datenobjekte darzustellen. In dem abgebildeten Beispielprozess in Abb. 4.11 wird durch das Ausführen der Aktivität *Reise planen* der *Reiseplan* erstellt. Die Aktivität *Reise genehmigen* liest den *Reiseplan*, um darüber zu entscheiden, ob er genehmigt oder abgelehnt wird. Im Falle einer Annahme wird eine *Genehmigung* erstellt.

Datenobjekte können während der Prozessausführung in verschiedenen Zuständen sein. Beispielsweise ist das Datenobjekt *Flug*, nachdem ein Flug gesucht und gefunden wurde, im Zustand *[gefunden]*. Später wird er durch das Ereignis *Buchungsbestätigung ist erhalten* auf den Zustand *[bestätigt]* aktualisiert. Wie bereits angedeutet, können auch Ereignisse Datenobjekte lesen oder schreiben. Dabei ist zu beachten, dass eintretende Ereignisse Datenobjekte nur schreiben, um eine Information, die sie erhalten haben, für weitere Prozessaktivitäten/-ereignisse zugänglich zu machen. Auslösende Ereignisse können Datenobjekte nur lesen, um eine Information an die Prozessumgebung zu verteilen.

4.6 BPMN-Kollaborationsdiagramme

BPMN-Kollaborationsdiagramme stellen die Interaktion zwischen zwei oder mehreren Pools dar. Also zeigt ein Kollaborationsdiagramm nicht wie das bisher betrachtete BPMN-Prozessdiagramm nur einen Geschäftsprozess, sondern mehrere Prozesse und deren Interaktion. Jeder Pool steht für den Prozess eines Partners. Ein Partner kann

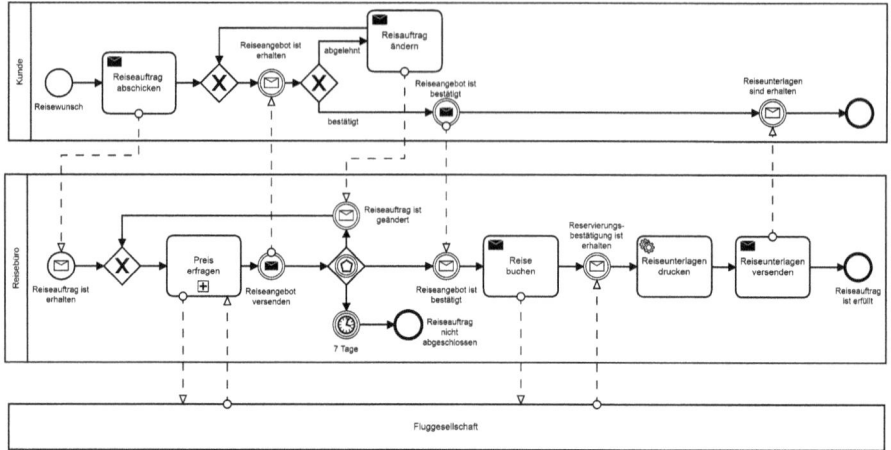

Abb. 4.12: Kollaborationsdiagramm zum Buchen eine Fluges über ein Reisebüro.

dabei eine Person (z. B. „Kunde"), eine Organisation (z. B. „Reisebüro") oder auch ein Computersystem sein.

Die Pools, die jeweils einen Geschäftsprozess beinhalten, können in einem Kollaborationsdiagramm aufgeklappt oder zugeklappt sein. Bei einem zugeklappten Pool werden die Prozessdetails ausgespart und nur gezeigt, welche Nachrichten dieser Pool mit anderen austauscht. Abb. 4.12 stellt eine Kollaboration dar, in der ein *Kunde* einen Flug über ein *Reisebüro* bei einer *Fluggesellschaft* buchen lässt.

Die Kollaboration ist aus Sicht des Reisebüros modelliert. Dieser Prozess enthält nicht nur sendende und empfangende Aktivitäten, sondern auch eine interne Aktivität des Reisebüros: *Reiseunterlagen drucken*. Der Pool der Kunden wiederum enthält nur sendende und empfangende Aufgaben/Ereignisse. Er enthält somit nur Aktivitäten, die öffentlich auch beobachtbar sind und stellt somit einen öffentlichen Prozess dar. Der genaue Prozessablauf bei der Fluggesellschaft ist in diesem Kollaborationsdiagramm uninteressant. Dieser Prozess ist als zugeklappter Pool (vgl. *Fluggesellschaft* in Abb. 4.12) dargestellt.

Sobald beim Kunden ein Reisewunsch besteht, kann ein Reiseauftrag an das Reisebüro gesendet werden, welcher dann eine neue Instanz des Reisebüro-Prozesses auslöst. Dies ist dargestellt durch einen gerichteten Nachrichtenfluss zwischen der sendenden Nachrichtenaktivität *Reiseauftrag abschicken* und dem empfangenden Nachrichten-Startereignis *Reiseauftrag ist erhalten*.

Nachrichtenfluss verbindet die sendenden und empfangenden Nachrichtenaktivitäten/-ereignisse der Prozesse in unterschiedlichen Pools. Er ersetzt nicht den Kontrollfluss innerhalb der zuverbindenen Prozesse. Ein häufiger Modellierungsfehler ist, dass bei der Verwendung von Nachrichtenfluss der Kontrollfluss zwischen der sendenden und empfangenden Nachricht im Pool mit der Annahme weggelassen wird, dass dieser schon durch den Nachrichtenfluss dargestellt ist. Jedoch braucht es den Kontrollfluss, um einen Prozess fortzusetzen, also die nachfolgenden Aktivitäten/Ereignisse aktivieren zu können und bereit zu sein, die entsprechenden Nachrichten zu empfangen. Weiterhin kann Nachrichtenfluss *nur* genutzt werden, um den Nachrichtenaustausch zwischen *verschiedenen* Pools darzustellen. Innerhalb eines Pools kann kein Nachrichtenaustausch stattfinden, auch nicht zwischen verschiedenen Lanes im Pool. Hier wird die Aktivierung der Aktivitäten und Ereignisse ausschließlich über den Kontrollfluss gesteuert.

Im nächsten Schritt unseres Beispielprozesses von Abb. 4.12 fragt das Reisebüro den Preis bei der Fluggesellschaft an. Die Anfrage und das Empfangen der Antwort sind in einem Teilprozess gekapselt. Bei Beenden des Teilprozesses wird ein Reiseangebot an den Kunden weitergeleitet, dargestellt durch ein sendendes Nachrichtenereignis. Der Kunde prüft dann das Reiseangebot und sendet entweder eine Bestätigung des Reiseangebots (sendendes Nachrichtenereignis) oder eine Änderung des Reiseauftrages (sendende Nachrichtenaktivität). Für das Reisebüro wird extern eine Entscheidung getroffen, auf deren mögliches Resultat es reagieren möchte.

Dazu haben wir ein weiteres BPMN-Gateway verwendet: das **ereignisbasierte exklusive Gateway** (engl. *event-based gateway*). Das ereignisbasierte exklusive Gateway hat eine ähnliche Semantik wie ein XOR-Split-Gateway. Es finden sich jedoch keine Bedingungen an den Ausgangskanten, sondern es ist mit mehreren empfangenden Nachrichtenereignissen (-aktivitäten) verbunden, um auf verschiedene mögliche Ereignisse (z. B. auf unterschiedliche Ausgänge einer externen Entscheidung) zu reagieren. Es setzt das Muster *Deferred Choice* um (vgl. Kapitel 2): Sobald eines der an den Ausgangskanten des Gateways notierten Ereignisse eintritt, wird der Pfad in die Richtung dieses Ereignisses durchlaufen. Auf die anderen Ereignisse wird dann nicht mehr reagiert.

Zusätzlich kann dem ereignisbasierten Gateway auch ein Zeitereignis folgen, damit im Falle keiner Antwort eine Verklemmung im Prozess vermieden wird. In unserem Beispiel wartet das Reisebüro entweder darauf, dass eine Nachricht eingeht, die das Ereignis *Reiseangebot ist bestätigt* beziehungsweise *Reiseauftrag ist verändert* auslöst oder dass sieben Tage ohne Antwort verstrichen sind.

Im Falle, dass der Kunde den Reiseauftrag bestätigt, wird die Reise bei der Fluggesellschaft gebucht. Mit der erhaltenen Reservierungsbestätigung druckt das Reisebüro automatisch mit Hilfe einer Service-Aufgabe die Unterlagen aus und versendet sie an den Kunden. Wird ein veränderter Reiseauftrag empfangen, dann wird erneut ein Preis bei einer Fluggesellschaft angefragt.

4.7 Individuelles Erweitern von BPMN

Um ein Prozessdiagramm, welches in einem Modellierungswerkzeug erstellt wurde, an ein BPMN-Ausführungssystem zu übergeben oder in ein anderes Modellierungswerkzeug zu übertragen, definiert der BPMN-Standard ein standardisiertes Austauschformat auf XML-Basis [64]. Allerdings kann ein solches Austauschformat nicht alle Informationen enthalten, die möglicherweise im Modell zum Beispiel als Attribute einer Aktivität modelliert werden sollen. Daher bietet der Standard auch die Möglichkeit, BPMN-Elemente um individuelle Konzepte zu erweitern. Das Mittel dafür sind die sogenannten **Erweiterungselemente** (engl. *extension element*). Elemente, wie Aktivitäten, Datenobjekte etc. können durch Eigenschaften erweitert werden. Die Erweiterungselemente werden genutzt für:

(1) fachbereichsspezifische Erweiterungen (z. B. für das Gesundheitswesen [13] oder für Produktionsprozesse [116]),

(2) konzeptionelle Erweiterungen von BPMN (z. B. um Zeitaspekte [6] oder die Zuordnung von Ressourcen [89] zu modellieren) oder

(3) technische Informationen für das Prozessausführungssystem.

Eine standardisierte BPMN-Erweiterung für die Simulation von Geschäftsprozessen wird in Kap. 7.5 beschrieben.

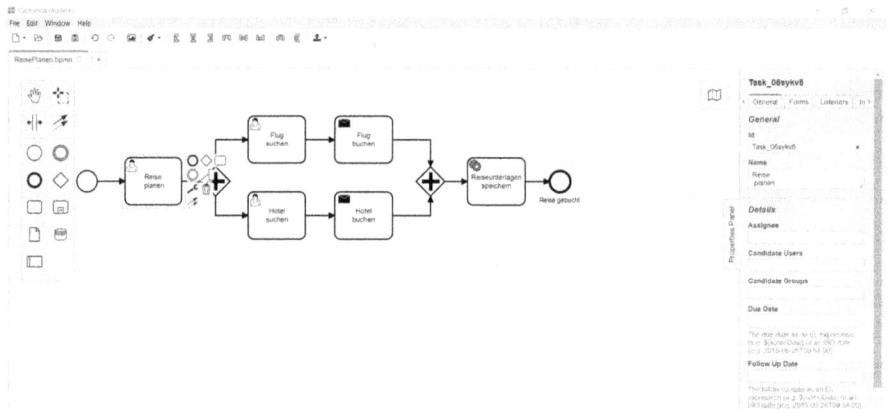

Abb. 4.13: Bildschirmfoto des Prozessmodellierungswerkzeugs *Camunda*, in dem zu einer Benutzeraufgabe Details zur Ressourcenzuweisung durch Erweiterungselemente ergänzt werden können.

Abb. 4.13 zeigt ein Bildschirmfoto des Prozessmodellierungswerkzeugs *Camunda*. Hier kann man Modellelementen durch Eintragungen im *Properties Panel* zusätzliche Informationen hinzufügen. Zum Beispiel kann eine Benutzeraufgabe durch Details zur Ressourcenzuweisung ergänzt werden: ein konkreter *Assignee* (zugewiesener Verantwortlicher), eine *Candidate group* (Gruppe von Kandidaten für die Aufgabenzuweisung) oder auch ein *Due date* (ein Datum, an dem die Aufgabe abgeschlossen werden soll) können angegeben werden. Diese Informationen werden dann vom BPMN-Ausführungssystem, welches *Camunda* auch anbietet, während der automatischen Prozessausführung genutzt.

4.8 Zum Nachdenken und Weiterlesen

In diesem Kapitel wurden die beiden wichtigsten Diagrammarten von BPMN und deren wesentlichste Bestandteile eingeführt. Es gibt noch weitere Elemente wie zum Beispiel Schleifen- oder Mehrfachaktivitäten (engl. *loop activity / multi-instance activity*), Transaktions-Teilprozesse (engl. *transactional process*) etc. Eine Studie von zur Mühlen und Recker [117] hat gezeigt, dass nur ungefähr 20 % der BPMN-Konzepte durch Endanwender verwendet werden. Diese Konzepte wurden auch in diesem Kapitel vorgestellt. Ein übersichtliches Poster[6] der BPMN-Notationselemente wird von der *BPM Offensive Berlin* zur Verfügung gestellt. Bei weiterem Interesse an BPMN verweisen wir auf den BPMN-Standard [64] selbst oder vertiefende Bücher zu BPMN, beispielsweise von Allweyer [4] oder Freund und Rücker [29].

Ein quelloffenes erweiterbares BPMN-Modellierungswerkzeug, das wir auch hier für die Modellierung der gegebenen Beispiele verwendet haben, ist das Modellierungswerkzeug von *Camunda*.[7] Auf Grundlage dieses Werkzeugs hat eine italienische Forschungsgruppe aus Camerino *Mida*[8] entwickelt, mit dem man BPMN-Kollaborationsdiagramme mit Daten und auch Nachrichten modellieren kann. In *Mida* erstellte Diagramme können auch animiert werden, so dass der Ablauf von Modellinstanzen verfolgt werden kann.

Stellen Sie den Teilprozess in Abb. 4.4c, der jetzt mit einem OR-Split und -Join umgesetzt ist, mit Hilfe von XOR- und AND-Gateways dar. **?**

Modellieren Sie einen möglichen Ablauf für den zur Zeit zugeklappten Prozess der Fluggesellschaft aus Abb. 4.12. Achten Sie dabei darauf, dass dieser zu der dargestellten Kollaboration passt. **?**

---

6 http://www.bpmb.de/images/BPMN2_0_Poster_DE.pdf
7 verfügbar auf https://bpmn.io/
8 http://pros.unicam.it:8080/Mida/modeler.html

5 Modellierungsrichtlinien

5.1 Überblick

Eines der zentralen Ziele von Prozessmodellen ist es, Geschäftsabläufe einfach und verständlich darzustellen. Ein Blick in die Prozesssammlungen von vielen Unternehmen offenbart allerdings, dass dieses Ziel nicht selten verfehlt wird [53]. Die Gründe sind häufig sehr ähnlich: Die betreffenden Prozessmodelle sind zu komplex, unübersichtlich oder inhaltlich unklar. Die Annahme, dass die bloße Verwendung eines etablierten Standards (wie zum Beispiel BPMN) zu einfach verständlichen Prozessen führt, ist schlicht zu kurz gedacht. Auch ein Modellierungsstandard muss angemessen und konsistent angewendet werden, damit die mühsam erstellten Modelle ihr primäres Ziel der Verständlichkeit auch erfüllen.

Vor diesem Hintergrund widmen wir uns in diesem Kapitel dem Thema der Modellierungsrichtlinien. Ziel ist es, die verschiedenen Aspekte der Verständlichkeit zu beleuchten und konkrete Handlungsanweisungen zu geben, wie während der Prozessaufnahme eine höchstmögliche Verständlichkeit von Prozessmodellen erreicht werden kann. Ausgangspunkt sind die drei Kerndimensionen, die die Verständlichkeit von Prozessmodellen ausmachen:

- *Struktur*: Wurden die Prozessmodellelemente so verwendet, dass eine korrekte und eindeutige Kontrollflusslogik entsteht?
- *Beschriftung*: Sind die natürlichsprachlichen Beschriftungen der Prozessmodellelemente eindeutig und verständlich?
- *Layout*: Wurden die Prozessmodellelemente so angeordnet, dass die Kontrollflusslogik ohne Mühe eindeutig nachzuvollziehen ist?

5.2 Modellierungsrichtlinien zur Prozessmodellstruktur

Der Prozessmodellierungsstandard BPMN 2.0 kommt mit einer Vielzahl von verschiedenen Elementen daher. In dem mit dem Standard verbundenen Regelwerk, das mehrere hundert Seiten umfasst, ist der korrekte Gebrauch dieser Elemente genauestens spezifiziert. Die Nutzung von BPMN in der Praxis hat gezeigt, dass die reine Umsetzung dieser Regeln nicht ausreicht, um einfach verständliche Prozessmodelle zu erhalten. Dies hat zwei Hauptgründe: Zum einen ist nicht alles, was gemäß Regelwerk erlaubt ist, auch für den Leser ohne Probleme verständlich. Zum anderen sind bestimmte Elementkombinationen zwar regelkonform, haben aber eine ungewollte Semantik. Vor diesem Hintergrund behandeln wir in diesem Abschnitt die wichtigsten strukturellen Probleme von Prozessmodellen und definieren entsprechende Richtlinien zu derer Vermeidung. Im Einzelnen werden wir sechs zentrale Richtlinien diskutieren:

https://doi.org/10.1515/9783110500165-005

1. Verklemmungen vermeiden.
2. Mehrfach-Zusammenführungen vermeiden.
3. Inklusiv-Oder-Gateways vermeiden.
4. Gateways nicht gleichzeitig zum Verzweigen und Zusammenführen verwenden.
5. Explizite Verzweigungen und Zusammenführungen verwenden.
6. Blockstruktur beibehalten.

5.2.1 Verklemmungen vermeiden

Verklemmungen (engl. *deadlocks*) treten in der Regel ungewollt auf und werden durch die falsche Kombination von verzweigenden und zusammenführenden Gateways verursacht. Sie sind also ein Modellierungsfehler in der Kontrollflusslogik.

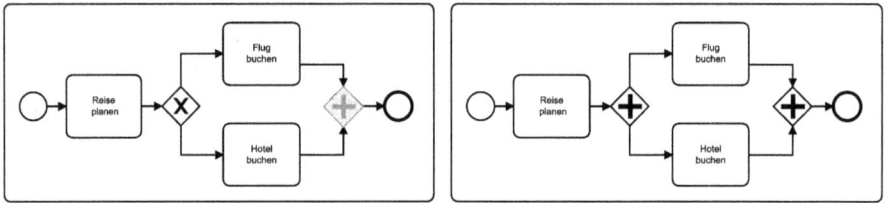

(a) Prozessfragment mit Verklemmung.

(b) Prozessfragment ohne Verklemmung.

Abb. 5.1: Beispiel einer Verklemmung und möglicher Auflösung.

Abb. 5.1 zeigt ein Beispiel einer solchen Verklemmung, welche durch die Zusammenführung zweier durch ein XOR-Gateway verzweigter Pfade mit Hilfe eines AND-Gateways verursacht wird. Das Problem ist also, dass das (in der Abbildung grau hervorgehobene) AND-Gateway darauf wartet, dass die vorhergehenden Aktivitäten *Flug buchen* und *Hotel buchen* beide beendet wurden. Da der Kontrollfluss aber vor den beiden Aktivitäten durch ein XOR-Gateway verzweigt wurde, wird dieser Fall niemals eintreten. Es wird immer nur zur Ausführung einer der beiden Aktivitäten kommen. Die Auflösung einer solchen Verklemmung können wir erreichen, indem wir die gewünschte Logik korrekt modellieren. Nehmen wir an, dass im Beispiel von Abb. 5.1 beide Aktivitäten ausgeführt werden sollen. Dann müssen wir entsprechend zur Verzweigung und Zusammenführung AND-Gateways verwenden (siehe Abb. 5.1b).

Es ist wichtig, dass jedes Prozessmodell frei von Verklemmungen ist. Da Verklemmungen in komplexeren Modellen nicht immer sofort auffallen, sollte hier mit besonderer Sorgfalt die Logik des Prozessablaufs geprüft werden. Viele gängige Modellierungswerkzeuge bieten auch eine automatische Überprüfung an.

5.2.2 Mehrfach-Zusammenführungen vermeiden

Sogenannte Mehrfach-Zusammenführungen (engl. *multi-merges*) treten in der Regel ebenso wie Verklemmungen ungewollt auf. Sie stellen das „Gegenteil" von Verklemmungen und dar und werden durch das Zusammenführen von mehreren durch ein AND-Gateway verzweigter Pfade mit Hilfe eines XOR-Gateways verursacht.

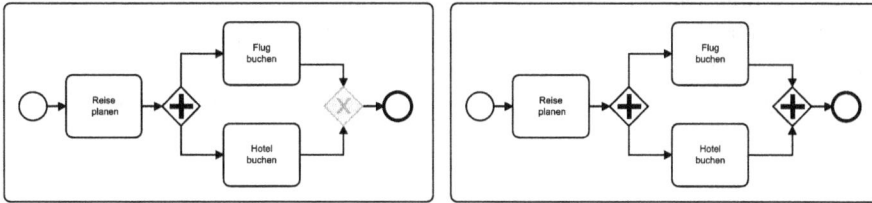

(a) Prozessfragment mit Mehrfach-Zusammenführung.

(b) Prozessfragment ohne Mehrfach-Zusammenführung.

Abb. 5.2: Beispiel einer Mehrfach-Zusammenführung und möglicher Auflösung.

Abb. 5.2 zeigt eine Mehrfach-Zusammenführung am Beispiel des gleichen Prozessfragments, das wir bereits bei der Verklemmung betrachtet haben. Das Problem hier ist, dass sowohl die Aktivität *Flug buchen* als auch die Aktivität *Hotel buchen* ausgeführt werden. Das nachfolgende (grau hervorgehobene) XOR-Gateway wartet allerdings nur auf die Ausführung einer der beiden Aktivitäten. Dies bedeutet, dass der Prozessteil, der nach dem XOR-Gateway folgt, doppelt ausgeführt wird.

Mehrfach-Zusammenführung sind wie auch Verklemmungen in jedem Fall zu vermeiden. Komplexere Modelle sollten mit Sorgfalt oder entsprechenden Modellierungswerkzeugen überprüft werden.

5.2.3 Inklusiv-Oder-Gateways vermeiden

Das Inklusiv-Oder-Gateway (kurz OR-Gateway) ist normaler Bestandteil der BPMN-Elementpalette. Die Besonderheit des OR-Gateways ist seine für viele Praxisanwender wenig intuitive Semantik. Diverse Modellierungsprojekte in der Praxis haben gezeigt, dass sich viele Modellierer nicht im Klaren waren, dass ein verzweigendes OR-Gateway einen oder mehrere ausgehende Pfade aktivieren kann. Der Grund dafür liegt auf der Hand: Im normalen Sprachgebrauch wird das Wort „oder" immer im exklusiven Sinne verwendet. Modellierer ohne formalen Hintergrund haben deshalb häufig Probleme, die Semantik des OR-Gateways zu verstehen. Die Konsequenz ist, dass die Verwendung des OR-Gateways fehlerhaft erfolgt (zum Beispiel an Stelle eines XOR-Gateways) oder schlicht beim Lesen der Modelle zur Verwirrung führt. Einige Modellierungswerkzeuge bieten deshalb auch an, das OR-Gateway aus der Elementpalette zu entfernen.

Da die Semantik des OR-Gateways, sofern benötigt, meist auch anders ausgedrückt werden kann, empfehlen wir deshalb die Vermeidung des OR-Gateways.

5.2.4 Gateways nicht gleichzeitig zum Verzweigen und Zusammenführen verwenden

Gateways sollten stets entweder zum Verzweigen oder zum Zusammenführen verwendet werden. Eine Kombination an einem Gateway geht häufig zu Lasten der Klarheit und des einfachen Verständnisses des Prozessmodells. Abb. 5.3 zeigt ein Beispiel für gleichzeitiges Zusammenführen und Verzweigen an einem Gateway und eine entsprechende saubere Lösung.

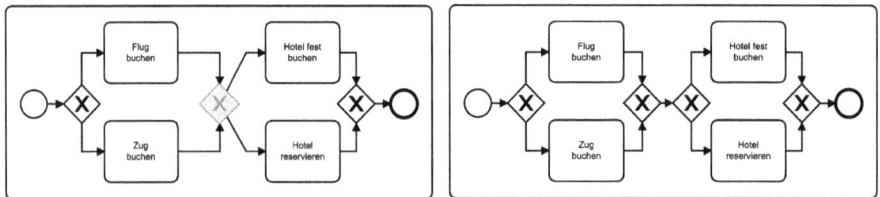

(a) Prozessfragment mit Gateway, das verzweigt und zusammenführt.

(b) Äquivalents Prozessfragment mit separaten Gateways.

Abb. 5.3: Beispiel für gleichzeitiges Zusammenführen und Verzweigen an einem Gateway.

5.2.5 Explizite Verzweigungen und Zusammenführungen verwenden

BPMN 2.0 erlaubt das Verzweigen und Zusammenführen von Pfaden ohne Gateways, indem zum Beispiel Aktivitäten mit mehreren eingehenden oder ausgehenden Pfaden versehen werden. Solche sogenannten „impliziten" Verzweigungen und Zusammenführungen bergen jedoch erhebliches Fehlerpotenzial. Abb. 5.4 verdeutlicht dies. Es zeigt zwei semantisch äquivalente Prozessfragmente. Abb. 5.4a verwendet implizite Verzweigungen und Zusammenführungen, Abb. 5.4b verwendet konsistent Gateways.

Bei näherer Betrachtung von Abb. 5.4 fällt auf, warum die implizite Variante schnell für Verwirrungen sorgen kann: Eine Aktivität mit mehreren ausgehenden Pfaden (siehe *Reise planen*) repräsentiert ein verzweigendes AND-Gateway. Eine Aktivität mit mehreren eingehenden Pfaden (siehe *Genehmigung einholen*) hingegen repräsentiert ein zusammenführendes XOR-Gateway. Dieser Sachverhalt wird in Praxis häufig vergessen, sodass in diesen Fällen unbeabsichtigt die falsche Semantik modelliert wird. Auch beim Leser kann die Verwendung von impliziten Verzweigungen und Zusammenführungen zu Missverständnissen oder fehlerhaften Interpretationen führen.

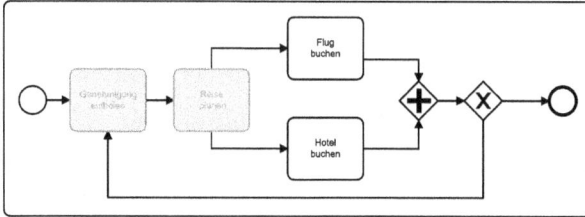

(a) Prozessfragment mit impliziten Verzweigungen und Zusammenführungen.

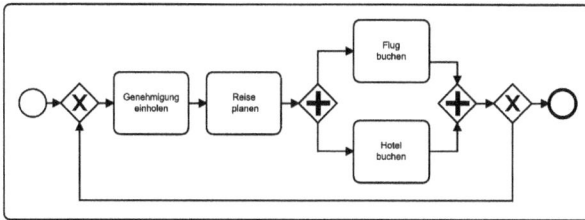

(b) Prozessfragment mit impliziten Verzweigungen und Zusammenführungen.

Abb. 5.4: Semantisch äquivalente Prozessfragmente mit impliziten und expliziten Verzweigungen und Zusammenführungen.

Vor diesem Hintergrund empfehlen wir, sowohl Verzweigungen als auch Zusammenführungen konsequent mit Hilfe von Gateways zu modellieren.

5.2.6 Blockstruktur beibehalten

Von einem Prozessmodell mit Blockstruktur spricht man, wenn alle Sequenzen, Verzweigungen und Schleifen des Modells als Blöcke mit klarem Anfangs- und Endpunkt modelliert werden. Diese Blöcke dürfen geschachtelt, aber nicht überlappend sein. Der Vorteil von blockstrukturierten Modellen liegt auf der Hand: Ihre Struktur ist klar und selbst bei komplexeren Modellen nachvollziehbar. Abb. 5.5 illustriert den Sachverhalt der Blockstruktur und ihren Einfluss auf die Verständlichkeit anhand von zwei semantisch äquivalenten Prozessmodellen.

Das Beispiel aus Abb. 5.5 zeigt, dass der gleiche Sachverhalt (in diesem Fall eine Entscheidung gefolgt von einer parallelen Ausführung) auf verschiedene Art und Weise modelliert werden kann. Es wird dabei klar, dass die blockstrukturierte Variante aus Abb. 5.5b deutlich einfacher nachzuvollziehen ist. Vor diesem Hintergrund empfehlen wir die Blockstruktur soweit wie möglich zu erhalten. In einigen Fällen kann dies erfordern, dass einzelne Aktivitäten wiederholt werden. Dies ist allerdings häufig einfacher zu verstehen als ein Modell ohne Blockstruktur.

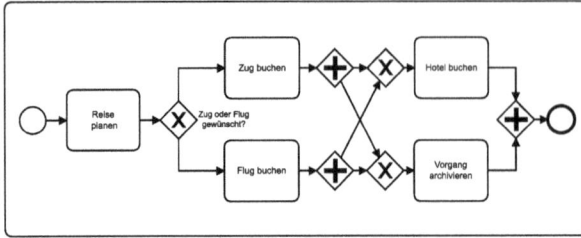

(a) Prozessfragment ohne konsequente Blockstruktur.

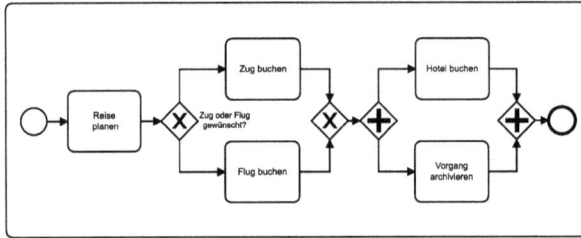

(b) Prozessfragment mit konsequenter Blockstruktur.

Abb. 5.5: Semantisch äquivalente Prozessfragmente mit und ohne konsequente Blockstruktur.

5.3 Modellierungsrichtlinien zur Beschriftung

Obwohl in der Regel bei der Prozessmodellierung viel Aufmerksamkeit auf die Notation entfällt, sollte ein weiterer zentraler Aspekt nicht vernachlässigt werden: die eindeutige und verständliche Verwendung von natürlicher Sprache bei der Beschriftung der Modellelemente. Schlussendlich ist es eben die Beschriftung einer Aktivität oder eines Ereignisses, die dem Leser Auskunft gibt, was an dieser Stelle des Prozesses geschieht. Ohne die natürlichsprachlichen Beschriftungen bleibt von der Semantik eines Prozessmodells nur wenig übrig [51].

Vor diesem Hintergrund widmen wir uns in diesem Abschnitt dem Thema Prozessmodellbeschriftungen. Dabei werden wir auf strukturelle und inhaltliche Aspekte der Elementbeschriftungen eingehen. Der strukturelle Aspekt bezieht sich darauf, welche sprachlichen Muster zur Beschriftung verschiedener Elemente zu bevorzugen sind. Der inhaltliche Aspekt betrachtet, ob zum Beispiel unklare Begriffe verwendet wurden. Es sei an dieser Stelle angemerkt, dass der strukturelle Aspekt grundsätzlich sprachabhängig ist. Das heißt, dass strukturelle Regeln zur sprachlichen Beschriftung zum Beispiel in englischen Prozessmodellen anders ausfallen als in deutschen Prozessmodellen. Im Folgenden werden wir auf diese Unterschiede nicht weiter eingehen und uns auf die Verwendung der deutschen Sprache zur Beschriftung konzentrieren. Alle Richtlinien, die sich auf den inhaltlichen Aspekt beziehen, gelten allerdings für alle Sprachen gleichermaßen. Nachfolgend werden wir die zentralen Richtlinien zur Beschriftung diskutieren:

1. Prozesselemente konsistent gemäß Namenskonventionen beschriften.
2. Vage Wörter und Phrasen vermeiden.
3. Glossare für zentrale Begriffe verwenden.
4. Vermischung von Sprache und Kontrollflusslogik vermeiden.

5.3.1 Prozesselemente konsistent gemäß Namenskonventionen beschriften

Grundsätzlich sind Prozessmodellelemente wie Aktivitäten und Ereignisse mit Beschriftungen in natürlicher Sprache zu versehen. Nur die Kombination aus natürlicher Sprache und den Prozessmodellelementen erlaubt es dem Leser, ein Prozessmodell schnell und einfach zu verstehen. Bei der Beschriftung sind jedoch einige Regeln zu beachten. Auf der strukturellen Ebene sollten Prozessmodellelemente konsistent bestimmten Namenskonventionen folgen. Studien haben gezeigt, dass andernfalls Mehrdeutigkeiten und Verständnisprobleme auftreten können [60]. Tab. 5.1 gibt einen Überblick über die zu verwendenden Namenskonventionen und zeigt entsprechende Beispiele auf. Für einen Überblick für die englische Sprache verweisen wir auf [52].

Tab. 5.1: Namenskonventionen für die Beschriftung von Prozessmodellelementen.

Prozesselement	Namenskonvention	Beispiele
Aktivität	Objekt(e) (+ Zusatzfragment) + Verb [Infinitiv]	Reise buchen Hotel und Flug vergleichen Hotel für Kunden suchen
Ereignis	Objekt(e) (+ Zusatzfragment) + Verb [Partizip]	Reise gebucht Reise für Kunden gebucht
XOR-Gateway (Verzweigend)	Fragesatz	Ist Flug verfügbar? Benötigt Kunde weitere Buchung?

Die zentrale Forderung für Aktivitäten und Ereignisse ist, dass sowohl ein Objekt als auch ein Verb verwendet werden. Dies ist einsichtig, da dem Leser sonst nicht genügend Details zum Verständnis zur Verfügung stehen. So ist zum Beispiel die Aktivität *Buchen* ebenso wenig hilfreich wie die Aktivität *Reise*. Zusätzliche Informationen, die zum Beispiel den Zweck spezifizieren, können im Rahmen eines optionalen Fragments zwischen Objekt und Verb eingebracht werden. Wichtig ist, dass Aktivitäten, wie der Name schon sagt, stets auf eine aktive Handlung (den auszuführenden Arbeitsschritt) hinweisen (*Reise buchen*) und Ereignisse auf Zustände (*Reise gebucht*). Dies wird durch die Anwendung der Namenskonventionen aus Tab. 5.1 entsprechend erreicht. Bei der Beschriftung von Gateways stehen insbesondere verzweigende XOR-Gateways im Fokus, weil hier ohne Beschriftung nicht zwangsläufig klar ist, in welchem Fall welcher Pfad aktiv wird. Dies sollte deshalb durch die Beschriftung mit einem Fragesatz verdeutlicht werden. Zusätzlich müssen die ausgehenden Pfade des XOR-Gateways beschriftet werden, sodass dem Leser klar ist, welches Ergebnis zur Aktivierung eines bestimmten Pfades führt.

Neben Aktivitäten, Ereignissen und Gateways gibt es natürlich auch weitere Prozesselemente, wie zum Beispiel Datenobjekte oder Systeme, die beschriftet werden müssen. Für diese Elemente ist es nicht möglich, generell passende Namenskonvention zu definieren. Bei diesen Elementen ist lediglich wichtig, dass sie passend beschriftet werden und nicht ohne Beschriftung bleiben.

5.3.2 Vage Wörter und Phrasen vermeiden

Neben der strukturellen Komponente, die durch die oben diskutierten Namenskonventionen vorgegeben wird, spielt natürlich auch die Wortwahl eine tragende Rolle. Generell sind vage und unklare Wörter zu vermeiden. So gibt es diverse Verben, die nur sehr oberflächlich ausdrücken, welche Tätigkeit durchzuführen ist. So ist es zum Beispiel für den Leser sicherlich nicht klar, welche konkreten Tätigkeiten mit den Aktivitäten *Reiseleitung unterstützen* oder *Buchung veranlassen* verbunden sind. Im letzteren Fall erkennt man zwar das angestrebte Ergebnis, es bleibt dennoch unklar, was genau zu tun ist. Auch andere ohne weitere Erläuterung nur unscharf definierte Phrasen, die wir im allgemeinen Sprachgebrauch benutzen, sind zu vermeiden. Ein Beispiel ist die Aktivität *Belege etc. drucken*. Für einen Leser ohne spezifisches Wissen über den Prozesskontext ist diese Aktivität nicht ausreichend informativ. Die konkrete Bedeutung von „etc." müsste hier erst erfragt werden. Diese Beispiele verdeutlichen, dass die Verwendung von klaren Begriffen zentral für einfach verständliche Prozessmodelle ist.

5.3.3 Glossare für zentrale Begriffe verwenden

Zentrale Begriffe sollten in einem Begriffsverzeichnis (Glossar) festgehalten werden. Dieses Glossar sollte bereits während der Prozessaufnahme entstehen, damit sich Fachexperten und Modellierer über das im Prozess verwendete Vokabular einig werden. Wird darauf verzichtet, besteht die Gefahr, dass Missverständnisse entstehen. Häufig ist es Modellierern nicht bewusst, dass Fachexperten mit der Benutzung eines in der Branche etablierten Begriffs eine ganz spezifische Bedeutung verbinden. Bei der Modellierung von Prozessen in der Reisebranche ist es etwa durchaus ein Unterschied, ob man von „Reiseveranstaltung" oder „Reise" spricht. Bei der Modellierung im Kontext einer Bibliothek sollte man den Unterschied zwischen „Stichwortverzeichnis" und „Schlagwortverzeichnis" kennen. Diese Beispiele verdeutlichen, dass es ohne Glossar schnell zur Verwendung falscher Begriffe und somit zu Missverständnissen bei der Interpretation des Prozessmodells kommen kann.

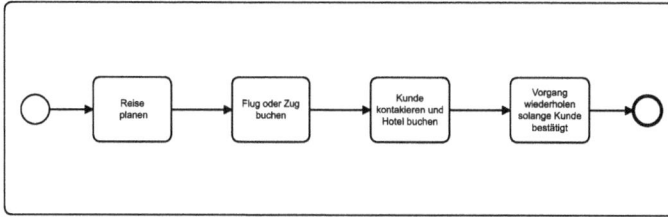

(a) Prozessfragment mit Vermischung von Sprache und Kontrollflusslogik.

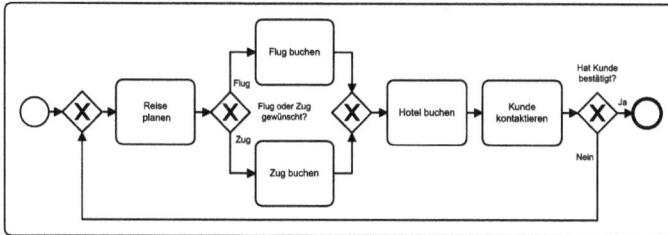

(b) Äquivalentes Prozessfragment ohne Vermischung von Sprache und Kontrollflusslogik.

Abb. 5.6: Extremer Fall von Vermischung von Sprache und Kontrollflusslogik.

5.3.4 Vermischung von Sprache und Kontrollflusslogik vermeiden

Obwohl die natürliche Sprache eine zentrale Rolle in Prozessmodellen einnimmt, gibt es klare Grenzen, die im Interesse des Modellverständnisses unbedingt einzuhalten sind. Der wichtigste Aspekt in diesem Zusammenhang ist, dass natürliche Sprache nicht benutzt werden soll, um Kontrollflusslogik auszudrücken [70]. Abb. 5.6 illustriert das Problem von Vermischung von Sprache und Kontrollflusslogik mit Hilfe eines überspitzten Beispiels.

Bei genauerer Betrachtung der beiden Prozessmodelle aus Abb. 5.6 fällt auf, dass sich hinter den Beschriftungen einiger Aktivitäten aus Abb. 5.6a teils komplexe Logik versteckt. So ersetzt die „oder"-Konjunktion der Aktivität *Flug oder Zug buchen* eine XOR-Verzweigung mit zwei Aktivitäten. Die „und"-Konjunktion bei der Aktivität *Kunde kontaktieren und Hotel buchen* ersetzt zwei sequentielle Aktivitäten. Die letzte Aktivität *Vorgang wiederholen solange Kunde bestätigt* ersetzt sogar eine komplette Schleifenkonstruktion. Diese drei Beispiele machen deutlich, dass natürliche Sprache genutzt werden kann, um Kontrollflusslogik auszudrücken. Sie machen aber auch deutlich, warum dies zu vermeiden ist. Die Verwendung natürlicher Sprache ist nämlich keineswegs so eindeutig wie die Verwendung der dafür vorgesehenen BPMN-Symbole. So kann zum Beispiel die „und"-Konjunktion in Abb. 5.6b unterschiedlich interpretiert werden. Sie könnte auf eine parallele Ausführung oder auch auf eine bestimmte Reihenfolge der beiden Aktivitäten abzielen. Dass die Hotelbuchung vor dem Kundenkontakt auszuführen ist (siehe Abb. 5.6b), lässt sich aus der Sprachbeschreibung keineswegs eindeutig ableiten. Ein ähnliches Problem besteht bei der durch Sprache ausgedrückten Schleifenkonstruktion. Es ist nicht klar, was *Vorgang wiederholen* genau bedeutet. Nur in Abb. 5.6b wird klar, dass alle Aktivitäten inklusive *Reise planen* zu wiederholen sind. Vor diesem Hintergrund der Uneindeutigkeit sollte alles, was als BPMN-Konstrukt dargestellt werden kann, auch als solches modelliert werden.

5.4 Modellierungsrichtlinien zum Layout

Neben den bereits diskutierten Dimensionen trägt auch das Layout eines Modells erheblich zum Verständnis bei. Leider unterschätzen Modellierer häufig, welchen Aufwand ein Dritter investieren muss, um selbst ein Prozessmodell mit vorbildlichem Layout zu verstehen. In diesem Abschnitt behandeln wir deswegen die wichtigsten Richtlinien in Bezug auf das Prozessmodelllayout. Im Einzelnen werden wir drei zentrale Richtlinien diskutieren:
1. Überlagerungen von Prozessmodellelementen vermeiden.
2. Modellierungsrichtung einhalten.
3. Übermäßig große Modelle durch Verwendung von Teilprozessen vermeiden.

5.4.1 Kreuzungen von Kanten vermeiden

Unübersichtliche Anordnung der Kanten bzw. Flusselemente, die den Kontrollfluss darstellen, ist einer der Hauptfaktoren, weshalb Prozessmodelle schwer oder gar nicht zu verstehen sind. Abb. 5.7 verdeutlicht dies an einem Beispiel. Die beiden dargestellten Prozessfragmente sind hundertprozentig identisch. Der einzige Unterschied besteht im Layout: Im oberen Modell wurden die Elemente unbedacht angeordnet, wodurch mehrere Kreuzungen von Kanten entstanden sind. Im unteren Modell wurden die Elemente sorgfältig und in Blockstruktur angeordnet, sodass keinerlei solche Kreuzungen vorliegen. Es ist offensichtlich, dass die Anwesenheit solcher Kreuzungen eine massive Auswirkung auf das Modellverständnis hat. Vor dem Hintergrund, dass Kreuzungen von Kanten häufig vermeidbar sind, sind sie (sofern möglich), unbedingt zu beseitigen. Falls Kreuzungen nicht vermeidbar sind (zum Beispiel bei der Benutzung von mehreren Pools), sollten die Elemente so strukturiert wie möglich angeordnet werden. Wie Abb. 5.7 verdeutlicht, verschlechtert die willkürliche Anordnung der Aktivitäten zueinander das Verständnis.

5.4.2 Modellierungsrichtung einhalten

Die Modellierung bei BPMN-Modellen erfolgt stets von links nach rechts (bei EPKs von oben nach unten). Ein typisches Problem im Zusammenhang mit der Modellierungsrichtung ist die Intention von Modellierern „Platz zu sparen". In Abb. 5.7 können wir mehrere solcher Platzsparversuche beobachten. So ist zum Beispiel das Startereignis

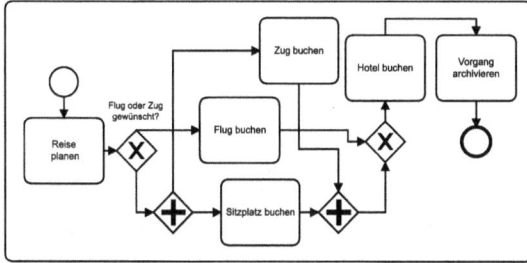

(a) Prozessfragment mit mangelhaftem Layout.

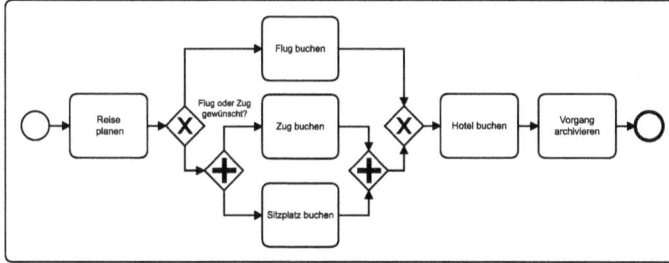

(b) Äquivalentes Prozessfragment mit verständlichem Layout.

Abb. 5.7: Auswirkung des Layouts auf das Prozessmodellverständnis.

über der Aktivität *Reise planen* positioniert. In ähnlicher Weise ist die Aktivität *Zug buchen* über dem AND-Gateway und die Aktivität *Vorgang archivieren* über dem Endereignis angeordnet. Die Aktivität *Hotel buchen* ist zudem so nah an der Aktivität *Vorgang archivieren* positioniert, dass der Kontrollflusspfeil nicht mehr zwischen die beiden Aktivitäten passt. All diese Dinge sorgen in der Tat dafür, dass das Prozessmodell weniger Platz benötigt. Jedoch verringern sie auch maßgeblich das Modellverständnis, da der Kontrollfluss nicht stringent von links nach rechts verläuft. In einigen Fällen verläuft dieser nach oben und in einigen Fällen nach unten. Um potentielle Verwirrung des Lesers zu vermeiden, sollte die Modellierungsrichtung streng eingehalten werden. Das bedeutet, dass Kontrollflusspfeile stets von links in ein Prozessmodellelement laufen und sie entsprechend rechts wieder herausgehen (wie zum Beispiel bei der Aktivität *Sitzplatz buchen*).

5.4.3 Übermäßig große Modelle durch Verwendung von Teilprozessen vermeiden

Wenngleich eine detaillierte Prozessdokumentation ein valides Ziel ist, gilt es übermäßig große Modelle zu vermeiden. In der Literatur existieren verschiedene Faustregeln, wann ein Modell zu groß ist (siehe zum Beispiel [61, 53]). Schlussendlich ist es schwierig, diesen Sachverhalt an der Anzahl der Symbole oder der Diagrammgröße in Zentimetern festzumachen. Erfahrungen in der Praxis haben jedoch gezeigt, dass ein Modell, das nicht mehr auf ein A3-Papier passt, überdurchschnittlich häufig zu

Verständnisproblemen führt. Der Grund ist, dass der Gesamtzusammenhang durch die Komplexität nur noch schwer zu erkennen ist. Vor diesem Hintergrund empfehlen wir, jedes Modell, das nicht mehr auf ein A3-Papier passt, durch Teilprozesse (siehe Abschnitt 4.4) zu strukturieren. Viele Modellierungswerkzeuge verlinken automatisch Prozesse mit den enthaltenen Teilprozessen. Dies eignet sich natürlich auch schon für kleinere Modelle. Insbesondere wenn ein Modell viele Verzweigungen hat, kann die Aufgliederung in Teilprozesse schon bei kleineren Modellen maßgeblich zum Verständnis beitragen. Ebenso ist die Nutzung von Teilprozessen sinnvoll, wenn sich ein und derselbe Teilprozess in verschiedenen Prozessen wiederverwenden lässt. Hier ist die Einschätzung der Modellierer gefragt. Das Ziel ist immer: Das Modell soll möglichst leicht zu verstehen sein.

Eine Alternative zu Teilprozessen sind die in Abschnitt 4.4 vorgestellten Linkereignisse. Sie ermöglichen die Zerlegung eines Modells in mehrere Teile. Der entscheidende Unterschied zu Teilprozessen ist, dass Teilprozesse die Modellierung verschiedener Abstraktionsebenen ermöglichen. Während Linkereignisse mehrere Modellteile auf dem gleichen Abstraktionsniveau miteinander verbinden, entsteht durch die Verwendung von Teilprozessen eine Hierarchie. Modelle auf den höheren Ebenen dieser Hierarchie verschaffen einen Überblick und Modelle auf den tieferen Ebenen ermöglichen Einblicke in Details. Aus der Perspektive des Modellverständnisses sind beide Dekompositionsvarianten gleichwertig.

5.5 Zum Nachdenken und Weiterlesen

In diesem Kapitel haben wir die wichtigsten Modellierungsrichtlinien vorgestellt. Weitere Details zu Modellierungsrichtlinien sind zum Beispiel bei Allweyer [4] und Silver [87] zu finden. Einen Einblick, welche Richtlinien in der Praxis Probleme bereiten, gibt die Studie von Leopold et al. [53].

Um die Verständlichkeit von Modellen aus kognitiver Perspektive besser zu verstehen, lohnt sich ein Blick in die „Kognitive Theorie des multimedialen Lernens" [58]. Im Kern besteht sie aus einer Reihe von Prinzipien, die zeigen, wie Menschen Text- und Bildpräsentation miteinander verbinden. So beschreibt zum Beispiel das Prinzip der dualen Kodierung, dass die Kombination von textuellen und bildlichen Inhalten besser für das Verständnis ist als textuelle Inhalte allein. Wenngleich Mayer selbst keine direkten Bezüge zu Prozessmodellen herstellt, ist die Kognitive Theorie des multimedialen Lernens die Basis vieler wissenschaftlicher Studien, die Aspekte des Modellverständnisses untersuchen (siehe zum Beispiel [60, 75, 27]).

? Recherchieren Sie, inwieweit die hier vorgestellten Richtlinien wissenschaftlich abgesichert sind. Gibt es zum Beispiel klare Belege, dass ein bestimmtes Sprachmuster bei der Beschriftung von Prozessmodellelementen von Vorteil ist oder implizite Verzweigungen das Verständnis beeinflussen?

---

6 Prozess-Optimierung

6.1 Zielbeschreibung

Die Prozess-Optimierung, also die Verbesserung der Prozesse, ist einer der wichtigsten Gründe dafür, sich überhaupt mit der Modellierung von Prozessen zu befassen. Der Begriff „Verbesserung" muss hier allerdings noch genauer gefasst werden. Was heißt es, dass ein Prozess „besser" ist als ein anderer? Eine Antwort auf diese Frage kann nur aus übergeordneten Zielen abgeleitet werden.

Typische Ziele können etwa sein:
- Der Prozess soll schneller ausgeführt werden.
- Der Prozess soll kostengünstiger ausgeführt werden.
- Die körperliche oder psychische Belastung der Mitarbeiter bei der Prozessausführung soll gesenkt werden.
- Die Qualität des Prozessergebnisses soll gesteigert werden.
- Die notwendige Lagerfläche soll verringert werden.
- Die ökologischen Auswirkungen der Prozessdurchführung sollen verbessert werden.
- Die Anforderungen an Datenschutz und Datensicherheit sollen verbessert werden.

Es ist sofort einsichtig, dass die in dieser Aufstellung genannten Ziele nicht unabhängig voneinander sind. Besondere Aufmerksamkeit ist immer dann nötig, wenn ein Zielkonflikt vorliegt, wenn also eine Änderung im Prozess zwar positiven Einfluss auf ein Ziel, aber einen negativen Einfluss auf ein anderes Ziel haben kann. Ein typisches Beispiel dafür wäre eine Prozess-„Verbesserung", die mit dem Ziel der Prozessbeschleunigung auf Qualitätskontrollen oder Dokumentation verzichtet. Das ungewollte (bzw. nicht mit bedachte) Ergebnis kann dabei die Senkung der Qualität sein. Solche Zielkonflikte müssen in einem Prozessoptimierungsprojekt von Anfang an benannt werden, um ungewollte Überraschungen zu vermeiden.

Die Zielbeschreibung, die am Anfang eines Prozessoptimierungs-Projekts steht, darf also nicht nur sagen, was sich ändern soll. Sie muss ebenso klar sagen, was beibehalten werden muss. „Der Prozess soll schneller werden" ist somit noch keine brauchbare Zielbeschreibung. Geeigneter ist: „Der Prozess soll schneller werden. Dabei darf sich jedoch die psychische Belastung für die Mitarbeiter nicht erhöhen, und die Produktqualität muss mindestens beibehalten werden." Allerdings ist auch das noch nicht ausreichend, denn es fehlt noch eine Information darüber, wie man zu einer Bewertung kommt, ob die genannten Ziele erreicht werden. Woran will man erkennen, dass die psychische Belastung der Mitarbeiter nicht steigt? Wer entscheidet, welche Qualitätsmerkmale wichtig sind? Es ist also wichtig, abgestimmte und begründete Bewertungskriterien zu benennen.

https://doi.org/10.1515/9783110500165-006

Wir werden in Abschnitt 6.2 Beispiele sehen, in denen die Frage nach dem „besseren" Prozess nicht so einfach beantwortet werden kann. Man kann etwa vor der Entscheidung stehen, einen Prozess unter höheren Kosten schneller oder mit geringeren Kosten langsamer zu gestalten. Das bedeutet, dass der Start eines Prozessoptimierungs-Projekts ohne vorliegende Zielbeschreibung schlicht sinnlos ist.

Der neben der Zielbeschreibung wichtigste Ausgangspunkt für die Prozessoptimierung ist ein Modell des aktuell durchgeführten Prozesses. Außerdem ist es in den meisten Fällen hilfreich, wenn aussagekräftige Kennzahlen vorliegen, die aus der Überwachung bereits ausgeführter Prozess-Instanzen gewonnen wurden. Im Idealfall liegen dazu Protokolldaten aus den Datenverarbeitungssystemen vor, die den Prozessablauf unterstützen. In der Regel müssen diese Protokolldateien noch identifiziert, aufbereitet und analysiert werden, ehe die gewünschten Informationen zur Verfügung stehen. Der dafür nötige Aufwand darf nicht unterschätzt werden und ist bei der Planung für ein Prozessoptimierungs-Projekt zu berücksichtigen. Bei manuell ausgeführten Prozessen müssen häufig auch die für eine Analyse interessanten Daten über Prozessabläufe manuell erfasst werden. Eine bewährte Methode ist es, Begleitzettel zu nutzen, die an ein für den Prozess zentrales Objekt angeheftet werden. Dieses „zentrale Objekt" kann in einem Produktionsprozess das produzierte Produkt sein, in einem Verwaltungsprozess kommt etwa ein Antragsformular in Frage. Auf dem Begleitzettel notiert jeder Bearbeiter die Zeitpunkte für Beginn und Ende der Bearbeitung. Bei einem fertig ausgeführten Prozess gibt somit der Begleitzettel Auskunft darüber, wann wer welche Arbeitsschritte gemacht hat.

Bei dieser Gelegenheit stellen wir fest, dass die Erfassung über Begleitzettel gegenüber der Auswertung bereits automatisiert erfasster Daten einen erhöhten Aufwand mit sich bringt. Wir erinnern uns an den Geschäftsprozess-Lebenszyklus (siehe Seite 11) und an die daraus abgeleitete Forderung, Prozess-Kennzahlen auch in Zukunft zu erfassen, um über den Stand der Prozessverbesserung informiert zu sein. Es ist wünschenswert, dass die Daten, die für die Gewinnung von Kennzahlen über den Prozess nötig sind, in Zukunft mit möglichst wenig Aufwand erfasst werden. Ein gutes Beispiel dafür, wie das geht, liefern Paketdienste: Optische Codes auf jeder Sendung werden bei jeder Aktivität (Umladen, Verzollen, Zustellen, ...) gescannt. Das liefert uns ein Protokoll aller Zeitpunkte, zu denen etwas Bemerkenswertes mit der Sendung passierte. Es kann also eine gute Idee sein, diesen Aspekt bei der Prozessoptimierung gleich mit zu berücksichtigen: Wir können fragen, ob die Verfolgbarkeit einer Prozessinstanz verbessert werden kann, indem die Abarbeitung von Aufgaben automatisch erfasst wird.

Ob nun aus Protokolldateien gewonnen oder mittels Begleitzetteln erhoben – Informationen über die Zustände und Zustandsänderungen beobachteter Prozessinstanzen und über die Zeitpunkte der Zustandsänderungen sind ein wertvolles Hilfsmittel zur Prozessanalyse. Im folgenden Abschnitt, in dem es um das Erkennen typischer Schwachstellen in Prozessen geht, befassen wir uns daher zuerst mit der Analyse dieser Informationen.

6.2 Schwachstellen-Analyse

6.2.1 Unklare Verantwortlichkeit

Ein wichtiger Teil der Prozessanalyse wird bereits beim Erstellen der Prozessmodelle geleistet. Dabei ist man nämlich gezwungen, sich darüber Gedanken zu machen, wer einzelne Aufgaben eigentlich durchzuführen hat. In BPMN-Diagrammen muss schließlich jede Aufgabe in einer Lane platziert werden. In eEPK-Modellen ist eine solche Forderung weniger streng durchgesetzt. Es sollte allerdings in der eEPK jeder Funktion eine Organisationseinheit zugeordnet sein. Zu prüfen, ob dies tatsächlich der Fall ist, ist ein wichtiger Schritt bei der Analyse von EPK-Modellen.

Schließlich sollte in den Metadaten zum Prozessmodell noch festgelegt sein, wer für die Durchführung des Prozesses als Ganzes verantwortlich ist.

Sieht man ein fertiges Geschäftsprozessmodell vor sich, kann der Eindruck entstehen, als sei die Zuordnung von Verantwortlichen kein großes Problem. Das ist aber keineswegs der Fall. Wenn Modellierer und die Fachverantwortlichen bei der Modellierung ein gemeinsames Verständnis des Prozesses entwickeln, sind für einen ersten Grobüberblick vier Fragen besonders wichtig:
- Welche Aufgaben sind im Prozess auszuführen?
- Warum sind sie auszuführen?
- Was ist das erwartete Ergebnis, wenn die Aufgabe durchgeführt wurde?
- Welche Organisationseinheit ist für die Durchführung verantwortlich?

Ein einfaches Geschäftsprozessmodell, das die erste und die letzte Frage beantwortet, ist die RACI-Matrix. Darunter versteht man eine Tabelle, in der jede Zeile für eine Aufgabe steht, jede Spalte für eine Rolle. Abb. 6.1 zeigt eine RACI-Matrix, die die Verantwortlichkeiten bei der Planung eines Betriebsausflugs nennt.

	Geschäftsführer	Sekretariat	Betriebsrat	Mitarbeiter
Ausflugstermin festlegen	R			
Ausflugsziel festlegen	A	R	C	I
Veranstaltung buchen	A	R		
Fahrt buchen	A	R		

Abb. 6.1: RACI-Matrix für den Prozess „Betriebsausflug organisieren".

In den Zellen der Tabelle stehen Buchstaben, die die Verantwortlichkeiten der einzelnen Rollen im Prozess beschreiben. Dabei werden die folgenden Abkürzungen verwendet:
- R (verantwortlich, engl. *responsible*) – Wer ist für die Durchführung der Aufgabe verantwortlich? Diese Person muss sich darum kümmern, dass die Aufgabe durchgeführt wird. Entweder erledigt sie die Aufgabe selbst oder sie sorgt dafür,

dass andere die Aufgabe durchführen. Auch, wenn die Aufgabe an andere weitergegeben wurde, bleibt die Person dafür verantwortlich, dass die Aufgabe ordnungsgemäß durchgeführt wird.

- A (rechenschaftspflichtig, engl. *accountable*) – Wer trägt im kaufmännischen Sinne die Verantwortung? Diese Rolle trägt die Verantwortung für die Kosten bei der Aufgabendurchführung. Außerdem trifft diese Rolle die Entscheidung darüber, ob eine Aufgabe als „korrekt abgeschlossen" bewertet werden kann.
- C (wird konsultiert, engl. *consulted*) – Fachexperten, die bei der Durchführung der Aufgabe hinzugezogen werden müssen, um wertvolle Informationen zu liefern
- I (wird informiert, engl. *informed*) – Rollen, die über die Durchführung der Aufgaben informiert werden müssen (alternativ auch: die das Recht besitzen, über die Durchführung der Aufgaben informiert zu werden).

Eine solche Tabelle bietet bereits wertvolle Informationen über den Prozess. Auch Probleme lassen sich erkennen. Es sollte nämlich für jede Aufgabe genau eine Rolle verantwortlich (Eintrag R) und genau eine Person rechenschaftspflichtig (Eintrag A) sein. Dass beliebig viele Rollen konsultiert und informiert werden können, ist leicht einzusehen. Probleme ergeben sich, wenn keine Rolle für einen R-Eintrag gefunden wurde. Dann fühlt sich offenbar niemand zuständig für die Aufgabe, woraus sich bei der Prozessdurchführung Probleme ergeben können. Ebenso problematisch ist aber auch, wenn es für eine Aufgabe mehrere Personen mit einem R-Eintrag gibt. Ohne eine klare Zuteilung der Verantwortung kann es zu Konflikten kommen. Oder aber jeder der „Verantwortlichen" verlässt sich auf die anderen – ein Effekt, den Verhaltensforscher als „Verantwortungsdiffusion" kennen. Schließlich kann eine Häufung von R- und A-Einträgen in einer Spalte ein Hinweis auf Überlastung einer Rolle sein. Um zu erkennen, dass zu viel Verantwortung auf einer Person liegt, was zu einer Engstelle in der Organisation und möglichen Problemen etwa im Krankheitsfalle führen kann, hilft auch der prozessübergreifende Blick auf mehrere RACI-Matrizen.

Festzustellen ist übrigens, dass eine RACI-Matrix als einfache Prozessbeschreibung nicht etwa überflüssig wird, wenn ein graphisches Prozessmodell erstellt wurde. In einem BPMN-Diagramm ist nämlich nur die Verantwortlichkeit (die Einträge R) notwendig zu erkennen. Denn selbstverständlich muss der R-Eintrag in der RACI-Matrix als Lane im BPMN-Diagramm wieder auftauchen. Die anderen Informationen müssen im Diagramm nicht immer enthalten sein.

In den folgenden Abschnitten befassen wir uns mit verschiedenen Arten von Prozess-Schwachstellen, die bei der Analyse von Geschäftsprozessen erkannt werden können.

6.2.2 Unproduktive Zeiten und Prozessschritte

Die Prozessschritte in einem Geschäftsprozess können von verschiedenster Art sein: Einerseits gibt es solche, bei denen ein Produkt oder eine Dienstleistung an Wert gewinnt und für die folglich die Kunden bereit sind, Geld auszugeben. Das Lackieren eines Autos oder die Organisation einer Wochenendreise sind solche Prozesschritte.

Ebenso gibt es Prozessschritte, die zur Qualitätssicherung dienen. Für derartige Schritte werden Kunden ebenfalls zu zahlen bereit sein.[1] Dagegen wird kein Kunde für Aktivitäten wie „Warten" oder „Rückfragen" bezahlen wollen – schließlich gewinnt das Produkt bzw. die Dienstleistung während dieser Zeit nicht an Wert. Das gilt auch für Transport-Aktivitäten (ausgenommen den Transport eines Produkts zum Kunden selbst, von dem der wieder etwas hat). So notwendig diese in einem Prozess auch sein mögen – kein Kunde wird bereit sein, mehr für ein Produkt zu bezahlen, wenn es im Herstellungsprozess längere Transportwege zurücklegt.[2]

Der erste Schritt bei der Prozessanalyse ist es also, die einzelnen Prozessschritte daraufhin zu untersuchen, ob sie an der Wertbildung für den Kunden beteiligt sind. Interessanterweise war eine solche Untersuchung von Prozessschritten schon in der ersten uns bekannten graphischen Geschäftsprozessmodellierungssprache ein wichtiges Werkzeug: Die Rede ist von den 1921 von Frank B. und Lilian M. Gilbreth vor allem für Produktionsprozesse vorgeschlagenen und 1947 von der American Society of Mechanical Engineers standardisierten Notation der Arbeitsablaufkarten (engl. *process charts*) [33, 5]. Jeder Prozessschritt wird dort in eine von fünf Kategorien eingeteilt:
- Operation
- Transport (von Material, (Teil-)produkten oder Mitarbeitern)
- Inspektion
- Verzögerung/Warten
- Lagern

Auf einer Arbeitsablaufkarte werden dann alle Prozessschritte und ihre Kategorien notiert, dazu häufig noch Ausführungszeiten und Verantwortliche. Die Idee dahinter ist es, unnötige Warte-, Transport- und Lageroperationen zu erkennen und in der Folge durch verbesserte Abläufe zu eliminieren. Wichtig ist, dass die Angaben durch Beobachtung tatsächlicher Abläufe ermittelt wurden. Ein Blick auf ein BPMN-Modell des Prozesses würde diese Informationen oft nicht zeigen, da dort Tätigkeiten wie „Warten" in der Regel gar nicht modelliert sind.

Abb. 6.2 zeigt die Arbeitsablaufkarte für den Prozess der Erstellung eines Reisebüro-Angebotskatalogs: Nachdem die Prospektangaben erstellt und intern geprüft

---

1 In der Theorie der Wertschöpfungsketten nach Porter werden solche Prozessschritte Primäraktivitäten genannt.
2 Es mag Ausnahmen geben, wie etwa den norwegischen *Linie Aquavit*, der zunächst 19 Wochen lang in Fässern durch die Ozeane geschippert wird, um dann teuer verkauft zu werden.

	Operation	Transport	Inspektion	Warten	Lagern
Objektbeschreibungen erstellen	x				
Objektbeschreibungen korrekturlesen			x		
Objektbeschreibungen auf juristische Angreifbarkeit prüfen			x		
Ausdrucken der einzelnen Angebote		x			
Versand der ausgedruckten Angebote an die Anbieter mit Bitte um Rückmeldung		x			
Warten auf Rückmeldungen der Anbieter				x	
von den Anbietern gewünschte Korrekturen einarbeiten	x				

Abb. 6.2: Arbeitsablaufkarte.

wurden, werden die Angaben zu den einzelnen Reiseangeboten ausgedruckt und an die Anbieter verschickt. Mögliche Änderungswünsche werden dann berücksichtigt.

In der Arbeitsablaufkarte ist deutlich die Verzögerung durch Briefversand (Transport) und Warten auf die Antworten zu sehen. Die Verbesserungsmöglichkeit ist offensichtlich: Die Rückfrage bei den Reiseanbietern sollte per elektronischem Nachrichtenaustausch erfolgen.

Es ist im Übrigen gar nicht so selten, dass es im Prozess Aufgaben gibt, die sich bei genauerem Nachdenken nicht nur als ineffektiv, sondern als schlicht und einfach nutzlos und daher unnötig herausstellen. Das haben zum Beispiel viele Software-Entwickler erkannt, die mehr und mehr agile Vorgehensmodelle bevorzugen, die ohne aufwendige, aber nicht wirklich notwendige Dokumentationsaufgaben auskommen.[3]

Typische Fragen zur Vermeidung unproduktiver Zeiten und Arbeitsschritte sind:

- Trägt tatsächlich jede Aufgabe im Prozess zum Prozessergebnis bei?
- Befinden sich Organisationseinheiten, zwischen denen es viel Austausch gibt, in räumlicher Nähe zueinander?
- Kann ein Bearbeiter mehrere gleichartige Fälle direkt hintereinander bearbeiten, um Einarbeitungsaufwand (und ggf. Umrüstzeiten) zu vermeiden?
- Werden im Prozessverlauf Dokumente erzeugt oder Daten erhoben, die an keiner weiteren Stelle (in diesem oder einem anderen Prozess) benötigt werden?
- Wie häufig kommt es vor, dass Informationen (z. B. Akten) erst gesucht oder angefordert werden müssen?
- Wie viel Zeit wird damit zugebracht, Personen oder physische Datenträger von einem Ort zum anderen zu bewegen?
- Werden Informationen doppelt versendet (z. B. per E-Mail und zusätzlich per Post)?
- Ist bei Besprechungen tatsächlich die Anwesenheit aller üblicherweise Eingeladenen erforderlich? Reicht es auch, einzelne Beteiligte nur über die Ergebnisse

---

3 Nein – wir haben nicht gesagt, dass Dokumentation in der Softwareentwicklung unnötig ist. Das Gegenteil ist der Fall! Unnötig ist Dokumentation, die vor allem erzeugt wird, um einer Vorschrift/einem Vorgehensmodell zu entsprechen.

zu informieren? Sollte eine „große" Besprechung durch mehrere kleinere ersetzt werden?

In den folgenden Abschnitten werden wir einige typische Prozess-Schwachstellen sehen, die auf unproduktive Prozessschritte hindeuten.

6.2.3 Medienbruch

In dem in Abb. 6.3 dargestellten Prozess[4] werden Informationen, die elektronisch verfügbar sind, zunächst auf Papier ausgedruckt, dann in ein anderes System eingetippt. Solche Wechsel des Speichermediums werden als Medienbruch bezeichnet. Im Geschäftsprozessmodell deuten Tätigkeiten wie „drucken", „scannen", „auf CD brennen" oder „Formulardaten eingeben" auf einen Medienbruch hin. Kritisch ist es immer zu sehen, wenn Daten, die bereits in elektronischer Form vorliegen, nicht durchgehend elektronisch weiterverarbeitet werden. Negative Konsequenzen können sein:

– Es wird (auf Papier) mit Daten gearbeitet, die nicht mehr dem aktuellen Stand entsprechen.
– Es wird Papier verschwendet.
– Da die Weiterleitung physischer Medien per Hauspost, Kurier oder Post länger dauert als der Versand elektronischer Daten, entsteht ein Zeitverlust.

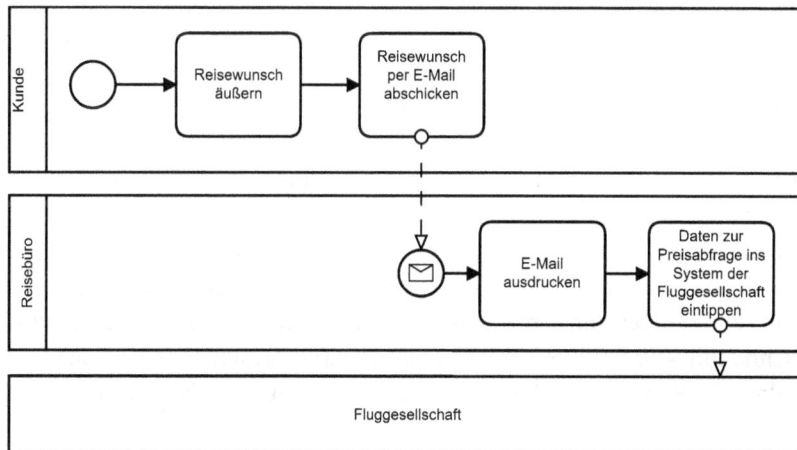

Abb. 6.3: Medienbrüche im Reisebüro-Prozess.

---

4 Es handelt sich um den bekannten Reisebüro-Prozess aus früheren Kapiteln. Das hier dargestellte Diagramm ist insofern unvollständig, als dass die Antwort der Fluggesellschaft und die Reaktionen daraus nicht mitmodelliert wurden.

Häufiger als gedacht kommt es sogar zu einem „doppelten Medienbruch": Daten werden aus einem Computersystem ausgedruckt und an anderer Stelle in ein anderes System eingegeben. Die Nachteile sind offensichtlich: Verschwendung von Zeit und Arbeitskraft, Gefahr von Fehleingaben und doppelte Datenhaltung. Werden solche doppelten Medienbrüche erkannt, sollten die passenden Schnittstellen zwischen IT-Systemen geschaffen werden.

Generell sollte angestrebt werden, Informationen möglichst frühzeitig ausschließlich in digitaler Form vorliegen zu haben. Dies kann häufig dadurch unterstützt werden, dass physische Objekte mit RFID-Tags, Barcodes oder 2D-Codes versehen werden. Bei einer Inventur werden dann beispielsweise die zu inventarisierten Gegenstände mit einem Handscanner erfasst, und man kann auf Papierlisten verzichten.

Es gibt eigentlich nur eine Stelle, wo der Grundsatz „Daten möglichst nur in elektronischer Form akzeptieren" nicht uneingeschränkt gilt: bei der Schnittstelle zum Kunden. Wenn es nennenswerte Kundengruppen gibt, die eine Bestellung per Papierformular, per Fax oder Telefon vorziehen, wäre es offensichtlich eine schlechte Idee, Bestellungen grundsätzlich nur noch über eine Website oder Smartphone-App entgegenzunehmen.

6.2.4 Systembruch

Bei unserem Reisebüro geht eine Kundenanfrage ein. Zunächst fragt der Bearbeiter die Kontaktdaten des Kunden ab und gibt sie ins EDV-System zur Hotelsuche ein. Dann werden die Wünsche des Kunden erfragt und ein Angebot unterbreitet. Was kann an einem solchen Prozessablauf wohl problematisch sein?

Nun, vielleicht ist es ja nicht die erste Reise, die dieser Kunde beim Reisebüro bucht, und die Informationen über vergangene Buchungen finden sich in einem anderen System des Reisebüros. Hätte der Bearbeiter jetzt direkt vom System zur Hotelsuche aus Zugriff auf diese Informationen, könnte die nochmalige Eingabe der Kontaktdaten entfallen. Darüber hinaus finden sich möglicherweise weitere für den Verkauf wichtige Daten, etwa dass der Kunde nicht mehr so gut zu Fuß ist und daher nur Unterkünfte mit Fahrstuhl buchen kann. Schließlich hat das Reisebüro auch noch ein separates Buchhaltungssystem. Hätte der Bearbeiter Zugriff darauf, könnte er vielleicht erkennen, dass der Kunde in der Vergangenheit als säumiger Zahler aufgefallen ist, und daraus die passenden Schlüsse ziehen.

Wir erkennen an diesem einfachen Beispiel, dass es wünschenswert ist, alle Daten zu einem Geschäftsvorfall (bzw. zu einem Kunden oder Produkt) integriert an einem Ort zur Verfügung zu haben. Die Verteilung der Daten auf mehrere Systeme hat die folgenden negativen Auswirkungen:

– Daten sind möglicherweise einem Bearbeiter, der sie benötigen würde, nicht verfügbar, obwohl sie in der Firma vorliegen.

- Die Benutzer müssen sich mit verschiedenen, nicht aufeinander abgestimmten Benutzeroberflächen auskennen.
- Es ist schwierig, Kennzahlen für Berichte zu bekommen, da hierfür Informationen aus mehreren Systemen geholt werden müssen.
- Es entsteht Aufwand, wenn Daten von einem System ins andere übertragen werden müssen.
- Neben Zeitverlust entsteht die Gefahr doppelter Datenhaltung und veralteter Daten.
- Die Kopplung zwischen den verschiedenen Systemen steigt mit der Anzahl der Schnittstellen – und damit der Aufwand für Pflege und Weiterentwicklung.
- Aufgrund der Komplexität werden Änderungen am System schwierig und sind mit einem hohen Testaufwand verbunden (Folgerung: „Am besten nichts anfassen, solange es läuft!")
- Die Systemadministration ist teuer. Bei Problemen ist den Nutzern des Gesamtsystems häufig kein einheitlicher Ansprechpartner bekannt.
- Die Fehlersuche in einem aus mehreren Insellösungen bestehenden Gesamtsystem gestaltet sich aufwendig.

Die Wunschvorstellung ist, dass die Daten, die zur Durchführung eines Geschäftsprozesses nötig sind, jeweils nur in einem einzigen integrierten Informationssystem vorliegen.[5] Andere Systeme, die diese Daten benötigen, können über wohldefinierte Schnittstellen zugreifen. Die Realität sieht bei sogenannten „gewachsenen Landschaften" (also Insellösungen, die nach und nach mehr oder weniger gut zusammengebastelt wurden) häufig anders aus: Die Daten liegen über mehrere Systeme verteilt vor, dabei werden manche Daten mehrfach (und möglicherweise widersprüchlich) in verschiedenen Datenbanken gehalten.

Geeignete Fragen, um mögliche Systembrüche zu erkennen sind also:
- Auf welche DV-Systeme (bzw. Datenbanken) muss für die Bearbeitung eines Geschäftsfalles zugegriffen werden?
- Wo gibt es Aufgaben wie „Daten konvertieren", „Datenumschlüsselung", etc.?
- Sind die Formate, in denen die Daten vorliegen, ausreichend dokumentiert und standardisiert?

---

5 So ganz richtig ist das nicht: Gerade in modernen Micro-Service-Architekturen liegen dieselben Daten häufig durchaus in mehreren Datenbanken vor. Entscheidend dabei ist, dass Einigkeit darüber besteht, dass ein System das führende, für diese Daten verantwortliche System ist und alle anderen nur Kopien bzw. Sichten auf diese Daten halten.

6.2.5 Organisationsbruch

Ein Organisationsbruch liegt vor, wenn zwei im Prozess aufeinanderfolgende Aufgaben von verschiedenen Organisationseinheiten ausgeführt werden. In einem BPMN-Diagramm ist das leicht daran zu erkennen, dass Lane-Grenzen überschritten werden. In vielen Fällen wird sich ein solches „Weiterreichen" von Geschäftsfällen von einer Organisationseinheit an eine andere nicht vermeiden lassen, da nicht jeder Mitarbeiter alle zur Bearbeitung nötigen Fachkenntnisse hat.

Bei der Prozessanalyse ist dennoch jeder Organisationsbruch kritisch zu hinterfragen. Aus dem „Weiterreichen" können nämlich verschiedene Schwierigkeiten resultieren:
- Es ergeben sich Liegezeiten. In den seltensten Fällen wird die Organisationseinheit, die den Geschäftsfall übernimmt, sofort mit der Arbeit daran beginnen.
- Müssen Dokumente in Papierform weitergeleitet werden, ergeben sich außerdem Transportzeiten.
- Bei der Weiterleitung erforderliche Absprachen kosten Zeit. Zudem besteht die Gefahr von Informationsverlusten. Informationen, die z. B. einer Organisationseinheit aus einem Kundengespräch bekannt sind, werden möglicherweise nicht weitergegeben.
- Die beteiligten Organisationseinheiten können unterschiedliche Interessen haben. Ein klassisches Beispiel ist eine zeitkritische Bestellung, die an die zentrale Beschaffungsabteilung weitergeleitet wird. Für die ist es aber nicht wichtig, dass die Bestellung schnell ausgeführt wird, sondern dass ein möglichst günstiger Anbieter gefunden wird.

Bei der Bewertung von Geschäftsprozessen lohnt es sich also, die Zahl der im BPMN-Diagramm erkennbaren Lanes und die Wechsel zwischen den Lanes kritisch zu betrachten. Nützlich sind die folgenden Fragen:
- Wie viele Organisationseinheiten sind an der Bearbeitung eines Geschäftsfalles beteiligt?
- Lässt sich diese Zahl reduzieren?
- Welche Verzögerung entsteht an den Schnittstellen? Welche Informationsverluste treten häufig auf?
- Lässt sich die Reihenfolge der Aufgaben so verändern, dass die Zahl der Organisationsbrüche sinkt?

Die Grundidee für das Reduzieren von Organisationsbrüchen ist es, die Verantwortung für zusammenhängende Aufgaben an eine Organisationseinheit/eine Rolle zu geben. Das kann die Planung dieser Aufgaben mit einschließen. Konsequent weitergeführt, ergibt sich ein Ausrichten der gesamten Organisation am Prozess statt am Produkt.

6.2.6 Fehlende Automatisierung

In Geschäftsprozessen gibt es üblicherweise sowohl Aufgaben, die automatisiert durchgeführt werden, als auch solche, die die Mitarbeiter von Hand erledigen müssen. Letztere sind in einem BPMN-Diagramm sofort zu erkennen, falls die Annotationen zum Kennzeichnen einer manuellen Aufgabe oder einer Benutzeraufgabe genutzt werden. In EPK-Modellen weisen Funktionen ohne beteiligte DV-Systeme auf eine von Hand ausgeführte Tätigkeit hin. Grundsätzlich lohnt sich bei jeder Aufgabe, die derzeit nicht maschinell unterstützt ist, die Frage, ob eine Automatisierung möglich ist. Insbesondere gilt dies für Tätigkeiten wie Berechnungen, Suchen oder Sortiervorgänge. Diese erfordern keine Kreativität und werden zudem von Computern deutlich besser erledigt als von Menschen. Eine Aufgabe wie „Bestimmung des für die Adresse zuständigen Finanzamts" soll also möglichst immer zu 100 Prozent automatisiert erledigt werden.

Bei der Erfassung von Objekten kann man fragen, ob nicht die Objekte so gestaltet werden können, dass sie sich selbst registrieren oder zumindest die Registrierung unterstützen können. Versieht beispielsweise ein Versandunternehmen jeden verschickten Artikel mit einem Strichcode, können Rücksendungen leichter verarbeitet werden. Noch einfacher wird es, wenn jeder Artikel einen RFID-Anhänger hat und sich damit selbst „zurückmelden" kann.

Ein Zeichen für nicht genutztes Automatisierungspotential ist es, wenn Informationen nur in Papierform vorliegen, obwohl auf diese Daten an mehreren Stellen zugegriffen werden soll. Hier gilt die Empfehlung, die betroffenen Dokumente möglichst frühzeitig digital in einem standardisierten Speicherformat zu erfassen und die enthaltenen Informationen an genau einer Stelle allen betroffenen Mitarbeitern bereitzustellen.

Prozessautomatisierung hilft, die manuelle Durchführung aufwendiger und monotoner Prozessschritte einzusparen. Das ist in den meisten Fällen wünschenswert, bringt aber auch eine Gefahr mit sich: Die Prozesse werden abhängig davon, dass die Technik funktioniert. Daher ist es ein Muss, bei der Einführung automatisierter Lösungen auch eine Risikobetrachtung durchzuführen: Was kann ausfallen? Wie wahrscheinlich ist ein Ausfall? Welche Prozesse sind betroffen? Und vor allem: Welche Ersatzprozesse müssen für den Fall eines Ausfalls definiert werden? Besonders betrifft dies kritische Bereiche wie das Gesundheitswesen. Hier muss auch dann noch ein Funktionieren grundlegender Prozesse gewährleistet sein, wenn elektronische Informationssysteme – aus welchem Grunde auch immer – ausgefallen sind. Es ist notwendig, rechtzeitig vor einem möglichen Ausfall Regelungen für diesen Fall zu treffen und die Anwendung dieser Regeln auch zu trainieren.

Ein zweiter Punkt, der beim Stichwort „Automatisierung" kritisch betrachtet werden sollte, ist die Automatisierung der Schnittstelle zum Kunden. Das Geschäftsmodell „Selbstbedienung" spart Kosten, hat aber auch Nachteile – und zwar sowohl für

Kunden als auch für den Anbieter. Natürlich ist es etwa für einen Reiseanbieter billiger, wenn der Kunde die Reiseunterlagen am eigenen PC drucken muss. Mit dem Versenden von Standard-Textbausteinen auf Kundenanfragen lassen sich die Kosten senken. Die Rechnung nicht per Post zu versenden, sondern dem Kunden als PDF-Datei über sein Konto im eigenen Netzauftritt zur Verfügung zu stellen, reduziert Papieraufwand und Porto. Allerdings ist kaum ein Kunde begeistert, wenn er auf diese Weise zusätzliche Arbeit zu verrichten hat. Die Kundenbeziehung wird aber auch noch aus einem zweiten Grund gefährdet: Bei fehlendem persönlichen Kontakt empfindet ein Kunde den Anbieter als austauschbar. Die nächste Reise wird dann vermutlich direkt bei der Fluggesellschaft und einem Hotel gebucht.

6.2.7 Doppelarbeit

Doppelarbeit entsteht, wenn die gleiche Arbeit an verschiedenen Stellen in der Organisation ausgeführt wird – oft, ohne voneinander zu wissen. Ein Grund dafür kann sein, dass für Prozesse oder einzelne Aufgaben kein Verantwortlicher festgelegt wurde (siehe Kapitel 6.2.1). Doppelarbeit gibt es aber auch in anderer Form – und hier ist sie weitaus schwieriger zu erkennen: Ein Beispiel ist eine Kfz-Versicherung, bei der nach einem Verkehrsunfall mit zahlreichen Fahrzeugen Schadensmeldungen von mehreren Betroffenen über verschiedene Kommunikationskanäle eingehen. Mit jeder Schadensmeldung wird auch eine Beschreibung des Unfalls angelegt. Das führt zu doppelter Datenerfassung und somit insgesamt minderer Datenqualität. Möglicherweise werden Unfallgutachter mehrfach beauftragt.

Verbesserungspotenzial ergibt sich häufig auch bei der dezentralen Erledigung von Dingen, die kostengünstiger zentral durchgeführt werden können. Beispiele sind das Buchen von Software-Schulungen oder das Verwalten von Mobilfunkverträgen. Allerdings laufen gerade solche Tätigkeiten häufig „unter dem Radar" von Prozessoptimierungsprojekten, da in diesen nur die Hauptprozesse einer Organisation überhaupt modelliert und betrachtet werden.

Fragen, die zum Aufspüren von Doppelarbeit führen, sind:
- Gibt es zwei Organisationseinheiten, die teilweise gleiche Aufgaben haben?
- Gibt es Prozesse oder Aufgaben, die in ähnlicher Form an verschiedenen Stellen mehrfach ausgeführt werden?
- Ist für jeden Prozess und für jede Aufgabe ein klarer Verantwortlicher benannt?
- Haben Kunden mehrere Ansprechpartner in der Organisation? Wie stimmen diese miteinander die über den Kunden erfassten Daten ab?
- Werden gleiche oder ähnliche Daten an mehreren Stellen erfasst?
- Müssen dezentral erfasste Daten von Außendienstmitarbeitern später noch einmal in ein zentrales System eingegeben werden?

Die wichtigste Maßnahme gegen Doppelarbeit (und im übrigen auch dagegen, dass sich womöglich überhaupt niemand für eine Arbeit zuständig fühlt) ist das Benennen von Verantwortlichen für jeden Prozess und jede Aufgabe. Die Vermeidung doppelter Datenerfassung ist eine wesentliche Aufgabe des Datenqualitätsmanagements. Zu vermeiden ist die vorübergehende Erfassung von Daten auf Papier, um sie dann später in Datenverarbeitungssysteme zu übertragen. Die betroffenen Mitarbeiter (oft im Außendienst) sollten statt des Papierblocks eine mobile Anwendung nutzen. Dabei ist es nicht damit getan, den Mitarbeitern einen Tablettrechner zur Verfügung zu stellen und es dann der Phantasie der Mitarbeiter zu überlassen, mit welchem Programm und in welchem Datenformat die Daten eingegeben werden. Das führt unweigerlich zu fragwürdigen Konstruktionen unter Nutzung von Excel, Dropbox & Co., und zur Erfassung in der eigentlichen Firmendatenbank ist wiederum eine erneute Dateneingabe erforderlich.

6.2.8 Nacharbeit

Zur Nacharbeit kommt es, wenn Aufgaben nicht in der notwendigen Qualität durchgeführt wurden. In der Folge muss die Aufgabe als Ganzes wiederholt werden, oder es werden zusätzliche Aufgaben zur Problembehebung notwendig.

Im Geschäftsprozessmodell erkennt man eine solche Situation daran, dass nach dem negativen Ergebnis einer Qualitätsprüfung ein Rücksprung oder zusätzliche Aufgaben folgen. Bei der Prozessanalyse ist es in solchen Fällen zunächst einmal wichtig, aussagekräftige Kennzahlen zu bekommen: Im Modell in Abb. 6.9 wäre zu fragen, wie häufig es zu Rückfragen nach der Prüfung auf Vollständigkeit kommt, was die Ursachen für unvollständige Informationen waren und welche Kosten dadurch entstehen. Bei dieser Gelegenheit sollte auch gleich dafür gesorgt werden, dass solche Kennzahlen in Zukunft regelmäßig ermittelt und ausgewertet werden.

Bei der Erhebung der Ursachen für Nacharbeit werden wir feststellen, dass es neben der offensichtlichen Antwort, dass nachlässig gearbeitet wurde, mehrere weitere und tieferliegende Antworten gibt: Vielleicht war die Aufgabenstellung unklar oder es lagen nicht alle erforderlichen Informationen vor. Vielleicht wurde auch falsch geplant, oder der Plan entspricht nicht mehr der Realität. Auch mangelnde technische Unterstützung kann die Ursache für ein unbefriedigendes Arbeitsergebnis sein. Die Erkenntnis, wie häufig die entsprechenden Probleme auftreten, ist bereits ein wesentlicher Gewinn, der aus der Prozessanalyse gezogen werden kann. Im nächsten Schritt muss dann natürlich an der Beseitigung der Probleme gearbeitet werden, wozu oft gar nicht einmal große Änderungen am Prozess notwendig sind. Zwei Beispiele dafür, wie mit sehr geringem Aufwand die Prozessqualität verbessert werden kann: Abzuarbeitende Merklisten können verhindern, dass Prozessschritte vergessen werden. Fehleingaben können durch Prüfziffern in Kundennummern etc. sowie durch Plausibilitätskontrollen vermieden werden. Voraussetzung dafür, dass solche Maßnahmen ergriffen werden, ist, dass zunächst Qualitäts-Kennzahlen den Bedarf für eine Verbesserung offenlegen. Hier liegt der Wert der Prozessanalyse.

6.2.9 Sequentielle statt paralleler Abarbeitung

Ein Reiseanbieter will seine Angebote in einem Reisekatalog vorstellen, der in den Reisebüros und auf Messen ausliegt. Der Prozess könnte dann dem Modell aus Abb. 6.4 folgen.

Dieser Prozessablauf hat einen offensichtlichen Nachteil: Der Grafiker kann seine Arbeit erst beginnen, nachdem das Lektorat erfolgt ist. Da die Überarbeitung des Textes und die Umschlaggestaltung aber von verschiedenen Personen unabhängig voneinander durchgeführt werden, ist es zeitsparender, die Arbeiten parallel durchzuführen (siehe Abb. 6.5).

Während beim soeben genannten Beispiel der parallelen Abarbeitung eindeutig der Vorzug zu geben ist, liegt die Sache in anderen Fällen nicht so eindeutig. Sehen wir uns einen anderen Prozess an: Bevor eine Bank einen Kredit für eine Existenzgründung vergibt, sieht sie sich einerseits Geschäftsidee und Businessplan genau an, andererseits wird die finanzielle Situation des Kreditnehmers unter die Lupe genom-

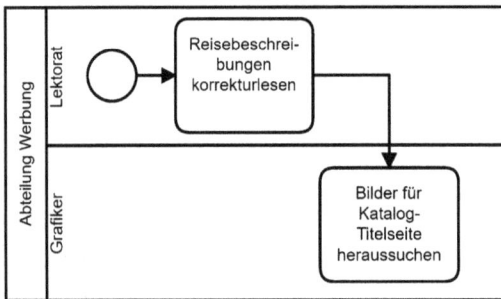

Abb. 6.4: langsam: sequentieller Ablauf.

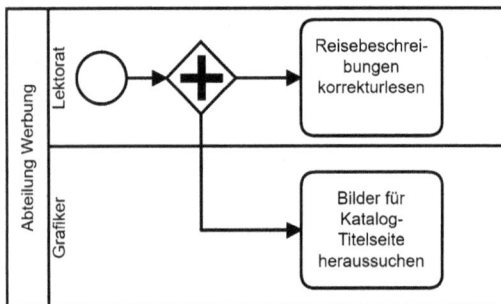

Abb. 6.5: verbessert: paralleler Ablauf.

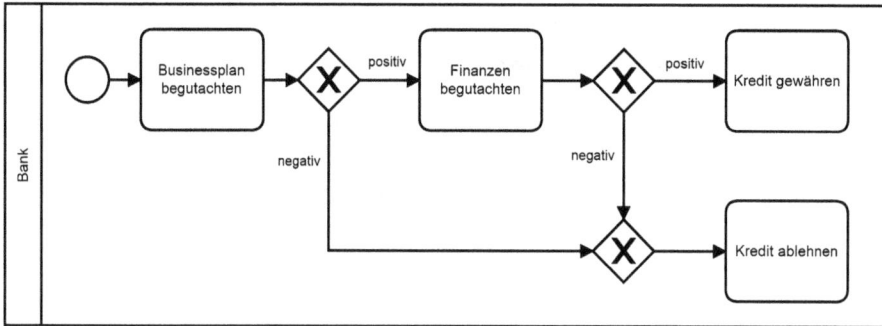

Abb. 6.6: Prüfung für eine Kreditvergabe – Variante 1.

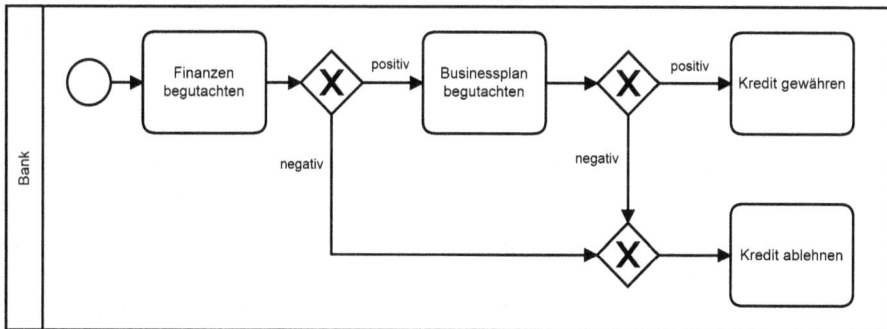

Abb. 6.7: Prüfung für eine Kreditvergabe – Variante 2.

men. Nur wenn beide Prüfungen positiv ausfallen, wird ein Kredit gewährt.[6] Auch hier können wir wieder davon ausgehen, dass die beiden Prüfungen unabhängig voneinander von verschiedenen Personen durchgeführt werden. Allerdings ist jetzt die Situation eine andere: Fällt nämlich eine Prüfung negativ aus, muss die andere gar nicht erst ausgeführt werden. Zur Wahl stehen drei Prozessvarianten, die in Abb. 6.6–6.8 gezeigt sind.

Die Prozessvariante in Abb. 6.8 hat den Vorteil, dass es schneller zu einer positiven Kreditentscheidung kommen kann, da beide Prüfungen parallel ablaufen. Allerdings wird eine der beiden Prüfungen umsonst durchgeführt, wenn bereits die andere offenbart, dass kein Kredit vergeben werden soll. Wir stellen also fest, dass der Prozess in Abb. 6.8 schneller ist, die Prozesse in Abb. 6.6 und 6.7 dagegen kostengünstiger sind. Welche Prozessvariante also zu bevorzugen ist, hängt vom Optimierungsziel ab.

---

6 Ein ähnliches Beispiel zeigt das EPK-Modell in Abb. 3.11 auf Seite 38.

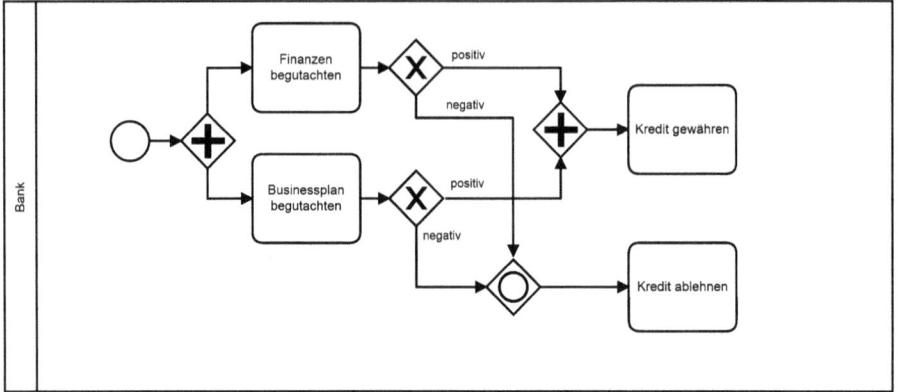

Abb. 6.8: Prüfung für eine Kreditvergabe – Variante 3.

6.2.10 Ungeeignete Position/Reihenfolge von Qualitätsprüfungen

In Abb 6.9 sehen wir einen Prozess für eine Zusatz-Dienstleistung, angeboten vom Reisebüro: Für Reisende, die für die Einreise ins Urlaubsland ein Visum benötigen, wird dieses organisiert. Diese Arbeit erledigt das Reisebüro aber nicht selbst, sondern es wird eine auf solche Tätigkeiten spezialisierte Visa-Agentur beauftragt. Wir erkennen im Modell in Abb 6.9, dass es zu einem Rücksprung im Modell – und somit zu Nacharbeit und Zeitverzögerungen im Ablauf – kommt, wenn Unterlagen fehlen. Man sollte darüber nachdenken, ob eine erste Prüfung der Unterlagen auf Vollständigkeit nicht schon früher im Prozess durch das Reisebüro erfolgen sollte (siehe Abb. 6.10). Zwar

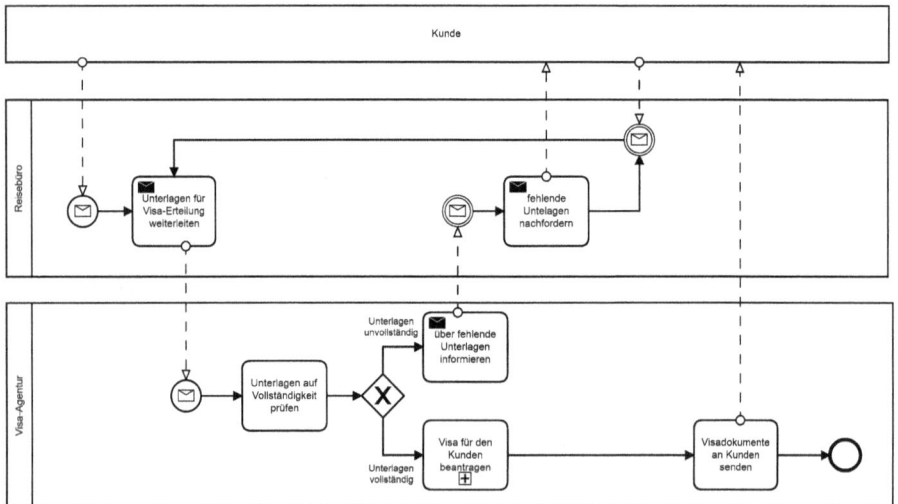

Abb. 6.9: Prozess „Beschaffung eines Visums".

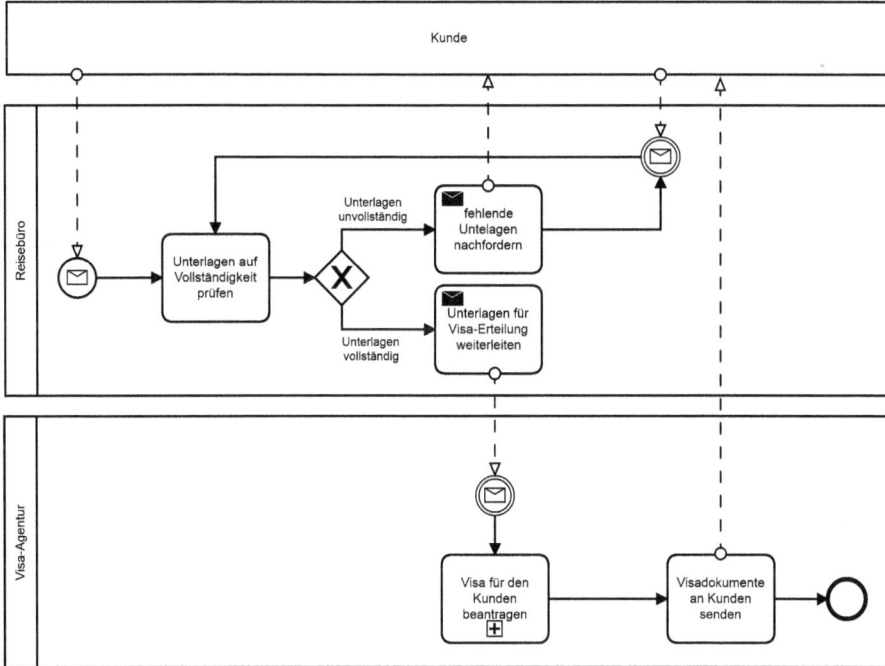

Abb. 6.10: Verbesserter Ablauf.

muss das Reisebüro auf diese Weise einen Schritt mehr ausführen, erspart sich dadurch aber später Rückfragen und Probleme, weil Visa nicht rechtzeitig ausgestellt werden. Wir erkennen, dass auch in diesem Falle die schon in Kapitel 6.2.7 besprochene mangelhafte Datenqualität zu Prozessverzögerungen führen kann. In diesem Falle bilden die vom Kunden eingereichten Unterlagen die Daten. Neben der schon angesprochenen Prüfung durch das Reisebüro könnte eine weitere erfolgversprechende Verbesserungsmaßnahme darin liegen, den Kunden mittels einer verständlichen Liste besser darüber zu informieren, welche Unterlagen benötigt werden.

Im gerade besprochenen Fall hat es geholfen, eine Qualitätsprüfung (die Prüfung der Unterlagen) früher im Prozess zu positionieren. Interessant wird es auch, wenn mehrere aufeinanderfolgende Prüfungen nötig sind, um die Qualität eines im Prozess entstandenen Produkts zu überprüfen. Nehmen wir zum Beispiel an, dass unser Reisebüro Städtereisen anbietet und dazu nur mit ausgewählten Hotels zusammenarbeitet. Bevor ein Hotel auf die Liste der Vertragspartner kommt, muss es eine Reihe strenger Prüfungen bestehen. Es gibt mehrere Forderungen:

– Das Hotel muss mindestens drei Sterne gemäß Klassifikation des Deutschen Hotel- und Gaststättenverbandes haben.
– Der Service wurde durch Test-Gäste überprüft.

- Die Hotelbewertung einer einschlägigen Internet-Bewertungsplattform ist mindestens „gut".
- Das Hotel ist mit öffentlichen Verkehrsmitteln vom Bahnhof der Stadt aus erreichbar.

Das Hotel darf nur Vertragspartner werden, wenn *alle* genannten Prüfungen ein positives Ergebnis liefern. Es ist recht leicht zu sehen, in welcher Reihenfolge die genannten Prüfungen durchgeführt werden sollten. Auf jeden Fall wird man zuerst die Sterne-Klassifikation und die Bewertung im Internet überprüfen. Test-Gäste sollten nur dann geschickt werden, wenn die drei anderen Prüfungen zur Zufriedenheit des Reisebüros ausfielen. Der Grund liegt auf der Hand: Das Entsenden von Test-Gästen ist die aufwendigste der Prüfungen und sollte folglich nur für die Hotels angewendet werden, die die anderen (deutlich kostengünstigeren) Prüfungen bereits bestanden haben.

Im beschriebenen Fall ist die richtige Reihenfolge der Prüfungen intuitiv leicht zu bestimmen. Aber schauen wir uns einmal den allgemeinen Fall an:

Ein Produkt (oder Zwischenprodukt) im Prozess muss einer Reihe von Prüfungen unterzogen werden. Nur dann, wenn alle Prüfungen erfolgreich ablaufen, wird das (Zwischen-)produkt weiterverwendet. Andernfalls kann es als „unbrauchbar" eingestuft werden, weitere Prüfungen sind dann nicht nötig. Für jede der Prüfungen wissen wir zwei Dinge: Wie teuer die Durchführung einer Prüfung ist und mit welcher Wahrscheinlichkeit die Prüfung zum Ergebnis „gute Qualität" führt. In welcher Reihenfolge sollen die Prüfungen durchgeführt werden?

? Rechnen Sie den Erwartungswert der Kosten zunächst für den Fall aus, dass es genau zwei Prüfungen gibt. Unterscheiden Sie die beiden Strategien „(a) erst Prüfung 1, dann Prüfung 2" und „(b) erst Prüfung 2, dann Prüfung 1". Wann ist Fall (a) der kostengünstigere, wann Fall (b)? Die Kosten der Prüfungen seien k_1 und k_2; die Wahrscheinlichkeiten, dass die Prüfung zum Ergebnis „unzureichende Qualität" kommt, seien p_1 und p_2.

Bedenken Sie, dass die zweite Prüfung nicht mehr durchgeführt werden muss, falls die erste bereits zum Ergebnis „unzureichende Qualität" kommt.

Wenn Sie die vorstehende Aufgabe richtig bearbeitet haben, werden Sie zum Ergebnis gekommen sein, dass Strategie (a) die günstigere ist, falls $\frac{k_1}{p_1} < \frac{k_2}{p_2}$. Man kann zeigen, dass ein entsprechendes Ergebnis auch für den allgemeinen Fall von n in der beschriebenen Weise hintereinander durchzuführenden Prüfungen gilt:

Theorem 6.1 (Optimale Prüfungsreihenfolge). *Wenn eine Folge von n Prüfungen der oben beschriebenen Art zu planen ist, wobei die Kosten der i. Prüfung k_i ist und die i. Prüfung mit Wahrscheinlichkeit p_i zum Ergebnis „unzureichende Qualität" kommt, wird die kostengünstigste Reihenfolge der Prüfungen wie folgt bestimmt: Für jede Prüfung wird der Quotient $q_i = \frac{k_i}{p_i}$ bestimmt, und die Prüfungen dann in der Reihenfolge der Größe ihrer Quotienten q_i durchgeführt, beginnend mit dem kleinsten Wert für q_i.*

Das beschriebene Problem der optimalen Prüfungsreihenfolge ist als Problem der optimalen Filterreihenfolge (engl. *filter ordering problem*) bekannt [31]. Die „Filter" sind in unserem Falle die Tests, die ein Produkt „durchlassen" oder eben nicht. Im Kontext der Geschäftsprozessoptimierung ist statt von „Filtern" auch von „Knock-out-Prozessen" die Rede [98].

6.3 Weitere Probleme

So hilfreich Geschäftsprozessmodelle für die Analyse und Verbesserung von Prozessen sind, möchten wir doch abschließend betonen, dass man nicht alle Prozess-Schwachstellen durch einen Blick auf die Geschäftsprozessmodelle findet.

Hier nur eine kleine Auswahl an Beispielen für Probleme, die nicht in den Modellen zu erkennen sind.
–   Mitarbeiter sind nicht ihrer Qualifikation entsprechend eingesetzt.
–   Die Qualität/Kundenzufriedenheit wird nicht systematisch gemessen.
–   Dokumentationen liegen in unzureichender Qualität vor.

Und schließlich gibt es noch einen weiteren Fall zu beachten: Dass es zwar ein Prozessmodell gibt, das einen „guten" Prozessablauf darstellt, dieses aber den Beteiligten gar nicht bekannt ist oder bewusst umgangen wird. Wie man aus Protokolldaten die *tatsächlichen* Prozessabläufe herausfindet, werden wir in Kapitel 12 diskutieren.

6.4 Zum Nachdenken und Weiterlesen

Was ist davon zu halten, wenn Ihre Firma „Digitalisierung" als Ziel des Prozessoptimierungsprojekts nennt? **?**

Vergleichen Sie die Typen der Prozessschritte auf der Arbeitsablaufkarte mit der Idee der Prozessanalyse nach Porters Wertschöpfungskette.

Außer den Prozessschritten, die keinen Wertgewinn erzeugen und daher unnötig sind, gibt es auch noch eine weitere Gruppe von Prozessschritten, die vermieden werden sollten: solche die mehr kosten, als sie einbringen. Finden Sie Beispiele aus der Praxis für solche Prozessschritte.

Für den in Abschnitt 6.2.4 diskutierten Fall der Verwaltung von Kundeninformationen im Reisebüro bietet sich der Einsatz einer Customer-Relationship-Management-Lösung an. Welche Vorteile bietet eine solche Lösung außer dem bereits diskutierten Vermeiden von Systembrüchen?

? Im Abschnitt 6.2.5 wurde Reduktion von Organisationsbrüchen angesprochen. Diskutieren Sie, wie diese Überlegung zum Ansatz der prozessorientierten (statt einer funktionsorientierten) Aufbauorganisation eines Unternehmens führt.

? Im Abschnitt 6.2.6 wird empfohlen, Dokumente möglichst frühzeitig in digitaler Form bereitzustellen. Informieren Sie sich darüber, welche Techniken im sog. Input-Management genutzt werden, um eingehende Dokumente (sowohl mit strukturierten als auch mit nichtstrukturierten Daten) zu erfassen und eingehende Kommunikation an den richtigen Empfänger zu leiten.

? Unter verschiedenen Gesichtspunkten haben wir vor doppelter Erfassung ein und derselben Daten gewarnt. Als empfohlene Antwort darauf gilt ein Datenmanagement und das Einrichten eines sog. Single Point of Truth (auch als Golden Record bekannt). Machen Sie sich mit der hinter diesen Begriffen liegenden Idee vertraut.

? Überlegen Sie, welche der angesprochenen Schwachstellen man durch automatische Analyse der Prozessmodelle finden könnte? Welche zusätzlichen Daten werden, abgesehen vom Prozessmodell, dafür gebraucht?

Einen ausführlichen Übersichtsbeitrag zum Thema „Prozessoptimierung" mit Verweis auf zahlreiche weitere Literaturquellen finden Sie in [57].

7 Simulation von Geschäftsprozessen

7.1 Wozu Simulation?

Die VDI-Richtlinie 3633 definiert Simulation als das „Nachbilden eines Systems mit seinen dynamischen Prozessen in einem experimentierbaren Modell, um zu Erkenntnissen zu gelangen, die auf die Wirklichkeit übertragbar sind" [106]. Ein solches Nachbilden ist notwendig, wenn Experimente am realen System nicht möglich sind oder sie zu teuer oder zu zeitaufwendig wären. Bei der Analyse von Geschäftsprozessen ist dies oft der Fall: Man will wissen, wie sich Änderungen auf den Prozessablauf auswirken würden, möchte aber nicht zum „Ausprobieren" in den Betriebsablauf eingreifen. Zudem möchte man auch nicht mehrere Wochen lang die Prozessausführung beobachten, sondern schnell zu einem Ergebnis kommen. Schließlich kommt es vor, dass Prozesse, die es bisher noch gar nicht gibt, völlig neu zu planen sind. In all diesen Fällen kann Simulation ein geeignetes Mittel sein, um Informationen zu erwarteten Kennzahlen der zu ändernden Prozesse zu bekommen.

Eine typische Anwendung von Simulation in der Geschäftsprozessanalyse ist die Ermittlung des Einflusses veränderbarer Parameter auf Kennzahlen des Prozesses. Für die Planung der Personalkapazität kann man fragen, wie sich Mitarbeiterzahl und Schichtplan auf die Prozesskosten auswirken. Man kann ebenso ermitteln, wie die Zahl der Mitarbeiter die durchschnittliche Wartezeit der Kunden beeinflusst. Auch die optimale Gestaltung von Räumlichkeiten ist oft Gegenstand von Simulationsexperimenten. So kann man beispielsweise beim Neu- oder Ausbau eines Krankenhauses nach der optimalen Raumaufteilung fragen.

7.2 Grundbegriffe

Bei einer Simulation geht es immer darum, dass die wesentlichen Eigenschaften eines Systems in einem Simulationsmodell abgebildet werden. Wie bei jeder Modellbildung heißt das, dass am Beginn der Modellierung die Frage steht, welche Details ins Modell aufgenommen werden sollen und welche nicht. Diese Frage kann nur beantwortet werden, wenn klar ist, welche Fragen durch die Simulation beantwortet werden sollen. Wie bereits im Kapitel 6.1 diskutiert, ist folglich der erste Schritt bei der Durchführung von Simulationsexperimenten immer die exakte Formulierung der Fragen, die gelöst werden sollen. Aus den Fragen ergibt sich ein erster Hinweis darauf, welche Details für die Beantwortung relevant sind – diese werden Bestandteil des Simulationsmodells. Will man etwa die Abfertigung von Schiffen in einem Hafen simulieren, kann es notwendig sein, den Einfluss von Ebbe und Flut zu berücksichtigen, wenn ein Schiff nur bei ausreichendem Tiefgang in den Hafen einfahren kann. Für die Abläufe bei der Zollabfertigung der Ware (die anschließend an Land stattfindet) ist der Einfluss der Gezeiten dagegen irrelevant.

https://doi.org/10.1515/9783110500165-007

Wir können also formulieren, dass wir unter einem **Simulationsmodell** eine abstrakte formale und automatisiert ablauffähige Abbildung eines Systems verstehen. Es enthält die Informationen zu möglichen Abläufen des Systems, die notwendig sind, um eine bestimmte Frage zu Kennzahlen dieser Abläufe zu beantworten. Diese Kennzahlen, für die wir uns bei der Durchführung von Simulationen interessieren, werden in der Sprache der Simulation **Zielgrößen** genannt. Größen, die einen Einfluss auf den Wert der Zielgrößen haben, heißen **Einflussgrößen**. Bei der Abfertigung eines Schiffes im Hafen ist eine mögliche Zielgröße die Liegezeit des Schiffes. Einflussgrößen sind beispielsweise die Zahl der verfügbaren Container und das Wetter. Bei einem Blick auf diese beiden Einflussgrößen erkennen wir, dass es zwischen ihnen einen entscheidenden Unterschied gibt: Es ist möglich, eine größere Zahl von Containern bereitzustellen, um dadurch die Abfertigungszeiten zu verbessern. Eine Beeinflussung des Wetters dagegen ist ausgeschlossen. Einflussgrößen, die unter der eigenen Kontrolle verändert werden können, nennt man **Parameter**. Einflussgrößen, auf die man selbst keinen Einfluss hat, heißen **Störgrößen**.

In einem **Simulationslauf** wird der Ablauf des Systems (in unserem Falle eines Geschäftsprozesses) über einen bestimmten Zeitraum automatisiert nachgebildet. Als Ergebnis bekommen wir eine Folge von Ereignissen, die während des Simulationslaufs eintreten (mitsamt der Zeiten, zu denen die Ereignisse eingetreten sind). Daraus lassen sich Informationen über die Zielgrößen gewinnen – etwa über die mittlere Durchlaufzeit durch den Prozess. In einem **Simulationsexperiment** werden nun mehrere Simulationsläufe durchgeführt. Dabei werden die Werte der Parameter systematisch geändert und beobachtet, welchen Einfluss das auf die Zielgrößen hat.

In aller Regel können zahlreiche Parameter variiert werden, daher ergibt sich schnell eine sehr große Zahl von Parameterkombinationen. Da Durchführung und Auswertung eines Simulationslaufs zeitaufwendig sind, ergibt sich die Frage, mit welchen Parameterkombinationen die Simulationsläufe durchgeführt werden sollen. Dieser Frage wird in der **statistischen Versuchsplanung** nachgegangen. Im Rahmen dieses Lehrbuchs können wir auf die Verfahren der statistischen Versuchsplanung nicht eingehen. Wir gehen daher immer vom einfachsten Fall aus: Der Einfluss eines einzigen Parameters auf die Zielgrößen soll untersucht werden. Eine ausführliche Darstellung der statistischen Versuchsplanung bietet [86].

7.3 Modellierung des Systemzustands

Bisher haben wir die Idee der Simulation nur sehr allgemein beschrieben und gesagt, dass in einem Simulationslauf der Ablauf eines Systems nachvollzogen wird. Mit anderen Worten heißt das: Die Änderungen des Systemzustands werden beobachtet und analysiert. Bei der computergestützten Simulation – und nur von der soll hier die Rede sein – nutzt man zur Beschreibung des Systemzustands zu einem gegebenen Zeitpunkt eine Menge von gespeicherten Daten, die Zustandsvariablen. Immer, wenn im System etwas „Interessantes" passiert, können sich die Zustandsvariablen ändern. Wir vergegenwärtigen uns, wodurch ein Prozessablauf charakterisiert ist.

Die wichtigste Information, um den Zustand eines Prozesses zu einem bestimmten Zeitpunkt zu beschreiben, besteht darin, welche Aufgaben gerade ausgeführt werden und welche Ressourcen für diese Aufgaben genutzt werden. Unter Ressourcen sind hierbei vor allem die Mitarbeiter oder DV-Systeme zu sehen, die eine Aufgabe ausführen. Aber auch andere Arbeitsmittel, die bei der Durchführung einer Aufgabe (exklusiv oder nicht-exklusiv) in Anspruch genommen werden können, können als Ressourcen modelliert werden. In den wichtigsten Zustandsvariablen, die den Systemzustand zu einem gegebenen Zeitpunkt beschreiben, ist also abgespeichert, für welche Prozessinstanz gerade welche Aufgabe ausgeführt wird und welche Ressourcen dafür verwendet werden. Weiterhin ist auch zu speichern, welche Ressourcen in welcher Anzahl gerade nicht verwendet werden. Diese Ressourcen können jetzt noch verteilt werden; man spricht von der noch verfügbaren Kapazität einer Ressource. Um zeitliche Analysen durchführen zu können, ist weiterhin zu speichern, seit wann eine Aufgabe bereits ausgeführt wird. Und schließlich müssen die Zustandsvariablen auch Aufschluss über diejenigen Prozessinstanzen geben, die auf die Verfügbarkeit von Ressourcen warten.

Damit können wir uns nun auch überlegen, welches die wichtigsten Ereignisse sind, die zu einer Änderung des Systemzustands führen:
–   Eine neue Prozessinstanz wird gestartet (z. B. ein neuer Kundenauftrag trifft ein).
–   Die Bearbeitung einer Aufgabe wird begonnen. Dabei werden Ressourcen gebunden.
–   Die Bearbeitung einer Aufgabe ist beendet. Ressourcen werden freigegeben und können anderweitig eingesetzt werden.

Am Beispielprozess aus Abb. 7.1 soll nun dargestellt werden, was diese Ereignisse im Computerprogramm, das die Simulation durchführt, auslösen. Der Prozess zeigt einen besonderen Kundendienst im Reisebüro: Damit sich die Kunden schon lange vor dem Urlaub auf ihre Reise freuen können, bekommen sie vom Reisebüro aufwendig gestaltete Informationsbroschüren. Da jede Reise individuell geplant wird, ist auch

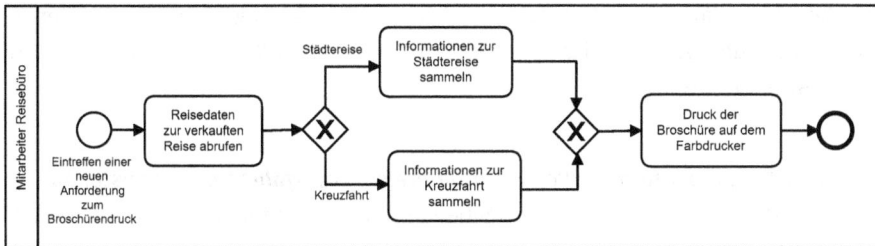

Abb. 7.1: Beispielprozess *Broschürendruck*.

jede Informationsbroschüre ein Einzelstück. Leider dauerte die Erstellung der Informationsbroschüren in der Vergangenheit zu lange. Es ist aber schwer zu sagen, wie das verbessert werden soll. Soll künftig dem Mitarbeiter, der den Inhalt der Broschüren zusammenstellt, ein zweiter Kollege zur Seite gestellt werden? Oder ist einfach der schon in die Jahre gekommene Farbdrucker zu langsam und sollte erneuert werden? Diese Frage ist der Ausgangspunkt unseres Simulationsexperiments. Dieses soll nun nachvollziehen, wie sich der Geschäftsprozess (unser zu simulierendes System) im Laufe der Zeit entwickelt. Immer dann, wenn eines der oben aufgeführten Ereignisse eintritt, gibt es Zustandsänderungen:

Eintreffen einer neuen Anforderung zum Broschürendruck

Dann sind zwei Fälle zu unterscheiden: Entweder der Mitarbeiter kann sich sofort darum kümmern. Dann wird die Aufgabe *Reisedaten zur verkauften Reise abrufen* sofort ausgeführt. Das heißt, dass der Zustand der Aufgabe auf „wird ausgeführt" gesetzt wird. Der Zustand des Mitarbeiters ändert sich auf „beschäftigt". Außerdem wird die Zeit abgespeichert, zu der die Aufgabe begonnen wurde. Es gibt aber auch den Fall, dass nicht sofort mit der Bearbeitung der Aufgabe begonnen werden kann. Das ist daran zu erkennen, dass der Zustand des Mitarbeiters bereits als „beschäftigt" gespeichert ist. Der neue Auftrag reiht sich dann zunächst in eine Warteschlange ein.

Ende einer Aufgabe *Reisedaten zur verkauften Reise abrufen*

Die Ausführungszeit der Aufgabe wird als Differenz zwischen der aktuellen Zeit und der Zeit, zu der die Aufgabe begonnen wurde, gespeichert. Die Aufgabe *Reisedaten zur verkauften Reise abrufen* wird von einem XOR-Split-Gateway gefolgt. Wir nehmen an, dass bekannt ist, dass 70 % der verkauften Reisen Städtereisen und die übrigen 30 % Kreuzfahrten sind. Dann sorgt das Simulationssystem dafür, dass in sieben von zehn Fällen nach dem XOR-Split-Gateway in Abb. 7.1 der obere Weg und in den verbleibenden drei Fällen der untere Weg genommen wird. Nehmen wir an, es soll eine Broschüre für eine Städtereise gedruckt werden. Dann wird zunächst der Zustand der Aufgabe *Reisedaten zur verkauften Reise abrufen* auf „wird nicht ausgeführt" gesetzt. Der Zustand des Mitarbeiters bleibt aber auf „beschäftigt" – schließlich muss noch die Aufgabe *Informationen zur Städtereise zusammenstellen* durchgeführt werden. Der Zustand dieser Aufgabe wird auf „wird ausgeführt" gesetzt, und es wird wieder die Startzeit der Aufgabe gespeichert.

Ende einer Aufgabe *Informationen zur Städtereise/Kreuzfahrt zusammenstellen*

Der Zustand der entsprechenden Aufgabe kann auf „wird nicht ausgeführt" gesetzt werden. Es wird wieder die Zeit, die die Aufgabe benötigt hat, gespeichert. Da der verbleibende Prozess (der Druck selbst) automatisch vom Drucker durchgeführt wird, ist der Mitarbeiter frei für andere Aufgaben. Daher wird in der Warteschlange nachgesehen, ob weitere Prozessinstanzen durchzuführen sind. Ist das der Fall, wird ein Auftrag aus der Warteschlange entfernt und ansonsten analog zum Ereignis *Eintreffen einer neuen Anforderung zum Broschürendruck* verfahren. Ist die Warteschlange leer, wird der Zustand des Mitarbeiters auf „frei" gesetzt. Es ist aber noch eine weitere Warteschlange zu beachten: die für die Druckaufträge. In diese wird ein neuer Druckauftrag eingereiht. Ist die Warteschlange leer, wird direkt mit dem Drucken begonnen.

Ende einer Aufgabe *Druck der Broschüre auf dem Farbdrucker*
Es wird wieder die für die Durchführung aufgewendete Zeit gespeichert. Danach wird entweder ein neuer Druckauftrag aus der Warteschlange für Druckaufträge entnommen und die Anfangszeit der Abarbeitung des neuen Druckauftrags gespeichert, oder aber der Zustand des Druckers wird auf „frei" gesetzt.

Wir erkennen, dass in unserem Beispiel Ereignisse der Art „Beginn der Bearbeitung einer Aufgabe" in dieser Liste nicht separat aufgeführt sind. Der Grund dafür ist, dass sich der Beginn einer Aufgabe immer direkt an das Eintreffen eines neuen Auftrags oder an das Beenden der vorangehenden Aufgabe anschließt. Damit können die nötigen Zustandsänderungen immer sofort beim Eintreffen eines Auftrags oder dem Beenden einer Aufgabe vorgenommen werden. In komplexeren Simulationsmodellen müssen möglicherweise noch andere Umstände wie Transport- oder Umrüstzeiten berücksichtigt werden. Um das Beispiel einfach zu halten, wollen wir aber darauf verzichten. Ebenso sind in komplexeren Simulationsmodellen auch weitere Ereignisse denkbar. Beispielsweise können beim Druck verschiedene Fehler wie „Papierstau" auftreten.

Bei genauerem Blick auf das Simulationsmodell stellen wir jetzt fest, dass es durchaus auch andere Möglichkeiten gegeben hätte, den Ablauf zu modellieren. Wenn es eine Warteschlange vor *Reisedaten zur verkauften Reise abrufen* und vor *Druck der Broschüre auf dem Farbdrucker* gibt – warum dann nicht auch vor den beiden anderen Aufgaben? Nun, unser Modell enthält die Annahme, dass der Mitarbeiter zunächst einen Fall vollständig abarbeitet, ehe er sich dem nächsten zuwendet. Es werden also nicht zunächst die Reisedaten zu Reise 1, dann zu Reise 2 abgerufen, um anschließend erst zu Reise 1 und danach zu Reise 2 die Informationen für den Broschürendruck herauszusuchen. Ein solches Vorgehen wäre aber durchaus auch denkbar. Unser Simulationsmodell wird also nur dann für sinnvolle Ergebnisse zu gebrauchen sein, wenn die enthaltene Annahme über die Ausführungsreihenfolge dem tatsächlichen Ablauf entspricht (vgl. Kapitel 10). Gängige Simulationswerkzeuge können übrigens mit verschiedenen solcher Ablaufvarianten umgehen. Die Varianten unterscheiden sich dadurch, nach welchen Regeln Einträge in den Warteschlangen den Bearbeitern (also den Ressourcen) zugeordnet werden. Hierfür sind in den Werkzeugen verschiedene Vorgehensweisen (sog. Scheduling-Strategien) implementiert.

Denkbar sind zum Beispiel, dass den Warteschlangen im Wechsel ein Eintrag entnommen wird, dass immer der am längsten wartende Eintrag genommen wird oder auch, dass Prioritäten zwischen den Warteschlangen-Einträgen vergeben werden.

7.3.1 Zufällige Ereignisse im Simulationslauf

Nachdem wir nun wissen, wie ein Simulationsprogramm auf das Eintreten der verschiedenen Ereignisse reagiert, bleibt noch eine weitere Frage zu beantworten: Wie wird festgelegt, wann welches Ereignis eintritt? Im einfachsten Fall könnten wir annehmen, dass wir es immer nur mit konstanten Zeitdauern zu tun haben: Alle 15 Minuten kommt ein neuer Auftrag zum Broschürendruck, das Drucken einer Broschüre dauert immer exakt 10 Minuten, und auch die Dauer aller anderen Aufgaben ist immer konstant und bekannt. Weiter könnte man annehmen, dass immer in Folge sieben Broschüren für Städtereisen, gefolgt von drei Broschüren für Kreuzfahrten zu erstellen sind. Tatsächlich ist es dann das Ergebnis einer einfachen Simulation (bzw. Rechnung), wie lange unter diesen Annahmen die Bearbeitung von zehn Aufträgen dauert.

Die Praxis sieht jedoch anders aus als das Modell: Zeiten, zu denen ein neuer Auftrag eintrifft, sind ebenso dem Zufall unterworfen wie die Bearbeitungszeiten der einzelnen Aufgaben. Daher kommt man mit einem Simulationsmodell, das wie oben nur konstante Werte annimmt (einem sog. deterministischen Simulationsmodell) nicht weit. Zwar kann man mit diesem Modell simulieren und kommt auch zu einem Ergebnis, allerdings wird dieses Ergebnis nicht viel mit der Realität zu tun haben, da im Modell falsche Annahmen stecken.

Um realistische Ergebnisse zu erhalten, muss also im Simulationslauf der Einfluss des Zufalls beachtet werden. Zum Verständnis dieses Abschnitts müssen wir daher die Kenntnis der Grundbegriffe der Wahrscheinlichkeitsrechnung voraussetzen, die sich beispielsweise in [28] finden.

Um die Wirkung des Zufalls im Simulationsexperiment nachzubilden, werden vom Computer erzeugte Zufallszahlen benutzt. Wir nehmen an, der Computer erzeugt bei jedem Durchlauf durch den Prozess aus Abb. 7.1 mit gleicher Wahrscheinlichkeit eine der natürlichen Zahlen 0 bis 9. Dann kann immer dann, wenn die erzeugte Zahl größer oder gleich 7 ist, der Prozessablauf für die Kreuzfahrt, andernfalls der für die Städtereise gewählt werden. Auf diese Weise bildet das Simulationsmodell ab, mit welcher Wahrscheinlichkeit jeder der beiden Fälle in einer Prozessinstanz auftritt. Man spricht jetzt von einer stochastischen Simulation. Gebräuchlich ist auch die Bezeichnung „Monte Carlo-Simulation", die auf die zahlreichen Roulette-Spieltische in den Spielbanken von Monte Carlo anspielt. Das Roulette-Spiel zeigt uns auch zwei wichtige Anforderungen, die wir hier zu stellen haben: Erstens soll bei jeder Ziehung jede Zahl mit der gleichen Wahrscheinlichkeit auftreten. Und zweitens soll das Ergebnis einer Ziehung unabhängig von den zuvor gezogenen Zahlen sein. Auf das Roulette-Spiel bezogen heißt das: Völlig egal, ob seit 10 Runden nie eine gerade Zahl gefallen ist oder ob die letzten zehn Gewinnerzahlen sämtlich gerade waren – es ändert sich nichts an der Wahrscheinlichkeit dafür, dass im nächsten Durchlauf eine gerade Zahl fällt.

Gerade das Erzeugen zufälliger Zahlen ist für Computer keine triviale Aufgabe. Computerprogramme folgen exakt vorgegebenen Algorithmen; Zufall ist hier nicht vorgesehen. Für Simulationen kann man in aller Regel aber auch mit Zahlen arbeiten, die zwar nicht wirklich zufällig sind, aber „so aussehen" als wären sie es. Man spricht dann von Pseudo-Zufallszahlen.

Ein Programm, das „hinreichend zufällige" Zahlen erzeugt, heißt (Pseudo-)Zufallszahlengenerator. Solche Generatoren sind in allen gängigen Simulationswerkzeugen integriert.

Sobald aber nun Zufall im Simulationsexperiment eine Rolle spielt, kann es passieren, dass man nicht weiß, ob Unterschiede zwischen zwei Simulationsläufen auf die Modellen selbst beziehungsweise deren Parameter zurückzuführen sind oder einfach das Ergebnis des Zufalls im Experiment sind. Daher ist es mitunter hilfreich, den Zufallszahlengenerator wiederholt dieselben Zufallszahlen liefern zu lassen. Dies unterstützen Zufallszahlengeneratoren durch Vorgabe eines Startwerts (engl. *seed*). Wird ein Simulationsexperiment mit gleichem Startwert des Zufallszahlengenerators wiederholt, werden dieselben Zufallszahlen reproduziert.

Gängige Simulationswerkzeuge können Zufallszahlen erzeugen, die verschiedenen Wahrscheinlichkeitsverteilungen unterliegen. Je nach Anwendungsfall muss für die verwendeten Zufallszahlen die passende Wahrscheinlichkeitsverteilung gewählt werden. Welche Verteilungen für die Simulation wichtig sind, wird in der folgenden Übersicht besprochen.

Die einfachste Verteilung ist die **Bernoulli-Verteilung**. Sie beschreibt Situationen, in denen ein bestimmtes Ereignis entweder eintritt oder nicht. Im Beispiel oben wäre ein solches Ereignis, dass der Kunde eine Kreuzfahrt gebucht hat. In der Wahrscheinlichkeitsrechnung wird eine solche Situation als Bernoulli-Experiment bezeichnet. Das Eintreten des Ereignisses bezeichnet man als Erfolg, andernfalls spricht man von einem Misserfolg. Diese Begriffe aus dem Wortschatz der Wahrscheinlichkeitstheorie müssen nicht immer mit der betriebswirtschaftlichen Interpretation des Ereignisses übereinstimmen. Will man modellieren, dass 20 % der Kunden eine Online-Buchung vorzeitig abbrechen, interessiert uns das Ereignis *Kunde bricht Buchung ab*. Mit Wahrscheinlichkeit 0,2 tritt es ein, mit Wahrscheinlichkeit 0,8 tritt es nicht ein. Die Wahrscheinlichkeit 0,2 wird dann als Erfolgswahrscheinlichkeit bezeichnet, auch wenn der Abbruch einer Buchung aus wirtschaftlicher Sicht natürlich gerade keinen Erfolg darstellt. Im Simulationswerkzeug wird man den Begriff „Bernoulli-Verteilung" in vielen Fällen gar nicht finden. Stattdessen kann einfach die Wahrscheinlichkeit etwa von angehefteten Ereignissen in einem BPMN-Modell angegeben werden. Das lässt sich leicht zu dem Fall verallgemeinern, dass genau eines von n vorgegebenen Ereignissen eintritt. Der typische Anwendungsfall dafür ist ein

XOR-Split, von dem n Ausgangskanten abgehen. Wenn wir für jede dieser Ausgangskanten wissen, mit welcher Wahrscheinlichkeit sie gewählt wird, können wir jede der Ausgangskanten mit einer Wahrscheinlichkeit beschriften. Selbstverständlich müssen sich diese Wahrscheinlichkeiten zu 1 ergänzen.[1] Wir haben es mit einer **diskreten Verteilung mit n Ausgängen** zu tun.

Eng mit der Bernoulli-Verteilung verwandt ist die **Binomialverteilung**. Wiederholt man ein Bernoulli-Experiment mit Erfolgswahrscheinlichkeit p n-mal, so ist die Zufallsgröße, die die Zahl der positiven Ausgänge des Bernoulli-Experiments beschreibt, binomialverteilt mit den Parametern n und p.

Die beiden bisher besprochenen Verteilungen waren diskrete Verteilungen. Etwas komplizierter ist das Erzeugen von Zufallszahlen, die die Realisierung einer stetigen Zufallsgröße sind.

Verbreitet sind (Pseudo-)Zufallszahlengeneratoren, die zufällige Gleitkommazahlen aus dem Intervall $[0, 1)$ liefern. Formal gesprochen: Eine vom Computer gelieferte Zufallszahl ist Realisierung einer im Intervall $[0, 1)$ gleichverteilten Zufallsgröße. Da man für die Simulationszwecke auch häufig Zufallszahlen benötigt, die anderen Wahrscheinlichkeitsverteilungen unterliegen, muss eine Transformation vorgenommen werden. Sei X eine Zufallsgröße, deren Verteilungsfunktion F sei. Bezeichnen wir mit p die Wahrscheinlichkeit eines Ereignisses, dann gilt also $p(X \le x) = F(x)$. Der Wertebereich der Verteilungsfunktion F ist das Intervall $[0, 1]$. Offensichtlich ist F monoton wachsend. Zur Vereinfachung setzen wir voraus, dass F sogar streng monoton wächst. Für die im Folgenden betrachteten stetigen Verteilungen ist dies immer der Fall. Dann gibt es eine Umkehrfunktion F^{-1}. Wir lassen den Computer eine Zufallszahl z als Realisierung einer im Intervall $[0, 1)$ gleichverteilten Zufallsgröße generieren und geben $F(x) = z$ vor. Eine Zufallszahl x, die der durch F beschriebenen Verteilung genügt, erhalten wir dann durch die Anwendung der Umkehrabbildung als $x = F^{-1}(z)$. In den gängigen Werkzeugen zur Geschäftsprozess-Simulation sind Zufallszahlengeneratoren und die beschriebenen Transformationen bereits implementiert. Zum Zwecke unserer Simulation können wir dem Simulationswerkzeug also einfach sagen: „Liefere eine Realisierung einer Zufallsgröße, die einer ...-Verteilung mit den Parametern ... entspricht!".

Eine **Gleichverteilung** wird angenommen, wenn davon auszugehen ist, dass jeder der möglichen Werte mit derselben Wahrscheinlichkeit eintrifft. Wir hatten diesen Begriff gerade bei der Vorstellung der Idee des Zufallszahlengenerators kennengelernt: Jede Zufallszahl im Intervall $[0, 1)$ soll mit der gleichen Wahrscheinlichkeit ausgewählt werden. Die vom Zufallszahlengenerator generierte Zahl ist dann die Realisierung einer Zufallsgröße, die im Intervall $[0, 1)$ gleichverteilt ist. Bei einer Simula-

---

1 Für einen OR-Split mit mehr als 2 Ausgangskanten ist die Sache nicht so einfach: Hier müssen wir nämlich für eine korrekte Simulation auch wissen, mit welcher Wahrscheinlichkeit alle möglichen *Kombinationen* von Ausgängen gewählt werden.

tion wird die Menge der Werte, die die gleichverteilte Zufallsgröße annehmen kann, in aller Regel ein Intervall $[a, b)$ sein. Bei der Definition der Verteilung sind folglich die untere und obere Intervallgrenze a bzw. b als Parameter anzugeben. Es ist zu beachten, dass die Annahme, jeder Wert aus einem Intervall trete mit derselben Wahrscheinlichkeit auf, in den seltensten Fällen der Realität entspricht. Meist ist es nämlich so, dass die Werte in der Intervallmitte häufiger sind, während die besonders kleinen und die besonders großen Werte seltener auftreten. Daher sollte die Gleichverteilung nur in begründeten Fällen im Simulationsmodell eingesetzt werden.

Legt man Wert auf sehr schnelle und einfache Berechnung, ist die **Dreiecksverteilung** zu erwägen. Der Name dieser Verteilung rührt daher, dass der Graph der Dichtefunktion ein Dreieck ist. Möglich sind wieder alle Werte aus einem Intervall $[a, b)$. Allerdings ist die Chance, einen Wert aus der Mitte des Intervalls (dort wo das Dreieck seine Spitze hat) zu wählen, am größten. Sie fällt in Richtung der Randwerte ab. Die Dreiecksverteilung hat drei Parameter: Die Intervallgrenzen a und b sowie den Wert m, an dem die Dichtefunktion ihren größten Wert haben soll. In vielen Fällen wird man $m = \frac{a+b}{2}$ wählen. Die wahrscheinlichsten Werte liegen dann genau in der Intervallmitte; die Dichtefunktion ist symmetrisch.

Die **Exponentialverteilung** wird häufig genutzt, um die Zeitdauer zwischen zwei Ankünften zu beschreiben, auch **Zwischenankunftszeit** (engl. *inter arrival time*) genannt. Sie kann etwa genutzt werden, um die Zeit zwischen dem Eintreffen eines Kunden am Schalter einer Bank und dem Eintreffen des nächsten Kunden zu modellieren. Die Ankünfte erfolgen dabei zufällig, unabhängig voneinander, aber mit einer bekannten konstanten mittleren Rate. Besondere Beachtung verdient hierbei die Eigenschaft „unabhängig voneinander". Sie bedeutet nämlich, dass man (wie beim Roulette-Spiel) aus den Ereignissen der Vergangenheit keinerlei Rückschlüsse auf zukünftige Ereignisse ziehen kann. Egal, ob in der letzten Minute drei Kunden kamen oder kein einziger in der letzten Viertelstunde – die Wahrscheinlichkeit dafür, dass in der nächsten Minute ein Kunde zur Tür hereinkommt, ist in beiden Fällen dieselbe. Man sagt daher, die Exponentialverteilung sei **gedächtnislos**. Nicht geeignet ist die Exponentialverteilung folglich, wenn keine Unabhängigkeit angenommen werden kann. Die Zeitdauer zwischen dem Eintreffen zweier Orderaufträge an der Börse als exponentialverteilt anzunehmen, wäre sehr gewagt: Da davon auszugehen ist, dass die Handelsteilnehmer auf Unternehmensnachrichten und Kursschwankungen reagieren, sind die ankommenden Aufträge in hohem Maße voneinander abhängig.

Die Exponentialverteilung hat einen Parameter, der üblicherweise mit λ bezeichnet wird. Er gibt die erwartete Anzahl des Eintretens des uns interessierenden Ereignisses in der vorgegebenen Zeiteinheit an. Wenn wir wissen, dass im Mittel 15 Kunden pro Stunde eintreffen, ist „Zeiteinheit" gleichbedeutend mit „Stunde", und der Parameter λ hat den Wert 15. Der Erwartungswert einer mit Parameter λ exponentialverteilten Zufallsgröße ist $\frac{1}{\lambda}$. Wenn in unserem Beispiel im Mittel 15 Kunden pro Stunde kommen, muss man im Mittel $\frac{60}{15} = 4$ Minuten auf den nächsten Kunden warten.

Die **Poissonverteilung** ist eine diskrete Verteilung, die in engem Zusammenhang zur Exponentialverteilung steht. Ist die Zeit zwischen dem Eintreffen zweier Ereignisse (z. B. Kundenankünften) exponentialverteilt, so folgt die Anzahl dieser Ereignisse, die während einer bestimmten Zeitspanne eintreten, einer Poissonverteilung. Beispielsweise kann die Zahl der in einem Call-Center innerhalb einer Stunde eingehenden Anrufe als poissonverteilt modelliert werden, wenn Unabhängigkeit zwischen den Anrufen anzunehmen ist. Der Parameter λ der Poissonverteilung hat dieselbe Bedeutung wie bei der Exponentialverteilung beschrieben.

Die **Normalverteilung** ist die wichtigste stetige Verteilung. In der Natur beobachtbare zufällige Größen, die das Ergebnis der Überlagerung einer sehr großen Zahl von unabhängigen Einflüssen sind, können als normalverteilte Zufallsgrößen beschrieben werden. Typische normalverteilte Größen sind die Körpergröße eines Menschen oder zufällige Messfehler bei einer Messung. Auch diskrete Zufallsgrößen wie die Zahl der Rechtschreibfehler in einem Dokument von 100 Seiten lassen sich gut durch die Normalverteilung annähern. Die Normalverteilung hat zwei Parameter: den Erwartungswert μ und die Varianz σ^2.

Eine mitunter nicht wünschenswerte Eigenschaft der Normalverteilung ist, dass ihre Dichtefunktion (die bekannte „Glockenkurve") für jeden Wert aus $(-\infty, +\infty)$ positiv ist. Wird also etwa eine Zufallsgröße, die die Länge eines Werkstücks beschreibt, als normalverteilt angenommen, wären auch negative Längen möglich (wenn auch extrem unwahrscheinlich). Will man das vermeiden, kann man mit einer **gestutzten Normalverteilung** arbeiten. Im Vergleich zur Normalverteilung ist deren Dichtefunktion geändert: Alle Werte außerhalb eines „erlaubten" Intervalls $[a, b]$ sind 0. Die Werte der Dichtefunktion f innerhalb des Intervalls werden so skaliert, dass $\int_a^b f(x)\,\mathrm{d}x = 1$ ist.

Eine Eigenschaft der Normalverteilung, die in einem Simulationsmodell unerwünscht sein kann, ist die Tatsache, dass es sich um eine symmetrische Verteilung handelt. Bei der Schätzung von Kosten für eine Aufgabe heißt das: Ist μ der wahrscheinlichste Wert für die Kosten, dann ist der Wert $\mu - d$ ebenso wahrscheinlich wie der Wert $\mu + d$. Tatsächlich aber ergibt sich oft ein anderes Bild: Überschreitungen der Kosten sind wahrscheinlicher als der Fall, dass durch besonders gutes Arbeiten (oder durch Glück) Kosten eingespart werden. Das führt zu einer Wahrscheinlichkeitsverteilung mit einer Dichte wie in Abb. 7.2 gezeigt. Solche Verteilungen für Kosten und Dauern von Aufgaben werden bereits seit den 1950-er Jahren im Zusammenhang mit der Planung großer Projekte diskutiert. In der Projektplanungsmethode *Program Evaluation and Review Technique* (PERT) [56] wird zur Modellierung der Dauern die Verwendung einer Beta-Verteilung vorgeschlagen. Tatsächlich ist die in Abb. 7.2 gezeigte Dichtefunktion die Dichte einer speziellen Form der Betaverteilung. Wir sehen, dass die Zufallsgröße Werte im Intervall $[a, b]$ annehmen kann, und dass der Median kleiner als der Erwartungswert ist. Überschreitungen (der Kosten oder der Zeit) treten also häufiger auf als Einsparungen. Neben a und b hat die Betaverteilung zwei weitere

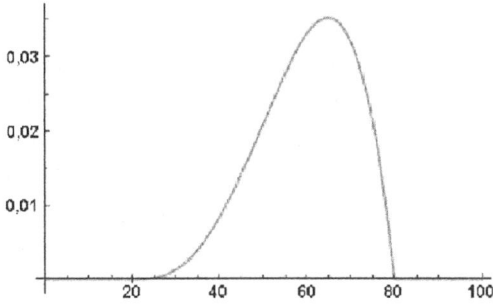

Abb. 7.2: Beta-PERT-Verteilung [minimaler Wert: $a = 20$, maximaler Wert: $b = 80$, wahrscheinlichster Wert (Median): $m = 65$].

Parameter α und β. Sie heißen Formparameter, da je nach Wahl von α und β die Kurve der Dichtefunktion eine andere Form bekommt.

Sind die Parametern a, b, α und β bekannt, kann man Erwartungswert, Standardabweichung und Median berechnen. Die Schöpfer von PERT gingen aber genau umgekehrt vor. Sie gaben vor, dass die Zufallsgröße X, die für die Dauer eines Projekts steht, einer Betaverteilung unterliegt. Für deren Erwartungswert soll gelten $E(X) = \frac{a+4m+b}{6}$, wobei m den Median der Verteilung bezeichnet. Weiter soll sich die Standardabweichung berechnen nach $\sigma^2(X) = \frac{b-a}{6}$. Diese beiden Forderungen wurden eher ad-hoc aufgestellt. Es zeigte sich, dass man gut damit rechnen kann und auch recht brauchbare Schätzungen für die Zwecke des Projektmanagements bekommt.

Über die Größen a, b und m hat man eine recht gute anschauliche Vorstellung. Um sie zu erfragen, bedient man sich traditionell des Verfahrens der Dreipunkt-Schätzung. In dieser sind ein optimistischer Wert, ein pessimistischer Wert und ein „nach bestem Wissen geschätzter" Wert anzugeben. Man fragt also beispielsweise: Wie werden die Kosten bei optimalem Ablauf geschätzt (optimistischer Wert, das wird Parameter a)? Wie werden die Kosten geschätzt, wenn alles schiefläuft (pessimistischer Wert, Parameter b)? Und: Was ist die realistischste Schätzung für die Kosten (der Median m)? Aus diesen Werten lassen sich dann die Parameter α und β der Betaverteilung bestimmen. Details dazu finden sich in [18]. Wir halten fest, dass für die Schätzung von Projektzeiten und -kosten (wie übrigens auch für Zwecke der Risikoanalyse) eine spezielle Form der Betaverteilung genutzt wird, die als **Beta-PERT-Verteilung** bekannt ist. Sie hat drei Parameter – die Werte aus der oben diskutierten Dreipunkt-Schätzung.

7.4 Ereignisdiskrete Simulation

In den beiden vorangehenden Abschnitten haben wir die Grundlagen für die Erstellung von Simulationsmodellen kennengelernt: Der Systemzustand wird in Variablen gespeichert und zufällige Ereignisse, deren Eintreten durch Verteilungsfunktionen beschrieben wird, können zu einer Änderung des Systemzustands führen. Daraus ergibt sich die Grundidee der ereignisdiskreten Situation (engl. *discrete-event simulation*), nämlich das System nur zu den Zeitpunkten zu betrachten, an denen eines dieser Ereignisse eintritt (mit anderen Worten: wenn etwas „Interessantes" passiert). Um zu wissen, wann dies der Fall ist, wird für alle im gegenwärtigen Modellzustand möglichen Ereignistypen per Zufallszahl der Zeitpunkt ihres nächsten Eintretens bestimmt. Diese zu berücksichtigenden Ereignisse und ihre Zeitpunkte werden in einer Ereignisliste (engl. *future event list*) gespeichert. Um die Simulation voranschreiten zu lassen, wird nun in der Ereignisliste nachgesehen, welches das nächste Ereignis ist. Dieses wird dann aus der Ereignisliste gelöscht, und es wird eine Routine zur Behandlung des Ereignisses gestartet. Diese ist natürlich je nach Ereignis unterschiedlich, ist aber grundsätzlich immer nach dem folgenden Muster aufgebaut:

Schritt 1: Ändere den Systemzustand.

Schritt 2: Füge falls nötig neue Ereignisse in die Ereignisliste ein.

Schritt 3: Schreibe Statistiken fort.

Schritt 4: Veranlasse falls nötig die Ausführung zusätzlicher Routinen zur Behandlung weiterer Ereignisse

Im Modell von Abb. 7.1 müssen in der Routine zur Behandlung des Ereignisses „Bearbeitung der Aufgabe *Informationen zur Städtereise sammeln* wurde beendet" folgende Dinge getan werden:

Schritt 1: Setze den Zustand der Aufgabe *Informationen zur Städtereise sammeln* auf „wird nicht ausgeführt". Reihe einen neuen Druckauftrag in die Druckerwarteschlange ein. Ist die Auftragswarteschlange leer, setze den Zustand des Mitarbeiters auf „frei". Ansonsten entnimm der Auftragswarteschlange einen Auftrag und setze den Zustand der Aufgabe *Reisedaten zur verkauften Reise abrufen* auf „wird ausgeführt". Der Mitarbeiterzustand bleibt in diesem Falle „beschäftigt".

Schritt 2: In Schritt 1 wurde möglicherweise veranlasst, dass *Reisedaten zur verkauften Reise abrufen* gestartet wurde. In diesem Fall muss jetzt die zufällige Ausführungszeit für diese Aufgabe bestimmt werden. Das Ereignis für das Ende dieser Aufgabe wird in die Ereignisliste aufgenommen.

Schritt 3: Die für die Ausführung der Aufgabe *Informationen zur Städtereise sammeln* benötigte Zeit wird in ein Protokoll geschrieben. Mit Hilfe dieser Protokolle können später statistische Auswertungen durchgeführt werden.

Schritt 4: Falls ein neuer Druckauftrag in die Druckerwarteschlange eingereiht wurde, ist jetzt die Routine zur Behandlung dieses Ereignisses zu starten.

Glücklicherweise ist es nicht notwendig, die beschriebenen Schritte für jedes Simulationsexperiment neu zu programmieren. Gängige Simulationsprogramme verfügen bereits über fertig programmierte Bausteine, um das beschriebene Verfahren umzusetzen. Ihnen muss lediglich ein parametrisiertes Geschäftsprozessmodell als Eingabe übergeben werden.

7.4.1 Simulation mit historischen Daten

Die Modellierung von Zeiten mit Hilfe von Wahrscheinlichkeitsverteilungen hat einen bedeutenden Nachteil. Oft sind nämlich die Wahrscheinlichkeitsverteilungen überhaupt nicht bekannt. Die Parameter des Simulationsmodells beruhen folglich auf Schätzungen bzw. Annahmen des Modellierers. Weichen diese von der Realität ab, wird auch das Ergebnis des Simulationsexperiments nicht viel mit der Realität zu tun haben.

Ganz klar empfiehlt daher die VDI-Richtlinie 3633: „Bei der Modellierung eines Systems sollte so weit wie möglich auf Realdaten oder auf Daten, die von Realdaten abgeleitet werden, zurückgegriffen werden. Daten, die lediglich auf Annahmen des Anwenders beruhen, bergen die Gefahr, dass sie bereits ein vom Simulationsexperten und/oder Anlagenplaner erwartetes Betriebsgeschehen widerspiegeln." [106].

Wenn es also bereits einen laufenden Geschäftsprozess gibt, sollten vor der Durchführung des Simulationsexperiments Daten über die Prozessausführung gesammelt werden. Wird die Prozessdurchführung bereits durch eine Workflow-Laufzeitumgebung unterstützt, liefern deren Ereignisprotokolle wertvolle Informationen darüber, wie häufig und in welchen Zeitabständen welche prozessrelevanten Ereignisse auftreten. Gute Simulationswerkzeuge erlauben es, solche in bereits beobachteten Prozessinstanzen aufgetretenen Ereignisse zur Parametrisierung der Simulationsmodelle zu benutzen. Für Zeiten und Ausgänge von Entscheidungen müssen also keine Wahrscheinlichkeitsverteilungen angegeben werden. Stattdessen wird die Ereignisliste so gefüllt, wie es in Abläufen früherer Prozessinstanzen beobachtet wurde.

7.4.2 Werkzeuge zur Geschäftsprozess-Simulation

Während viele Hersteller angeben, dass ihr Werkzeug die Simulation von Geschäftsprozessen beherrscht, gibt es erhebliche Unterschiede im Leistungsumfang. Es reicht bei der Werkzeugauswahl also nicht, nur darauf zu schauen, ob in einem Werkzeugvergleich in der Liste der verfügbaren Leistungen bei „Simulation" ein Haken gesetzt ist.[2] Es lohnt sich also ein genauer Blick auf die verschiedenen Arten von Geschäftsprozess-Simulationswerkzeugen.

Im einfachsten Fall wird unter „Simulation" verstanden, dass ein Modellierer mögliche Abläufe einer Geschäftsprozess-Instanz in einem Modellierungswerkzeug schrittweise nachvollziehen kann. Im Prozessmodell werden dann beispielsweise alle gerade „aktiven" Aufgaben farblich markiert. Auf Knopfdruck wird zu einem möglichen Folgezustand gewechselt. Da hier weder mehrere Instanzen noch Wahrscheinlichkeiten berücksichtigt werden, ist für diese Art der Modellierungsunterstützung

---

[2] Leider haben wir aber zahlreiche Werkzeugvergleiche gesehen, die mit der Verfügbarkeit einer „Simulation" auf genau diese Weise umgehen.

der Begriff „Animation" passender. Ein Beispiel für ein Werkzeug dieser Art ist das schon auf Seite 67 erwähnte *Mida*.

Zum Zweiten gibt es Werkzeuge zur Geschäftsprozessmodellierung, die tatsächlich die Erstellung und Ausführung von Simulationsmodellen ermöglichen. Die Unterschiede im Umfang, in dem Modellparameter definiert werden können, sind erheblich: Im einfachsten Falle können beispielsweise Ausführungszeiten von Aufgaben nur als feste Zahl (statt durch eine Wahrscheinlichkeitsverteilung) angegeben werden. Solche Modelle vereinfachen zu sehr und sind daher meist unbrauchbar. Bei anderen Simulationswerkzeugen sind die getroffenen vereinfachenden Annahmen nicht ganz so leicht zu erkennen. Ein Beispiel ist das webbasierte Werkzeug BIMP[3] (trotz der beschriebenen Einschränkungen ein hilfreiches kostenfreies und quelloffenes Werkzeug insbesondere für die Lehre). Es erlaubt die Angabe von Wahrscheinlichkeiten für Entscheidungen; Zeiten und Kosten werden nicht als feste Größe sondern durch eine Wahrscheinlichkeitsverteilung angegeben. Für einfache Szenarien ist das ein ausreichender Leistungsumfang. Für unser Beispiel (Broschürendruck im Reisebüro) kommt das Werkzeug aber bereits an seine Grenzen: Da einzelne Instanzen nicht mit zusätzlichen Zustandsvariablen versehen werden können, könnte nicht ohne weiteres modelliert werden, dass 70 % der verkauften Reisen Städtereisen und die übrigen 30 % Kreuzfahrten sind. Genauer gesagt kann nicht erreicht werden, dass sich dieser Unterschied in gleicher Weise bei der Wahl der Aufgabe zum Zusammenstellen von Informationen wie auch bei der Dauer des Druckvorgangs bemerkbar macht (wenn etwa das Drucken einer Broschüre für Kreuzfahrten länger dauert). Auch dass Wahrscheinlichkeiten bei Verzweigungen immer als Konstanten anzugeben sind, kann problematisch werden. Schließlich ist es durchaus möglich, dass sich solche Wahrscheinlichkeiten in Abhängigkeit vom Systemzustand ändern. Welchen Umfang die Parametermenge eines Simulationsmodells mindestens haben sollte, zeigt der BPSim-Standard, den wir in Abschnitt 7.5 besprechen werden. Außerdem sollte bei der Auswahl eines Werkzeugs darauf geachtet werden, dass es eine Programmierschnittstelle gibt, über die man jederzeit auch solche Modelleigenschaften darstellen kann, die über den Umfang des BPSim-Standards hinausgehen. Ein Beispiel dafür, wann dies nötig sein könnte, ist die früher besprochene Abhängigkeit der Entladeprozesse im Hafen von den Gezeiten.

Schließlich gibt es die klassischen Werkzeuge zur Simulation. Sie werden traditionell vor allem zur Simulation von Produktions- und Logistikprozessen eingesetzt, eignen sich jedoch ebenso zur Simulation anderer Geschäftsprozesse. Bekannte Vertreter dieser Werkzeugkategorie sind beispielsweise AnyLogic, Plant Simulation, Simul8 und Witness. Das auf den ersten Blick auffälligste Merkmal solcher Werkzeuge ist, dass sie mit eindrucksvollen Bibliotheken zur zwei- oder dreidimensionalen Animation ausgestattet sind. Dadurch ist es möglich, die Abläufe auch graphisch darzu-

---

3 http://bimp.cs.ut.ee

stellen: Die Bewegung von Objekten durch einen Prozess wird auf dem Bildschirm angezeigt; Statusveränderungen und Prozess-Engpässe werden somit unmittelbar erkennbar. Wichtiger als diese Visualisierung ist jedoch die Art und Weise, in der Simulationsmodelle erstellt werden: Alle Werkzeuge besitzen eine Bibliothek typischer Objekte, (z. B. Warteschlangen oder Transportmittel), die per „Baukasten-Prinzip" zu einem Simulationsmodell zusammengefügt werden können. Außerdem verfügen sie jedoch auch über eine Programmiersprache, mit der alle Prozesseigenschaften, die sich nicht mit den vorgefertigten „Bausteinen" modellieren lassen, umgesetzt werden können. Anders als in den meisten Geschäftsprozessmodellen werden in den Werkzeugen zur Produktions- und Logistiksimulation auch Ortsabhängigkeiten und Transportvorgänge im Modell berücksichtigt. Daraus folgt, dass diese Werkzeuge immer dann erste Wahl sind, wenn Ortsabhängigkeiten, also zum Beispiel ein Gebäudelayout, bei der Simulation zu berücksichtigen sind.

Geschäftsprozessmodelle (etwa in der Sprache BPMN) müssen in die Eingabesprache solcher Simulationswerkzeuge übersetzt werden. Teilweise existieren hierfür bereits Schnittstellen. Ein freies und erweiterbares Werkzeug, das die Simulation von BPMN-Modellen auf Basis der Simulationsbibliothek DESMO-J erlaubt, ist *Scylla* [73].[4]

Es ist festzustellen, dass professionelle Anbieter von Simulationsstudien in vielen Fällen diese klassischen Werkzeuge bevorzugen werden. Sie sind in der Regel in ihrem Leistungsumfang Werkzeugen, die auf einem „normalen" Geschäftsprozessmodell aufbauen, überlegen. Trotzdem ist es ratsam, das Simulationsmodell nicht sofort mit der im Simulationswerkzeug vorgesehenen Modellierungsmethode zu entwickeln. Ein vorab entwickeltes Geschäftsprozessmodell bietet immer den Vorteil, dass es als Grundlage für eine Diskussion zwischen Simulations- und Fachexperten genutzt werden kann.

7.5 Der BPSim-Standard

Es wurde bereits mehrfach hervorgehoben, dass die Verfügbarkeit eines standardisierten Dateiformats für BPMN-Dateien einen der großen Pluspunkte von BPMN darstellt. Allerdings definiert dieses Format nicht, wie für die Simulation wichtige Werte wie Zeitdauern oder Wahrscheinlichkeiten im Modell notiert werden können. Aber der Standard bietet die Möglichkeit, das Dateiformat um zusätzliche Informationen zu erweitern (siehe Abschnitt 4.7). Eine solche Erweiterung für die Zwecke der Geschäftsprozess-Simulation ist der 2013 vorgeschlagene und 2016 in der derzeitig gültigen Version 2.0 verabschiedete Business Process Simulation Interchange Standard (BPSim) [114]. Eine große Zahl von Herstellern von BPMN-basierten Simulationswerkzeugen unterstützt diesen Standard.

---

4 https://github.com/bptlab/scylla

Der Standard erlaubt die Angabe vieler für die Simulation wichtiger Parameter:

- **Eigenschaften des Simulationslaufs:** (bei BPSim „Szenario" genannt) wie Zahl der Wiederholungen, Dauer der Simulation, Länge der Einschwingphase
- **Eigenschaften von simulierten Prozessinstanzen:** Zahl und zeitlicher Abstand (Zwischenankunftszeit) neu zu erzeugender Instanzen
- **Eigenschaften der Aktivitäten:** verschiedene Zeiten (wie Transport-, Warte- und Ausführungszeit), Kosten pro Aufruf und Kosten pro Zeiteinheit, Priorität, benötigte Ressourcen
- **Eigenschaften von Entscheidungen:** Wahrscheinlichkeiten für die Wahl der verschiedenen Ausgangskanten eines XOR-Split-Gateways
- **Ressourcen:** Anzahl und Verfügbarkeit (auch kalenderabhängig), Zuordnung von Ressourcen zu Rollen

Parameter wie Zeiten und Kosten können dabei nicht nur als Konstanten angegeben werden. Es ist auch möglich, solche Parameter aus Aufzeichnungen historischer Prozessdaten ins Simulationsmodell „einzuspielen". Ebenso kann man auch Parameter als Zufallszahlen beschreiben, die einer vorgegebenen Wahrscheinlichkeitsverteilung unterliegen. Alle in Abschnitt 7.3.1 besprochenen Verteilungen können dabei spezifiziert werden.

Wichtig ist außerdem, dass viele der zu definierenden Parameter auch als Ergebnisse einer Berechnung definiert werden können und dass es möglich ist, einzelnen Prozessinstanzen Variablen zuzuordnen. Hierzu ein Beispiel: Im Prozess *Broschürendruck* (Abb. 7.1) könnte etwa eine Variable für jede Prozessinstanz Auskunft darüber geben, über wie viele Tage die Reise gebucht werden soll. Beim Erzeugen einer neuen Instanz im Simulationslauf wird diese Variable mit einer Zufallszahl belegt (wie üblich nach einer vom Modellierer vorgegebenen Wahrscheinlichkeitsverteilung). Jetzt können die Kosten für die Aufgabe *Informationen zur Städtereise sammeln* zum Beispiel durch die Formel „Zahl der Reisetage mal x Euro" angegeben werden. Auf diese Weise ist die Erstellung wirklichkeitsnaher Simulationsmodelle möglich. Es muss aber auch gesagt werden, dass der BPSim-Standard an dieser Stelle noch nicht alle Wünsche abdeckt. So ist es beispielsweise nicht möglich, zu definieren, dass die Zeit zum Drucken der Broschüre zum Beispiel einer Normalverteilung unterliegt, deren Erwartungswert sich als „Zahl der Reisetage mal x Sekunden" berechnet.

Definitiv unzureichend ist der BPSim-Standard an einer anderen Stelle, nämlich der Ausgabe der Ergebnisse des Simulationsexperiments. Erlaubte Rückgaben beschränken sich auf die Zahl der Vorkommen eines Ereignisses, Mittelwerte gemessener Größen (z. B. von Kosten) sowie Minimal- und Maximalwerte. Leider reicht dies aber nicht aus, um die Verteilung der simulierten Zufallsgröße zu beschreiben. Es fehlen Angaben wie: „Welche Kosten werden mit einer Wahrscheinlichkeit von 90 % nicht überschritten"? Es gibt auch noch einige andere Punkte, die derzeitig durch den Standard noch nicht perfekt gelöst sind (mehr dazu in [44]). Auf jeden Fall aber ist

BPSim ein Schritt in die richtige Richtung, und ein gutes BPMN-Simulationswerkzeug sollte keinesfalls weniger leisten, als dieser Standard vorsieht.

7.6 Genauigkeit der Simulation

Simulation basiert auf Modellen, und jedes Modell ist unvollständig. In Simulations-experimenten wird die Wirklichkeit vereinfacht abgebildet. Es werden Annahmen getroffen, etwa über Wahrscheinlichkeitsverteilungen. Zudem mussten wir ja gerade deshalb simulieren, weil der Zufall eine Rolle spielt. Eine Simulation kann also schon aus dem letztgenannten Grund nie den exakten Wert einer Zielgröße vorhersagen.

Trotzdem besteht die Gefahr, dass das Ergebnis der Simulation als endgültige Wahrheit angesehen wird. Diese Gefahr erhöht sich noch einmal, wenn Simulati-onsergebnisse und die Schlussfolgerungen daraus an das höhere Management kom-muniziert werden. Dort hat man ja bekanntlich wenig Zeit für Nebensächliches und verlangt Ergebnisse, die auf eine Powerpoint-Folie passen.

Als Simulationsexperte sollte man aber darauf bestehen, die eigenen Ergebnisse nicht zu verkürzt darzustellen. Nur den bei der Simulation erzielten Wert einer Ziel-größe als „Ergebnis" zu nennen, ist schlicht fahrlässig. Zum einen sollten wesentliche Annahmen, die im Modell getroffen werden, auch benannt werden. Und zum Zweiten reicht ein einzelner Wert nicht aus. Ergibt das Ergebnis einer Simulation, dass für ein Entwicklungsprojekt voraussichtlich Kosten von 2 Mio € anfallen, wäre es wohl kei-ne gute Idee, wenn dem Unternehmen nur exakt diese Summe zur Verfügung stünde. Ein Risikomanager wird in diesem Falle nicht nur nach dem Erwartungswert der Kos-ten (jenen 2 Mio €) fragen, sondern beispielsweise auch danach, welche Summe mit Wahrscheinlichkeit 0,99 nicht überschritten wird.

Wir benötigen also in unserem Simulationsexperiment

1. möglichst genaue Ergebnisse und
2. eine Aussage darüber, wie zuverlässig die Ergebnisse sind.

Eine naheliegende Antwort auf die erste Forderung wäre, eine möglichst lange Dau-er für den Simulationslauf zu wählen. Man lässt das Simulationswerkzeug über eine Nacht laufen und liest dann am kommenden Morgen die Ergebnisse ab. Zwar ist an-zunehmen, dass die Ergebnisse eines Simulationslaufs über eine Nacht besser sind, als wenn wir nur eine Stunde lang simulieren – wir haben aber noch keine Antwort auf die zweite Frage. Vielleicht reicht ja eine Nacht doch nicht aus, und wir hätten das Simulationswerkzeug lieber über ein ganzes Wochenende rechnen lassen sollen?

Tatsächlich lässt sich die zweite Frage beantworten, wenn man statt eines ex-trem langen Simulationslaufes mehrere einzelne Simulationsläufe betrachtet. Es gibt grundsätzlich zwei Möglichkeiten, dies etwa für eine 24-stündige Simulation zu tun. Entweder man simuliert 24-mal jeweils eine Stunde lang oder man unterteilt den 24-stündigen Simulationslauf in 24 Teilabschnitte. In jeder einzelnen Simulation oder über jeden Teilabschnitt wird dann der Mittelwert der uns interessierenden Zielgröße bestimmt.

Diese Zielgröße sei durch eine Zufallsgröße X mit dem Mittelwert μ und der Standardabweichung σ beschrieben. In der Simulation beobachten wir n (im obigen Beispiel $n = 24$) Realisierungen dieser Zufallsgröße, die wir mit $x_1, x_2, \dots x_n$ bezeichnen wollen. Aus diesen Beobachtungswerten bestimmen wir nun das arithmetische Mittel

$$\overline{x} = \frac{1}{n} \cdot \sum_{i=1}^{n} x_i. \tag{7.1}$$

Dieses arithmetische Mittel $\overline{x}$ ist nun seinerseits die Realisierung einer Zufallsgröße $\overline{X}$. Der aus der Wahrscheinlichkeitstheorie bekannte Zentrale Grenzwertsatz sagt uns, dass diese Zufallsgröße $\overline{X}$ mit $n \to \infty$ asymptotisch normalverteilt ist mit Mittelwert μ und Standardabweichung $\frac{\sigma}{\sqrt{n}}$. Man kann zeigen, dass für $n \geq 30$ bereits eine hinreichend gute Annäherung der Verteilung von $\overline{X}$ durch die Normalverteilung gegeben ist. Dies kann man nun verwenden, um die Zahl der Simulationsläufe zu bestimmen, die nötig sind, damit der Fehler $\overline{x} - \mu$ mit einer vorgegebenen Wahrscheinlichkeit $1 - \alpha$ kleiner als eine vorgegebene Fehlerschranke a ist, dass also gilt:

$$P(\mu - a \leq \overline{X} \leq \mu + a) \geq 1 - \alpha. \tag{7.2}$$

Details hierzu sind beispielsweise in [32, 22, 99] zu finden.

Bei der Überlegung, welche Zeitabschnitte für die Beobachtung eines Simulationslaufs herangezogen werden sollen, ist noch ein weiterer Punkt wichtig. Oft wird das Simulationsmodell erst nach einiger Zeit einen „realistischen" Zustand erreichen. Simuliert man etwa die Belegungen von Kassen in einem Kaufhaus, so werden die ersten Minuten nach Öffnung des Kaufhauses noch nicht das für den weiteren Tagesverlauf zu erwartende Bild zeigen. Daher kann es sinnvoll sein, die in den ersten Zyklen eines Simulationslaufs beobachteten Daten noch nicht in die Auswertung einzubeziehen. Man spricht von einer **Einschwing-** oder **Aufwärmphase**, die erst abzuwarten ist.

Schließlich darf auch nicht vergessen werden, dass jedes Simulationsmodell auf verschiedenen Annahmen beruht. Oft sind die Annahmen über Wahrscheinlichkeitsverteilungen, die im Modell vorkommen, mit Unsicherheiten behaftet. Das gilt selbst dann, wenn die Modellierer Zeiten, Kosten und Häufigkeiten nicht einfach nur geschätzt, sondern – wie es vorzugsweise immer sein sollte – aus historischen Prozessdaten ermittelt haben. Interessant ist dann oft die Frage, wie stark die Unsicherheiten im Simulationsmodell das Simulationsergebnis beeinflussen können. Um diese Frage zu beantworten, bietet sich das Werkzeug der **Sensitivitätsanalyse** an. Die Grundidee besteht darin, die unsicheren Parameter leicht zu variieren und die Simulation erneut auszuführen. Auf diese Weise bekommt man einen Eindruck davon, welchen Einfluss geänderte Eingabeparameter auf das Simulationsergebnis haben.

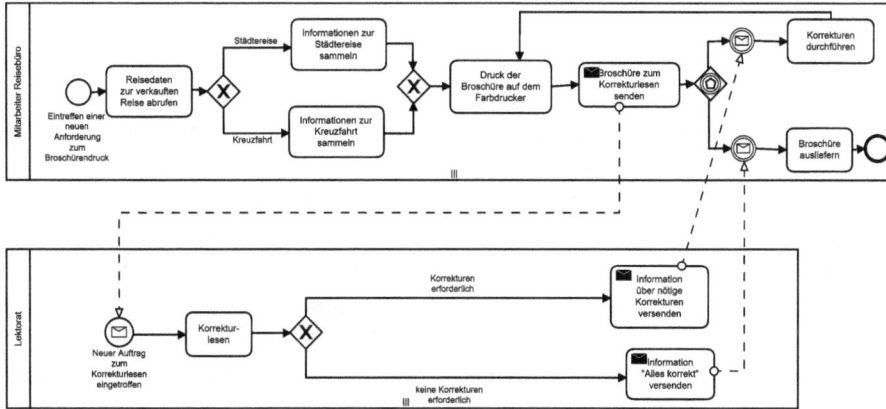

Abb. 7.3: Broschürendruck mit Qualitätskontrolle.

7.7 Fehler in Simulationsmodellen vermeiden

In einfacheren Modellierungswerkzeugen kann man für jede Aufgabe separat die Ausführungszeit und für jede Entscheidung die Wahrscheinlichkeiten der verschiedenen
Ausgänge modellieren. Das verkennt aber, dass diese Größen oft voneinander abhängig sind. Im Beispiel von Abb. 7.1 könnte etwa zu berücksichtigen sein, dass der Druck
einer Broschüre für eine Kreuzfahrt länger dauert als der Druck einer Broschüre für
eine Städtereise. Somit hängt die Zeitdauer der Aufgabe *Druck der Broschüre auf dem
Farbdrucker* vom Ausgang einer früheren Entscheidung ab. Hinzu kommt vielleicht
weiterhin, dass sich etwa die Städtereisen im Umfang unterscheiden. Für längere Reisen dauert dann sowohl die Informationssuche als auch das Drucken der Informationen länger als für Eintagesreisen. Es ist möglich, dass nur dann realistische Simulati-
onsergebnisse zu erwarten sind, wenn diese Zusammenhänge im Simulationsmodell
berücksichtigt werden. Im vorliegenden Beispiel wäre dazu erforderlich, dass jeder
Prozessinstanz zu Beginn zwei (zufällig bestimmte) Parameter zugewiesen werden:
Ob es sich um eine Kreuzfahrt oder eine Städtereise handelt und über wie viele Tage
die Reise geht. Die Zeitdauern für Informationssuche und Druck wären dann in Abhängigkeit von der Zeitdauer zu modellieren.

Eine andere Art von Abhängigkeiten ist häufig in Schleifen nach einer nicht be-
standenen Qualitätskontrolle zu beobachten. Um dies zu veranschaulichen, erweitern
wir unser Beispiel aus Abb 7.1: Wir nehmen an, dass unser Reisebüro besonders quali-
tätsbewusst ist. Nachdem eine Broschüre gedruckt ist, wird diese zum Korrekturlesen
gegeben. Nur dann, wenn dabei keine Fehler festgestellt wurden, wird die Broschüre ausgeliefert. Andernfalls erfolgt eine Korrektur, und es schließt sich ein weiteres
Korrekturlesen an – so lange, bis keine Fehler mehr gefunden werden (Abb. 7.3). Ein
üblicher Ansatz wäre es jetzt, herauszufinden (oder wenigstens zu schätzen), wie groß
der Anteil von Broschüren ist, bei dem sich Korrekturen als notwendig erweisen. Man

würde dann zum Beispiel an den mit *Korrekturen erforderlich* beschrifteten Sequenz-fluss eine Wahrscheinlichkeit von 0,2 und an den alternativen Sequenzfluss ein Wahrscheinlichkeit von 0,8 notieren. Das wäre allerdings insofern inkorrekt, als dass diese Wahrscheinlichkeiten auch dann noch angenommen werden, wenn die Broschüre bereits eine oder gar mehrere Runden Korrekturlesen durchlaufen hat. Nun ist es in der Realität aber eher wahrscheinlich, dass keine (oder wenigstens weniger) Fehler auftreten, wenn eine bereits ein- oder mehrmals korrigierte Broschüre kontrolliert wird. Mit anderen Worten: Die Wahrscheinlichkeit ist keinesfalls konstant, sondern hängt davon ab, wie viele Korrekturrunden die Broschüre bereits durchlaufen hat. Ähnliches gilt für die Zeit, die das Korrekturlesen beansprucht: Man kann davon ausgehen, dass diese deutlich abnimmt (da nur noch die geänderten Teile zu kontrollieren sind). Aus dem Diskutierten ergibt sich die unmittelbare Schlussfolgerung: Wenn es für die Aussagekraft eines Simulationsexperiments nötig ist, solche Zusammenhänge zu beachten, muss es das Simulationswerkzeug erlauben, Wahrscheinlichkeiten an bedingten Sequenzflüssen als Formel statt nur als Konstante zu notieren. In die Formel müsste die Zahl der schon erfolgten Durchläufe des Korrekturzyklus eingehen. Diese muss sich folglich als Parameter der Prozessinstanz speichern lassen. All diese Dinge sind in „einfacheren" Geschäftsprozess-Modellierungswerkzeugen mit Simulationsunterstützung keinesfalls selbstverständlich.

Problematisch ist weiterhin die in vielen Modellen enthaltene Annahme über Ressourcen. Manche Modellierungswerkzeuge scheitern schon bei der Modellierung relativ einfacher Situationen wie: „eine Aufgabe wird bevorzugt von Ressource A ausgeführt, ist A nicht verfügbar, dann ersatzweise von Ressource B". Und selbst wenn den Aufgaben die richtigen Ressourcen zugeordnet werden, garantiert das noch nicht, dass das Simulationsmodell die tatsächlichen Arbeitsabläufe richtig wiedergibt. Ein typischer Fehler ist die Annahme, dass die Prozessbeteiligten sofort mit der Ausführung einer Aufgabe beginnen, sobald diese Aufgabe verfügbar wird. Es wird also etwa angenommen, dass eine Rechnung sofort bezahlt wird, sobald sie als berechtigt geprüft wurde. Das ist aber nicht die Art und Weise, wie Menschen ihre Arbeit organisieren. Wahrscheinlicher ist, dass erst einmal alle Rechnungen eines Tages (oder sogar von mehreren Tagen) gesammelt und dann alle zusammen bezahlt werden. Hierfür sind im Modell Liegezeiten vorzusehen. Eine ausführliche Diskussion dieser Art von Modellfehlern findet sich in [99].

7.8 Der Prozess zur Organisation von Simulationsexperimenten

Der Prozess der Organisation von Simulationsexperimenten kann an dieser Stelle nur grob dargestellt werden. Weiterführende Informationen finden sich in der VDI-Richtlinie 3633 [106], deren Lektüre sehr zu empfehlen ist.

Wie ähnlich schon im Abschnitt 6.1 zur Zielbeschreibung bei Prozessoptimierungsprojekten dargestellt, soll am Anfang des Prozesses eine Beschreibung des Pro-

blems beziehungsweise des Ziels stehen. Was ist die Zielgröße (z. B. „Durchlaufzeit"
oder „Zahl der Callcenter-Mitarbeiter")? Warum soll überhaupt simuliert werden?
Geht es also darum, Einsparpotential zu zeigen und den Prozess zu optimieren? Oder
soll eher die Auslastung ermittelt oder Prognosen für die Zukunft aufgestellt werden?
Erst, wenn diese Frage klar beantwortet ist, lohnt es sich, mit dem Erstellen eines
Simulationsmodells zu beginnen.

Dieses Simulationsmodell muss dann in enger Zusammenarbeit zwischen Simula-
tions- und Fachexperten entstehen. Im ersten Schritt ist zu entscheiden, welcher
Ausschnitt der Realität ins Modell aufgenommen werden soll und welcher nicht. Dazu gehört zum Beispiel die Entscheidung, welche möglichen Fehler bzw. Ausnahmen
im Prozessablauf vernachlässigt werden können und welche nicht. Genaugenommen
kann man auch erst jetzt, wenn man diese Informationen zusammengetragen hat,
feststellen, ob Simulation überhaupt die richtige Methode zur Lösung des gestellten
Problems ist.

Im nächsten Schritt wäre jetzt das Geschäftsprozessmodell zu erstellen. Dabei
muss in aller Regel nicht nur der Kontroll- und Datenfluss modelliert werden, sondern auch der Materialfluss sowie die vorhandenen Ressourcen. Leider bieten die gängigen Geschäftsprozessmodellierungssprachen gerade für die Modellierung der Res-
sourcensicht keine besonders gute Unterstützung, so dass hier auf eigene Formalismen zurückgegriffen werden muss. Überhaupt muss das in diesem Schritt entstehen-
de Modell keineswegs in einer bestimmten Modellierungssprache (z. B. BPMN) vorliegen. Wichtig ist vor allem, dass die Frage beantwortet wird, was im Prozess dazu führt,
dass eine der in Abschnitt 7.4 besprochenen Zustandsänderungen eintritt. Wir fragen
also:
– Welche Beziehungen/Abhängigkeiten gibt es zwischen den Aufgaben?
– Welche Aufgabe benötigt welche Ressourcen?
– Wo werden Betriebsmittel benötigt? Welche Zwischen- und Endprodukte entstehen?
– An welchen Stellen werden Entscheidungen getroffen? Nach welchen Regeln?
– Was sind die Regeln dafür, dass es „Fortschritt" (also Zustandsübergänge) im Sys-
  tem gibt?

Im nächsten Schritt sind die für die Simulation nötigen Daten zu erheben. Was wissen
wir über Wahrscheinlichkeiten für die im Prozess vorkommenden Entscheidungen,
über Zeiten und Kosten? Welche Annahmen können über die Zwischenankunftszei-
ten getroffen werden? Sind alle Instanzen gleich oder unterscheiden sie sich? Falls
Unterschiede existieren: Welche Parameter gibt es und wie wirken sich diese Parameter auf andere Größen im Modell aus? Wir haben es in Abschnitt 7.4.1 schon einmal
betont – aber weil es so wichtig ist, wollen wir es noch einmal wiederholen: Wann immer möglich, sollten diese Informationen aus reellen historischen Daten gewonnen
werden und nicht bloß eine Schätzung der befragten Experten darstellen.

Sind die bisher genannten Fragen beantwortet, kann das Modell in eine standardisierte Modellierungssprache oder in den Formalismus eines Simulationswerkzeugs übertragen werden. Wenn es im Modell Sachverhalte gibt, die sich mit den standardmäßig vorhandenen Bausteinen nicht abdecken lassen, müssen an dieser Stelle möglicherweise Programme in einer vom Simulationswerkzeug unterstützten Programmiersprache geschrieben werden.

Liegt das Modell vor, wird geplant, welche Simulationsläufe durchgeführt werden sollen. In vielen Fällen ist es das Ziel, einen bestimmten Parameter zu optimieren, z. B. die Zahl der im Prozess eingesetzten Fahrzeuge. In diesem Fall wird man mehrere Simulationsläufe durchführen, die sich im Parameter „Zahl der verfügbaren Fahrzeuge" unterscheiden.

Nachdem die Simulationsläufe durchgeführt wurden, ist zunächst das Ergebnis auf Plausibilität zu prüfen. Liegen insbesondere Ist-Daten von einem existierenden Prozess vor, kann man vergleichen, ob das Simulationsmodell zu ähnlichen Ergebnissen kommt (vgl. Kapitel 10–12). Oft wird sich nach der Durchführung der ersten Simulationsläufe die Notwendigkeit ergeben, das Simulationsmodell zu verbessern und den Simulationslauf erneut zu starten.

Im letzten Schritt sind die vom Werkzeug gelieferten Ergebnisse auszuwerten. Zu einer solchen Auswertung gehört immer auch, dass eine Aussage über die Genauigkeit und die Grenzen des Simulationsmodells getroffen wird. Oft bietet es sich an, die vom Simulationswerkzeug gelieferten Daten in geeigneter Weise zu visualisieren. Dabei sollte nicht auf die erstbeste Diagrammart zurückgegriffen werden, die Programme wie *Microsoft Excel* anbieten. Was man für eine gute Visualisierung beachten sollte und welche Fehler es zu vermeiden gilt, wird in dem sehr empfehlenswerten Buch [42] beschrieben.

7.9 Zum Nachdenken und Weiterlesen

? Wir ändern das Simulationsmodell von Abb. 7.1, so ab, dass die Aufgabe *Informationen zur verkauften Reise abrufen* von einem anderen Mitarbeiter ausgeführt wird als die Aufgaben *Informationen zur Städtereise/Kreuzfahrt sammeln*. Wie müssen sich Warteschlangen und Reaktionen auf Ereignisse ändern?

Welche möglichen Einflussgrößen sind im Modell in Abb. 7.1 vernachlässigt? Diskutieren Sie, ob es sinnvoll ist, diese Einflüsse ins Modell aufzunehmen.

Wenn Ihnen die Netzplantechnik PERT schon bekannt ist, erinnern Sie sich noch einmal daran, wie ![?]
dort die Formel zur Berechnung des Erwartungswerts als gewichtetes Mittel aus den Werten der Drei-
punktschätzung eingeführt wurde. Lässt sich diese Formel auf irgendeine Art herleiten? Einen Hinweis
auf die Antwort finden Sie in Kapitel 7.3.1 bei der Beschreibung der Beta- bzw. PERT-Verteilung.

Auch Wettervorhersagen beruhen auf Simulationsexperimenten. Früher gab es Vorhersagen wie: ![?]
„Nachmittags Regen". Heutzutage ist es üblich, zu sagen: „Regenwahrscheinlichkeit 80 %". Was
sollte man jemandem sagen, der sich darüber beschwert, dass die Vorhersagen dadurch weniger
brauchbar als in früheren Zeiten geworden sind?

Die Grundlagen der ereignisdiskreten Simulation sind in leicht verständlicher Form
in [88] nachzulesen.

Im „Business Process Simulation Survival Guide" [99] gibt van der Aalst viele hilfreiche Hinweise zum Durchführen von Simulationsexperimenten bei der Geschäftsprozessanalyse. Er diskutiert insbesondere auch viele Fehler, die häufig bei der Modellerstellung und der Durchführung von Simulationsexperimenten gemacht werden.

8 Petrinetze: Grundlagen der formalen Prozessanalyse

In diesem Kapitel lernen wir Petrinetze kennen. Wir benutzen diese Petrinetze, um strukturierte Geschäftsprozesse und deren Verhalten exakt zu modellieren. Ist die Struktur und das Verhalten eines Modells formal definiert, kann man es wunderbar auf seine Eigenschaften hin überprüfen und analysieren. Am Ende dieses Kapitels beschreiben wir den Zusammenhang zwischen Petrinetzen und den beiden Modellierungssprachen EPK und BPMN.

8.1 Was ist ein Petrinetz?

Im Jahr 1962 schuf der Informatiker **Carl Adam Petri** mit seiner Dissertation *Kommunikation mit Automaten* [69] die Grundlagen für die Modellierung nebenläufiger Systeme. Die damals von Petri beschriebenen Automaten wurden dann später, zu seinen Ehren, **Petrinetze** getauft. Petrinetze haben eine sehr klare und einfache Syntax und Semantik. Trotzdem sind sie in der Lage, das schwierige, aber sehr wichtige Konzept der Nebenläufigkeit präzise zu formulieren. Deshalb sind sie bis heute der grundlegende Formalismus, um verteilte Systeme zu modellieren, zu simulieren und deren Verhalten zu analysieren.

Zur Theorie der Petrinetze existieren mittlerweile tausende wissenschaftliche Veröffentlichungen und unzählige praxisnahe Fallstudien. Damit können alle Modellierungssprachen, die die grundlegenden Prinzipien von Petrinetzen nutzen, aus einer sehr großen Menge von Methoden und Praktiken schöpfen. Andersherum gilt aber auch: Haben wir Petrinetze einmal verstanden, können wir moderne Modellierungssprachen mit ähnlicher Semantik besser verstehen und einordnen.

Im letzten Abschnitt dieses Kapitels gehen wir noch explizit auf den Zusammenhang zwischen modernen Geschäftsprozessmodellierungssprachen und Petrinetzen ein. Jetzt wollen wir den grundlegenden Formalismus eines Petrinetzes erst einmal kennenlernen. Strenggenommen heißen die in den folgenden Abschnitten betrachteten Petrinetze **endliche Stellen/Transitions-Netze**. Da aber ein endliches Stellen/Transitions-Netz die „Grundausführung" eines Petrinetzes ist, schreiben wir, der besseren Lesbarkeit halber, schlicht Petrinetz.

Definition 8.1 (Petrinetz). Ein Petrinetz ist ein Tupel (P, T, W). Dabei ist
- P eine endliche Menge von Stellen (engl. *places*),
- T eine endliche Menge von Transitionen und
- $W : (P \times T) \cup (T \times P) \to \mathbb{N}_0$ eine Multimenge von Kanten.

Jedes Petrinetz besteht aus zwei unterschiedlichen Typen von Knoten: **Stellen** und **Transitionen**. Stellen sind die passiven Elemente eines Petrinetzes und reprä-

https://doi.org/10.1515/9783110500165-008

sentieren Zustände. In Abbildungen werden Stellen durch Kreise dargestellt. Transitionen sind die aktiven Elemente eines Petrinetzes und repräsentieren Aktionen. Transitionen sind in Abbildungen Vierecke. Die Stellen und Transitionen eines Petrinetzes sind durch gerichtete **Kanten** verbunden. Dabei darf eine Kante nur Knoten unterschiedlichen Typs miteinander verbinden. Ein Petrinetz hat eine Multimenge dieser Kanten. Das heißt, jede Kante kann mehrfach in einem Petrinetz enthalten sein. Rein formal beschreiben wir Multimengen als Abbildungen. Jedem Element einer Menge wird seine Vielfachheit in der Multimenge zugeordnet. Für Petrinetze nennen wir die Vielfachheit einer Kante sein **Gewicht**. Ist das Gewicht einer Kante in der Multimenge null, sagen wir, dass diese Kante im Petrinetz nicht existiert. Hat eine Kante ein Gewicht größer als null, zeichnen wir in Abbildungen einen entsprechenden Pfeil. Ist das Gewicht einer Kante größer als eins, wird das Gewicht am Pfeil notiert. Knoten und Kanten beschreiben gemeinsam die Ausführungspfade im Modell.

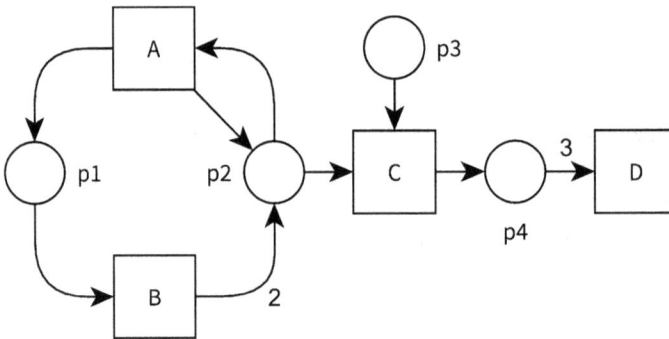

Abb. 8.1: Ein Petrinetz.

In Abb. 8.1 sehen wir ein Petrinetz. Das Petrinetz besteht aus vier Stellen $p1$, $p2$, $p3$, $p4$ und vier Transitionen A, B, C, D. Stellen und Transitionen sind durch neun gerichtete Kanten verbunden. Alle anderen Kanten haben das Gewicht null. Zwei der neun Kanten haben ein Gewicht größer als eins. Die Kante von B nach $p2$ hat das Gewicht zwei. Die Kante von p_4 nach D hat das Gewicht drei. Wenn wir eine Multimenge konkret angeben, schreiben wir sie als eine gewichtete Summe. Damit können wir die Multimenge der Kanten dieses Petrinetzes folgendermaßen beschreiben: $(A, p1) + (A, p2) + (p1, B) + 2 \cdot (B, p2) + (p2, A) + (p2, C) + (p3, C) + (C, p4) + 3 \cdot (p4, D)$.

Mit Definition 8.1 ist die Syntax der Petrinetze bereits vollständig beschrieben. Mehr Modellierungselemente besitzen Petrinetze nicht. Um jetzt aber Verhalten zu modellieren, benötigen wir ein weiteres Konzept. Zusätzlich zu Ihrer Struktur, besitzen Petrinetze einen Zustand, eine sogenannte **Markierung**. Eine Markierung ist eine Verteilung sogenannter **Marken** über die Menge aller Stellen.

Definition 8.2 (Markiertes Petrinetz). Ein markiertes Petrinetz ist ein Tupel (P, T, W, m_0). Dabei ist

– (P, T, W) ein Petrinetz und
– $m_0 : P \to \mathbb{N}_0$ eine Markierung.

Haben wir ein markiertes Petrinetz, nennen wir die Markierung m_0 auch die Anfangsmarkierung.

Jede Stelle einzeln betrachtet repräsentiert mit ihren Marken einen kleinen Teil des globalen Zustands eines Petrinetzes. Das zeigt ganz deutlich die grundlegende Idee hinter der Petrinetz-Definition. Der Zustand des Systems setzt sich aus den Markierungen der einzelnen Stellen zusammen. Auf diese Weise lässt sich die Verteiltheit eines Systems sehr exakt modellieren.

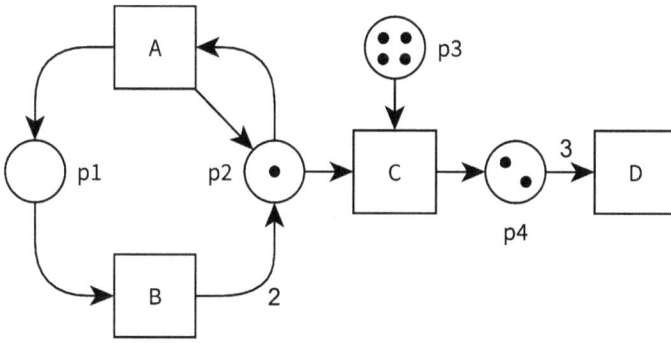

Abb. 8.2: Ein markiertes Petrinetz.

In Abb. 8.2 sehen wir das Petrinetz aus Abb. 8.1 mit einer Anfangsmarkierung. Jede Marke in einer Stelle wird durch einen Punkt dargestellt. In diesem Beispiel ist die Anfangsmarkierung demnach die Multimenge $p2 + 4 \cdot p3 + 2 \cdot p4$.

Transitionen können den Zustand eines Petrinetzes durch sogenanntes **Schalten** verändern. Doch bevor eine Transition schalten darf, muss sie zunächst **aktiviert** sein. Dafür nennen wir zunächst alle Stellen, von denen aus Kanten zu einer Transition führen, ihren **Vorbereich**. Stellen direkt hinter einer Transition nennen wir ihren **Nachbereich**. Eine Transition ist aktiviert, wenn in allen Stellen ihres Vorbereichs, mindestens den Gewichten der Kanten entsprechend Marken vorhanden sind. Wenn eine Transition schaltet, **konsumiert** sie diese Marken und **produziert** neue Marken in ihrem Nachbereich. Jede Transition kann damit die Zustände ihrer direkt benachbarten Stellen verändern und damit auch den globalen Zustand eines Petrinetzes. Bevor wir Aktiviertheit und Schalten einer Transition formal beschreiben, definieren wir zunächst den Vorbereich und Nachbereich.

Definition 8.3 (Vorbereich und Nachbereich). Sei (P, T, W) ein Petrinetz und sei $t \in T$ eine Transition. Wir definieren:

- $\bullet t = \sum_{p \in P} W(p, t) \cdot p$ ist der Vorbereich von t und
- $t\bullet = \sum_{p \in P} W(t, p) \cdot p$ ist der Nachbereich von t.

In Abb. 8.2 ist der Vorbereich der Transition A die Multimenge $p2$. Der Nachbereich von A ist $p1 + p2$. Der Vorbereich der Transition D ist $3 \cdot p4$. Der Nachbereich von D ist die leere Multimenge.

Mit dem Begriff einer Markierung und des Vor- und Nachbereiches von Transitionen können wir jetzt die **Schaltregel** eines Petrinetzes definieren. Eine Transition ist aktiviert, sobald die Markierung des Petrinetzes mindestens so groß ist wie der Vorbereich der Transition. Schaltet eine Transition, werden zunächst ihrem Vorbereich entsprechend viele Marken aus der Markierung entfernt. Dann werden ihrem Nachbereich entsprechend viele Marken zur Markierung hinzugefügt.

Definition 8.4 (Schaltregel). Sei (P, T, W, m_0) ein markiertes Petrinetz und sei $t \in T$ eine Transition. Die Transition t ist genau dann in m_0 aktiviert und kann schalten, wenn $m_0 \geq \bullet t$ gilt. Das Schalten von t überführt m_0 in die Folgemarkierung $m_1 = m_0 - \bullet t + t\bullet$. Ist t in m_0 aktiviert und überführt t die Markierung m_0 nach m_1, schreiben wir $m_0 \xrightarrow{t} m_1$.

Für die Definition der Schaltregel benutzen wir den Vergleichsoperator $\geq$, die Addition und die Subtraktion für Multimengen. Eine Multimenge m ist größer-gleich einer anderen Multimenge m', wenn für alle Elemente gilt, dass ihr Gewicht in m größergleich ihrem Gewicht in m' ist. Addieren wir Multimengen, addieren wir die Gewichte gleicher Elemente. Subtrahieren wir eine Multimenge von einer anderen, subtrahieren wir die Gewichte entsprechend.

In Abb. 8.2 sind zwei der vier Transitionen aktiviert. Transition A benötigt eine Marke in der Stelle $p2$. Transition C benötigt eine Marke in der Stelle $p2$ und eine Marke in der Stelle $p3$. Transition D ist nicht aktiviert, denn D benötigt drei Marken in $p4$. Schaltet die Transition A, ändert sich die Anfangsmarkierung zu der Markierung $p1 + p2 + 4 \cdot p3 + 2 \cdot p4$. Schaltet C, ändert sich die Markierung zu $3 \cdot p3 + 3 \cdot p4$. Durch Schalten bleibt jede Markierung eines Petrinetzes immer eine Multimenge, die Markenanzahl keiner Stelle wird negativ.

Mit der Schaltregel sehen wir, wie jede Kante, die von einer Stelle zu einer Transition führt, eine Bedingung an eine Markierung stellt, unter welcher die Transition schalten kann. Um zu entscheiden, ob eine Transition aktiviert ist, müssen wir lediglich die Anzahl an Marken in Stellen ihres Vorbereichs prüfen. In Abb. 8.2 ist Transition A aktiviert, sobald $p2$ markiert ist. Die Anzahlen der Marken in allen anderen Stellen müssen wir für A nicht betrachten. Die Menge aller mit einer Transition verbundenen Kanten beschreibt den Effekt des Schaltens der Transition auf eine Markierung. Transition A beeinflusst nur die Anzahl der Marken in den Stellen $p1$ und $p2$.

An diesem Punkt können wir bereits die zentrale Idee von Carl Adam Petri verstehen. Wir können Transitionen schalten, ohne den globalen Zustand des Petrinetzes zu kennen. Weiter gilt: Haben zwei aktivierte Transitionen keine gemeinsame Stelle in ihren Vor- und Nachbereichen, können sie sich gegenseitig nicht direkt beeinflussen und können nebenläufig zueinander schalten! Sind in $p4$ drei Marken, kann Transition D schalten ohne A zu beeinflussen. In jeder Markierung, die größer ist als $p2 + 3 \cdot p4$, können A und D nebenläufig zueinander schalten.

Aus der Anfangsmarkierung eines markierten Petrinetzes können wir jetzt eine beliebige aktivierte Transition schalten und damit die Markierung verändern. Schalten wir eine Folge von sukzessiv aktivierten Transitionen, entsteht eine **Schaltfolge**. Und obwohl Transitionen Marken konsumieren und produzieren, sieht es dann auf einmal so aus, als würden Marken durch das Petrinetz entlang der Ausführungspfade wandern. Dieses Durchspielen des Petrinetzes nennt man auch das **Markenspiel**. Spielt man das Markenspiel, ergibt sich das Verhalten eines Petrinetzes. Wir werden später jede Schaltfolge als mögliche **Ausführungsfolge** eines Prozesses interpretieren. Formal definieren wir, dass die Menge aller aus der Anfangsmarkierung möglichen Schaltfolgen die **Sprache** eines markierten Petrinetzes ist.

Definition 8.5 (Sprache). Sei (P, T, W, m_0) ein markiertes Petrinetz und bezeichne T^* die Menge aller möglichen Folgen von Elementen aus T. Sei $t_1 \ldots t_n \in T^*$ eine Schaltfolge von Transitionen. Die Schaltfolge ist genau dann in m_0 aktiviert, wenn eine Folge von Markierungen $m_1 \cdots m_n$ existiert, so dass $m_0 \xrightarrow{t_1} m_1 \xrightarrow{t_2} \ldots \xrightarrow{t_n} m_n$ gilt. Die Menge aller in m_0 aktivierten Schaltfolgen heißt Sprache des markierten Petrinetzes.

In Abb. 8.2 ist zum Beispiel die Schaltfolge $A\,B\,C\,D$ aktiviert. Auch jede Sequenz die nur aus As besteht, ist aktiviert. Die Schaltsequenz $C\,D$ führt in eine Markierung, die keine weitere Transition mehr aktiviert. Die Stelle $p1$ sorgt dafür, dass jede aktivierte Schaltfolge mindestens so viele As wie Bs enthält. Die Stelle $p3$ sorgt dafür, dass jede aktivierte Schaltfolge maximal vier Cs enthält. Damit kennen wir jetzt die grundlegende Semantik von Petrinetzen.

Neben der Sprache eines Petrinetzes, können wir noch weitere komplexere Semantiken für Petrinetze betrachten. Wenn eine Markierung genügend Marken hat, so dass Transitionen unabhängig voneinander schalten können, dürfen in der **Schritt-Semantik** Transitionen auch gleichzeitig schalten. Wir müssen dazu die Schaltregel auf Multimengen von Transitionen, auf sogenannte **Schritte**, erweitern. Ein Schritt ist aktiviert, wenn die Summe der Vorbereiche der Multimenge der Transitionen kleiner oder gleich der Markierung ist. Auch werden durch einen Schritt die Marken entsprechend der Multimenge konsumiert und produziert. Insgesamt ist in der Schritt-Semantik die Sprache eines Petrinetzes die Menge der aktivierten Folgen von Multimengen von Transitionen.

In Abb. 8.2 sind die Transitionen A und C aktiviert. Die Transition A benötigt eine Marke aus der Stelle $p2$, die Transition C benötigt eine Marke in $p2$ und eine Marke in

$p3$. Der Vorbereich des Schrittes $A + C$ ist die Multimenge $2 \cdot p2 + p3$. Die Anfangsmarkierung ist nicht größer oder gleich als dieser Vorbereich und der Schritt $A + C$ ist damit nicht aktiviert. Schalten wir aber zunächst ein A und dann ein B, erreichen wir die Markierung $3 \cdot p2 + 4 \cdot p3$. Diese Markierung ist größer als der Vorbereich des Schrittes $A + C$ und der Schritt $A + C$ ist jetzt aktiviert. Damit ist zum Beispiel die Schrittfolge A B $(A + C)$ in dem markierten Petrinetz aus Abb. 8.2 in der Schritt-Semantik aktiviert.

Modellieren wir mit Petrinetzen und identifizieren wir aktivierte Schrittfolgen, können wir den zugehörigen Prozess beschleunigen, indem wir Teile unserer Aktivitäten entsprechend der Schrittfolge gleichzeitig abarbeiten.

Neben der Schritt-Semantik existieren für Petrinetze auch sogenannte **halbgeordnete Semantiken** die das Verhalten eines Petrinetzes sehr intuitiv beschreiben können. Hier ist eine Ausführung keine Sequenz, sondern eine halbgeordnete Menge von Knoten, die mit Transitionen beschriftet sind. Dadurch entsteht ein Diagramm, welches einen Ablauf des Petrinetzes beschreibt. Diese Art von Abläufen haben wir bereits in Kapitel 2 in der Abb. 2.7 kennengelernt. Entsprechende Semantiken sind die **Markenfluss-Semantik** [12] und die **Prozessnetz-Semantik** [34] für markierte Petrinetze.

8.2 Was ist der Erreichbarkeitsgraph?

Wir haben die Syntax und Semantik von Petrinetzen kennengelernt. In diesem Abschnitt konzentrieren wir uns ganz auf die Sprache eines Petrinetzes, d. h. auf die Menge der aus der Anfangsmarkierung heraus aktivierten Schaltfolgen. Der **Erreichbarkeitsgraph** eines Petrinetzes ist die beste Möglichkeit, diese zu berechnen und darzustellen. Damit ist der Erreichbarkeitsgraph auch das grundlegende Werkzeug, mit dem wir das Verhalten eines Petrinetzes analysieren können.

Definition 8.6 (Erreichbarkeitsgraph). Sei (P, T, W, m_0) ein markiertes Petrinetz. Eine Markierung m ist erreichbar, wenn eine Schaltfolge $t_1 \dots t_n$ existiert, so dass $m_0 \xrightarrow{t_1} m_1 \xrightarrow{t2} \cdots \xrightarrow{t_n} m$ gilt.

Der Erreichbarkeitsgraph des markierten Petrinetzes ist ein Tupel (M, E, m_0). M ist die Menge der Zustände, E ist die Menge der Zustandsübergänge und m_0 ist der Startzustand. Dabei ist
- M die Menge aller erreichbaren Markierungen,
- $E = \{(m, t, m') \subseteq M \times T \times M \mid m \xrightarrow{t} m'\}$ die Menge aller möglichen Schaltvorgänge,
- m_0 die Anfangsmarkierung.

Der Erreichbarkeitsgraph besitzt für jede in einem Petrinetz erreichbare Markierung genau einen Zustand und wird daher auch **Zustandsraum** genannt. Zwischen zwei Zuständen existiert genau dann eine mit einer Transition beschriftete Kante, wenn das Schalten dieser Transition in der ersten Markierung die zweite Markierung erreicht. So hat der Erreichbarkeitsgraph ein paar wunderbare Eigenschaften: An jedem Zustand des Erreichbarkeitsgraphen sieht man direkt die Menge aller in der zugehörigen Markierung aktivierten Transitionen. Jeder Weg aus Kanten durch den Erreichbarkeitsgraphen, der im Startzustand beginnt, ist eine aktivierte Schaltfolge des markierten Petrinetzes und die Menge aller dieser Wege ist somit seine Sprache.

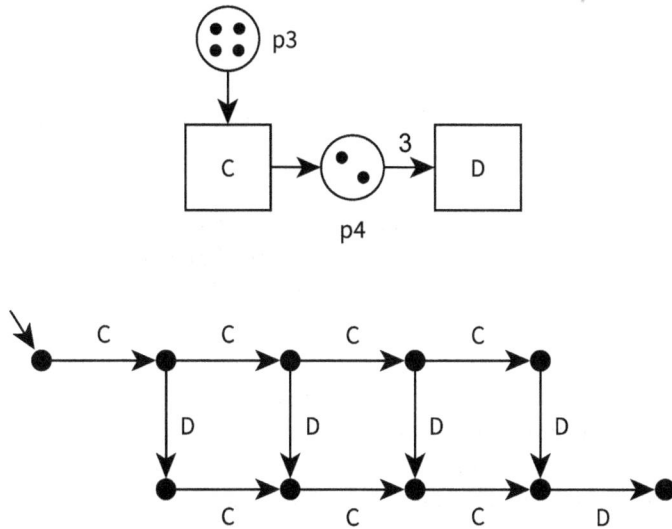

Abb. 8.3: Ein markiertes Petrinetz und sein Erreichbarkeitsgraph.

Abb. 8.3 zeigt ein markiertes Petrinetz und seinen Erreichbarkeitsgraphen. Das Petrinetz ist ein Teilnetz aus unserem früheren Beispiel. Die Anfangsmarkierung ist $4 \cdot p3 + 2 \cdot p4$. Der entsprechende Zustand im Erreichbarkeitsgraphen (ganz links oben) hat eine eingehende Kante, die keinen Startknoten besitzt. In dieser Markierung ist nur Transition C aktiviert. Schaltet C, erreichen wir die neue Markierung $3 \cdot p3 + 3 \cdot p4$. Diese Markierung aktiviert C und D. Der Zustand rechts unten gehört zur leeren Markierung, er aktiviert keine Transition. Insgesamt hat der Erreichbarkeitsgraph zehn verschiedene Zustände und zwölf verschiedene Übergänge. Am Erreichbarkeitsgraphen sehen wir, dass zum Beispiel die Schaltfolge $C\,D\,C\,C\,C\,D$ Teil der Sprache des Petrinetzes ist. Aus der Struktur des Erreichbarkeitsgraphen erkennen wir, dass jedes Wort aus vier Cs und zwei Ds, das mit einem C beginnt und mit einem D endet, Teil der Sprache ist. Wir sehen, wie wir das Verhalten des Petrinetzes durch seinen Erreichbarkeitsgraphen beschreiben können.

Im nächsten Abschnitt werden wir uns noch genauer damit befassen, wie sich Eigenschaften des Petrinetzes aus Eigenschaften seines Erreichbarkeitsgraphen ableiten lassen. Jetzt müssen wir aber erst einmal feststellen, dass die Menge der erreichbaren Markierungen eines markierten Petrinetzes und damit natürlich auch sein Erreichbarkeitsgraph unendlich groß seien können. Das folgende Theorem beschreibt eine mögliche Charakterisierung der Endlichkeit eines Erreichbarkeitsgraphen.

Theorem 8.7 (endlicher Erreichbarkeitsgraph). *Sei (P, T, W, m_0) ein markiertes Petrinetz. Der Erreichbarkeitsgraph hat genau dann unendlich viele Knoten, wenn zwei Markierungen m, m' existieren, so dass die folgenden drei Bedingungen gelten:*

- *m ist in (P, T, W, m_0) erreichbar,*
- *m' ist in (P, T, W, m) erreichbar und*
- *$m < m'$.*

Beweis. Theorem 8.7 hat zwei Richtungen, die wir beide beweisen müssen. Nehmen wir also zuerst an, dass die drei Bedingungen gelten. Wir haben also einen Weg aus dem Startzustand des Erreichbarkeitsgraphen zur Markierung m und dann weiter zur Markierung m'. Damit haben wir auch eine Schaltfolge $t_1, \dots, t_n$ von m nach m'. Da m' größer ist als m, können wir die Schaltfolge $t_1, \dots, t_n$ auch in m' noch einmal schalten. Dadurch erreichen wir einen neuen Zustand m''. Aufgrund der Schaltregel eines Petrinetzes gilt $m'' = m' + (m' - m)$. Insbesondere gilt $m'' > m'$. Auch in m'' ist die Schaltfolge erneut aktiviert und wir können, immer so weiter, eine unendliche Folge von unterschiedlichen erreichbaren Zuständen finden und der Erreichbarkeitsgraph ist unendlich groß. Die Rückrichtung des Theorems ist etwas aufwendiger zu zeigen. Zum Glück müssen wir hier aber nicht alles selber beweisen, sondern können uns eines Lemmas der Mathematik bedienen. Wir beginnen damit, dass der Erreichbarkeitsgraph unendlich viele Knoten besitzt. Alle sind natürlich vom Anfangszustand aus erreichbar. Wir haben also auch einen unendlich langen und zyklenfreien Weg durch den Erreichbarkeitsgraphen. Auf dem Weg dieser Schaltfolge liegen unendlich viele verschiedene Zustände. Jeder Zustand ist eine Multimenge von Stellen. Nun bedienen wir uns Dicksons Lemmas. Das Lemma besagt, dass jede Menge von n-Tupeln natürlicher Zahlen eine endliche Menge an minimalen Elementen besitzt. Wir können also folgern, dass auch in unserer Folge von Markierungen nur endlich viele minimale Elemente existieren. Das heißt, laufen wir den Weg nur weit genug, sind irgendwann alle minimalen Elemente aufgebraucht. Sind alle Elemente aufgebraucht, ist der nächste Zustand unser m'. Da wir alle minimalen Elemente bereits besucht haben, finden wir auf dem Weg von m_0 zu m' auch ein passendes m, so dass $m < m'$ gilt. □

Am Beweis zum Theorem 8.7 sehen wir ganz deutlich, wie wir uns der formalen Syntax und Semantik der Petrinetze bedienen können, um Aussagen über das Verhalten von Prozessen formal beweisen zu können. Im nächsten Schritt wollen wir jetzt für ein Petrinetz seinen Erreichbarkeitsgraphen berechnen.

Algorithmus 8.8 (Erreichbarkeitsgraph). Sei (P, T, W, m_0) ein markiertes Petrinetz. Der folgende Algorithmus konstruiert den Erreichbarkeitsgraphen (M, E, m_0). Der Algorithmus terminiert genau dann, wenn der Erreichbarkeitsgraph endlich ist.

```
00  INPUT (P, T, W, m_0)
01  M, E, Q, D ← ∅
02  Q ← Q ∪ {m_0}
03  WHILE Q ≠ ∅ DO
04      CHOOSE m ∈ Q
05      Q ← Q \ {m}
06      FOREACH t ∈ T DO
07          IF m →ᵗ m' THEN
08              M ← M ∪ {m'}
09              E ← E ∪ {(m, t, m')}
10              Q ← Q ∪ {m'}
11          END IF
12      END FOREACH
13      D ← D ∪ {m}
14      Q ← Q \ D
15  END WHILE
16  OUTPUT (M, E, m_0)
```

Algorithmus 8.8 konstruiert nach und nach alle erreichbaren Markierungen eines markierten Petrinetzes. Wird eine neue Markierung erreicht, wird sie der Menge Q hinzugefügt. Nach und nach berechnet der Algorithmus für jede Markierung in Q die Menge aller aktivierten Transitionen. Durch Schalten dieser Transitionen werden neue Übergänge und Nachbarzustände konstruiert. Die Menge D speichert Markierungen, die wir bereits vollständig abgearbeitet haben. Markierungen aus D werden immer aus Q entfernt, so dass wir keine Markierung doppelt abarbeiten.

Wir wissen ja bereits, dass der Erreichbarkeitsgraph nicht immer endlich ist. Berechnen wir einen unendlich großen Erreichbarkeitsgraphen mit Algorithmus 8.8, wird Q nie leer. Wir können den Algorithmus aber jederzeit abbrechen und haben dann immerhin einen Teil des Erreichbarkeitsgraphen erzeugt. Wollen wir einen unendlich großen Erreichbarkeitsgraphen endlich darstellen, berechnen wir einen sogenannten **Überdeckungsgraphen**. Der Überdeckungsgraph funktioniert genau wie ein Erreichbarkeitsgraph, aber er erlaubt für jede Markierung als Multiplizität einer Stelle auch den Wert ω. Dabei steht ω für eine unendlich große Zahl. Die grundsätzliche Idee hinter der Konstruktion eines Überdeckungsgraphen haben wir in Theorem 8.7 kennengelernt. Erreicht man eine Markierung m' aus einer Markierung m und ist dabei m' größer als m, wird der Erreichbarkeitsgraph an dieser Stelle unendlich groß. Das gesamte Verhalten, was in m möglich war, wird sich in m' wiederholen. Im Überdeckungsgraphen betrachtet man, sobald man solch ein Paar m, m' konstruiert, die Differenz $m - m'$. In jeder Stelle, an der diese Differenz positiv ist, wird die Anzahl der Marken im Erreichbarkeitsgraphen irgendwann beliebig groß. Um das abzukürzen, überschreiben wir jetzt schon in m' jede dieser unbeschränkten Stellen mit dem Wert ω. Steht an einer Stelle einer Markierung einmal ein ω, kann kein Schaltvorgang es wieder entfernen. Durch dieses Abkürzen bleibt der Überdeckungsgraph immer endlich. Für den Überdeckungsgraphen gilt wieder, dass für jedes Wort der Sprache des Petrinetzes auch ein Weg durch den Graphen existiert, aber anders als beim Erreichbarkeitsgraphen, ist leider nicht jeder Weg im Überdeckungsgraphen auch ein Wort der Sprache.

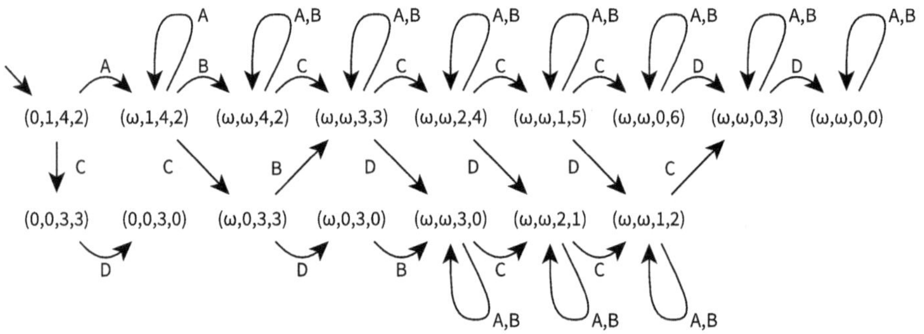

Abb. 8.4: Ein Überdeckungsgraph zum Petrinetz aus Abbildung 8.2.

Abb. 8.4 zeigt einen Überdeckungsgraphen des markierten Petrinetzes aus Abb. 8.2. Damit wir diesen besser lesen können, schreiben wir an jeden Zustand die zugehörige Markierung im Petrinetz. Der Startzustand ganz links oben gehört also zur Markierung $0 \cdot p1 + 1 \cdot p2 + 4 \cdot p3 + 2 \cdot p4$. Schalten wir in dieser Markierung die Transition A, erreichen wir im Erreichbarkeitsgraphen die Markierung $1 \cdot p1 + 1 \cdot p2 + 4 \cdot p3 + 2 \cdot p4$. Diese Markierung ist größer als die Anfangsmarkierung und wir schreiben im Überdeckungsgraphen $\omega \cdot p1 + 1 \cdot p2 + 4 \cdot p3 + 2 \cdot p4$. Schalten wir in diesem ω-Zustand nochmals A, ändert sich die Markierung nicht, denn in der ersten Komponente bleibt $\omega + 1 = \omega$. So entstehen viele Schleifen, die je unendlich lange Schaltsequenzen endlich darstellen. Insgesamt hat der Überdeckungsgraph sechzehn verschiedene Zustände. Er ist endlich, obwohl wir im Petrinetz unendlich viele verschiedene Markierungen erreichen können.

Als letzte Bemerkung dieses Abschnittes halten wir noch fest, dass wir in Petrinetzen entscheiden können, ob eine gegebene Markierung von einer anderen Markierung aus erreichbar ist. Hat das mit der Ausgangsmarkierung markierte Petrinetz einen endlichen Erreichbarkeitsgraphen, ist diese Frage für diese Probleminstanz natürlich trivial. Da die Anzahl der erreichbaren Markierungen im Allgemeinen unbeschränkt ist und im Überdeckungsgraphen Mengen von erreichbaren Markierungen nur indirekt als ω-Zustände dargestellt werden, ist der entsprechende Beweis extrem aufwendig. Zudem hat jeder Algorithmus, der die Erreichbarkeit entscheidet, eine sehr hohe Komplexität. Einen umfassenden Überblick über dieses Thema bietet zum Beispiel [111].

8.3 Eigenschaften von Petrinetzen

Wir haben bereits Syntax und Semantik von Petrinetzen kennengelernt und können das Verhalten eines Petrinetzes berechnen und modellieren. In diesem Abschnitt wollen wir jetzt mit der Analyse unserer Modelle beginnen und lernen die grundsätzlichen Eigenschaften von Petrinetzmodellen kennen. Dieser Abschnitt besteht aus zwei Teilen. Zunächst definieren wir Eigenschaften, die sich allein aus der Struktur eines Petrinetzes ergeben. Danach stellen wir Verhaltenseigenschaften markierter Petrinetze vor.

8.3.1 Strukturelle Eigenschaften

Ein Petrinetz ist **zusammenhängend**, wenn jedes Paar von Knoten über einen ungerichteten Weg aus Kanten verbunden ist. Bei einem ungerichteten Weg darf man die Kantenrichtung ignorieren. Werden alle Kanten immer nur in Flussrichtung durchlaufen und kann man trotzdem jeden Knoten von jedem anderen Knoten aus erreichen, ist ein Petrinetz **stark zusammenhängend**.

Definition 8.9 (Zusammenhang). Sei (P, T, W) ein Petrinetz. Wir nennen $K = P \cup T$ die Menge der Knoten und $A = \{(k_1, k_2) \in K \times K \mid W(k_1, k_2) \geq 1\}$ die Menge der gerichteten Kanten. Wir nennen $B = A \cup \{(k_1, k_2) \in K \times K \mid W(k_2, k_1) \geq 1\}$ die Menge der ungerichteten Kanten.

Das Petrinetz ist zusammenhängend, wenn für alle Paare von Knoten k, k' eine Folge $(k, k_1)(k_1, k_2)(k_2, k_3) \ldots (k_n, k')$ von Kanten aus B existiert.

Das Petrinetz ist stark zusammenhängend, wenn für alle Paare von Knoten k, k' eine Folge $(k, k_1)(k_1, k_2)(k_2, k_3) \ldots (k_n, k')$ von Kanten aus A existiert.

Die Wege entsprechen den Ausführungspfaden im Prozess. Modellieren wir einen Prozess durch ein Petrinetz und ist dieses nicht zusammenhängend, weist das entweder auf einen Fehler hin, oder wir können unseren Prozess in zwei völlig unabhängige Teilprozesse aufteilen. Ist unser Modell dagegen stark zusammenhängend, deutet das auf zyklisches Verhalten des Prozesses hin. Das Petrinetz in Abb. 8.1 ist zusammenhängend, aber nicht stark zusammenhängend. Zum Beispiel existiert kein gerichteter Weg von D nach C.

Ob ein Petrinetz (stark) zusammenhängt, ist oft auf den ersten Blick zu erkennen. Anders ist es bei **Stelleninvarianten** eines Petrinetzes. Eine Stelleninvariante ist eine gewichtete Summe von Stellen. Egal wie das Petrinetz markiert ist – gewichten wir die Markierung mit der Invariante und bilden dann die Summe aller Marken, bleibt diese Markensumme immer konstant, auch wenn wir Transitionen schalten und sich die Markierung dadurch ändert.

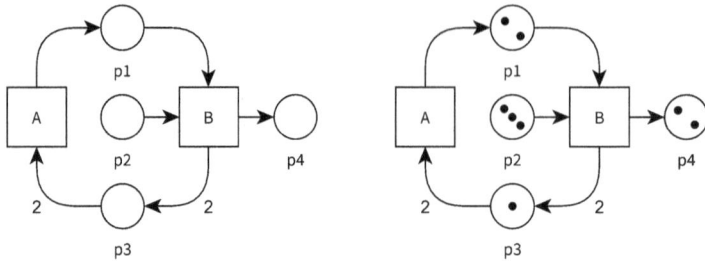

Abb. 8.5: Ein Petrinetz und ein markiertes Petrinetz.

Definition 8.10 (Stelleninvariante). Sei (P, T, W) ein Petrinetz. Eine Funktion $s : P \rightarrow \mathbb{Z}$ ist eine Stelleninvariante, falls für alle Transitionen $t \in T$ und alle Markierungen $m : P \rightarrow \mathbb{N}_0$ die Gleichung $\sum_{p \in P} s(p) \cdot m(p) = \sum_{p \in P} s(p) \cdot (m(p) - \bullet t + t \bullet)$ gilt.

Abb. 8.5 zeigt ein Petrinetz und das gleiche Petrinetz mit einer Anfangsmarkierung. Im Petrinetz existieren die zwei Stelleninvarianten $p2 + p4$ und $2 \cdot p1 + p3$. Betrachten wir zuerst $p2 + p4$. Unabhängig von einer konkreten Markierung – das Schalten von A ändert die Markenanzahl auf beiden beteiligten Stellen nicht. Das Schalten von B nimmt eine Marke aus $p2$ und addiert diese zu $p4$. Die Summe an Marken auf $p2$ und $p4$ bleibt immer gleich. Mit der Anfangsmarkierung die auf der rechten Seite abgebildet ist, gilt für jede erreichbare Markierung $m(p2) + m(p4) = 5$. Betrachten wir jetzt $2 \cdot p1 + p3$. Unabhängig von einer konkreten Markierung nimmt das Schalten von A zwei Marken aus $p3$ und addiert eine zu $p1$. Für B ist es andersherum. Die gewichtete Summe bleibt immer gleich. Mit der Anfangsmarkierung, die auf der rechten Seite abgebildet ist, gilt für jede erreichbare Markierung $2 \cdot m(p1) + m(p3) = 5$. Wir können beide Invarianten addieren und erhalten $2 \cdot p1 + p2 + p3 + p4$ als weitere Invariante. Da wir jetzt eine Invariante haben, die alle Stellen überdeckt, ist die Anzahl der erreichbaren Markierungen dieses Netzes für jede beliebige Anfangsmarkierung endlich, weil die gewichtete Summe aller Marken immer konstant bleibt. Stelleninvarianten sind ein sehr mächtiges Werkzeug zur Analyse von Prozessen.

Modellieren wir einen Prozess durch ein Petrinetz und finden wir in unserem Modell Stelleninvarianten, können wir die entsprechende Markensumme der Anfangsmarkierung berechnen und damit Aussagen über alle erreichbaren Zustände beweisen.

Als dritte strukturelle Eigenschaft betrachten wir jetzt die **Free-Choice** Eigenschaft eines Petrinetzes. Zwei Transitionen sind in **Konflikt**, wenn Sie mindestens eine gemeinsame Stelle in ihren Vorbereichen besitzen. Das bedeutet dann, dass sie sich um Marken in dieser Stelle „streiten". Das Schalten der einen Transition kann die Aktiviertheit der anderen beeinflussen. So modelliert man auf natürliche Weise Entscheidungen und Alternativen eines Prozesses. Ein Konflikt zwischen zwei Transitionen ist free-choice, wenn der Vorbereich beider Transitionen genau gleich ist. Das bedeutet, dass jede der beiden Transitionen nie ohne die andere aktiviert sein kann. Ist eine Transition aktiviert, hat man immer die freie Wahl. Ein Petrinetz ist free-choice, wenn alle Konflikte free-choice sind.

Definition 8.11 (Free-Choice). Sei (P, T, W) ein Petrinetz. Das Petrinetz ist free-choice, wenn für alle Paare von Transitionen t, t' gilt: aus $\bullet t \cap \bullet t' \neq \emptyset$, folgt $\bullet t = \bullet t'$.

Unser Beispiel aus Abb. 8.1 ist nicht free-choice. Der Konflikt zwischen A und C wird durch die Stelle $p3$ beeinflusst. In der Markierung $p2$ ist A aktiviert, aber C nicht.

Modellieren wir einen Prozess durch ein Petrinetz, können wir durch nicht-free-choice Konstrukte sehr genau modellieren, an welcher Stelle eines Prozesses eine Entscheidung getroffen wird. Allerdings haben free-choice Petrinetze oft einen einfachen Kontrollfluss und sind damit natürlich auch leichter zu lesen und zu verstehen. Gerade bei Modellen, die nicht free-choice sind, sollte man sich in der Analyse durch Werkzeuge unterstützen lassen.

8.3.2 Verhaltenseigenschaften

Verhaltenseigenschaften gelten für markierte Petrinetze. Das heißt, ein Petrinetz, das mit einer Markierung eine Verhaltenseigenschaft erfüllt, kann mit einer anderen Markierung die gleiche Eigenschaft natürlich auch verletzen. Das kann man sich sehr leicht überlegen, denn man macht aus vielen Petrinetzen „tote" Petrinetze, indem man alle Marken aus der Anfangsmarkierung entfernt.

Die erste Verhaltenseigenschaft, die wir hier betrachten, ist die der **Beschränktheit**.

Definition 8.12 (Beschränktheit). Ein markiertes Petrinetz ist beschränkt, wenn die Anzahl der erreichbaren Markierungen endlich ist.

Für jedes beschränkte Petrinetz können wir den Erreichbarkeitsgraphen mit dem Algorithmus 8.8 konstruieren. Ist ein Petrinetz beschränkt, ist auch die maximale Anzahl von Marken in jeder seiner Stellen beschränkt. Modellieren wir Prozesse, weisen unbeschränkte Netze oft auf Modellierungsfehler hin.

In Abb. 8.2 ist das markierte Petrinetz nicht beschränkt. Die Anzahl der Marken in $p1$ und in $p2$ wird beliebig groß. Das sehen wir auch noch einmal ganz deutlich an Abb. 8.4, denn in den ersten beiden Komponenten der Markierung existieren ωs. Aufgrund der Stelle $p3$ bleibt die Markenanzahl auf $p3$ und $p4$ beschränkt. Das Teilnetz in Abb. 8.3 ist beschränkt.

Wir wissen bereits aus Abschnitt 8.2, dass die Sprache eines beschränkten Petrinetzes nicht endlich sein muss. Jeder Zyklus im Erreichbarkeitsgraphen führt sofort dazu, dass ein Petrinetz beliebig viele aktivierte Schaltfolgen besitzt. Ist die Sprache eines Petrinetzes endlich, ist das Petrinetz **terminiert**.

Definition 8.13 (Terminiertheit). Ein markiertes Petrinetz ist terminiert, wenn die Anzahl der Schaltfolgen seiner Sprache endlich ist.

Modellieren wir einen Geschäftsprozess durch ein Petrinetz, ist Terminiertheit natürlich eine sehr wünschenswerte Eigenschaft, denn irgendwann wollen wir unseren Prozess auch abschließen können. Anders ist es zum Beispiel in der Modellierung von Betriebssystemen. Diese sollten möglichst nie terminieren.

In Abb. 8.3 ist das markierte Petrinetz terminiert. Da das Petrinetz aus Abb. 8.2 nicht beschränkt ist, kann es auch nicht terminiert sein.

Ist ein Petrinetz nicht terminiert, kann es zusätzlich noch **verklemmungsfrei** sein.

Definition 8.14 (Verklemmungsfreiheit). Ein markiertes Petrinetz ist verklemmungsfrei, wenn jede erreichbare Markierung mindestens eine Transition aktiviert.

Wieder können wir Verklemmungsfreiheit direkt aus dem Erreichbarkeitsgraphen ablesen. Jede Sackgasse, also eine Markierung ohne ausgehende Kante, ist eine Verklemmung. Modellieren wir einen Geschäftsprozess durch ein Petrinetz, sollte der Prozess nur in den gewünschten Endzuständen verklemmen.

In Abb. 8.2 ist das markierte Petrinetz nicht verklemmungsfrei. Wir sehen in Abb. 8.4, dass das Petrinetz nach der Schaltsequenz $C\,D$ verklemmt. Die Markierung $\omega \cdot p1 + \omega \cdot p2$ ganz auf der rechten Seite von Abb. 8.4 ist keine Verklemmung. Die Schleife aus A oder B kann hier immer wieder geschaltet werden. Allerdings sind in diesem Zustand die anderen beiden Transitionen C und D tot, d. h. sie können ab hier nie wieder schalten. Wenn keine Transition „sterben" kann, ist das markierte Petrinetz **lebendig**.

Definition 8.15 (Lebendigkeit). Ein markiertes Petrinetz ist lebendig, wenn von jeder erreichbaren Markierung aus eine Schaltfolge existiert, die jede Transition mindestens einmal enthält.

Lebendigkeit ist im Erreichbarkeitsgraphen eines Petrinetzes nicht so einfach zu sehen wie die vorangegangenen Eigenschaften Beschränktheit, Terminiertheit und Verklemmungsfreiheit. Für jede Transition des Petrinetzes muss von jedem Zustand aus ein gerichteter Weg existieren, der eine mit der Transition beschriftete Kante enthält. Dann findet man auch für jeden Zustand einen Weg, der alle Transitionen schaltet.

Wir werden in nächsten Abschnitt noch genauer sehen, wie man azyklische Geschäftsprozessmodelle durch sogenanntes Rückkoppeln zu einem zyklischen Modell erweitert. In diesem Modell werden wir die Eigenschaft der Erreichbarkeit eines Endzustandes in eine Frage der Lebendigkeit übersetzen. Dazu müssen wir jedoch zunächst die sogenannten Workflownetze kennenlernen. Workflownetze sind eine Unterklasse der Petrinetze, die auf die Modellierung von Geschäftsprozessen spezialisiert ist.

8.4 Workflownetze und Soundness

Wir haben bereits Syntax und Semantik von Petrinetzen kennengelernt und können das Verhalten eines Petrinetzes berechnen und modellieren. Zusätzlich kennen wir die wichtigsten Eigenschaften von Petrinetzmodellen und wissen, wie wir diese entscheiden können. In diesem Abschnitt wollen wir jetzt ganz konkret auf Petrinetzmodelle von Geschäftsprozessen eingehen. Zur Modellierung von Geschäftsprozessen hat sich eine Unterklasse der Menge aller Petrinetze, die sogenannten **Workflownetze**, durchgesetzt. Die in diesem Abschnitt dargestellten Workflownetze sowie die für Workflownetze beschriebenen Eigenschaften, gehen auf den Informatiker **Wil van der Aalst** zurück [95, 96].

Die Definition der Workflownetze motiviert sich aus zentralen Annahmen über die allgemeine Struktur eines jeden Geschäftsprozesses. Jeder Geschäftsprozess dient der Wertschöpfung in einer Unternehmung und hat einen klar definierten Start und ein wohldefiniertes Ende. In Petrinetzen können wir diese beiden Zustände durch je eine speziell ausgezeichnete Stelle darstellen. Alle Aktivitäten eines Geschäftsprozesses liegen jetzt zwischen Start und Ende, denn jede Aktivität eines Geschäftsprozesses ist zielgerichtet und versucht, den Prozess zu Ende zu bringen. Die folgende Definition drückt mathematisch aus, dass jede Aktivität auf einem Ausführungspfad zwischen Start und Ende liegen muss.

Definition 8.16 (Workflownetz). Ein Workflownetz ist ein Tupel (P, T, W, i, o). Dabei gilt
- (P, T, W) ist eine Petrinetz,
- $i, o \in P$ sind zwei Stellen,
- für alle $t \in T$ gilt: $W(t, i) = W(o, t) = 0$,
- ist $t' \notin T$ gilt: $(P, T \cup \{t'\}, W + (o, t') + (t', i))$ ist stark zusammenhängend.

Das im letzten Punkt der Definition 8.16 beschriebene Petrinetz, das durch Verbinden der **Anfangsstelle** i und der **Endstelle** o durch eine zusätzliche Transition t' entsteht, nennt man das **rückgekoppelte Workflownetz**. Wir werden den Zusammenhang zwischen Workflownetz und seiner Rückkopplung im Laufe dieses Abschnittes noch genauer betrachten. Jetzt hilft es uns, in der Definition erst einmal sicherzustellen, dass jeder Knoten des Workflownetzes auf einem Weg zwischen Anfangsstelle und Endstelle liegt. Anders als bei Petrinetzen unterscheidet man bei Workflownetzen nicht zwischen markierten und unmarkierten Workflownetzen. Die Anfangsmarkierung jedes Workflownetzes ist immer die Markierung mit einer einzigen Marke in der Anfangsstelle i.

Die Abb. 8.6 zeigt ein Workflownetz. Die Stelle auf der linken Seite ohne eingehende Kanten ist die Anfangsstelle. Die Stelle auf der rechten Seite ohne ausgehende Kanten ist die Endstelle. Fügen wir eine zusätzliche Transition zwischen der Endstelle und der Anfangsstelle ein, ist das Petrinetz stark zusammenhängend. Das Work-

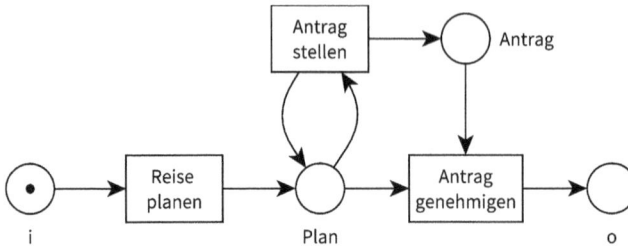

Abb. 8.6: Ein Workflownetz.

flownetz beschreibt einen Prozess, in dem zu einer Reiseplanung Reiseanträge gestellt werden, bis schließlich einer der Anträge genehmigt wird.

Da jedes Workflownetz ein Petrinetz ist, können wir alle Methoden der letzten Abschnitte direkt auf Workflownetze anwenden! Wir können aus der Anfangsmarkierung heraus die Sprache und den Erreichbarkeitsgraphen berechnen. Wir können jedes Workflownetz auf die in Abschnitt 8.3 beschriebenen Eigenschaften hin prüfen.

Die Sprache des Workflownetzes aus Abb. 8.6 beinhaltet unendlich viele Wörter. Am leichtesten beschreibt man die Menge aller möglichen Schaltfolgen wohl durch den Ausdruck *Reise planen, Antrag stellen ... Antrag stellen, Antrag genehmigen*. Damit beschreibt das Petrinetz sehr anschaulich den zugrundeliegenden Geschäftsprozess. Eine Marke in der Stelle *Plan* beschreibt, dass der Plan vorliegt. Die Stelle *Antrag* zählt die bereits gestellten Anträge. Schaltet die Transition *Antrag genehmigt*, wird ein Antrag entfernt und die Reise kann beginnen. Es muss also immer mindestens ein Antrag gestellt werden, bevor der Prozess abgeschlossen werden kann. Ist die Stelle *o* markiert, wurde ein Antrag genehmigt. Die Summe der Marken auf den Stellen *Antrag* und *o* ist die Anzahl der insgesamt gestellten Anträge in diesem Prozess. Das Workflownetz ist nicht free-choice. Es gibt die Stelleninvariante $i + Plan + o$, die auf recht einfache Weise den Fortschritt des Prozesses beschreibt. Das Workflownetz ist nicht beschränkt, nicht terminiert und verklemmt immer, wenn *o* eine Marke trägt. Damit ist es auch nicht lebendig. Auffällig ist, dass man aus jeder erreichbaren Markierung den Geschäftsprozess erfolgreich abschließen kann.

Zusammen mit der Definition eines Workflownetzes hat Wil van der Aalst, speziell im Bereich der Geschäftsprozessmodellierung, wünschenswerte zusätzliche Verhaltenseigenschaften für Workflownetze beschrieben. Diese wollen wir im Folgenden betrachten.

Die erste Eigenschaft ist die **Option, zu terminieren**. Ein Workflownetz hat diese Option, wenn wir aus jeder aus der Anfangsmarkierung heraus erreichbaren Markierung die Markierung mit nur einer Marke in der Endstelle erreichen können. Für unseren Geschäftsprozess heißt das, dass wir den Prozess immer abschließen können.

Die zweite Eigenschaft ist die des **richtigen Terminierens**. Ein Workflownetz terminiert richtig, wenn für jede aus der Anfangsmarkierung heraus erreichbare Markierung, die eine Marke in der Endstelle besitzt, gilt, dass alle übrigen Stellen keine Marke tragen. Für unseren Geschäftsprozess heißt das, dass wenn der Prozess abgeschlossen ist, keine zusätzlichen Marken existieren, die unbearbeitet im Modell verbleiben.

Die dritte Eigenschaft verlangt **keine überflüssigen Transitionen**. Ein Workflownetz hat keine überflüssigen Transitionen, wenn für jede Transition eine aus der Anfangsmarkierung heraus erreichbare Markierung existiert, die die Transition aktiviert. Für unseren Geschäftsprozess heißt das, dass jede modellierte Aufgabe wirklich Teil des Prozesses ist.

Jede der eben beschriebenen drei Eigenschaften ist für Geschäftsprozesse wünschenswert. Erfüllt ein Workflownetz alle drei dieser Eigenschaften, nennen wir es **sound**. Es ist eine schöne Übungsaufgabe, sich zu überlegen, warum jedes Workflownetz, das die Option zu terminieren hat, auch richtig terminiert. Haben wir das bewiesen, können wir **Soundness** eines Workflownetzes folgendermaßen definieren:

Definition 8.17 (Soundness). Ein Workflownetz (P, T, W, i, o) ist sound, wenn die Markierung o von jeder von i aus erreichbaren Markierung erreichbar ist und jede Transition durch eine erreichbare Markierung aktiviert wird.

Das Workflownetz in Abb. 8.6 hat nicht die Option zu terminieren. Wir können zwar immer die Stelle o markieren, aber dadurch bleiben sehr oft Marken in der Stelle *Antrag* liegen. Nur die Schaltfolge *Reise planen, Antrag stellen, Antrag genehmigen* erreicht die Markierung o. Damit gilt auch nicht, dass das Workflownetz richtig terminiert. Zum Beispiel die Schaltfolge *Reise planen, Antrag stellen, Antrag stellen, Antrag genehmigen* erreicht die Markierung $o + Antrag$. Das Workflownetz hat keine überflüssigen Transitionen. Insgesamt ist das Petrinetz in Abb. 8.6 nicht sound.

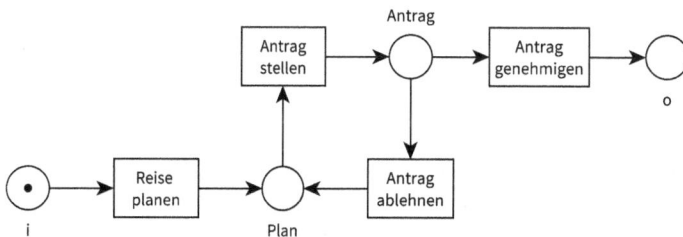

Abb. 8.7: Ein sound Workflownetz.

Die Abb. 8.7 zeigt ein sound Workflownetz. Wir erweitern das Netz aus Abb. 8.6 um eine Transition, die nicht genehmigte Anträge konsumieren kann. Ein Antrag darf erst neu gestellt werden, wenn der vorherige abgelehnt worden ist. In dieser Version des Geschäftsprozessmodelles besitzt jede Markierung nur eine Marke. Die Markierung o ist immer erreichbar und wir können jede der vier Transitionen schalten. Das Workflownetz ist sound. Insgesamt werden jetzt keine Anträge mehr gezählt, der

Kontrollfluss des Prozesses wird aber trotzdem treffend abgebildet. Das Modell ist free-choice, nicht terminiert und wir haben die einfachste aller Stelleninvarianten $i + Plan + Antrag + o$.

Das erste wichtige Theorem zur Eigenschaft der Soundness ist, dass man Soundness durch eine einfache Transformation auf die altbewährten und in Abschnitt 8.3 beschriebenen Eigenschaften von Petrinetzen zurückführen kann. Ein Workflownetz ist sound, wenn seine Rückkopplung lebendig und beschränkt ist.

Theorem 8.18 (Rückgekoppeltes Workflownetz). *Sei (P, T, W, i, o) ein Workflownetz und sei $t' \notin T$ eine zusätzliche Transition. Das Workflownetz ist genau dann sound, wenn das markierte Petrinetz $(P, T \cup \{t'\}, W + (o, t') + (t', i), i)$ lebendig und beschränkt ist.*

Beweis. Mit allem, was wir bisher gelernt haben, fällt uns der Beweis von Theorem 8.18 jetzt leicht. Wir nennen $(P, T \cup \{t'\}, W + (o, t') + (t', i), i)$ das rückgekoppelte Workflownetz. Ist das Workflownetz sound, können wir die Endmarkierung o von jeder erreichbaren Markierung aus erreichen. Im rückgekoppelten Workflownetz kommen wir durch t' von der Endmarkierung o direkt zur Anfangsmarkierung i. Aus der Anfangsmarkierung i ist wieder jede Transition aktivierbar und damit ist das rückgekoppelte Workflownetz lebendig. Zusätzlich ist in einem sound Workflownetz keine erreichbare Markierung größer als eine andere. Wäre das der Fall, wüssten wir, dass wir von der kleineren Markierung aus den Endzustand erreichen können. Damit könnten wir dann von der größeren Markierung – mit der gleichen Schaltfolge – einen Zustand erreichen, der die Endstelle markiert und der größer als die Endmarkierung wäre. Das wäre ein Widerspruch. Damit ist jedes sound Workflownetz beschränkt. Aus der Struktur des rückgekoppelten Workflownetzes ist klar, dass es dieselbe Menge an erreichbaren Markierungen wie das Workflownetz hat. Damit ist auch das rückgekoppelte Workflownetz beschränkt. Die Rückrichtung des Theorems lässt sich leicht mit ähnlichen Argumenten beweisen. □

Theorem 8.18 zeigt noch einmal ganz deutlich, dass wir auch recht spezielle, aber für den Bereich der Geschäftsprozessmodellierung typische Eigenschaften auf die Analyse grundlegender Eigenschaften von Petrinetzen zurückführen können.

Das markierte Petrinetz in Abb. 8.8 ist lebendig und beschränkt. Aus diesem Grund ist das Workflownetz aus Abb. 8.7 sound. Die Rückkopplung des Workflownetzes in Abb. 8.6 ist unbeschränkt, das Workflownetz ist nicht sound.

Damit können wir insbesondere alle Werkzeuge zur Analyse von Petrinetzen auch gut zur Analyse von Workflownetzen nutzen. Das Werkzeug **Woflan** ist auf die Analyse von Workflownetzen und deren Eigenschaften spezialisiert [97]. Die Funktionen von Woflan stehen auch in dem Werkzeug **ProM** zur Verfügung. ProM ist das bekannteste Werkzeug zur automatischen Generierung von Workflownetzen aus Verhaltensbeobachtungen und wird im folgenden Kapitel zu Process-Mining noch genauer vorgestellt.

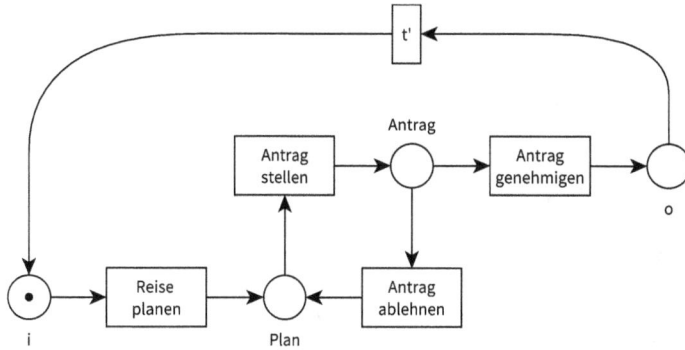

Abb. 8.8: Die Rückkopplung des Workflownetz aus Abbildung 8.6.

8.5 Workflownetze und moderne Geschäftsprozessmodellierungssprachen

Wir haben bereits Syntax und Semantik von Workflownetzen kennengelernt und können das Verhalten eines Workflownetzes berechnen und analysieren. In diesem Abschnitt betrachten wir, wie sich dieses mathematische Modell zu den uns bereits bekannten Sprachen und Konzepten zur Geschäftsprozessmodellierung verhält. Wir erläutern zuerst, inwiefern Petrinetz-Transitionen doch anders sind als Geschäftsprozess-Aktivitäten. Anschließend stellen wir die in Kapitel 2 beschriebenen Kontrollflussmuster als Workflownetze dar. Danach vergleichen wir Workflownetze, EPK und BPMN.

8.5.1 Geschäftsprozesse natürlich modellieren mit beschrifteten Petrinetzen

Jede Transition eines Petrinetzes beschreibt einen Schritt im Prozess, also beschreiben zwei verschiedene Transitionen auch zwei verschiedene Schritte. Wir wissen aber bereits aus Abschnitt 4.3, dass ein Modell denselben Arbeitsschritt mehrfach enthalten kann. Und wir haben in Kapitel 3 und 4 Modelle kennengelernt, die es uns erlauben, Schritte auszulassen oder zu überspringen.

Wir können diese Aspekte eines Prozesses in einem Petrinetz beschreiben, in dem wir jede Transition *beschriften*. So können wir zwei verschiedene Transitionen z. B. mit demselben Aktivitätsnamen bzw. Arbeitsschritt beschriften oder als sogenannte „stille" Transition ausweisen, die gerade keine Arbeitsschritt beschreibt. Formal ist ein **beschriftetes Petrinetz** ein Tupel $(P, T, W, \Sigma, \lambda)$, wobei (P, T, W) ein Petrinetz ist, Σ eine Menge von Beschriftungen und $\lambda : T \rightarrow \Sigma$ eine Funktion, welche jeder Transition eine Beschriftung zuordnet. Beschriftete Petrinetze erlauben uns, explizit Transitionen und ihre Beschriftungen zu unterscheiden, so dass mehrere Transitionen gleich beschriftet sein können.

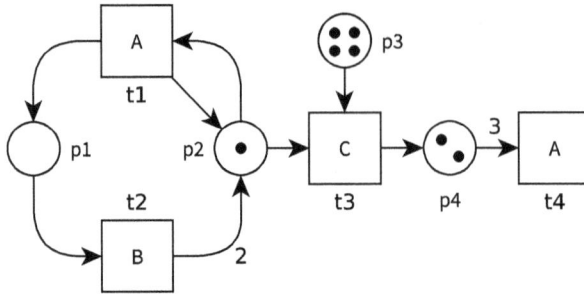

Abb. 8.9: Ein markiertes, beschriftetes Petrinetz.

In Abb. 8.9 haben wir das Petrinetz aus Abb. 8.2 beschriftet. Anstatt der 4 Transitionen A, B, C, D in Abb. 8.2 definieren wir nun 4 technische Transition $t1$, $t2$, $t3$, $t4$, die wir mit den Aktivitäten $\Sigma = \{A, B, C, D\}$ beschriften: $\lambda(t1) = A$, $\lambda(t2) = B$, $\lambda(t3) = C$, und wiederum $\lambda(t4) = A$.

Allerdings können wir auch jedes „einfache" Petrinetz als beschriftetes Petrinetz auffassen. Das Netz in Abb. 8.2 definiert dann vier Transitionen $T = \{t1, t2, t3, t4\}$, die Menge an Beschriftungen $\Sigma = \{A, B, C, D\}$ und die Beschriftung $\lambda(t1) = A$, $\lambda(t2) = B$, $\lambda(t3) = C$, und $\lambda(t4) = D$. Beschriftete Petrinetze sind also in der Tat eine Verallgemeinerung von Def. 8.1.

Die Beschriftung hat Auswirkungen darauf, wie wir die Semantik des Petrinetzes definieren. Während die Schaltregel unverändert bleibt, wird eine Schaltfolge nun nicht mehr als Folge von Transitionen betrachtet, sondern als Folge von *Beschriftungen* der Transitionen — den ausgeführten Aktivitäten. Wir nennen die Folge von Beschriftungen auch **Ausführungsfolge** des modellierte Prozesses. Für das Petrinetz in Abb. 8.9 beispielsweise ist die Schaltfolge $t1\, t2\, t3\, t4$ möglich. Mit den dargestellten Beschriftungen ergibt diese Schaltfolge die Ausführungsfolge $A\, B\, C\, A$. An dieser Stelle ist es wichtig zu sehen, dass man von dieser Sequenz nicht mehr zwangsläufig auf die geschalteten Transitionen schließen kann. Ohne Kenntnis des Petrinetzes könnte jedes Auftreten der Beschriftung A in der Sequenz durch das Schalten einer der entsprechenden, mit A beschrifteten Transitionen $t1$ oder $t4$ erzeugt werden.

Das explizite Beschriften von Transitionen in einem Petrinetz erlaubt es darüber hinaus, bestimmte Transitionen als **stille Transitionen** zu kennzeichnen. Die Idee dahinter ist, dass diese Transitionen in der Interpretation einer Schaltfolge als Sequenz von Beschriftungen ignoriert werden. Beschriften wir $t2$ im Beispiel in Abb. 8.9 als stille Transition, so würde die Schaltfolge $t1\, t2\, t3\, t4$ als Ausführungsfolge $A\, C\, A$ interpretiert werden. Formal werden stille Transitionen typischerweise durch ein spezielles Beschriftungssymbol gekennzeichnet. In der Literatur wird oft der griechische Buchstabe τ verwendet, so dass stille Transitionen auch als τ-Transitionen bekannt sind. In Abbildungen werden stille Transitionen oft grau oder schwarz gefüllt dargestellt, vgl. Abb. 8.12.

8.5.2 Kontrollflussmuster und Workflownetze

Wir können nun die Kontrollflussmuster aus Kapitel 2 als (beschriftete) Petrinetze modellieren. Das erste Kontrollflussmuster ist die Sequenz (Muster 1). Bei Workflownetzen müssen wir darauf achten, dass sich Transitionen und Stellen abwechseln. Abb. 8.10 modelliert die Sequenz der drei Aktivitäten *Reise planen*, *Reise buchen* und *Reise dokumentieren* als sound Workflownetz.

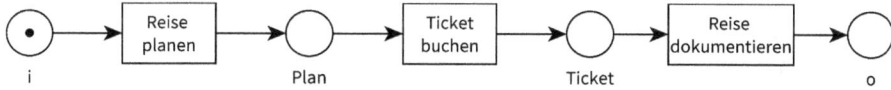

Abb. 8.10: Das Kontrollflussmuster Sequenz als Workflownetz.

Der BPMN-Standard erlaubt es, Aktivitäten mit zusätzlichen Symbolen in der unteren Mitte des abgerundeten Rechtecks, das für die Aktivität steht, zu versehen. Das Symbol ↻ zeigt eine Schleife an, das heißt eine Instanz der betreffenden Aktivität ist gegebenenfalls mehrfach zu wiederholen. ‖‖ zeigt an, dass mehrere Instanzen dieser Aktivität parallel gestartet werden können (Parallele Mehrfachausführung). Das Symbol ≡ schließlich besagt, dass mehrere Instanzen dieser Aktivität nacheinander gestartet werden (Sequentielle Mehrfachausführung). Somit ist die Sequentielle Mehrfachausführung etwas anderes als eine Schleife. Zwar wird in beiden Fällen dieselbe Aktivität mehrfach hintereinander ausgeführt, bei der Schleife aber mit denselben Datenobjekten. Beispielsweise könnte eine Schleife genutzt werden, um mehrfach ein Angebot vom selben Reiseanbieter anzufragen, während bei der Sequentiellen Mehrfachausführung nacheinander Angebote von mehreren Reiseanbietern abgerufen werden. Wie wir in Abb. 8.12 sehen werden, wird das im Petrinetz dadurch deutlich, dass dieselbe Transition mit mehreren *verschiedenen* Marken durchlaufen wird. Da natürlich in einem solchen Falle meist die parallele Ausführung vorzuziehen ist, wird das Symbol ≡ in BPMN-Modellen eher selten verwendet.

Abb. 8.11: Ein BPMN-Modell mit markierten Aktivitäten.

Als Beispiel betrachten wir Abb. 8.11. Von seiner Struktur her sieht dieses BPMN- Modell immer noch wie eine Sequenz aus, der zugrundeliegende Kontrollfluss hat sich aber drastisch geändert.

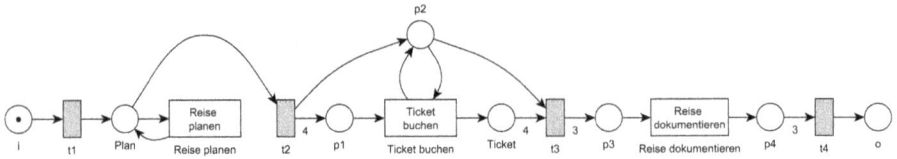

Abb. 8.12: Schleife, Sequentielle und Parallele Mehrfachausführung als beschriftetes Workflownetz.

Abb. 8.12 zeigt eine Übersetzung der Abb. 8.11 in ein *beschriftetes* Workflownetz. Dabei legen wir uns bei beiden Multiinstanziierungen auf je eine Anzahl der Instanziierungen fest. In dieser Übersetzung wird die Erste viermal und die Zweite dreimal ausgeführt. Die Transitionen $t1$, $t2$, $t3$ und $t4$ helfen, den Kontrollfluss des Workflownetzes zu steuern und sind nicht Teil der Aktivitäten des Geschäftsprozesses. Sie sind daher als stille Transitionen beschriftet. Interpretieren wir eine Schaltfolge des Netzes dann als Folge von Beschriftungen der Transitionen, so werden $t1$, $t2$, $t3$ und $t4$ ignoriert und wir erhalten nur die *Folge von Aktivitäten* des Geschäftsprozesses, in der die technischen Kontrollfluss-Schritte $t1$, $t2$, $t3$ und $t4$ nicht vorkommen.

Zuerst schaltet $t1$ (als stille Transition), dann kann die Transition *Reise planen* (als Aktivität) beliebig oft schalten. Nach Schalten von $t2$ wird die Transition *Ticket buchen* viermal ausgeführt. Dabei sorgt die Stelle $p3$ dafür, dass diese Transition nicht nebenläufig zu sich selbst schalten kann. Es kann immer nur gebucht werden, wenn das vorherige Buchen abgeschlossen ist. Nach dem Schalten von Transition $t3$ schaltet Transition *Reise dokumentieren* dreimal. Das Dokumentieren kann hier nebenläufig zu sich selbst ausgeführt werden. Insgesamt ist zum Beispiel die Schaltfolge $t1$ *Reise planen, Reise planen,* $t2$ *Ticket buchen, Ticket buchen, Ticket buchen, Ticket buchen,* $t3$ *Reise dokumentieren, Reise dokumentieren, Reise dokumentieren* $t4$ in der Sprache des Workflownetzes aus Abb. 8.12. Wenn wir uns an die Schritt-Semantik erinnern, sehen wir, dass die drei Vorkommen *Reise dokumentieren* auch in einem Schritt aktiviert sind. Betrachten wir nur die Beschriftungen, so erhalten wir die Ausführungsfolge *Reise planen, Reise planen, Ticket buchen, Ticket buchen, Ticket buchen, Ticket buchen, Reise dokumentieren, Reise dokumentieren, Reise dokumentieren.*

Als nächstes Kontrollflussmuster betrachten wir Verzweigungen. In den Sprachen EPK und BPMN gibt es für häufig verwendete Verzweigungen eigene Symbole. In der BPMN gibt es sogar Symbole für die Muster Multi-Merge und Strukturierter Diskriminator, mit teils komplexer Ausführungssemantik. Mit Workflownetzen stellen wir die gleichen Kontrollflussmuster nur durch Transitionen und Stellen dar.

Abb. 8.13 zeigt die Muster Und-Teilung sowie Und-Zusammenführung (siehe Abschnitt 2.1.2). Nach der Transition *Reise planen* sind die Transitionen *Hotel suchen* und *Flug suchen* nebenläufig zueinander aktiviert. Nachdem *Hotel buchen* und *Flug buchen* geschaltet haben, beendet die Transition *Reise dokumentieren* den Prozess.

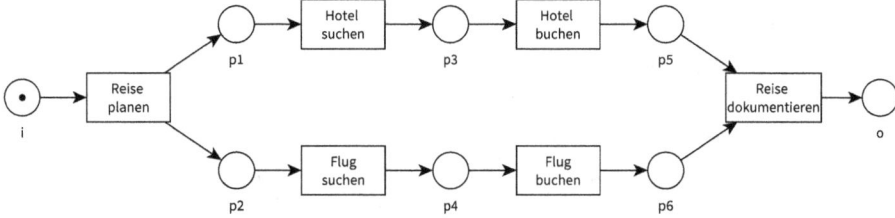

Abb. 8.13: Die Kontrollflussmuster „Und-Teilung" und „Und-Zusammenführung" als Workflownetz.

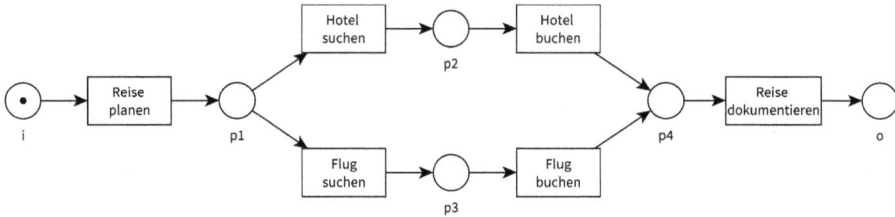

Abb. 8.14: Die Kontrollflussmuster „Exklusiv-Oder-Teilung" und „Exklusiv-Oder-Zusammenführung" als Workflownetz.

Abb. 8.14 zeigt die Muster Exklusiv-Oder-Teilung und Exklusiv-Oder-Zusammenführung (siehe Abschnitt 2.1.3). Nach der Transition *Reise planen* sind die Transitionen *Hotel suchen* und *Flug suchen* aktiviert. Sobald eine der beiden Transitionen schaltet, kann die andere nicht mehr schalten.

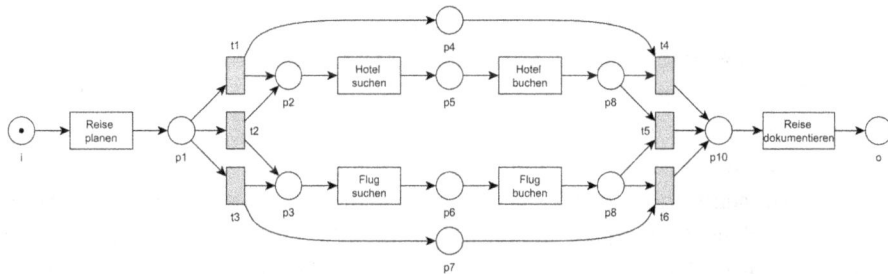

Abb. 8.15: Die Kontrollflussmuster Multi-Auswahl und Multi-Zusammenführung als beschriftetes Workflownetz.

Abb. 8.15 zeigt die Muster Multi-Auswahl und Multi-Zusammenführung (siehe Abschnitt 2.1.3). In diesem Beispiel sehen wir einen OR-Split, gefolgt von einem OR-Join. Nach der Transition *Reise planen* sind drei verschiedene Transitionen aktiviert. Die Transitionen *t*1 und *t*3 aktivieren je nur einen Pfad. Die Transition *t*2 aktiviert beide Pfade. Wir finden die gleiche Konstruktion bei dem entsprechenden Join. Die Stellen *p*4 und *p*7 verhindern, dass nach *t*2 die Transitionen *t*4 und *t*6 schalten können.

Würden t4 und t6 schalten, wäre die Transition *Reise dokumentieren* zweimal akti- viert. Der OR-Split ist damit die Kombination einer Und-Teilung und einer Exklusiv- Oder-Teilung. Wenn zu jedem OR-Split genau ein OR-Join gehört, kann man durch entsprechende Stellen (*p4* und *p7* in unserem Beispiel) den Split und den Join kop- peln. Werden mehrere Vorkommen von Multi-Auswahl und Multi-Zusammenführung kombiniert oder mit anderen Verzweigungen gemischt, ist dieses Koppeln oft nicht möglich. Die Modelle werden dann unsound. Generell sollte man aus diesem Grund diese Kontrollflussmuster möglichst vermeiden.

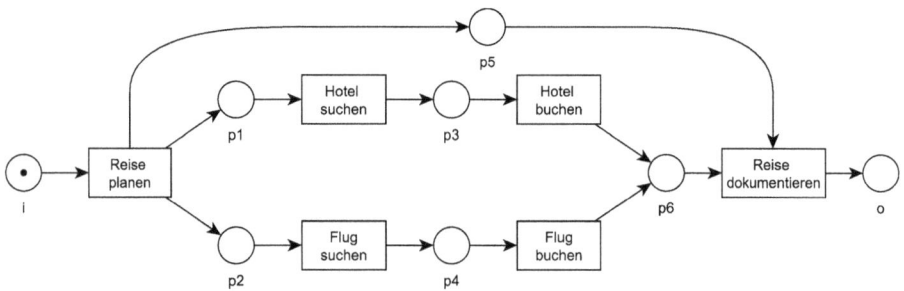

Abb. 8.16: Das Kontrollflussmuster Diskriminator als Workflownetz.

Abb. 8.16 zeigt das Kontrollflussmuster Strukturierter Diskriminator (siehe Abschnitt 2.1.6). Das Beispiel beginnt mit einer Exklusiv-Oder-Teilung. Nachdem die Transition *Reise planen* geschaltet hat, sind beide Pfade aktiviert. Das Schalten von *Hotel buchen* oder das Schalten von *Flug buchen* aktiviert direkt die Transition *Reise dokumentieren*. Die Stelle *p5* sorgt dafür, dass die Reise insgesamt nur einmal dokumentiert wird. Da- mit ist Abb. 8.16 das erste Beispiel dieses Unterabschnitts, das nicht sound ist. Eine Marke bleibt am Ende auf Stelle *p6* liegen.

Entfernen wir Stelle *p5* aus Abb. 8.16, haben wir das Kontrollflussmuster Mehr- fache Zusammenführung (siehe Abschnitt 2.1.5). Die Und-Teilung (AND-Split) ist mit einer Exklusiv-Oder-Zusammenführung (XOR-Join)[1] kombiniert. So kann *Reise dokumentieren* zweimal schalten. Damit haben wir alle wichtigen Verzweigungen als Workflownetze abgebildet und deren Semantik noch einmal exakt definiert.

Jetzt betrachten wir noch die Iterationsmuster. Wir modellieren eine Iteration mit einer Exklusiv-Oder-Teilung und einer Exklusiv-Oder-Zusammenführung. Dies- mal liegt der Join (Zusammenführung) aber vor dem Split (Teilung). Wir betreten den Block der Iteration entweder zum ersten Mal oder wir kommen aus einem vorherigen

---

[1] Die Bezeichnung Exklusiv-Oder-Zusammenführung ist in dieser Kombination genaugenommen un- passend, da *p6* hier zweimal eine Marke erhält – einmal von „Hotel buchen" und einmal von „Flug buchen".

Schleifendurchlauf. Nach einem Durchlauf des Blocks können wir die Schleife erneut betreten oder diese verlassen.

Um zu demonstrieren, wie wir die verschiedenen Kontrollflussmuster dieses Kapitels zu Geschäftsprozessen zusammensetzen können, übersetzen wir Abb. 2.12 in ein Workflownetz. Abb. 8.17 zeigt den entsprechenden Geschäftsprozess.

Das Workflownetz in Abb. 8.17 ist sound. Die Multiinstanziierung und die Multi-Auswahl sorgen dafür, dass das Workflownetz nicht free-choice ist. Die Iteration für die Aktivität *Antrag stellen* sorgt dafür, dass das Workflownetz nicht terminiert ist. Das Workflownetz ist trotzdem beschränkt. Würden wir die Multi-Auswahl durch eine Exklusiv-Oder-Teilung ersetzen und die Sequentielle Multiinstanziierung durch eine Parallele Multiinstanziierung, würde sich das Modell deutlich vereinfachen. An dieser Stelle könnten wir uns nun also um eine Vereinfachung unseres Geschäftsprozesses bemühen. Wenn der Geschäftsprozess allerdings in der Realität diese etwas komplexeren Kontrollstrukturen aufweist, müssen wir diese natürlich auch auf diese Weise im Modell dokumentieren.

8.5.3 Workflownetze, BPMN und EPK

Im vorangegangenen Abschnitt haben wir gesehen, wie wir die grundlegenden Kontrollflussmuster von Geschäftsprozessen als Workflownetze darstellen. Damit sehen wir, dass Workflownetze, obwohl sie im Grunde nur aus Transitionen, Stellen und Kanten bestehen, die gleichen Geschäftsprozesse abbilden können wie die Modellierungssprachen BPMN und EPK. Der Vorteil der Workflownetze ist ihre sehr klar definierte und einfache Semantik. Der Vorteil der beiden angewandten Sprachen ist die Möglichkeit, Prozesse kompakt und lesbar abzubilden. Damit gilt als Faustregel: BPMN- und EPK-Modelle eignen sich besonders für den Entwurf, Workflownetze für die Analyse von Geschäftsprozessen.

Wir sollten uns also überlegen, wie wir BPMN- und EPK-Modelle in Workflownetze übersetzen, um diese dann zu analysieren. In den folgenden zwei Absätzen und zum Abschluss dieses Kapitels, wollen wir zunächst ein BPMN- und dann ein EPK-Modell in ein Workflownetz übersetzen.

Haben wir ein BPMN-Modell und wollen es in ein Workflownetz übersetzen, müssen wir Aktivitäten, Ereignisse, Kanten, Daten, und Gateways in Transitionen, Stellen und Kanten überführen. Ein Beispiel für die Übersetzung haben wir bereits in den Abb. 8.12 und 8.17 gesehen. Grundsätzlich übersetzen wir jede Aktivität in eine entsprechende Transition. Wie in Abschnitt 4.3 diskutiert, kann in BPMN ein Arbeitsschritt eines Prozesses durch mehrere Aktivitäten repräsentiert werden. Sofern dies der Fall ist und mehrere Aktivitäten eines BPMN-Modells gleich beschriftet sind, sollte die Übersetzung in ein beschriftetes Petrinetz erfolgen. Dies erlaubt es, die entsprechenden Transitionen dann ebenfalls mit der gleichen Beschriftung zu versehen. Ereignisse und Daten übersetzen wir zu Stellen. Bei Gateways orientieren wir uns an den

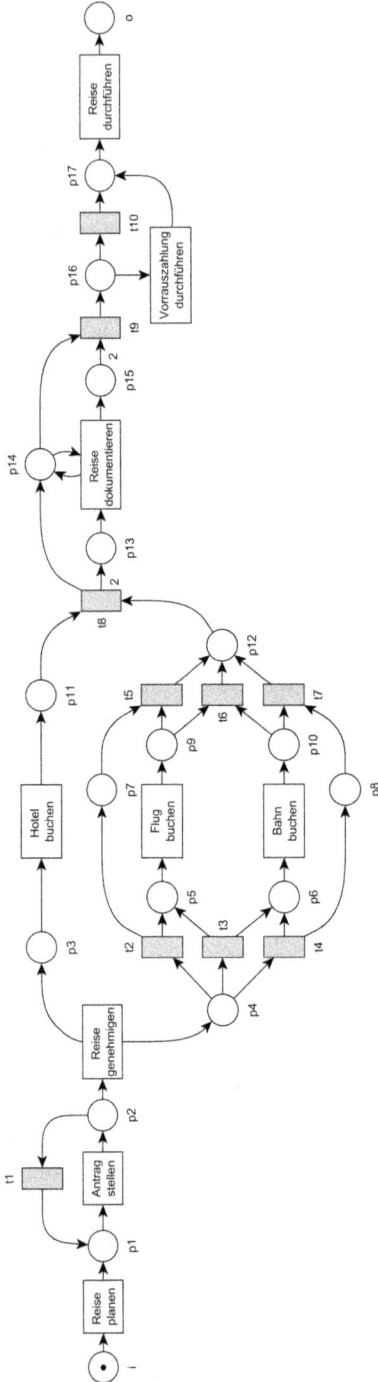

Abb. 8.17: Das beschriftete Workflownetz zu Abbildung 2.12.

eben besprochenen Kontrollflussmustern. Ein AND-Split-Gateway wird, genau wie ein AND-Join-Gateway, zu einer einzigen Transition. Ein XOR-Split-Gateway oder OR-Split-Gateway wird, genau wie ein XOR-Split-Gateway oder OR-Join-Gateway, zu einer Menge von Transitionen. Dabei gibt es genau eine Transition für jede Ausführungsoption. Eventuell müssen wir bei OR-Split-Gateways und Diskriminatoren zusätzliche Stellen einfügen, um Split und Join zu koppeln und den Kontrollfluss anzupassen. Aktivitätsmarkierungen übersetzen wir entsprechend Abb. 8.12. Haben wir diese Schritte durchgeführt, fügen wir zusätzliche Stellen ein, sobald Transitionen noch miteinander verbunden sind. So können wir grundsätzlich jedes BPMN-Modell in ein Workflownetz übersetzen. Weitere Informationen, wie zum Beispiel die Klassifizierung verschiedener Ereignisse in Nachrichten, Signale, Timer und Bedingungen, oder die Klassifizierung von Aktivitäten in manuell, Benutzer, Service, Senden und Empfangen, sowie alle Informationen über Akteure, gehen bei der Übersetzung verloren. Insgesamt hat dieses Kürzen auch keinen Einfluss auf den Kontrollfluss des Modells. Diese Modellierungselemente dienen der Modellierung weiterer, den Geschäftsprozess beeinflussenden, Faktoren auf einer tieferen Abstraktionsebene. Grundsätzlich sollte man zunächst den Kontrollfluss validieren, bevor man weitere Konzepte des Prozesses annotiert.

Haben wir ein EPK-Modell und wollen es in ein Workflownetz übersetzen, müssen wir Funktionen, Ereignisse, Kanten und Verknüpfungsoperatoren in Transitionen, Stellen und Kanten überführen. Bei erweiterten EPK-Modellen kommen noch Daten, Systeme und Akteure dazu. Grundsätzlich funktioniert die Übersetzung genau wie bei einem BPMN-Modell. Da die Sprache EPK allerdings weniger Symbole erlaubt und sich auf die grundlegenden Kontrollflussmuster beschränkt, ist die Übersetzung meist noch einfacher. Funktionen werden zu Transitionen und Ereignisse werden zu Stellen. Daten, Akteure und Systeme können in anfangs markierte Stellen übersetzt werden. Die Verknüpfungsoperatoren übersetzen sich genau wie wir es in den Abb. 8.13, 8.14 und 8.15 gezeigt haben. Zum Schluss müssen wir wieder Stellen einfügen, falls noch Transitionen miteinander verbunden sind. Da sich aber in EPK-Modellen Funktionen und Ereignisse grundsätzlich abwechseln, ist dies nur in der Umgebung von Verknüpfungsoperatoren der Fall. Wir können festhalten, dass EPK-Modelle näher an den Workflownetzen sind als BPMN-Modelle.

9 Geschäftsprozessmanagementsysteme und Robotic Process Automation

9.1 Automatisierung von Geschäftsprozessen

Wir leben in einer Welt der fortschreitenden Digitalisierung, im sogenannten Informationszeitalter. Im Zuge einer andauernden digitalen Transformation wurden und werden immer mehr Geschäftsprozesse aus nahezu allen Lebensbereichen in eine digitale Welt überführt [39].

Wie in den vorangegangenen (und auch nachfolgenden) Kapiteln beschrieben, dienen Prozessmodelle verschiedenen Zwecken. Sie können zur Diskussion, Definition und Analyse von Geschäftsprozessen genutzt werden. Ein sehr wichtiger Zweck von Prozessmodellen ist aber auch deren automatisierte Ausführung. Automatisierung bezieht sich hierbei einerseits auf die Ausführung einzelner Aufgaben eines Prozesses, andererseits aber auch auf die koordinative Aufgabe der Überwachung und Koordination eines vollständigen Prozesses. Die Automatisierung von Geschäftsprozessen geht damit über die Repräsentanz als reiner digitaler Zwilling hinaus, da vormals realweltliche Aufgaben durch digitale Aufgaben ersetzt werden.

Geschäftsprozessmanagementsysteme (engl. *Business Process Management Systems* (BPMS), auch Workflowmanagement-Systeme (WfMS) genannt) bilden hierfür eine wichtige, wenn auch nicht die einzige, informationstechnische Grundlage. Die Workflow Management Coalition (WfMC) unterscheidet die Begriffe *Prozess* bzw. *Geschäftsprozess* und *Workflow* und bezeichnet jedwede (Teil-)Automatisierung eines Prozesses als Workflow [94] (vgl. Kapitel 1). Im Nachfolgenden sprechen wir allgemein von einem (Geschäfts-)Prozess und einem Geschäftsprozessmanagementsystem, verwenden dabei aber die gebräuchliche englische Abkürzung BPMS.

Bei BPMS handelt sich um prozessorientierte Softwaresysteme, die das Design, die Analyse, die Ausführung und die Überwachung von Geschäftsprozessen auf Basis expliziter Prozessmodelle erlauben. BPMS sind domänenunabhängig und können als universelles Software-Werkzeug eingesetzt werden.

Beispiel. Für die Aufgabe *Reise planen* sowie die anschließend parallel ausgeführten Aufgaben *Flug suchen* und *Hotel suchen* werden dem Benutzer vom BPMS Masken auf seinem Bildschirm angezeigt, über die er Flüge suchen und letztendlich buchen kann. Das BPMS stellt sicher, dass dem Benutzer nur Flüge und Hotels für die zuvor geplanten Daten angezeigt werden, beispielsweise zu Vorzugskonditionen einer Partnerfluggesellschaft. Weiterhin kann der Besucher auch erst suchen und buchen, wenn er die Reise fertig geplant hat. Dies kann wichtig sein, falls ein Vorgesetzter diesen Reiseplan erst genehmigen muss. Nachdem der Benutzer seine Auswahl getroffen hat, verschickt das BPMS die Nachrichten zur Buchung an das Reisebüro oder die Buchungsmaschine zur Buchung. Erst wenn beide Nachrichten verschickt wurden (und ggf. auf

https://doi.org/10.1515/9783110500165-009

eine Bestätigung gewartet wurde), werden die Reiseunterlagen automatisch zusammengestellt und gespeichert. Hierfür wird automatisiert auf einen Web Service [68] zugegriffen, der die Buchungen zum Beispiel mit Zusatzinformationen wie Optionen für Flughafentransfers oder ähnlichem anreichert.

Wie sich aus dem Beispiel leicht ersehen lässt, haben BPMS einige generelle Vorteile. Sie reduzieren die Arbeit für alle Prozessbeteiligten dadurch, dass sie alle relevanten Dokumente beziehungsweise ganz allgemein Informationen digital zum jeweiligen Empfänger transportieren. Dies umfasst nicht nur den Transport selbst, sondern auch die Koordination, dass der richtige Empfänger ausgewählt wird und dass die übertragenen Informationen relevant, aktuell und vollständig sind. Darüber hinaus stellen sie sicher, dass Regeln in der Prozessausführung, wie beispielsweise die korrekte Reihenfolge bei Prüfverfahren, eingehalten werden. Weiterhin erlauben BPMS, wie wir später sehen werden, die flexible Integration bereits existierender Anwendungssysteme sowie Einsicht in den Zustand laufender und bereits beendeter Prozesse. Das heißt, eine Firma kann nicht nur sehr einfach sehen, wie viele Reiseplanungs-Prozessinstanzen zurzeit noch in Bearbeitung sind, sondern kann auch die Ausführungszustände aller Prozessinstanzen genauer überwachen und analysieren. Man kann beispielsweise mit einem BPMS sehr einfach feststellen, wie viele Mitarbeiter zu einem gebuchten Flug noch kein Hotel gebucht haben, es aber schon hätten tun sollen.

Neben BPMS gibt es noch weitere domänenspezifische, geschäftsprozessbasierte Anwendungssysteme, die zur Automatisierung von Geschäftsprozessen genutzt werden. Diese unterscheiden sich von BPMS in der Regel dadurch, dass sie einerseits nicht universell und damit weniger flexibel bei der Gestaltung von Prozessen sind, andererseits aber bereits Best-Practice-Lösungen und damit Geschäftswissen für eine bestimmte Klasse von Prozessen von Haus aus mitbringen. Bei Bedarf können diese Prozesse (modellbasiert) konfiguriert und damit an das jeweilige Unternehmen angepasst werden. Substantielle Änderungen dieser Prozesse außerhalb vorgegebener Parameter sind aber nur über eine benutzerspezifische Anpassung (engl. *customizing*) [43] möglich, welche verschiedene Nachteile wie beispielsweise kostenintensivere Wartungsprozesse nach sich zieht. Es handelt sich bei diesen Systemen insbesondere um Software in folgenden Bereichen:

– *Enterprise Resource Planning* (ERP): ERP-Systeme bieten vorgefertigte Geschäftsprozesse für prinzipiell alle Funktionsbereiche eines Unternehmens (wie z. B. Materialwirtschaft, Produktion, Stammdatenverwaltung oder Personalwirtschaft). Sie integrieren die Abläufe verschiedener Funktionsbereiche, um sogenannte Insellösungen sowie mehrfache Datenhaltung zu vermeiden und Ressourcen im Unternehmen ganzheitlich zu verwalten. ERP-Systeme werden beispielsweise von SAP SE (SAP ERP) oder Microsoft Corp. (Dynamics NAV) angeboten und eignen sich je nach Funktionsumfang für Mittelständler oder Großunternehmen.

- *Customer Relationship Management* (CRM): CRM-Systeme unterstützen den Vertrieb und das Marketing eines Unternehmens, sie werden aber auch zur Kundenbeziehungspflege im Rahmen des After-Sales-Managements genutzt. Sie integrieren die Kommunikation mit dem Kunden, um über verschiedene Kommunikationskanäle hinweg abgestimmt mit dem Kunden interagieren zu können und Schwachstellen aufzudecken. CRM-Systeme werden beispielsweise von Salesforce.com (Sales Cloud) oder Zoho Corp. (Zoho CRM) angeboten und werden oftmals als Software-as-a-Service (SaaS) zur Verfügung gstellt.
- *Supplier Relationship Management* (SRM) bzw. *Supply Chain Management* (SCM): SCM-Systeme unterstützen die Informations- und Materialflüsse der strategischen Planung und des Einkaufs eines Unternehmens. Sie erlauben die enge Anbindung von Lieferanten an das Unternehmen, um die Lieferkette durch die Bündelung von Wissen über Einkaufsdaten und -mengen zu optimieren. CRM-Systeme werden beispielsweise von Oracle Corp. (SCM Cloud) oder JDA Software Inc. (SCM Platform) angeboten und haben häufig einen Plattformcharakter, der es mehreren Parteien erlaubt, ähnlich wie auf einem Marktplatz zu handeln.

Es finden sich Geschäftsprozesse noch in weiteren Unternehmenssoftware-Lösungen. So gibt es beispielsweise Systeme für das Product Lifecycle Management (PLM), zum Enterprise Content Management (ECM), sowie im Bereich der Business Intelligence (BI). Daneben gibt es sogenannte *Case-Management-Systeme* (auch als Fallmanagement-Systeme oder Adaptive Case-Management-Systeme bezeichnet). Diese bieten einen Lösungsrahmen für das Management von einzelnen Geschäftsvorfällen. Sie benötigen häufig Daten aus verschiedenen Quellsystemen, überspannen mehrere Abteilungen, und erfordern, dass mehrere Prozesse oder Dienstleistungen abgeschlossen sein müssen, bevor ein Fall gelöst werden kann. Case-Management-Systeme helfen dabei, hier den Überblick über einen Fall zu behalten und die gegenwärtig notwendigen Aufgaben anzustoßen. Anders als BPMS geben sie aber nicht vor, dass ein vorab streng definierter Prozess einzuhalten ist. Anwendungen für Case-Management-Systeme finden sich zum Beispiel bei der medizinischen Versorgung von Patienten und der juristischen Betreuung von Mandanten.

Robotic Process Automation (RPA) erlaubt schließlich genau wie BPMS eine domänenunabhängige Automatisierung von Aufgaben. Aufgrund der deutlichen Unterschiede zu BPMS nimmt RPA aber eine Sonderrolle ein. Daher wird auf RPA-Systeme gesondert am Ende des Kapitels eingegangen.

9.2 Architektur von Geschäftsprozessmanagementsystemen

BPMS sind insbesondere aus der Notwendigkeit entstanden, die Aufgaben, die zur Erledigung eines Prozesses notwendig sind, besser zu koordinieren und zu überwachen. Sie verbinden dabei manuelle Aufgaben, die von Menschen bearbeitet werden, mit automatisierten Aufgaben, die von Softwaresystemen ausgeführt werden.

Beispiel. Die Aufgaben *Reise planen* sowie die anschließend parallel ausgeführten Aufgaben *Flug suchen* und *Hotel suchen* sind als manuelle Aufgabe implementiert. Das heißt, ein Mensch muss hier über Eingabemasken des BPMS den Suchprozess selbstständig durchführen. Eine Implementierung als Benutzeraufgabe wäre auch möglich. Wären die Aufgaben *Flug suchen* und *Hotel suchen* als Benutzeraufgabe implementiert, würde das BPMS den Benutzer nach der Aufgabe *Reise planen* dazu auffordern, selbstständig über Reiseportale einen Flug und ein Hotel zu suchen und zu buchen. Allerdings kann hier das BPMS nicht mehr steuernd eingreifen und sicherstellen, dass beispielsweise die Reisedaten korrekt ausgefüllt sind. Die Service-Aufgabe *Reiseunterlagen speichern* ist dagegen als automatisierte Aufgabe implementiert. Sie übernimmt die dem BPMS vorliegenden Daten als Eingabe und verarbeitet sie der Aufgabe entsprechend.

BPMS bieten die Möglichkeit, einzelne Aufgaben oder den gesamten Prozess zu digitalisieren und damit unter Umständen vollständig zu automatisieren. In einer Drei-Schichten-Architektur [11] nehmen BPMS dazu eine Aufteilung der Logikschicht in Aufgabenlogik und Kontrollflusslogik vor. Das heißt, sie trennen die Logik zur Bearbeitung konkreter Aufgaben von der Kontrollflusslogik zur Koordination aller Aufgaben eines Prozesses. Häufig ist die Aufgabenlogik nicht im BPMS implementiert, sondern in Drittsystemen und wird dort zum Beispiel als Web Service aufgerufen.

Beispiel. Im Prozess von Abb. 2.1 ist die Geschäftslogik zur Ausführung von *Flug suchen* und *Flug buchen* unabhängig vom BPMN-Diagramm, also zum Beispiel speziell unabhängig vom Muster Und-Teilung implementiert. Das macht Änderungen der Kontrollflusslogik leichter, falls sich die Firma beispielsweise dafür entscheidet, zukünftig erst *Flug suchen* und dann *Hotel suchen* durchzuführen, um sicherzustellen, dass an den geplanten Daten überhaupt Flüge verfügbar sind. Auch können leichter zusätzliche Aktivitäten wie beispielsweise eine Freigabe bei Budgetüberschreitung in den Kontrollfluss eingefügt werden.

Der Kontrollfluss kann sich auch über mehrere Anwendungssysteme erstrecken und übernimmt damit die Funktion der Anwendungsintegration. Eine detaillierte, vertiefende Beschreibung der Ausprägungen und Evolution von geschäftsprozessbasierten Anwendungssystemen kann bei [109] nachgelesen werden.

Der Markt an BPMS hat sich in den vergangenen Jahren zunehmend konsolidiert. Es gibt aber gerade im deutschsprachigen Raum weiterhin eine Vielzahl von kleineren Anbietern mit sich im Detail unterscheidenden Produkten. Eine Softwareauswahl sollte daher immer vor dem Hintergrund firmenspezifischer Anforderungen getroffen werden.

Wir betrachten im Folgenden nicht die Architektur eines konkreten BPMS, sondern stellen die Grundlagen von BPMS angelehnt an eine implementierungsunab-

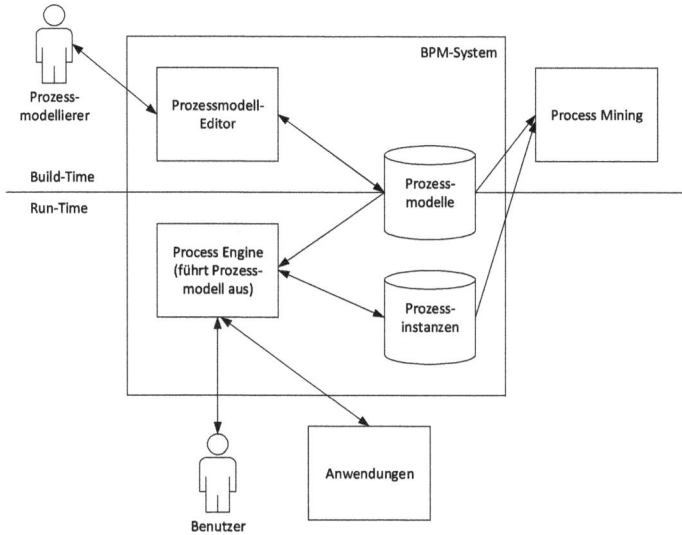

Abb. 9.1: Referenzarchitektur für BPM-Systeme.

hängige Referenzarchitektur vor: das Workflow Reference Model der Workflow Management Coalition (WfMC) [94]. Dieses hat sich im letzten Vierteljahrhundert als stabile Grundlage für die Implementierung von BPMS erwiesen und hat im Kern weiterhin Gültigkeit. Abb. 9.1 stellt die Kernkomponenten von BPMS und deren Beziehungen dar.

Die Referenzarchitektur für BPMS unterscheidet dabei insbesondere **Build-Time**- und **Run-Time**-Komponenten, die für die Definition beziehungsweise für die Ausführung von Geschäftsprozessen nötig sind, sowie Schnittstellen zum Benutzer beziehungsweise zu anderen Systemen. Die Pfeile stellen dabei Daten- beziehungsweise Informationsflüsse zwischen Menschen, Systemen und Datenbanken dar.

– *Build-Time*-Komponenten umfassen alle notwendigen Komponenten zur Definition von Prozessen. Diese Definition erfolgt heutzutage in der Regel über ein graphisches Prozessmodell, das alle Informationen enthält, welche zur Ausführung des Prozesses notwendig sind. Entsprechend stellt der Prozessmodell-Editor die wichtigste Build-Time-Komponente eines BPMS dar. Er erlaubt es dem Prozessmodellierer, die verschiedenen Aufgaben und Entscheidungen eines Prozesses zu erfassen, sie mit Ressourcen (d. h. zuständigen Rollen oder Systemen) zu versehen, Benutzerschnittstellen zu erstellen (in der Regel Eingabemasken), Aufgaben mit Implementierungen zu verbinden (z. B. via Web Services) und in den Kontrollfluss des Prozesses einzubinden. Wir erkennen also, dass der Begriff „Prozessmodell" jetzt mehr umfasst, als das in früheren Kapiteln der Fall war. Insbesondere muss bei automatisiert ausführbaren Aufgaben spezifiziert werden, welche Programmlogik mit welchen Eingabeparametern aufgerufen wird. Hier endet übrigens die Einheitlichkeit von Standards wie BPMN. Die Details der Aufrufe von automatisierten Aufgaben unterscheiden sich zwischen verschiedenen BPMS. Einen Standard für die standardisierte systemübergreifende Spezifikation von Entscheidungsregeln werden wir im Kapitel 13 kennenlernen.

Prozessmodelle werden versioniert in einer Datenbank für Prozessmodelle gespeichert.

–   *Run-Time*-Komponenten umfassen demgegenüber alle Komponenten zur Ausführung und Überwachung von Prozessen. Dies schließt die Ablaufplanung und die Überwachung aller parallel ausgeführten Prozessinstanzen ein. Die Ausführung erfolgt durch eine Ausführungsumgebung: das *Prozessausführungssystem* (engl. *process engine*). Diese instanziiert ein Prozessmodel aus der Prozessmodell-Datenbank mit allen notwendigen Werten für die konkrete Ausführung, weist Ressourcen zu beziehungsweise ruft diese auf und startet den Kontrollfluss des Prozesses. Relevante Informationen zu den einzelnen Prozessinstanzen werden in einer oder mehrerer Datenbanken für Prozessinstanzen gespeichert.

–   *Schnittstellen* (engl. *interfaces*) sind notwendig, da BPMS Aufgaben an verschiedene menschliche Benutzer sowie an andere Softwaresysteme verteilen. Ein BPMS muss daher über verschiedene möglichst standardisierte Schnittstellen verfügen. Genau wie Modellierungssprachen verändern sich diese Standards über die Zeit, daher sollen an dieser Stelle nur verschiedene Arten von Schnittstellen angesprochen werden. Die WfMC hat ursprünglich fünf Typen von Schnittstellen vorgesehen. In der Praxis hat sich gezeigt, dass ein BPMS über mindestens die folgenden Schnittstellen verfügen sollte:

    –   Eine Schnittstelle zur automatisierten Erstellung von Formularen (Bildschirm-Masken) zur Interaktion mit menschlichen Benutzern basierend auf den vom Prozess benötigten und zur Verfügung gestellten Daten. Für einen Genehmigungsprozess sollte das BPMS also in der Lage sein, alle relevanten Informationen für die Entscheidung sowie mindestens zwei Schaltflächen für die Entscheidung des Benutzers mit „ja" oder „nein" darzustellen.

    –   Eine Schnittstelle zum automatischen Aufruf von Anwendungen anderer Systeme, die die Aufgabenlogik einer Prozessaufgabe implementiert haben. Das BPMS ruft die entsprechende Anwendung auf, sendet alle zur Bearbeitung relevanten Daten und wartet auf das Ergebnis. Dies kann beispielsweise über den Aufruf eines Web Services geschehen. Dieser Aufruf kann natürlich auch asynchron erfolgen, so dass nicht aktiv gewartet wird.

Neben den vorgestellten Kern-Komponenten der Referenzarchitektur lassen sich noch analytische Komponenten für das BPM unterschieden, die im weiteren Sinne Teil der Build-Time-Architektur sein können, häufig aber eigene Software darstellen. Zu nennen sind hier insbesondere Komponenten für die Simulation von Prozessen (siehe auch Kapitel 7) und Komponenten für das Process-Mining (siehe auch Kapitel 10 und 12). Während die Simulation auch mit dem Prozessmodell-Editor gekoppelt sein kann, um zum Beispiel neue Prozessmodelle zu evaluieren, wird Process-Mining häufig BPMS-übergreifend und damit als separate Software eingesetzt. Ein Process-Mining-System liest dazu Daten aus der Prozessmodell- und Prozessinstanz-Datenbank ein. Aus den gewonnenen Daten lassen sich Rückschlüsse auf mögliche Prozessverbesserungen ziehen. Diese Verbesserungen fließen dann in der Regel über den Prozessmodellierer in neue Versionen von Prozessmodellen ein.

Da viele Unternehmen aus historischen oder anderen betriebswirtschaftlichen Gründen mehrere BPMS zugleich im Einsatz haben, lässt sich derzeit die Entstehung von Komponenten für ein *Meta-BPMS* beobachten, welches in Echtzeit die Ausführung von Prozessen in mehreren BPMS überwachen und steuern kann.

Es ist nicht nur aus rechtlichen Gründen notwendig, dass nachvollzogen werden kann, wann welche Aufgaben ausgeführt oder eben auch nicht ausgeführt worden sind und welche Entscheidungen im Prozessverlauf getroffen wurden. Diese Informationen können entweder auf Anforderung aus der oben beschriebenen Datenbank für Prozessinstanzen ausgelesen werden (synthetischer Log) oder das BPMS protokolliert alle interessanten Ereignisse in Protokolldateien oder einer Datenbank. Deren Einträge können sowohl für die Prozess-Überwachung zur Prozesslaufzeit als auch für die Prozessanalyse im Rahmen des Process-Minings genutzt werden. Sie enthalten einen Verweis zum ausgeführten Modell der Prozessmodell-Datenbank, einen Zeitstempel sowie Informationen zu den verwendeten Ressourcen und gegebenenfalls Geschäftsdaten wie beispielsweise Mengen, Preise, und Entscheidungen. Mehr zu Ereignisprotokollen findet sich in Abschnitt 10.2.

9.3 Prozesslebenszyklus in BPM-Systemen

Der Ausführung eines Prozesses in einem BPMS gehen einige Schritte voraus. Zunächst muss der Prozessmodellierer, wie in den vorangegangenen Kapiteln beschrieben, ein Prozessmodell erstellen, dieses mit allen zur Ausführung notwendigen Informationen versehen und anschließend der Process-Engine zur Verfügung stellen.

Jedes dieser Prozessmodelle kann dann von der Process-Engine aufgerufen werden und mit konkreten Werten instanziiert werden, um die Ausführung zu beginnen. Die Prozessinstanz lebt dann zunächst im Hauptspeicher der Process-Engine. Informationen zu erledigten Aufgaben und Prozessdaten werden auch in der Prozessinstanz-Datenbank gespeichert. In Bezug auf die Verwaltung von Daten unterscheidet man dabei Anwendungsdaten, die in Drittsystemen bei der Ausführung von Aufgaben entstehen und gegebenenfalls über die Schnittstellen als prozessrelevante Daten zurückgespielt werden, von Prozesskontrolldaten, die dem BPMS intern dazu dienen, die Prozessausführung zu verwalten und **Aufgabenlisten** (engl. *worklists*) für Benutzer zu erstellen. Prozessrelevante Daten stellen Attribute dar, die das BPMS dabei unterstützen, Zustandsübergänge von Prozessinstanzen zu bestimmen.

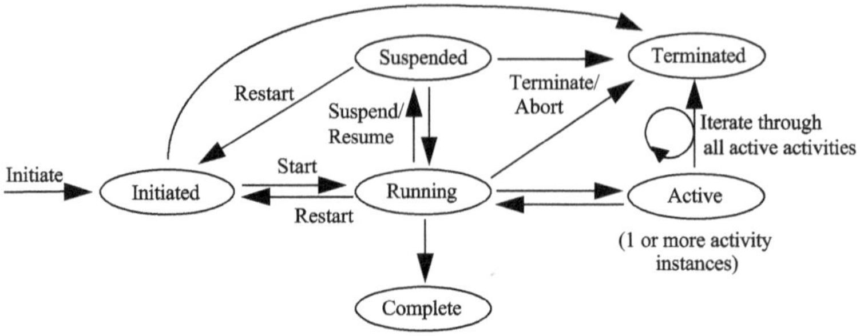

Abb. 9.2: Prozesslebenszyklus-Modell der WfMC [94].

Im Verlauf des Prozesses überwacht die Process-Engine die Ausführung des Prozesses, benachrichtigt Benutzer oder andere Anwendungen, wenn Aufgaben von ihnen ausgeführt werden sollen, und stellt die entsprechenden Attributwerte zur Verfügung oder fordert diese ein. Auf Basis der vorliegenden Informationen trifft die Process-Engine auch Entscheidungen, soweit diese automatisiert getroffen werden können. Üblicherweise sind einmal gestartete Prozessinstanzen unabhängig von Änderungen in der Prozessmodell-Datenbank. Das heißt, nachträgliche Änderungen am Modell beeinflussen bereits gestartete Prozesse nicht mehr.

Wenn ein Prozessmodell instanziiert wird, folgt es einem **Prozesslebenszyklus** und durchläuft verschiedene Zustände bis zu seiner endgültigen Beendigung. Die WfMC schlägt ein übersichtliches Modell von Zustandsübergängen vor, welches hier wiedergegeben werden soll. Andere Prozesslebenszyklus-Modelle sind grundsätzlich ähnlich und lassen sich in dieses Modell übersetzen. Die Ausführungssemantik der BPMN ist beispielsweise detaillierter was Endzustände betrifft [64]. Abb. 9.2 zeigt das Prozesslebenszyklus-Modell der WfMC.

Wenn die Process-Engine ein Prozessmodell zur Ausführung aufruft, wird es zunächst in den Zustand *initiated* überführt, indem alle für den Prozessstart notwendigen prozessrelevanten Daten zugewiesen werden. Zu diesem Zeitpunkt ist der Prozess noch nicht explizit gestartet. Das kann zum Beispiel daran liegen, dass notwendige Ressourcen noch nicht zur Verfügung stehen. Mit dem Start des Prozesses geht dieser in den Zustand *running* über, was gleichbedeutend damit ist, dass nun alle Aufgaben, die vom Kontrollfluss vorgesehen und erreichbar sind, gestartet werden können. Sobald eine Aufgabe bearbeitet wird, geht der Prozess in den Zustand *active* über. Sollte es notwendig sein, die Ausführung des Prozesses zu unterbrechen (z. B. wegen Ressourcenmangel), dann kann die Ausführung pausiert werden und der Prozesszustand ändert sich zu *suspended*. Am Ende eines erfolgreichen Prozesses steht der Zustand *completed*, der Auskunft darüber gibt, dass der Prozess wie vorgesehen beendet wurde. Sollte – aus welchen Gründen auch immer – die Ausführung des Prozesses explizit abgebrochen werden, dann geht der Prozess in den Zustand *terminated* über und müsste bei Bedarf vollständig neu gestartet werden.

Beispiel. Wir nehmen an, dass die Aufgabe *Reise planen* durchgeführt wurde. Kurz darauf – bevor weitere Buchungen stattgefunden haben – gibt es eine Reisewarnung für das Zielland. Daraufhin wird der Prozess pausiert und gegebenenfalls zu einem späteren Zeitpunkt abgebrochen oder wieder fortgesetzt, je nachdem, wie sich die Lage im Zielland bis zum Reisetermin entwickelt hat.

Nicht nur der Prozess durchläuft diese Zustände, auch jede Aufgabe in einem Prozessmodell durchläuft verschiedene Zustände. Aufgaben folgen prinzipiell dem gleichen Zustandsmodell, sind aber gegebenenfalls atomar, so dass sie nicht pausiert werden können. Der Zustand einer Prozessinstanz ergibt sich aus der Summe der Einzelzustände.

Weske [109] gibt eine gute Einführung anhand von BPMN, wie ein konkretes Prozessmodell instanziiert wird und wie sich die Zustände mit dem Kontrollfluss verändern.

9.4 Robotic Process Automation

Auch wenn sich **Robotic Process Automation** (RPA) zunächst wie BPMS 4.0 anhört, ist es doch klar von klassischen BPMS zu trennen. Wir erinnern uns: Ein BPMS führt Prozesse aus und koordiniert Systeme und gegebenenfalls Menschen, die gemeinsam, einem Kontrollfluss folgend, Aufgaben in einem Prozess bearbeiten. RPA ersetzt dies nicht, kann aber unter Umständen das Kosten-Leistungs-Verhältnis in einem Prozess verbessern, indem es menschliche Arbeiter durch Roboter ersetzt.

RPA bietet sich insbesondere für Aufgaben überschaubarer Komplexität an, die zwar Kosten verursachen, aber nicht wichtig genug für ein umfassendes BPM-Projekt sind.

Kandidaten für ein solches traditionelles Geschäftsprozessmanagement-Projekt sind Aufgaben, die sehr häufig ausgeführt werden oder sehr wichtig sind. Bei einem solchen Projekt wird eine Handvoll Prozesse priorisiert und nach einer Optimierung in einem BPMS umgesetzt, wobei sie idealerweise vollautomatisch mit Drittsystemen über standardisierte Schnittstellen kommunizieren. Diese Projekte dauern verhältnismäßig lange, versprechen aber regelmäßig große Einsparungen und Wettbewerbsvorteile.

Auf der anderen Seite gibt es Aufgaben, die hochspezialisiert sind, selten auftreten oder menschliches Urteilsvermögen erfordern. Für sie rechnet sich eine Automatisierung häufig nicht. Dazwischen liegt aber ein breites Spektrum an Aufgaben, die strukturiert und repetitiv sein können, für die sich aber ein traditionelles Geschäftsprozessmanagement-Projekt nicht lohnt.

Hier setzt RPA an und verwendet virtuelle *Software-Roboter*, um eine Aufgaben, die zuvor ein Mensch ausgeführt hat, auf dessen Computerbildschirm nachzuahmen. Systeme für RPA erlauben es, Bildschirminhalte zu analysieren und mit ihnen zu interagieren. Die Implementierung eines Roboters ist dabei sehr anbieterspezifisch und geht von der Aufzeichnung und dem Abspielen von Benutzerkommandos im Zielsystem bis hin zur Spezifikation von komplexen Regelsystemen, die einem eigenen kleinen Prozessmodell folgend zur Ausführung verwendet werden. Einige Anbieter versprechen bereits künstliche Intelligenzen, die einmal angelernt noch flexibler auf Anforderungen reagieren können sollen. Der Markt an RPA-Software ist im Entstehen und wird sich über die nächsten Jahre konsolidieren.

Beispiel. Nehmen wir einmal an, die Aufgabe *Flug suchen* wäre als Benutzeraufgabe implementiert. Dies würde bedeuten, dass der Benutzer aus dem BPMS die geplanten Reisedaten per Hand in mehrere Flugbuchungsportale eingeben müsste. Nun würde der Benutzer die Ergebnisse vergleichen und eine Buchung vornehmen. RPA könnte diese Benutzeraufgabe verbessern, indem automatisiert über die existierende Benutzerschnittstelle die Reisedaten kopiert und in eine beliebige Anzahl von Suchmasken von Reiseportalen eingefügt werden. Die Ergebnisse und Buchungslinks könnten in eine übersichtliche Excel-Liste oder ein eigenes Frontend kopiert werden. Das Ergebnis wäre eine Übersicht verfügbarer Flüge vergleichbar mit den Ergebnissen einer Meta-Suchmaschine wie zum Beispiel Google Flights. All dies ist möglich, ohne das Prozessmodell oder existierende Schnittstellen dafür zu verändern. Der Prozess würde mit der Eingabe der gebuchten Flüge regulär fortgesetzt.

Entsprechend bringt der Einsatz von Software-Robotern mittels RPA mehrere Vorteile mit sich:
- RPA benötigt keine eigenen Schnittstellen und aufwändige Prozessintegration. Es setzt an der existierenden Benutzerschnittstelle an. Da Roboter die Arbeit des Menschen imitieren, ist nur die bereits existierende Schnittstelle zum Prozess – häufig eine Eingabemaske – notwendig.
- RPA arbeitet signifikant schneller als ein Mensch und das 24/7. Selbst wenn man bereits durch Outsourcing den Faktor der Lohnkosten gesenkt hat, ist ein Roboter auf lange Sicht meist dennoch billiger, da er rund um die Uhr zur Verfügung steht und nur Kosten für Software, Hardware und Strom erzeugt. Weiterhin ist je nach Bedarf unproblematisch möglich, die Anzahl Roboter zu verändern, um Abarbeitungsstaus zu verringern.
- RPA macht keine typisch menschlichen Fehler (insb. Übertragungsfehler: z. B. in der Zeile verrutscht, Zahlendreher usw.).

Allerdings ist RPA auch kein Allheilmittel für sämtliche Probleme des Geschäftsprozessmanagements:
- RPA ist keine ganzheitliche Prozesslösung, sondern es geht um die punktuelle Automatisierung von einzelnen Aufgaben, die typischerweise in einem Prozess eingebettet sind. Eine bessere, aber weniger marketingtaugliche, Bezeichnung wäre Robotic Task Automation.

– RPA kann nur gut verstandene, strukturierte Aufgaben automatisieren, die sich mit einem Regelsystem abbilden lassen und eine geringe Veränderungsfrequenz haben. Künstliche Intelligenz für RPA ist noch in den Kinderschuhen und wird auch in Zukunft Aufgaben, die menschliches Abwägen beinhalten, nur unzureichend durchführen können. Sich ständig ändernde Schnittstellen wie beispielsweise Webseiten erfordern kontinuierliche Anpassungen der Roboter.

– RPA erhöht häufig nicht automatisch die Qualität und Standardisierung von Prozessen, sondern es verbessert lediglich die Durchlaufzeit und reduziert Kosten und gegebenenfalls menschliche Fehler. War der Prozess vorher ineffizient, ist er auch nachher ineffizient, wenn nicht vorher der Kontrollfluss optimiert wurde.

Insbesondere die Wirtschaftlichkeitsberechnung für RPA kann noch nicht auf Langzeitstudien zurückgreifen und Anbieter betrachten derzeit nur eher kurzfristige monetäre Auswirkungen. Für die Governance von RPA, Auswirkungen auf den Menschen (vgl. die Ausführungen zu „Technochange" in [54]), und Folgekosten im Sinne technischer Schulden [3] gibt es nur wenige Untersuchungen. Es gibt allerdings volkswirtschaftliche Studien, die belegen, dass Firmen, die Roboter in der Produktion einsetzen, erfolgreicher sind, als Firmen, die darauf verzichtet haben [41]. Ein ähnlicher Zusammenhang für Software-Roboter liegt nahe, ist aber bislang unbelegt. Auf jeden Fall sollten RPA-Projekte trotz ihrer potentiell geringen Kosten und ihrem schnellen Return on Investment nicht vollständig dezentral durchgeführt werden, um einer unüberschaubaren Schatten-IT entgegenzuwirken. Entsprechende Managementansätze sind allerdings erst im Entstehen.

Es lässt sich also festhalten, dass eine hohe Frequenz der Aufgabe, die Notwendigkeit, mehrere Systeme über Benutzerschnittstellen anzufragen, niedrige kognitive Anforderungen bei der Bearbeitung gepaart mit einer geringen Veränderungsfrequenz der Aufgabe dafürsprechen, dass kurzfristige, monetäre Vorteile mit RPA realisierbar sind. Unternehmen sollten RPA als Technologie daher in ihre Überlegungen zu ihrer BPM/Digitalisierungs-Strategie einbeziehen.

9.5 Zum Nachdenken und Weiterlesen

In diesem Kapitel wurde die Automatisierung von Prozessen mittels BPMS und RPA eingeführt. Die Darstellung orientiert sich an Referenzarchitektur für BPMS der WfMC. Aufbauend auf den zuvor eingeführten Mustern und Modellierungssprachen können ausführbare Prozessmodelle spezifiziert werden. Diese werden von einer Process-Engine instanziiert und einem Prozesslebenzyklus-Modell folgend ausgeführt. Das BPMS überwacht dabei nicht nur die einzelne Prozessinstanz, sondern die Gesamtheit aller auf der Process-Engine ausgeführten Prozessinstanzen.

Zusätzlich wurde RPA als neuartige Technologie eingeführt, von BPMS abgegrenzt und ihre Vor- und Nachteile diskutiert.

BPMS bieten die zentrale Grundlage für ein erfolgreiches Geschäftsprozessmanagement. Viele frühe Versuche des Business Process Reengineering sind beispielsweise auch daran gescheitert, dass keine umfassende informationstechnische Unterstützung für die Prozessautomatisierung verfügbar war. Dies ist heutzutage anders. Es ist nun vielmehr eine Herausforderung, das Zusammenspiel mehrerer BPMS und anderer Systeme auch über Firmengrenzen hinweg im Griff zu behalten.

? Konzeptionelle Modelle zu Entwurfszwecken sind wie in den vorangegangenen Kapiteln beschrieben häufig auf einem abstrakteren Niveau modelliert, das Detailaufgaben zusammenfasst. Nehmen Sie das Model aus Abb. 4.11, welches für die Beispiele in diesem Kapitel verwendet wurde, und versuchen Sie es für die Ausführung in einem BPMS zu detaillieren. Überdenken Sie beispielsweise den Detaillierungsgrad des Models und überlegen Sie, ob die Aufgabe „Reise buchen" wirklich mit nur einer Maske ausgeführt werden kann oder ob mehrere Aufgaben benötigt werden.

? Versuchen Sie den Prozess möglichst weitgehend zu automatisieren, so dass die Benutzerinteraktion minimal ist.

? Der Einsatz von RPA führt unweigerlich dazu, dass Sie neben dem BPMS noch ein weiteres System im Einsatz haben, welches Sie bei der Prozessausführung unterstützt. Diskutieren Sie Pro und Kontra der beispielhaft skizzierten Aufgabe *Flug suchen* mit RPA im Gegensatz zur gegenwärtigen Implementierung als manuelle Aufgabe und im Gegensatz zu einer Service-Aufgabe. Wie würden Sie entscheiden? Was sind ihre Annahmen dabei?

? Diskutieren Sie, inwieweit sich das Beispielszenario über die Flugbuchung hinaus für RPA eignet.

10 Process-Mining: Prozessanalyse mit Ereignisdaten

10.1 Einführung

Prozessmodelle werden benutzt, um Prozesse und Vorgänge in der realen Welt zu beschreiben. Modelle werden von Hand für eine bestimmte Aufgabe erstellt. Typische Anwendungen haben wir schon in früheren Kapiteln kennengelernt: Verständnis des Prozesses und Kommunikation über den Prozess, Analyse des Prozesses, zum Beispiel Schwachstellen-Analyse (vgl. Kap. 6), formale Verifikation (vgl. Kap. 8), Simulation (vgl. Kap. 7), oder die automatisierte Ausführung (vgl. Kap. 9).

Obwohl von Modellierern per Hand erstellte Prozessmodelle als Grundlage für die – potentiell sogar modellgetriebene – Ausführung eines Prozesses dienen, weichen Prozessausführungen in der Realität oft von diesen Prozessmodellen ab.

Dafür gibt es mehrere Gründe: Zum einen bilden die Modelle oft nicht das vollständige Wissen über einen Prozess ab. Prozessteilnehmer kennen oft nur die Arbeitsschritte, für die sie selbst verantwortlich sind und können so nur unvollständige Informationen über den Gesamtprozess beitragen. Weiterhin können einzelne Fälle Besonderheiten aufweisen, die eine abweichende Fallbearbeitung erfordern. Und schließlich können sich die vorgegebenen Abläufe in der Praxis als unpraktisch erweisen, so dass einzelne oder mehrere Prozessteilnehmer bei der Fallbearbeitung andere Schritte und Schrittfolgen vornehmen als dokumentiert oder bekannt ist.

Diese Abweichungen treten in praktisch allen Prozessen auf, die nicht vollautomatisch ausgeführt werden oder in denen Menschen (Kunden, Mitarbeiter, Zulieferer, usw.) Einfluss auf Eingaben oder einzelne Schritte haben.

Solche Abweichungen zwischen dokumentiertem Prozess und realer Prozessausführung bilden eine der größten Hürden für die Unterstützung der Prozessausführung (ein falsches Modell kann die Realität nicht gut unterstützen) und in der Prozessanalyse (wenn nicht bekannt ist, wie der Prozess ausgeführt wird, lassen sich auch nicht die tatsächlichen Schwachstellen finden und analysieren).

Glücklicherweise lassen sich Daten über die tatsächliche Prozessausführung erheben. Wird die Prozessausführung durch ein oder mehrere IT-Systeme unterstützt, so lassen sich die IT-Systeme so konfigurieren, dass Informationen über die tatsächliche Ausführung eines Arbeitsschrittes als Ereignis in einem Ereignisprotokoll gespeichert werden. Abb. 10.1 verdeutlicht diesen Zusammenhang zwischen Modell, IT-System, tatsächlicher Ausführung und Ereignisprotokoll.

Die systematische Analyse von Prozessen auf der Basis von Ereignisprotokollen bezeichnet man als **Process-Mining** (analog zu dem aus dem Englischen entlehnten Begriff *Data-Mining*). Process-Mining erlaubt sowohl eine Analyse ausschließlich auf der Basis von Ereignisprotokollen als auch einen Vergleich zwischen von Hand erstelltem Modell und Ereignisprotokoll.

https://doi.org/10.1515/9783110500165-010

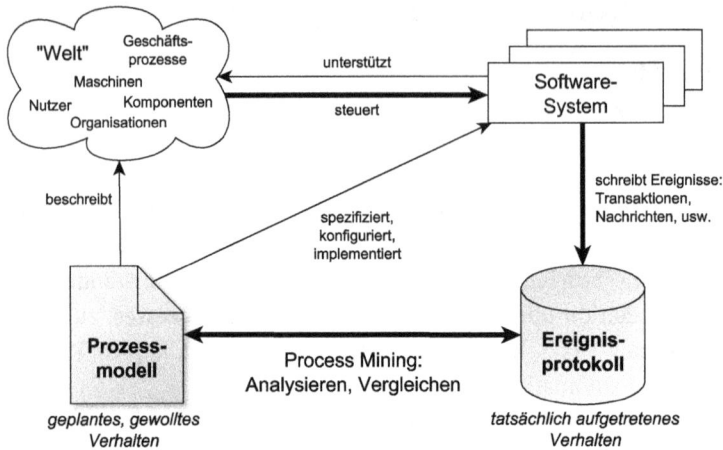

Abb. 10.1: Prozessanalyse mit Ereignisdaten stellt gewolltes, modelliertes Verhalten dem tatsächlich in der „Welt" aufgetretenen Verhalten gegenüber.

Dieses Kapitel widmet sich der rein datenbasierten Analyse von Ereignisprotokollen. Wir erläutern zunächst die grundlegenden Konzepte und Formate von Ereignisprotokollen in den Abschnitten 10.2 und 10.3. Wir erklären dann in Abschnitt 10.4, wie sich grundlegende Einsichten in einen Prozess bereits direkt anhand der rohen Ereignisprotokoll-Daten gewinnen lassen. In Abschnitt 10.5 führen wir den *Direkt-Folge-Graph* ein, der ein Ereignisprotokoll visuell darstellt und so ein besseres Verständnis der aufgetretenen Prozessausführungen erlaubt. Wir zeigen dann in Abschnitt 10.6, wie sich mittels Vorverarbeitungsoperationen auf dem Ereignisprotokoll detaillierte Einsichten in die Prozessausführung für eine Schwachstellenanalyse (Abschnitt 10.7) gewinnen lassen. Schliesslich stellen wir in Abschnitt 10.8 eine Methode für eine zielgerichtete Analyse eines Prozesses anhand eines Ereignisprotokolls vor.

Der letzte Abschnitt 10.9 dieses Kapitels gibt einen Überblick über weitere Techniken und Methoden des Process-Minings. Zwei dieser Methoden, die Analyse von Abweichungen zwischen Modell und Ereignisprotokoll (Conformance Checking) sowie die automatische Prozessaufnahme (Process Discovery), werden in den Kapiteln 11 und 12 behandelt.

10.2 Was ist ein Ereignisprotokoll?

Ein **Ereignisprotokoll** (engl. *event log*) ist Ausgangspunkt jeder Prozessanalyse im Process-Mining. Wenn ein Mitarbeiter einen Arbeitsschritt eines Prozesses durchführt, so kann das unterstützende Software-System diese Durchführung als **Ereignis** im Protokoll aufzeichnen. Wie in Abb. 10.2 dargestellt, entspricht ein Ereignis damit

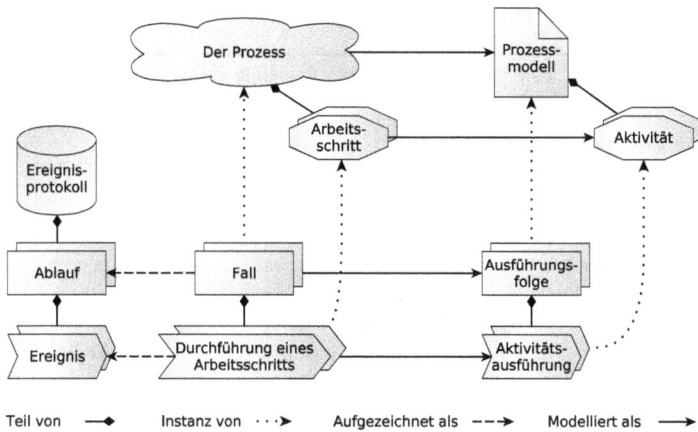

Abb. 10.2: Übersicht der Terminologie im Bereich des Process-Minings.

der Durchführung (genauer: dem Starten oder dem Beenden) eines *Arbeitsschrittes* im *Prozess*. Dieser Arbeitsschritt ist im *Modell* als *Aktivität* beschrieben.

Wir wissen bereits, dass Arbeitsschritte immer in einer bestimmten *Prozessinstanz* durchgeführt werden. Im Kontext des Process-Minings hat sich für „Prozessinstanz" der Begriff **Fall** (engl. *case*) etabliert und meint beispielsweise eine konkrete Buchungsanfrage, eine konkrete Nutzung eines Röntgenscanners oder der Aufruf einer Website durch einen bestimmten Nutzer. Ein Prozessmodell beschreibt alle möglichen *Ausführungsfolgen* von Aktivitäten, die in Instanzen des Prozesses auftreten können. In einem Ereignisprotokoll stehen in der Regel zahlreiche Ereignisse, die in verschiedenen Fällen (Prozessinstanzen) aufgetreten sind. Für die Analyse fassen wir aber jeweils diejenigen Ereignisse zusammen, die zum selben Fall gehören. Die zeitlich geordneten Ereignisse eines Falles werden **Ablauf** (engl. *trace*) genannt.

Für das Speichern von Ereignissen in Protokolldateien gibt es verschiedene Formate. Das am häufigsten anzutreffende Format ist in Tab. 10.1 gezeigt.

In diesem Format beschreibt jede Zeile der Protokolldatei beziehungsweise der Tabelle ein **Ereignis** (engl. *event*) und jede Spalte der Tabelle steht für ein **Attribut** (engl. *attribute*). Somit beschreibt ein Eintrag in einer bestimmten Zeile und Spalte, welchen Wert ein Attribut für das in dieser Zeile protokollierte Ereignis hat. Das Ereignisprotokoll in Tab. 10.1 enthält 53 Ereignisse eines Reisebuchungsprozesses. Die dritte Zeile beschreibt das Ereignis, dass die Aktivität *Reise planen* in Anfrage Nummer *717* am *2.5.* um *9:30* Uhr von *Adam* vollständig (*complete*) ausgeführt wurde; die Anfrage ist für die Reisende *Gloria* und beinhaltet eine Buchung für ein Hotel (*ja*), jedoch nicht für einen Flug (*nein*).

Wurde das Ereignisprotokoll von einem Geschäftsprozessmanagementsystem (siehe Kapitel 9) oder einem Informationssystem geschrieben, so finden sich in der Regel drei Standard-Attribute für jedes Ereignis: Der **Aktivitätsname** (engl. *activi-*

Tab. 10.1: Beispiel eines Ereignisprotokolls.

Anfrage Aktivität	Status	Zeit	Nutzer	Reisende	Flug	Hotel
716 Flug buchen	complete	02.05. 14:45	Emma	Fred	KL 421	
716 Unterl. speichern	complete	02.05. 14:50		Fred		
717 Reise planen	complete	02.05. 9:30	Adam	Gloria	nein	ja
717 Prüfen	complete	02.05. 10:15	Henry	Gloria		
717 Prüfen	complete	02.05. 14:20	Bettina	Gloria		
717 Reise planen	complete	03.05. 11:10	Adam	Gloria	ja	ja
717 Prüfen	complete	04.05. 15:19	Bettina	Gloria		
717 Hotel suchen	start	04.05. 16:00	Adam	Gloria		
717 Hotel suchen	complete	04.05. 16:25	Adam	Gloria		Am Markt
717 Flug suchen	start	04.05. 16:40	Emma	Gloria		
717 Flug suchen	complete	04.05. 17:10	Emma	Gloria	LH 239	
717 Hotel suchen	start	05.05. 8:55	Emma	Gloria		
717 Hotel suchen	complete	05.05. 9:05	Emma	Gloria		Hirsch
717 Hotel buchen	complete	05.05. 12:30	Adam	Gloria		80 EUR
717 Flug buchen	complete	05.05. 13:35	Emma	Gloria	150 EUR	
717 Unterl. speichern	complete	05.05. 13:40		Gloria		
718 Reise planen	complete	04.05. 9:05	David	Adam	ja	ja
718 Prüfen	complete	04.05. 9:35	Henry	Adam		
718 Prüfen	complete	05.05. 15:20	Bettina	Adam		
718 Reise planen	complete	05.05. 15:55	Adam	Adam	nein	ja
718 Hotel buchen	complete	05.05. 20:35	Adam	Adam		120 EUR
718 Unterl. speichern	complete	05.05. 20:40		Adam		
719 Reise planen	complete	04.05. 10:15	Henry	Henry	ja	ja
719 Prüfen	complete	04.05. 15:21	Bettina	Henry		
719 Hotel suchen	start	04.05. 16:05	David	Henry		
719 Flug suchen	start	04.05. 16:35	Emma	Henry		
719 Hotel suchen	complete	04.05. 16:40	David	Henry		Crown
719 Flug suchen	complete	04.05. 17:00	Emma	Henry	AA 23	
719 Hotel buchen	complete	04.05. 17:15	Emma	Henry		420 EUR
719 Flug buchen	complete	04.05. 17:35	David	Henry	630 EUR	
719 Unterl. speichern	complete	04.05. 17:40		Henry		
720 Reise planen	complete	04.05. 10:25	Adam	Bettina	ja	nein
720 Prüfen	complete	04.05. 11:00	Henry	Bettina		
720 Prüfen	complete	04.05. 15:22	Bettina	Bettina		
720 Prüfen	complete	05.05. 9:10	David	Bettina		
720 Flug suchen	start	05.05. 9:25	Emma	Bettina		
720 Hotel suchen	start	05.05. 9:40	David	Bettina		
720 Flug suchen	complete	05.05. 9:45	Emma	Bettina	LH 45	
720 Flug buchen	complete	05.05. 10:00	Emma	Bettina	310 EUR	
720 Hotel suchen	abort	05.05. 10:05	David	Bettina		
720 Mietwagen buchen	complete	05.05. 10:25	Bettina	Bettina		
720 Unterl. speichern	complete	05.05. 10:30		Bettina		

Tab. 10.1: Fortsetzung.

Anfrage Aktivitat	Status	Zeit	Nutzer	Reisende	Flug	Hotel
721 Reise planen	complete	05.05. 12:10	David	David	ja	ja
721 Prüfen	complete	05.05. 12:45	Henry	David		
721 Prüfen	complete	05.05. 16:35	Bettina	David		
721 Hotel suchen	start	05.05. 16:50	Adam	David		
721 Flug suchen	start	05.05. 16:50	Emma	David		
721 Flug suchen	complete	05.05. 17:05	Emma	David	EZ 321	
721 Hotel suchen	complete	05.05. 17:10	Adam	David		Seehotel
721 Hotel buchen	complete	05.05. 17:20	Adam	David		65 EUR
721 Flug buchen	complete	05.05. 17:35	Emma	David	50 EUR	
721 Unterl. speichern	complete	05.05. 17:40		David		
722 Reise planen	complete	06.05. 9:00	Adam	Ida	ja	ja

ty name) beschreibt, welche Aktivität beim Auftreten des Ereignisses durchgeführt wurde; der **Zeitstempel** (engl. *time stamp*) beschreibt, wann das Ereignis beobachtet wurde; und ein **Fallidentifikator** (engl. *case identifier*) verweist auf den *Fall* (bzw. die *Prozessinstanz*), in dem die Aktivität ausgeführt wurde. In Tab. 10.1 erkennen wir das Attribut *Aktivität* als Aktivitätsname, *Zeit* als Zeitstempel, und *Anfrage* als Fallidentifikator.

Ein Ereignis beschreibt eine atomare Beobachtung einer Prozessaktivität in einem Fall. Ein Ereignis ⚡ steht aber nicht für die Aktivität, sondern für das Erreichen eines bestimmten Zustandes (z. B. „die Aktivität wurde beendet"). Somit hat das Ereignis selbst keine Dauer.

Beispiele für Ereignisse sind der Abschluss der Prüfung einer Reiseanfrage, die Aufnahme eines Röntgenbildes oder das Auslösen eines Dateidownloads auf einer Webseite.

Wenn wir Ereignisse eines Protokolls anhand des Fallidentifikators (im Beispiel: das Attribut *Anfrage*) gruppieren und anhand ihrer Zeitstempel (im Beispiel: das Attribut *Zeit*) ordnen, erhalten wir für jeden Fallidentifikator einen Ablauf. Ein Ablauf wird oft als *Folge* der auftretenden Aktivitätsnamen dargestellt. So finden wir in Tab. 10.1 für Anfrage 716 den Ablauf ⟨*Flug buchen, Unterlagen speichern*⟩ und für Anfrage 718 den Ablauf ⟨*Reise planen, Prüfen, Prüfen, Reise planen, Hotel buchen, Unterlagen speichern*⟩.

Nehmen wir an, das Protokoll stammt aus einem Geschäftsprozessmanagement-system, das den Reisebuchungsprozess aus Abb. 4.11 in Kapitel 4 implementiert. Wenn wir die aufgezeichneten Abläufe mit den im BPMN-Modell beschriebenen Ausführungsfolgen vergleichen, erkennen wir sofort mehrere Abweichungen: Beispielsweise beginnt Fall 716 mit der Aktivität *Flug buchen* anstatt mit *Reise planen*. In Fall 718 wird *Prüfen* zweimal hintereinander ausgeführt, *ohne* die dazwischen vorgeschriebenen Schritte *Änderungen anfordern* und *Reise planen*. Auch *Hotel suchen* wird übersprungen.

Im Folgenden stellen wir Process-Mining-Techniken vor, mit denen wir die aufgezeichneten Abläufe analysieren, Abweichungen vom erwarteten Verhalten erkennen und Schwachstellen analysieren können.

10.3 Ein Datenmodell für Ereignisprotokolle

Zum Datenaustausch, beispielsweise zwischen IT-System und einem Programm zur Datenanalyse, wird das in Tab. 10.1 gezeigte tabellenbasierte Ereignisprotokoll oftmals im text-basierten **CSV-Format** [85] (*Comma-Separated-Value*) gespeichert; daher wird auch dieses Ereignisprotokoll-Format selbst oftmals *CSV-Format* genannt. Das CSV-Format wird von praktisch jeder Software für Process-Mining-Analysen unterstützt.

Während das CSV-Format einfach maschinell zu schreiben und zu lesen ist, ist es für die direkte Analyse eher ungeeignet. Es stellt keine Anforderungen an die Datenkonsistenz (z. B. an Attribute, die zwingend für eine Process-Mining-Analyse erforderlich sind oder an die zeitliche Ordnung von Ereignissen) und bildet auch die Ereignisse verschiedener Prozessinstanzen nicht getrennt voneinander ab (es werden lediglich alle Ereignisse aller Instanzen aufgelistet). Der Ereignisprotokoll-Standard **XES** [36, 38, 1] (*eXtensible Event Stream*) schafft hier Abhilfe und definiert ein Datenmodell und Konsistenzkriterien für Ereignisprotokolle.

Abläufe und Ereignisse in XES

Das XES-Datenmodell in Abb. 10.3 definiert, dass ein Ereignisprotokoll eine Menge von Abläufen enthält. Ein **Ablauf** beschreibt die Ausführung des Prozesses für einen bestimmten Fall als Folge von Ereignissen. Abb. 10.4 zeigt die ersten Zeilen des XES-Ereignisprotokolls für die bereits in Tab. 10.1 dargestellten Ereignisse. Wir erkennen, dass beide Darstellungen dieselben Informationen enthalten, Unterschiede gibt es nur im Format. Jedes XML-Element `trace` beschreibt einen Ablauf eines Falles. Die `event`-Elemente sind XML-Unterelemente der `trace`-Elemente. Auf diese Weise wird jedes Ereignis genau einem Ablauf zugeordnet.

Eigenschaften eines Ablaufs werden als **Attribut-Werte-Paare** innerhalb des `trace`-Elements näher beschrieben (dazu dienen die *trace-global*-Attribute im XES-Metamodell in Abb. 10.3). So hat jeder Fall in unserem Beispiel in Abb. 10.4 drei Attribute: `Anfrage` und `Reisende` sowie den *eindeutigen* **Fallidentifikator** (engl. *case identifier*), der in XES mit dem Schlüsselwort `concept:name` ausgewiesen wird. Das CSV-Format in Tab. 10.1 und das XES-Format stellen Fallidentifikatoren unterschiedlich dar:

- Das CSV-Format weist keinen Fallidentifikator aus. Wir müssen selber festlegen, welches Attribut als Fallidentifikator dienen soll, zum Beispiel *Anfrage*.

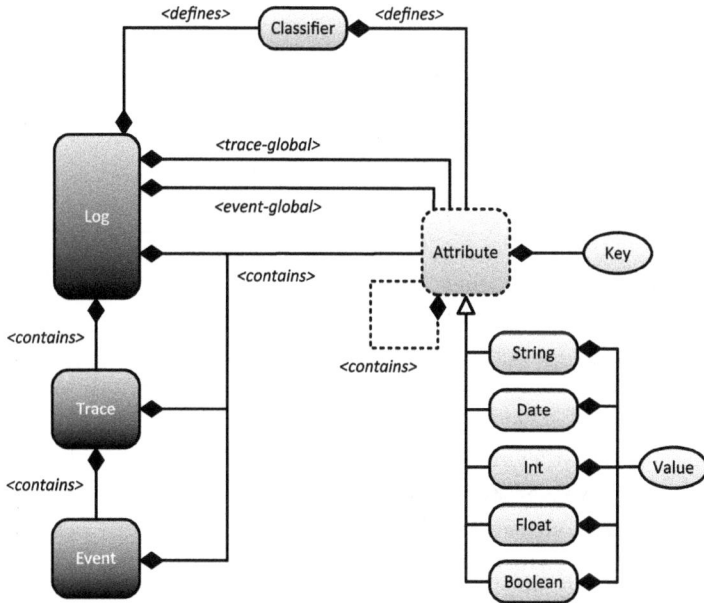

Abb. 10.3: Datenmodell eines Ereignisprotokolls nach XES-Standard [36] (Ausschnitt).

–   Das XES-Format weist den Fallidentifikator explizit aus, jedoch können wir
    (im Beispiel von Abb. 10.4) nur aus den gleichen Werten für concept:name und
    Anfrage schließen, dass das *Anfrage*-Attribut als Fallidentifikator dient.

Wir erläutern später, wie das CSV-Format in das XES-Format transformiert werden
kann.

Die Reihenfolge der event-Elemente innerhalb des trace-Elements entspricht
der *Abfolge der Ereignisbeobachtungen* des Ablaufs. Sie richtet sich also nach den
Zeitpunkten, an denen die Ereignisse protokolliert wurden. Beispielsweise wurde in
Fall 716 zuerst *Flug buchen* beobachtet und anschließend *Unterlagen speichern*. Auch
jedes Ereignis wird durch Attribut-Werte-Paare näher beschrieben (die *event-global*-
Attribute im XES-Metamodell in Abb. 10.3). In unserem Beispiel hat das erste Ereignis
in Fall 717 in Abb. 10.4 sechs Attribute: Aktivität, Nutzer, Flug, Status, Zeit, so-
wie den mit dem XES-Schlüsselwort concept:name nochmal separat ausgewiesenen
Aktivitätsnamen.

XES nutzt das Schlüsselwort concept:name in zwei Bedeutungen: innerhalb eines trace-Elements als
eindeutigen Fallidentifikator und innerhalb eines event-Elements als eindeutigen Aktivitätsnamen.
Wir wissen aus Abschnitt 10.2, dass wir für die Process-Mining-Analyse *beide* Attribute aus den gegebenen Attributen wählen und festlegen müssen. Beim Erstellen eines Ereignisprotokolls im XES-
Format dokumentieren die concept:name-Attribute diese Festlegungen.

```
<log xes.version="1.0">
  ...
  <classifier name="Name" keys="concept:name"/>
  <classifier name="Bearbeitet" keys="Nutzer"/>
  <classifier name="Name+Status" keys="concept:name Status"/>
  ...
  <string key="concept:name" value="XES Event Log"/>
  <trace>
    <string key="concept:name" value="716"/>
    <string key="Anfrage" value="716"/>
    <string key="Reisende" value="Fred"/>
    <event>
      <string key="concept:name" value="Flug buchen"/>
      <string key="Aktivität" value="Flug buchen"/>
      <string key="Flug" value="KL 421"/>
      <string key="Nutzer" value="Emma"/>
      <string key="Status" value="complete"/>
      <date key="Zeit" value="2019-05-02 14:45:00"/>
    </event>
    <event>
      <string key="concept:name" value="Unterlagen speichern"/>
      <string key="Aktivität" value="Unterlagen speichern"/>
      <string key="Status" value="complete"/>
      <date key="Zeit" value="2019-05-02 14:50:00"/>
    </event>
  </trace>
  <trace>
    <string key="concept:name" value="717"/>
    <string key="Anfrage" value="717"/>
    <string key="Reisende" value="Gloria"/>
    <event>
      <string key="concept:name" value="Reise planen"/>
      <string key="Aktivität" value="Reise planen"/>
      <string key="Nutzer" value="Adam"/>
      <string key="Flug" value="nein"/>
      <string key="Hotel" value="ja"/>
      <string key="Status" value="complete"/>
      <date key="Zeit" value="2019-05-02 09:30:00"/>
    </event>
      ...
```

Abb. 10.4: Ereignisdaten aus Tab. 10.1 im XES-Format.

Ereignisse und Attribute mathematisch beschreiben

Das XES- und das CSV-Format haben neben ihren offensichtlichen Gemeinsamkeiten einige subtile Unterschiede in der Darstellung von Fallidentifikatoren und Aktivitäts-namen. Um sicher über Ereignisprotokolle in verschiedenen Formaten reden zu können, führen wir im Folgenden einige einfache Definitionen ein. Diese Definitionen helfen uns später auch zwischen beiden Formaten zu übersetzen – eine Standard-Aufgabe in der praktischen Arbeit mit Ereignisprotokollen.

Wir definieren zunächst Ereignisse und ihre Attribute, Abläufe folgen später.

Definition 10.1 (Ereignis, Attribut). Ein *Ereignis* beschreibt, dass ein bestimmter, be-obachtbarer Zustand in einer Prozessausführung erreicht wurde und wird durch Attri-bute näher beschrieben. Sei $\mathcal{E}$ die Menge aller möglichen Ereignisse. Sei A eine Menge von *Attributnamen*.

Für jedes Ereignis $e \in \mathcal{E}$ und jeden Attributnamen $a \in A$ ist $\#_a(e)$ der Wert von Attribut a für Ereignis e. Wir schreiben $\#_a(e) = \bot$, wenn das Attribut a für e nicht vor-handen ist.

Die folgende Ereignis-Attribute werden standardmäßig in Ereignisprotokollen von Geschäftsprozessen aufgezeichnet. In Klammern nennen wir die vom XES-Standard genutzten Schlüssel-Attributnamen.

- $\#_{\text{Aktivität}}(e)$ beschreibt die Aktivität, die in Ereignis e beobachtet wurde in Form des **Aktivitätsnamens** (engl. *activity name*) (XES: concept:name).
- $\#_{\text{Zeit}}(e)$ beschreibt den **Zeitstempel** (engl. *time stamp*), der den Zeitpunkt der Be-obachtung angibt (XES: time:timestamp).
- $\#_{\text{Resource}}(e)$ beschreibt, durch welche **Ressource** (engl. *resource*) (also durch welchen Nutzer oder welche Maschine) die Aktivität ausgeführt wurde (XES: org:resource). In unserem Beispiel ist diese Information im Attribut *Nutzer* ge-speichert.
- $\#_{\text{Transition}}(e)$ beschreibt, welcher Übergang im **Aktivitäts-Lebenszyklus** (engl. *activity life-cycle*) beobachtet wurde (vgl. Abschnitt 9.3). Solche Zustandsän-derungen sind zum Beispiel *start* (Aktivität wurde begonnen), *complete* (Ak-tivität wurde abgeschlossen) oder *abort* (Aktivität wurde abgebrochen) (XES: lifecycle:transition). In unserem Beispiel ist diese Information im Attribut *Status* gespeichert. Die Zustände entsprechen denen des Prozesslebenszyklus aus Abb. 9.2. Fehlt das Lebenszyklus-Attribut im Protokoll, so beschreibt das Er-eignis in der Regel, dass die Aktivität abgeschlossen wurde und es wird der Wert $\#_{\text{Transition}}(e) = complete$ angenommen.

Halten wir kurz inne und vergleichen das Ereignisprotokoll im CSV-Format in Tab. 10.1 mit Definition 10.1. Jede Tabellenzeile im Ereignisprotokoll im CSV-Format beschreibt ein Ereignis mitsamt seinen Attributen.

Ein Ereignisprotokoll im CSV-Format ist dann einfach eine Folge $\langle e_1, \ldots, e_n \rangle$ von Ereignissen. Die konkrete Reihenfolge der Ereignisse im CSV-Format ist *nicht* festgelegt; in der Praxis sind die Ereignisse im Ereignisprotokoll im CSV-Format oft der Reihenfolge des Aufzeichnens nach geordnet. Die in Tab. 10.1 dargestellte Ordnung nach dem von uns gewählten Fallattribut *Anfrage* und nach dem *Zeit*-Attribut haben wir – mit unserem Wissen um die Bedeutung der beiden Attribute – zur besseren Verständlichkeit im Nachhinein erzeugt.

Erst das XES-Format erlaubt uns, Ereignisse sicher nach *Fall* zu gruppieren und zeitlich in einen *Ablauf* zu ordnen und auch so zu speichern. Wir definieren nun diese beiden Begriffe, auf denen das XES-Format aufbaut.

Fallidentifikator

Wir haben „**Fall**" in Abschnitt 10.2 als anderen Begriff für *Prozessinstanz* eingeführt: Die Ereignisse eines Ablaufs beschreiben Prozessschritte, die in derselben Prozessinstanz durchgeführt wurden. Im Ereignisprotokoll können wir diese Ereignisse über einen sogenannten *Fallidentifikator* einander zuordnen.

Definition 10.2 (Fallidentifikator). Sei $\mathcal{E}$ die Menge aller möglichen Ereignisse, A eine Menge von Attributnamen und $\mathcal{E}_\mathcal{L} \subseteq \mathcal{E}$ die Menge der Ereignisse, die tatsächlich beobachtet wurden.

Ein Attribut *Fall* $\in A$ heißt **Fallidentifikator**, wenn gilt: Für je zwei Ereignisse $e_1, e_2 \in \mathcal{E}_\mathcal{L}$ ist $\#_{Fall}(e_1) = \#_{Fall}(e_2)$ genau dann, wenn die beiden Ereignisse innerhalb desselben Falls (also in derselben Geschäftsprozessinstanz) beobachtet wurden.

In unserem Beispiel aus Tab. 10.1 wäre *Fall* := *Anfrage*. Haben wir einen Fallidentifikator *Fall* gewählt, dann ist $C = \bigcup_{e \in \mathcal{E}_\mathcal{L}} \{\#_{Fall}(e)\}$ die Menge aller beobachteten *Fälle*. Der Wert des *Fall*-Attributes ordnet dann jedes Ereignis genau einem Fall $c \in C$ zu.

Im Process-Mining kann der Begriff „Fall" aber auch auf andere Weise verwendet werden, wenn es nämlich gilt, Ereignisse nach einem anderen Kriterium als der Prozessinstanz zusammenzufassen. Dies führt uns zu folgender verallgemeinerter Definition:

Definition 10.3 (Fallidentifikator, verallgemeinert). Sei $\mathcal{E}$ die Menge aller möglichen Ereignisse, A eine Menge von Attributnamen und $\mathcal{E}_\mathcal{L} \subseteq \mathcal{E}$ die Menge der Ereignisse, die tatsächlich beobachtet wurden.

Ein Attribut *Fall* $\in A$ wird als Fallidentifikator ausgewählt. Man sagt dann: zwei Ereignisse $e_1, e_2 \in \mathcal{E}_\mathcal{L}$ gehören zum selben Fall, wenn $\#_{Fall}(e_1) = \#_{Fall}(e_2)$.

In unserem Beispiel kann man etwa durch die Auswahl *Fall* := Nutzer alle Ereignisse als einen Fall ansehen, die demselben Nutzer zugeordnet sind – unabhängig von der Prozessinstanz. Ebenso kann man mit *Fall* := Reisende alle Ereignisse als einen Fall betrachten, die denselben Kunden betreffen.

Normalerweise wählen wir als Fallidentifikator ein Attribut, das für jedes Ereignis $e \in \mathcal{E}_L$ definiert ist, also $\#_{Fall}(e) \neq \perp$. Dies ist jedoch nicht zwingend. Ereignisse, die keinem Fall zugeordnet sind, erhalten den „undefinierten" Fallidentifikator $\perp$ und werden typischerweise von der Analyse ausgeschlossen.

Ablauf

Ein **Ablauf** ist die Folge genau der Ereignisse, die alle denselben Attributwert für den gewählten Fallidentifikator haben. In Tab. 10.1, in der *Anfrage* als Fallidentifikator gewählt wurde, sind die einzelnen Abläufe jeweils durch horizontale Striche voneinander getrennt.

Wir sehen am Beispiel von Tab. 10.1 auch, dass es Attribute geben kann, die für sämtliche Ereignisse, die zum selben Ablauf gehören, denselben Wert annehmen. Im Beispiel hat das Attribut *Reisende* diese Eigenschaft. So hat etwa für alle Ereignisse im Ablauf für Anfrage 717 das Attribut *Reisende* den Wert „Gloria". Damit ist es auch sinnvoll, davon zu sprechen, dass das Attribut nicht den einzelnen Ereignissen, sondern der Anfrage 717 als Ganzes zugeordnet ist. Wir definieren:

Definition 10.4 (Ablauf, Ablaufattribut). Sei ein Attribut *Fall* als Fallidentifikator gewählt. Ein Ablauf beschreibt eine endliche Folge $\langle e_1, e_2, \ldots, e_n \rangle$ von Ereignissen mit der Eigenschaft, dass diese Ereignisse alle im selben Fall beobachtet wurden. Das bedeutet, dass für all diese Ereignisse das Attribut *Fall* denselben Wert c annimmt (formal: $\#_{Fall}(e_i) = c \ \forall i = 1, \ldots, n$).

Wenn es jetzt ein weiteres Attribut a gibt, dessen Wert ebenfalls für alle Ereignisse innerhalb eines Ablaufs gleich ist (formal: $\#_a(e_i) = \#_a(e_j) = w \ \forall i, j = 1, \ldots, n$), können wir sagen, dass der Wert w dieses Attributs a nur vom Attributwert c des Fallidentifikators abhängt. Gilt diese Bedingung in jedem Ablauf, dann nennen wir ein solches Attribut **Ablaufattribut.**

Wir schreiben $\#_a(c) = w$ um das Attribut a anschaulich dem Attributwert c des Fallidentifikators (dem Fall c) zuzuordnen — und nicht mehr nur den einzelnen Ereignissen. Diese Schreibweise nutzen wir auch, um den Ablauf (also die Ereignisfolge) seinem Fall c zuzuordnen:

$\#_{Ablauf}(c) = \langle e_1, e_2, \ldots, e_n \rangle$ beschreibt die endliche Folge der Ereignisse des Ablaufs. Das sind laut Def. 10.3 gerade die Ereignisse, die alle im selben Fall beobachtet wurden, das heißt für die gilt $\#_{Fall}(e_i) = c$.

Im Beispiel von Tab. 10.1 ist das Attribut *Anfrage* der Fallidentifikator. *Reisende* ist ein Ablaufattribut. Beispielsweise gilt für alle Ereignisse e_i mit $\#_{Anfrage}(e_i) = 717$, dass $\#_{Reisende}(e_i) = Gloria$. Wir schreiben: $\#_{Reisende}(717) = Gloria$. Das drückt aus, dass für alle Ereignisse, für die der Fallidentifikator *Anfrage* den Wert 717 besitzt, *Reisende* den Wert Gloria hat.

Intuitiv sollten die Ereignisse eines Ablaufs zeitlich aufsteigend geordnet sein. Jedoch können in der Praxis auch folgende Schwierigkeiten auftreten:

1. mehrere Ereignisse tragen denselben Zeitstempel und lassen sich daher nicht eindeutig ordnen,
2. Ereignisse wurden später in das Ereignisprotokoll geschrieben, als sie aufgetreten sind, oder
3. Ereignisse wurden ohne oder mit falschem Zeitstempel aufgezeichnet.

In einer solchen Situation müssen wir den Ablauf zunächst bereinigen (z. B. durch Sortieren der Ereignisse).

Strukturiertes Ereignisprotokoll – das XES-Format

Ein *strukturiertes* Ereignisprotokoll ist nun die Menge der beobachteten Fälle, wobei jeder Fall einen zeitlich geordneten Ablauf hat und jedes Ereignis in *genau einem* Ablauf vorkommt. Dies entspricht dem XES-Format, wie wir es auch in Abb. 10.4 sehen.

Definition 10.5 (strukturiertes Ereignisprotokoll). Ein **strukturiertes Ereignisprotokoll** ist eine Menge $L \subseteq C$ von beobachteten Fällen mit den folgenden Eigenschaften:

1. Jeder Fall $c \in L$ definiert seinen Ablauf als Folge von Ereignissen als Attribut $\#_{\text{Ablauf}}(c) = \langle e_1, e_2, \ldots, e_n \rangle$ (der Ablauf kann auch leer sein: $\#_{\text{Ablauf}}(c) = \langle \rangle$).
2. Jedes Ereignis im Ablauf hat ein Attribut zur Bezeichnung der Aktivität und eines zur Bezeichnung der Zeit. Das bedeutet konkret: Es gibt ein Attribut *Aktivität* und ein Attribut *Zeit*, so dass für alle Ereignisse e_i ($i = 1, \ldots, n$) gilt:
$$\#_{\text{Aktivität}}(e_i) \neq \bot \text{ und } \#_{\text{Zeit}}(e_i) \neq \bot.$$
3. Die Ereignisse in jedem Ablauf $\#_{\text{Ablauf}}(c) = \langle e_1, e_2, \ldots, e_n \rangle$ sind zeitlich geordnet:
$$\#_{\text{Zeit}}(e_i) \leq \#_{\text{Zeit}}(e_{i+1}) \ \forall i = 1, \ldots, n-1.$$
4. Jedes Ereignis kommt ausschließlich in einem Fall vor, das heißt es gibt keine zwei Fälle $c, c' \in L$, die sich ein Ereignis „teilen":
$$e \in \#_{\text{Ablauf}}(c) \wedge e \in \#_{\text{Ablauf}}(c') \implies c = c'.$$

Der Einfachheit halber werden wir im Folgenden auch $\langle e_1, \ldots, e_n \rangle \in L$ schreiben, wenn wir einen Ablauf $\#_{\text{Ablauf}}(c) = \langle e_1, \ldots, e_n \rangle, c \in L$ untersuchen wollen.

Vom CSV-Format zum XES-Format

Ein Ereignisprotokoll im einfachen CSV-Format lässt sich in das strukturierte XES-Format mit den Eigenschaften von Def. 10.5 wie folgt überführen:

1. Ein Ereignisprotokoll im CSV-Format ist eine Folge $E = \langle e_1, \ldots, e_n \rangle$ von Ereignissen mit Attributen, wie wir sie in Def. 10.1 beschrieben haben, in beliebiger Reihenfolge.
2. Sei A die Menge aller Attributnamen, die in E vorkommen. Da die Attributnamen in A beliebig sein können, müssen zunächst die Standard-Attribute *Aktivität* und *Zeit* sowie optional *Ressource* und *Transition* identifiziert werden. Für unser Beispielprotokoll in Tab. 10.1, hatten wir die Attribute *Aktivität* und *Zeit* bereits festgelegt. Wir definieren *Ressource := Nutzer* und *Transition := Status*.
3. Ein Attribut in A wird als Fallidentifikator *Fall* gewählt (vgl. Def. 10.2). Dies soll ein Attribut sein, das für jedes Ereignis $e \in E$ auch definiert ist. Für unser Beispielprotokoll wählen wir *Fall := Anfrage* als Fallidentifikator. Damit sagen wir, dass Ereignisse zu einem Fall gehören, wenn sie sich auf dieselbe Buchungsanfrage beziehen. Die Menge $C = \bigcup_{e \in E} \{\#_{\mathrm{Fall}}(e)\}$ ist damit die Menge aller im Ereignisprotokoll auftretenden Fälle (gegeben durch die Fallidentifikatoren). In unserem Beispiel sind dies $C = \{716, 717, \ldots, 722\}$.
4. Für jeden Fall $c \in C$ ermitteln wir nun seinen Ablauf (nach Def. 10.4). Alle Ereignisse $E_c = \{e \in E \mid \#_{\mathrm{Fall}}(e) = c\}$ sind dem Fall c zugeordnet. Sortieren wir alle Ereignisse $e \in E_c$ anhand ihres Zeitstempels $\#_{\mathrm{Zeit}}(e)$, so erhalten wir den Ablauf $\#_{\mathrm{Ablauf}}(c) := \langle e_1, e_2, \ldots, e_n \rangle$ des Falles c. Auf diese Weise erfüllt jeder Ablauf, und damit das Ereignisprotokoll als Ganzes, die Anforderungen an ein strukturiertes Ereignisprotokoll nach Def. 10.5.
5. Schließlich können noch Ablaufattribute definiert werden. Gibt es ein Attribut $a \in A$, so dass für jeden Fall $c \in C$ alle Ereignisse e_i, e_j aus dem Ablauf $\#_{\mathrm{Ablauf}}(c)$ *denselben* Wert $\#_a(e_i) = \#_a(e_j)$ tragen? Dann erhält jeder Fall c das Attribut a als Ablauf-Attribut; der Wert $\#_a(c)$ ergibt sich aus dem Wert von a in einem der Ereignisse von c, also: $\#_a(c) = \#_a(e)$, wobei e ein Ereignis des Ablaufs $\#_{\mathrm{Ablauf}}(c)$ ist. In unserem Beispiel sind *Anfrage*[1] und *Reisende* Ablauf-Attribute.

Der Übersichtlichkeit halber sind die Ereignisse in Tab. 10.1 bereits gemäß dem strukturierten XES-Format geordnet: einzelne Fälle sind durch horizontale Linien voneinander getrennt und die Ereignisse sind in jedem Fall zeitlich geordnet. Die Ereignisdaten haben jetzt die geeignete Form, um die aufgezeichneten Prozessausführungen zu analysieren.

Wenn wir aus einem Ereignisprotokoll im CSV-Format ein strukturiertes Ereignisprotokoll erzeugen, so müssen wir insbesondere das *Aktivitäts*-Attribut und das *Fall*-Attribut wählen. Wie verändert sich das strukturierte Ereignisprotokoll in unserem Beispiel, wenn wir als *Fall*-Attribut *Fall := Nutzer* wählen? Wir können auch die Sicht auf die Ereignisse noch stärker verändern: Was beschreibt das Ereignisprotokoll für *Fall := Nutzer* und *Aktivität := Anfrage*? Welche anderen strukturierten Ereignisprotokolle

---

1 Der Fallidentifikator ist immer ein Fallattribut.

können Sie noch aus Tab. 10.1 erzeugen? Welche davon sind interessant beziehungsweise sinnvoll für eine Analyse?

10.4 Grundlegende Analyse

Process-Mining bietet eine Vielzahl verschiedener Techniken, um Ereignisprotokolle im strukturierten XES-Format aus Abschnitt 10.3 zu analysieren. Die vielleicht grundlegendste, aber in der Praxis erstaunlich wirkungsvolle Technik besteht in Folgendem: Wir stellen jedes Ereignis lediglich durch den Wert eines (oder mehrerer) ausgewählter Attribute dar. Im Beispiel aus Tab. 10.1 könnten wir uns beispielsweise nur die Attribute in der Tabellenspalte „Aktivität" ansehen. Weitere Details wie der Nutzer oder die Reisenden würden damit „ausgeblendet". Solche vereinfachten Sichten helfen oft, in den großen Mengen von protokollierten Daten die „wirklich wichtigen" Strukturen zu erkennen.

Etwas formaler beschrieben, tun wir folgendes:

1. Wir stellen in jedem Ablauf des Protokolls jedes Ereignis e nicht mit allen Attributwerten dar, sondern nur mit einer Untermenge der bestehenden Attributwerte. In vielen Fällen wird diese Untermenge sogar nur aus einem einzigen Attribut $\#_A(e)$ bestehen, zum Beispiel dem Aktivitätsnamen. Diese – von uns gewählten – Attribute werden **Ereignisklassifizierer** (engl. *event classifier*) genannt. Die Werte, die diese Attribute annehmen können, sind die möglichen **Ereignisklassen**, zum Beispiel die *Namen* aller protokollierten Aktivitäten.

2. Für jeden Ablauf erhalten wir dann eine Folge von Ereignisklassen, die **Ablaufvariante** (engl. *trace variant*) genannt wird. In der Praxis wird die Ablaufvariante für das Aktivitäts-Attribut oft auch *Prozessvariante* (engl. *process variant*) genannt, da alle Abläufe mit derselben Folge von Aktivitätsnamen den Prozess in der gleichen Art ausgeführt haben. Abb. 10.5 zeigt die Prozessvarianten des Protokolls aus Tab. 10.1.

3. Die Ablaufvarianten bilden eine *Sicht* auf das Ereignisprotokoll, in der wir verschiedene Abläufe direkt miteinander vergleichen können. Dabei werden wir Regelmäßigkeiten und Besonderheiten erkennen, die uns erste Einblicke in die aufgezeichneten Prozessausführungen geben.

Ereignisklassen

Mathematisch gesehen ist ein **Ereignisklassifizierer** einfach eine Funktion klasse : $\mathcal{E} \rightarrow \Sigma$, die jedem möglichen Ereignis $e \in \mathcal{E}$ eine **Ereignisklasse** klasse$(e) = a \in \Sigma$ aus einer Menge Σ zuordnet, oder klasse$(e) = \perp$, falls die Klasse für dieses Ereignis nicht definiert ist. Ereignisse werden also auf diese Weise in Klassen eingeteilt. Zwei Ereignisse e, e' gehören zur selben Ereignisklasse, wenn klasse$(e) =$ klasse(e').

Im wohl einfachsten Fall ist die Funktion *klasse* so beschaffen, dass zwei Ereignisse in dieselbe Klasse abgebildet werden, wenn sie in einem Attributnamen übereinstimmen, formal: $klasse(e_1) = klasse(e_2)$ genau dann, wenn für ein bestimmtes Attribut A gilt: $\#_A(e_1) = \#_A(e_2)$. Wir können dies leicht auf eine Menge von Attributen übertragen; zwei Ereignisse werden dann derselben Klasse zugeordnet, wenn ihre Attributwerte für alle Attribute dieser Menge übereinstimmen. Das macht klar, warum wir oben (etwas vereinfachend) einfach eine Menge von Attributen als Ereignisklassifizierer bezeichnet haben.

Darüber hinaus kann die Funktion *klasse* auch an verschiedenste andere Fragestellungen angepasst werden. Man könnte etwa im Beispiel aus Tab. 10.1 allen Ereignissen e mit $\#_{\text{Status}}(e) = complete$ einen Wert „Zeitdauer lang" zuordnen, wenn die Dauer der beendeten Aktivität einen bestimmten Wert überschreitet, ansonsten den Wert „Zeitdauer kurz". Allen Ereignissen mit $\#_{\text{Status}}(e) \neq complete$ könnten wir den Wert $\bot$ zuordnen. Auf diese Weise erhalten wir eine Sicht auf den Ablauf, der uns die Aktivitäten zeigt, die viel Zeit in Anspruch genommen haben.

Für die weitere Diskussion beschränken wir uns aber wieder auf Ereignisklassifizierer, die zwei Ereignisse dann in dieselbe Klasse einordnen, wenn die Werte ausgewählter Attribute gleich sind.

Der XES-Standard definiert einen Ereignisklassifizierer mit dem `classifier`-Schlüsselwort als eine Liste von Ereignis-Attributen, die je nach Analysefrage festgelegt wird. Zwei Ereignisse gehören zur selben Ereignisklasse, beschreiben also dieselbe Art Aktivität oder Zustand, wenn sie dieselben Attributwerte für den Ereignisklassifizierer haben. In Abb. 10.4 sind drei Klassifizierer definiert:

–   Für die Analyse der Reihenfolge von Prozessschritten ist der einfache `Name` (definiert durch `concept:name`) ein geeigneter Ereignisklassifizieren: *Reise planen*, *Prüfen*, und *Hotel suchen* sind alle voneinander verschiedene Aktivitäten.

–   Soll untersucht werden, durch wen und in welcher Reihenfolge ein Fall bearbeitet wurde, ist `Bearbeitet` (definiert durch *Nutzer*) ein geeigneter Klassifizierer, da nun Ereignisse in verschiedenen Klassen sind, die von verschiedenen Nutzern ausgeführt wurden, z. B. *Emma* und *Adam*.

–   Soll in der Analyse auch unterschieden werden, ob eine Aktivität begonnen, abgeschlossen, oder abgebrochen wurde, kann `Name+Status` (definiert durch die beiden Attribute `concept:name` und `Status`) gewählt werden. Nun können auch verschiedene *Hotel suchen*-Ereignisse unterschieden werden, wie sie zum Beispiel in Tab. 10.1 in den Fällen 719 und 720 vorkommen, z. B. *Hotel suchen+abort*.

Ablaufvariante und einfaches Ereignisprotokoll

Ersetzen wir in jedem Ablauf eines Ereignisprotokolls jedes Ereignis durch seine Ereignisklasse, erhalten wir – je nach Ereignisklassifizierer – die im Protokoll aufgezeichneten Ablaufvarianten des Prozesses.

Wählen wir als Ereignisklassifizierer Name+Status, so erhalten wir beispielsweise für Fall 716 in Tab. 10.1 die *Ablaufvariante*:

$$\langle Flug\ buchen + complete, Unterlagen\ speichern + complete \rangle.$$

Wählen wir Bearbeitet als Klassifizierer (definiert durch das Attribut *Nutzer*), so ist die Ablaufvariante für Fall 716: $\langle Emma \rangle$. Das zugehörige Attribut *Nutzer* ist für das zweite Ereignis in Fall 716 nicht definiert (hat keinen Wert) und es taucht somit auch nicht in der Ablaufvariante auf. Die folgende mathematische Definition beschreibt das genau.

Definition 10.6 (Ablaufvariante, Einfaches Ereignisprotokoll). Sei L ein strukturiertes Ereignisprotokoll, klasse : $\mathcal{E} \to \Sigma$ ein Ereignisklassifizierer, und sei $\langle e_1, e_2, \ldots, e_n \rangle \in L$ ein Ablauf im Ereignisprotokoll L.

Die durch *klasse* definierte **Ablaufvariante** für c ist eine endliche Folge variante$(c) = \langle k_1, \ldots, k_m \rangle$ von Klassennamen, die wir aus dem Ablauf $\langle e_1, e_2, \ldots, e_n \rangle$ durch folgende Schritte erhalten:

1. Wir bilden die Ereignisse in $\langle e_1, e_2, \ldots, e_n \rangle$ auf ihre Klassennamen ab und erhalten somit die Folge $\langle$klasse$(e_1),$klasse$(e_2), \ldots,$klasse$(e_n) \rangle$
2. Wir streichen anschließend alle Vorkommen von $\bot$.

Ein Ablaufvariante ist also eine endliche Folge $\langle k_1, \ldots, k_m \rangle \in \Sigma^*$ von Klassennamen, zum Beispiel von Aktivitätsnamen. Das **einfache Ereignisprotokoll** (engl. *simple event log*) von L ist dann definiert als Menge $L' \subseteq \Sigma^*$ aller Ablaufvarianten von L oder als Multimenge aller Ablaufvarianten von L.

Ereignisklassifizierer beschreiben somit eine bestimmte Sicht auf das Ereignisprotokoll. Sie reduzieren die Informationen zu einem Ablauf auf diejenigen, die uns für eine bestimmte Analyse interessieren. Für den Klassifizierer Name aus Abb. 10.4 ist Σ dann beispielsweise die Menge aller Aktivitätsnamen, die im Ereignisprotokoll vorkommen. In dieser Sicht interessieren wir uns nur für die Folge der protokollierten Aktivitätsnamen. Wir könnten aber auch Bearbeitet als Ereignisklassifizierer wählen; wir erhalten dann die Sicht auf die Folge der Nutzer bzw. Resourcen in einem Ablauf. Diese Sicht auf den Prozess zeigt uns sofort Organisationsbrüche auf (siehe Abschnitt 6.2.5).

Die meisten Process-Mining-Techniken analysieren die *Menge* der protokollierten Ablaufvarianten, was der Definition des einfachen Ereignisprotokolls aus Def. 10.6 als Menge entspricht. Wenn wir analysieren wollen, wie *oft* eine bestimmte Variante auftritt und häufige und weniger häufige Varianten unterschiedlich bewerten wollen, so müssen wir die *Multimenge* der Ablaufvarianten betrachten.

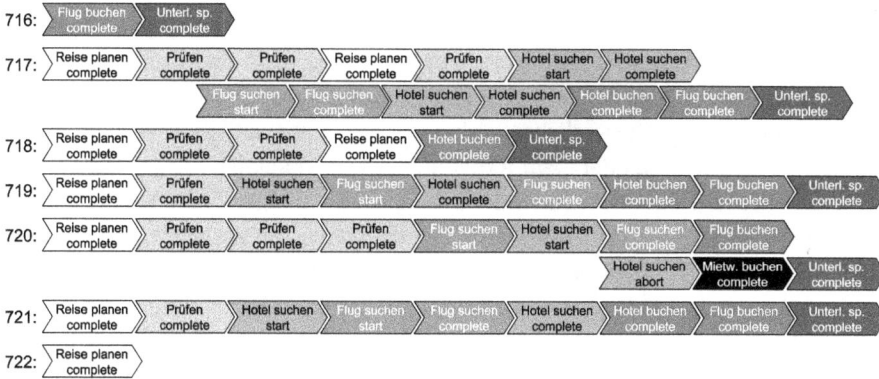

Abb. 10.5: Visuelle Darstellung der Ablaufvarianten in Tab. 10.1.

Analyse durch Vergleichen der Ablaufvarianten

Abb. 10.5 zeigt das einfache Ereignisprotokoll, also alle Ablaufvarianten des Ereignis-protokolls aus Tab. 10.1 für den Ereignisklassifizierer Name+Status.

In der Abbildung haben wir die Ereignis-Klassen zur einfacheren Unterscheidung farbkodiert. Diese Farbkodierung erlaubt es uns, einige Muster zu erkennen. Diese Muster wiederum erlauben es uns bereits, die protokollierten Prozessausführungen (**Ist-Prozess**, engl. *as-is-process*) mit einem von Hand modellierten Prozess (**Soll-Prozess**, engl. *to-be-process*) wie dem BPMN-Modell in Abb. 4.11 auf Seite 63 zu vergleichen.

Wir stellen fest:

1. Alle Ablaufvarianten sind voneinander verschieden, jedoch gibt es Teilfolgen, die sich ähneln.
2. Die Mehrzahl der Fälle (717-721) beginnt mit *Reise planen* und endet mit *Unterlagen speichern*. Dies stimmt mit dem Modell in Abb. 4.11 überein.
3. Fall 716 scheint hingegen nur die letzten Aktivitäten einer typischen Ausführung zu enthalten, wohingegen Fall 722 nur die erste Aktivität enthält.
4. In den Fällen 717-721 ist *Reise planen* stets von *Prüfen* gefolgt. *Prüfen* ist die am häufigsten auftretende Aktivität und wird auch oft direkt hintereinander wiederholt (Fälle 717, 718, 720, 721). Dies weicht vom Modell in Abb. 4.11 ab.
5. *Hotel suchen+start* und *Hotel suchen+complete* sowie *Flug suchen+start* und *Flug suchen+complete* treten stets in dieser Reihenfolge auf, jedoch oftmals mit anderen Aktivitäten dazwischen. Manche Fälle enthalten nur eine der Aktivitäten, zum Beispiel Fall 718. Dies entspricht dem OR-Block in Abb. 4.11.
6. *Hotel buchen* und *Flug buchen* werden stets in derselben Reihenfolge ausgeführt; die anderen laut Abb. 4.11 erlaubten Reihenfolgen treten nicht auf.
7. In Fall 720 tritt die Aktivität *Mietwagen buchen* auf, die im Modell in Abb. 4.11 nicht vorkommt.

Anhand dieser ersten Überblicks-Analyse können wir erste wichtige Unterschiede zwischen den Abläufen im Ereignisprotokoll und dem modellierten Prozess feststellen. Wir finden sowohl fehlendes Verhalten (z. B. nur den Prozessbeginn oder bestimmte Reihenfolgen) als auch zusätzliches Verhalten (z. B. mehr Aktivitätsreihenfolgen als vom Modell beschrieben oder mehr Aktivitäten als vom Modell beschrieben).

Lediglich die Abläufe der Fälle 716 und 722 sind außergewöhnlich. Schauen wir auf die Tab. 10.1, so sehen wir, dass Fall 716 zeitlich der erste Fall im Ereignisprotokoll ist und Fall 722 zeitlich der letzte Fall im Ereignisprotokoll. Da ein Ereignisprotokoll stets eine Aufzeichnung von Ausführungen ist, die zu einem bestimmten Zeitpunkt beginnt und endet, gibt es in den meisten Ereignisprotokollen **unvollständige Abläufe** (engl. *incomplete cases*), deren Ausführung bereits *vor* dem Beginn der Aufzeichnung anfing bzw. bei Ende der Aufzeichnung noch nicht abgeschlossen war.

Zur korrekten Analyse entfernen wir die unvollständige Abläufe aus dem Ereignisprotokoll, das heißt wir betrachten nur die Teilmenge der vollständigen Abläufe. Ob ein Ablauf unvollständig ist, wird oft am Anfangs- beziehungsweise Endereignis des Ablaufs entschieden. Um die vollständigen Abläufe zu ermitteln, hilft oft die folgende Überlegung: Die meisten Abläufe im Ereignisprotokoll sind vollständig. Daher treten bestimmte Ereignisklassen viel häufiger als Anfangsereignis auf als andere, zum Beispiel *Reise planen* in Abb. 10.5. Nur ein Ablauf, dessen Anfangs- und Endereignis aus einer Ereignisklasse stammt, die *häufig* Anfangs- beziehungsweise Endereignis ist, gilt dann als **vollständiger Ablauf**. Diese grobe Maßregel gilt jedoch nicht immer und im Zweifel müssen weitere Ereignis- und Ablaufattribute und weiteres Wissen über den Prozess herangezogen werden.

? Welche weiteren Muster finden sich in Abb. 10.5 und wie unterscheiden sich die Ausführungen in Abb. 10.5 von dem Modell in Abb. 4.11?

Im Folgenden stellen wir weitere Analysetechniken vor, die es erlauben, die in Abb. 10.5 erkannten Muster besser zu erfassen und die Analyse zielgerichteter anzugehen. Hierzu werden wir nur noch die vollständigen Fälle 717-721 aus Abb. 10.5 betrachten.

10.5 Direkt-Folge-Graph

Das Betrachten der Ablaufvarianten wie in Abschnitt 10.4 liefert zwar erste Einsichten und ein Grundverständnis der aufgezeichneten Ausführungen, es fällt jedoch schwer, den „Prozess als Ganzes" zu erkennen – insbesondere bei großen Ereignisprotokollen mit mehreren Dutzend oder Hundert verschiedenen Ablaufvarianten.

Der **Direkt-Folge-Graph** (DFG, engl. *directly-follows-graph*) dagegen bietet eine solche Übersicht. Mit ihm lassen sich alle im Ereignisprotokoll gespeicherten Ablaufvarianten graphisch darstellen. Er definiert für jede Ereignisklasse (je nach gewähl-

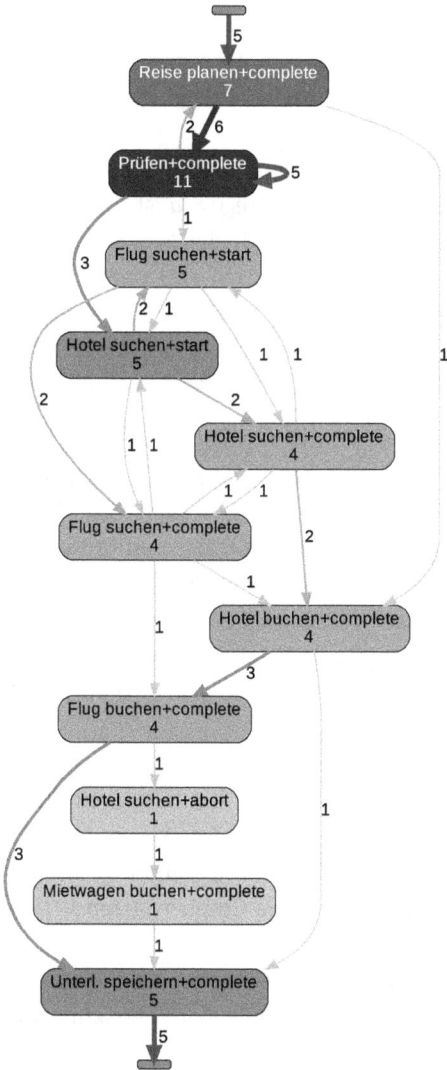

Abb. 10.6: Direkt-Folge-Graph der vollständigen Fälle 717-721 von Tab. 10.1.

tem Klassifizierer z. B. den Aktivitätsnamen) einen Knoten und enthält eine Kante zwischen zwei Knoten der Klassen a und b, wenn es einen Ablauf gibt, in dem a direkt von b gefolgt ist. Abb. 10.6 zeigt den Direkt-Folge-Graphen für die vollständigen Fälle des Ereignisprotokolls in Abb. 10.5.

Definition 10.7 (Direkt-Folge-Relation, Direkt-Folge-Graph). Sei L ein strukturiertes Ereignisprotokoll laut Def. 10.5. Sei weiter *klasse* ein Ereignisklassifizierer und Σ die Menge der Ereignisklassen, zu denen mindestens ein Ereignis in L gehört. a und b seien zwei Ereignisklassen aus Σ.

Wir sagen: a ist **direkt gefolgt** von b genau dann, wenn es einen Ablauf $\langle \ldots, e_i, e_{i+1}, \ldots \rangle \in L$ gibt, so dass klasse(e_i) = a und klasse(e_{i+1}) = b. Wir schreiben dann auch $a \mapsto_L b$ und nennen $\mapsto_L \subseteq \Sigma \times \Sigma$ die **Direkt-Folge-Relation** von L (engl. *directly-follows-relation*).

Eine Ereignisklasse a ist eine *Startklasse* genau dann, wenn es einen Ablauf $\langle e_1, \ldots \rangle \in L$ gibt, dessen erstes Ereignis e_1 in Klasse klasse(e_1) = a ist. start$_L$ ist die Menge der Startklassen von L. Analog wird die Menge end$_L$ der *Endklassen* von L definiert.

Der *Direkt-Folge-Graph* DFG$_L$ von L ist der Graph DFG$_L$ = $(\Sigma, \mapsto_L, \text{start}_L, \text{end}_L)$ mit den Knoten Σ (alle Ereignisklassen) und gerichteten Kanten $\mapsto_L$ (die Direkt-Folge-Relation), sowie ausgezeichneten Mengen start$_L$ und end$_L$ der Start- und Endknoten.

Der Direkt-Folge-Graph in Abb. 10.6 hat einen Startknoten *Reise planen+complete* (durch die vom unbeschrifteten Knoten eingehende Kante dargestellt) sowie einen Endknoten *Unterlagen speichern+complete*. In diesem Beispiel bestehen die Mengen start$_L$ und end$_L$ also aus jeweils genau einem Element; im allgemeinen Fall kann es mehrere Start- beziehungsweise Endknoten geben. Jeden vollständigen Ablauf aus Abb. 10.5 finden wir als Pfad vom Start- zum Endknoten im Direkt-Folge-Graphen wieder. Jedoch ist nicht umgekehrt jeder Pfad im Direkt-Folge-Graph auch ein Ablauf im Protokoll. So gibt es beispielsweise nicht den Ablauf $\langle$*Reise planen, Hotel buchen, Unterlagen speichern*$\rangle$.

Die Darstellung in Abb. 10.6 zeigt zusätzlich zu den in Def. 10.7 genannten Elementen auch noch **Häufigkeiten** an den Kanten und Knoten. Die Häufigkeit für den Knoten a zeigt an, wie oft a im Protokoll aufgetreten ist, die Häufigkeiten einer Kante (a, b) zeigt an, wie oft $\langle \ldots, a, b, \ldots \rangle$ in allen Abläufen des Protokolls aufgetreten ist. Anhand des so mit Häufigkeiten angereicherten Direkt-Folge-Graphen lassen sich weitere Erkenntnisse über den Prozess gewinnen.

1. *Reise planen+complete, Prüfen+complete, Hotel suchen+start* und *Unterlagen speichern+complete* wurden häufiger beobachtet als die anderen Ereignisse, davon *Prüfen+complete* am häufigsten.

2. Nach *Reise planen* wurden die meisten Fälle mit *Prüfen* fortgesetzt; in einem Fall wurde jedoch direkt *Hotel buchen* ausgeführt, was wir als **Abweichung** (engl. *deviation*) einordnen.

3. *Prüfen+complete* wurde insgesamt fünfmal direkt hintereinander beobachtet und in 2 Fällen wurde der Fall zurück zu *Reise planen* verwiesen. Dieses Phänomen wurde bereits in Abschnitt 6.2.7 als **Doppelarbeit** untersucht.

4. Die relativ vielen Kanten zwischen *Hotel suchen* und *Flug suchen* suggerieren zunächst ebenfalls Doppelarbeit, allerdings können wir anhand der Knoten- und Kantengewichte feststellen, dass den 5 angefangenen Fällen nur 4 bis 5 *Hotel suchen*- und *Flug suchen*-Schritte gegenüberstehen. Laut Abb. 10.5 weist lediglich *Hotel suchen* einmal Doppelarbeit auf (Fall 717).

5. Im „unteren" Prozessteil sehen wir, dass *Hotel buchen* und *Flug buchen* stets in derselben Reihenfolge und meist zusammen ausgeführt werden; in den insgesamt 5 Fällen wurden aber nur jeweils 4 Hotel- und Flugbuchungen ausgeführt.
6. Eine weitere Abweichung ist die Ausführung von *Hotel suchen+abort* gefolgt von *Mietwagen buchen+complete*, die nur einmal auftritt.

Diese Betrachtung zeigt, dass der Direkt-Folge-Graph Informationen auf einer ähnlichen Abstraktionsstufe wie die Prozessmodellierungsnotationen BPMN, EPK oder Petrinetze bietet. Ein Direkt-Folge-Graph eines Ereignisprotokolls ist jedoch kein präzises Prozessmodell, da er sehr viel mehr Abläufe (also Pfade von einem Start- zu einem Endknoten) zulässt, als im Protokoll tatsächlich aufgetreten sind und sich sinnvollerweise erwarten lassen.

Am recht komplexen Teilgraphen um die *Flug suchen-* und *Hotel suchen*-Knoten wird das Problem deutlich. So suggerieren die zwei Kanten zwischen *Hotel suchen+start* und *Flug suchen+start*, dass beide Aktivitäten beliebig oft direkt hintereinander ausgeführt werden können, was im Ereignisprotokoll jedoch nicht vorkommt. Die zwei Kanten werden vielmehr dadurch verursacht, dass beide Schritte in beliebiger Reihenfolge – also parallel – ausgeführt werden können. Die parallele Ausführung lässt sich am Direkt-Folge-Graphen mit etwas Aufmerksamkeit aus den Knoten- und Kantengewichten herauslesen: Laut Kantengewichten gibt es vier Abläufe, in denen *Prüfen+complete* von *Flug suchen+start* bzw. *Hotel suchen+start* gefolgt wird. Laut Knotengewichten wird *Flug suchen+start* viermal ausgeführt und *Hotel suchen+start* fünfmal. Bis auf eine Wiederholung treten beide Aktivitäten also jeweils nur einmal pro Ablauf auf, was einer parallelen Abarbeitung entspricht (siehe Muster Und-Teilung im Abschnitt 2.1.2).

In BPMN und EPK wird dieses Muster mittels der AND- oder OR-Gateways modelliert, wie zum Beispiel im Modell in Abb. 4.11. In Direkt-Folge-Graphen fehlt dieses Ausdrucksmittel, und so können die Mehrzahl der Geschäftsprozessmuster aus Kapitel 2 nicht exakt abgebildet werden.

Bei der Analyse mittels Direkt-Folge-Graphen ist also Vorsicht geboten. In Kapitel 12 stellen wir Techniken vor, die Parallelität in Ereignisprotokollen erkennen können und es erlauben, „richtige" Prozessmodelle automatisch zu erheben. Jedoch lässt sich auch die Komplexität der Direkt-Folge-Graphen noch weiter bändigen – durch geeignete Vorverarbeitung des Ereignisprotokolls.

Wie unterscheiden sich Direkt-Folge-Graphen von EPKs (vgl. Kapitel 3), BPMN (vgl. Kapitel 4) oder Petri-Netzen (vgl. Kapitel 8) bei der Beschreibung von Prozessen? **?**

Die Geschäftprozessmuster aus Kapitel 2 charakterisieren bestimmte Arten möglicher Aktivitäts-Ausführungen. Wie manifestieren sich diese Aktivitäts-Ausführungen in Direkt-Folge-Graphen? Gibt es bestimmte charakteristische Muster in Direkt-Folge-Graphen, die mit bestimmten Geschäftprozessmustern erklärt werden können?

10.6 Ereignisprotokolle vorverarbeiten

Wir haben in Abschitt 10.4 bereits festgestellt, dass für eine Analyse bezüglich einer bestimmten Fragestellung häufig nicht alle Abläufe, Ereignisse und Attribute relevant sind. So haben wir in Abschnitt 10.5 lediglich die vollständigen Abläufe für die Analyse mittels Direkt-Folge-Graph benutzt. Doch auch der Direkt-Folge-Graph ist noch recht komplex und es ist schwer, das Verhalten des Prozesses direkt zu verstehen. Durch **Vorverarbeitung** (engl. *pre-processing*) des Ereignisprotokolls ist sowohl eine Reduzierung der Komplexität als auch eine Einschränkung auf ein bestimmtes zu untersuchendes Verhalten möglich.

Durch Vorverarbeitung eines Protokolls L werden die Abläufe, Ereignisse und Attribute von L so verändert, dass ein neues (abgeleitetes) Ereignisprotokoll L' entsteht. Im Folgenden stellen wir drei grundlegende Operationen zur Vorverarbeitung vor, die Ereignisprotokolle durch *Weglassen* von Ereignissen und Abläufen reduzieren. Diese drei Operationen werden daher auch **Filter** für Ereignisprotokolle genannt. Wir erklären sie für das Datenmodell des strukturierten Ereignisprotokolls (Def. 10.5).

- Die **Auswahl** oder **Selektion** von Abläufen beschränkt die zu betrachtenden Abläufe auf diejenigen, die eine bestimmte Eigenschaft erfüllen. Alle anderen Abläufe werden aus dem Protokoll entfernt. Das vorverarbeitete Protokoll L' enthält somit nur noch eine Teilmenge der Abläufe von L; jeder Ablauf behält jedoch alle seine Ereignisse. Abb. 10.7 (oben) illustriert die Selektion aller Abläufe, die mit einem Ereignis der Aktivität C enden. Im Ergebnis, dem vorverarbeiteten Protokoll L', sind die beiden Abläufe, die mit B beziehungsweise A enden, nicht enthalten.
- Die **Projektion** entfernt aus jedem Ablauf des Protokolls alle Ereignisse, die eine bestimmte Eigenschaft nicht erfüllen. Das vorverarbeitete Protokoll L' enthält alle Abläufe von L; die Abläufe in L' beinhalten jedoch weniger Ereignisse. Abläufe können sogar leer, das heißt ohne Ereignisse, sein. Abb. 10.7 (links) illustriert die Projektion aller Abläufe auf Ereignisse der Aktivitäten A und C; im Ergebnis treten keine Ereignisse der Aktivität B mehr auf.
- Die **Aggregation** fasst in jedem Ablauf mehrere direkt aufeinanderfolgende Ereignisse $e_1, \ldots, e_k$, die dieselbe Ereignisklasse haben, in einem einzelnen neuen Ereignis e^* zusammen; $e_1, \ldots, e_k$ werden dann durch e^* ersetzt. Das vorverarbeitete Protokoll L' enthält alle Abläufe von L; die Abläufe in L' beinhalten jedoch weniger Ereignisse. Abb. 10.7 (unten rechts) illustriert die Aggregation von aufeinanderfolgenden Ereignissen der gleichen Aktivität; zum Beispiel wurde die Teilfolge $\langle B, B \rangle$ im zweiten Ablauf durch ein einzelnes B-Ereignis ersetzt.

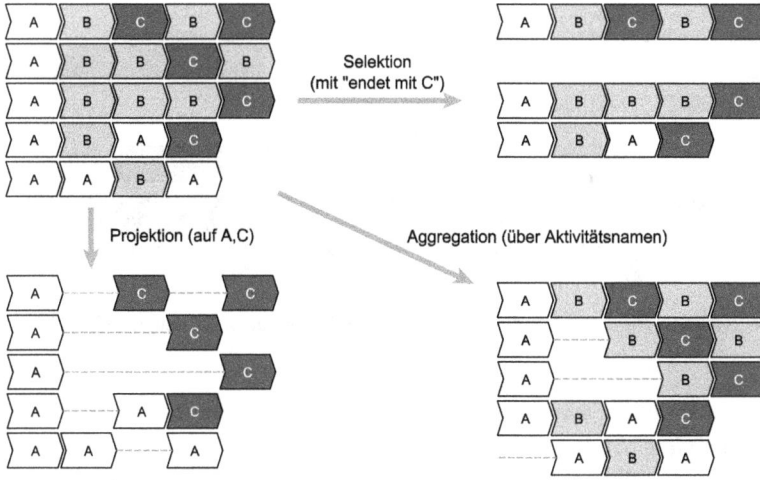

Abb. 10.7: Illustration der Basis-Operationen Selektion, Projektion und Aggregation auf Ereignisdaten.

Formal muss für die Selektions-Operation ein **Selektionsprädikat** $\varphi(c)$ über das Fallattribut der Fälle $c \in L$ definiert werden. Das Ergebnisprotokoll L' beinhaltet dann nur die Fälle $c \in L$, für die $\varphi(c)$ wahr ist.

Für die Projektions-Operation muss ein **Projektionsprädikat** $\psi(e)$ über die Ereignis-Attribute der Ereignisse in L definiert werden. Der Ablauf von Fall c im Ereignisprotokoll L' beinhaltet dann nur die Ereignisse e aus der Folge $\#_{\text{Ablauf}}(c)$, für die $\psi(e)$ wahr ist.

Für die Aggregation muss ein Ereignisklassifizierer klasse(e) definiert werden und eine **Aggregations-Funktion** agg : $\mathcal{E}^* \to \mathcal{E}$. Die Aggregations-Operation ermittelt dann zunächst alle maximalen Teilfolgen von Ereignissen $\langle \ldots, e_i, e_{i+1}, \ldots, e_{i+k}, \ldots \rangle$ der gleichen Klasse (klasse(e_i) = klasse(e_{i+1}) = $\cdots$ = klasse(e_{i+k})) in L. Jede dieser Teilfolgen wird dann in L' durch ein neues Ereignis agg($\langle e_i, e_{i+1}, \ldots, e_{i+k}\rangle$) = e^* ersetzt. Die Aggregations-Funktion agg legt dabei auch die Attribute des aggregierten Ereignisses e^* fest, zum Beispiel welchen Zeitstempel es tragen soll.

Wir erläutern alle drei Operationen an unserem Beispielprotokoll L aus Tab. 10.1 beziehungsweise Abb. 10.5.

1. Zunächst wählen wir nur die vollständigen Abläufe in L. Dazu nutzen wir die Selektions-Operation. Das Selektionsprädikat $\varphi(c)$ ist: das erste Ereignis e_1 des Ablaufs $\#_{\text{Ablauf}}(c) = \langle e_1, \ldots, e_k \rangle$ hat die Aktivität $\#_{\text{Aktivität}}(e_1)$ = *Reise planen* und das letzte Ereignis e_k hat die Aktivität $\#_{\text{Aktivität}}(e_k)$ = *Unterlagen speichern*. Die Fälle 717-721 erfüllen dieses Prädikat und sind im Ergebnisprotokoll L_1 enthalten, während die Fälle 716 und 722 „herausgefiltert" werden.

2. Um die Analyse zu vereinfachen, entfernen wir aus L_1 alle Ereignisse, die die Lebenszyklus-Transition *start* tragen. Dazu nutzen wir die Projektions-Operation.

717: Reise planen complete / Prüfen complete / Reise planen complete / Prüfen complete / Hotel suchen complete / Flug suchen complete / Hotel suchen complete / Hotel buchen complete / Flug buchen complete / Unterl. sp. complete

718: Reise planen complete / Prüfen complete / Reise planen complete / Hotel buchen complete / Unterl. sp. complete

719: Reise planen complete / Prüfen complete / Hotel suchen complete / Flug suchen complete / Hotel buchen complete / Flug buchen complete / Unterl. sp. complete

720: Reise planen complete / Prüfen complete / Flug suchen complete / Hotel suchen complete / Flug suchen complete / Hotel buchen abort / Mietw. buchen complete / Unterl. sp. complete

721: Reise planen complete / Prüfen complete / Flug suchen complete / Hotel suchen complete / Hotel buchen complete / Flug buchen complete / Unterl. sp. complete

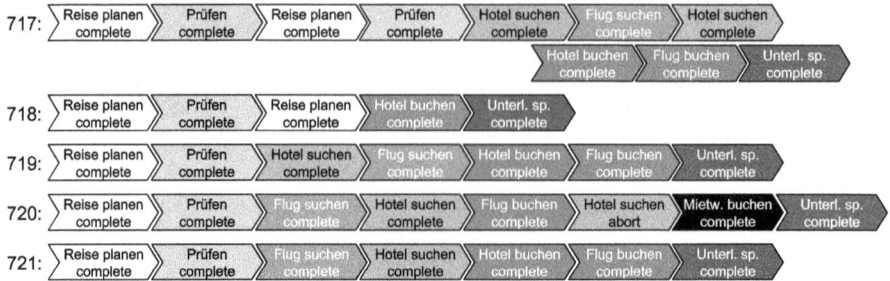

Abb. 10.8: Durch Selektion, Projektion, und Aggregation bereinigte Ablaufvarianten aus Abb. 10.5.

Das Projektionsprädikat $\psi(e)$ ist $\#_{\text{Transition}}(e) \neq start$. Im Ergebnisprotokoll L_2 sind nur noch „*complete*" und „*abort*"-Ereignisse enthalten.

3. Um die Folgen von sich wiederholenden *Prüfen*-Ereignissen aus L_2 herauszufiltern, nutzen wie die Aggregations-Operation. Der zugehörige Ereignisklassifizierer ist der Aktivitätsname klasse$(e) = \#_{\text{Aktivität}}(e)$ und die Aggregations-Funktion gibt einfach das letzte Ereignis als „aggregiertes" Ereignis zurück. Damit bewahren wir die Information über die Zeitdauer bis die letzte Prüfung abgeschlossen wurde.

Abb. 10.8 zeigt die Ablaufvarianten des so vorverarbeiteten Protokolls L_3. Die Fälle lassen sich nun leichter vergleichen. Auch aus dem zugehörigen Direkt-Folge-Graphen in Abb. 10.9 lässt sich das Prozessverhalten nun einfacher ablesen.

In der Praxis bieten Process-Mining-Werkzeuge eine Vielzahl von Selektions- und Projektionsprädikaten sowie Aggregationsfunktionen an, die sich graphisch oder über eine Abfragesprache konfigurieren lassen. Dazu gehören

– die Selektion häufiger Ablaufvarianten und die Projektion auf Ereignisse häufig auftretender Aktivitäten,
– die Selektion/Projektion anhand bestimmter Attribute wie „Bestellungen über 10.000 EUR",
– die Selektion/Projektion auf bestimmte Zeiträume wie „alle Fälle von Januar des letzten Jahres" oder
– von Fällen, die eine bestimmte Zeitdauer unter- oder überschreiten.

In Abschnitt 10.8 zeigen wir, wie sich Vorverarbeitungsoperationen zielgerichtet einsetzen lassen.

10.7 Prozess-Engstellen analysieren

In den vorangegangenen Abschnitten haben wir die Reihenfolge von Prozessschritten im Ereignisprotokoll anhand des einfachen Ereignisprotokolls untersucht. Dies hat es uns erlaubt, Schwachstellen wie beispielsweise Abweichungen und Doppelarbeit zu erkennen, die oft negative Auswirkungen auf die Prozessqualität haben. Eine weitere Schwachstelle sind unproduktive Zeiten wie Wartezeiten (siehe Abschnitt 6.2.2). In diesem Abschnitt nutzen wir die Zeitstempel im Ereignisprotokoll, um Wartezeiten zu analysieren und sogenannte **Engstellen** (auch „Flaschenhals" genannt, engl. *bottleneck*) zu erkennen. Unter einer solchen Engstelle versteht man Momente, in denen Arbeit liegenbleiben muss, da alle Ressourcen ausgelastet sind.

Da das einfache Ereignisprotokoll nur die Ereignisklassen beinhaltet, müssen wir für diese Analyse auf das vollständige Ereignisprotokoll zurückgreifen (siehe Abschnitt 10.3). Die *Zeitdauer* zwischen zwei *aufeinanderfolgenden* Ereignissen $\langle \ldots e_1, e_2 \ldots \rangle$ ist die Zeitdifferenz $\#_{Zeit}(e_2) - \#_{Zeit}(e_1)$.

Für die Analyse der Zeitdauer zwischen zwei Ereignisklassen a und b ermitteln wir alle direkt aufeinander folgenden Vorkommen von Ereignissen der Klassen a und b und berechnen die jeweilige Zeitdifferenz. Wir erhalten damit alle Zeitdifferenzen zwischen Ereignissen der Klassen a und b. So erhalten wir beispielsweise für die Zeitdauer zwischen *Prüfen+complete* und *Reise planen+complete* aus den *Zeit*-Werten in den Fällen 717 und 718 in Tab. 10.1 die Zeitdifferenzen 20:50 St. und 0:35 St. Die mittlere Zeitdifferenz ist also 10:42 St. Für die Zeitdauer zwischen *Hotel buchen+complete* und *Flug buchen+complete* erhalten wir die Zeitdifferenzen 1:05 St., 0:20 St. (für den Fall 719) und 0:15 St. (für den Fall 721); die mittlere Zeitdauer ist 0:33 St.

Eine einfache Möglichkeit, die Zeitdauern im gesamten Prozess besser zu veranschaulichen, ist, diese Information im Direkt-Folge-Graphen anzutragen. Abb. 10.9 zeigt eine gängige Darstellung eines **Direkt-Folge-Graphen mit Zeitdauern**. In diesem Graphen trägt jede Kante zwischen zwei Aktivitäten die jeweilige mittlere Zeitdauer als Gewicht. So zeigt die Kante von *Prüfen+complete* zu *Reise planen+complete* die mittlere Zeitdauer von 10:42 St. und die Kante von *Hotel buchen+complete* zu *Flug buchen+complete* 0:33 St. Die Zeitdauern für alle anderen Kanten in Abb. 10.9 wurden auf die gleiche Art aus dem bereinigten Ereignisprotokoll ermittelt. Der Graph zeigt Kanten mit hoher Zeitdauer mit dickerer Strichbreite und in dunklerer Färbung. Dadurch lassen sich besonders lange Zeitdauern zwischen Prozessschritte schnell erkennen.

Besonders lange Zeitdauern von über 4 Stunden lesen wir beispielsweise an der Kante von *Prüfen+complete* zu *Reise planen+complete*, an den Kanten von *Reise planen+complete* zu *Prüfen+complete* und *Hotel buchen+complete* sowie von *Flug suchen+complete* zu *Hotel suchen+complete*. Dies deutet darauf hin, dass der Prozess insbesondere zwischen *Reise planen* und *Prüfen* eine Engstelle hat, an der unproduktive Zeiten entstehen und der „Prozessfluss aufgehalten wird". Die niedrigen Zeitdauern zwischen den restlichen Aktivitäten deuten auf eine zügige Prozessausführung im restlichen Prozess hin. Im nächsten Abschnitt zeigen wir, wie sich die Ursache für die identifizierte Engstelle zielgerichtet ermitteln lässt.

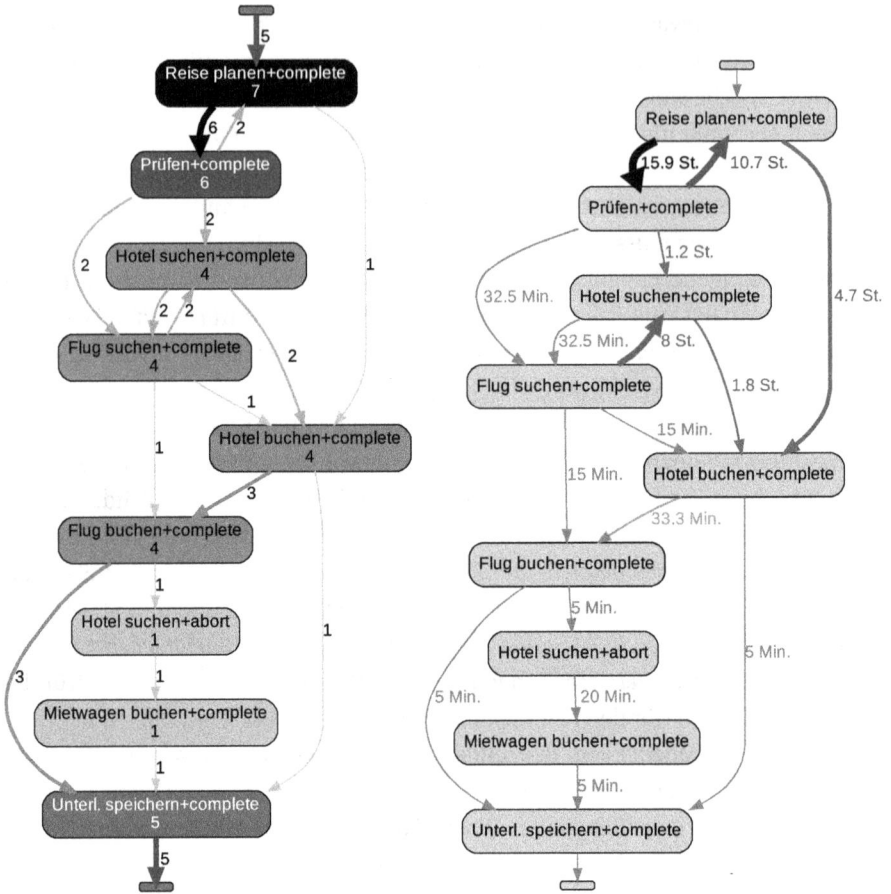

Abb. 10.9: Direkt-Folge-Graph mit den vollständigen, bereinigten Fällen aus Abb. 10.8, annotiert mit Häufigkeiten (links) und Zeitdauern (rechts) anhand der *Zeit*-Werte in Tab. 10.1.

10.8 Zielgerichtete Analyse

Wir wollen anhand des Ereignisprotokolls zielgerichtet Schwachstellen im Prozess identifizieren. Damit unsere Analyse fehlerarm und für andere verständlich und nachvollziehbar ist, folgen wir Prinzipien systematischer wissenschaftlicher Arbeitsweisen mit Daten. Die *CRISP-DM*-Methode [112] bietet uns dazu folgenden Leitfaden.

1. **Prozess und Daten verstehen.** Zunächst dokumentieren wir unser (bisheriges) Verständnis des Prozesses und der uns gegebenen Daten mit Hilfe verschiedener Darstellungsformen (Ablaufvarianten und Direkt-Folge-Graphen) und beschreiben Gewöhnliches und Ungewöhnliches bezüglich möglicher Schwachstellen.

2. **Hypothese formulieren.** Anhand der gemachten Beobachtungen formulieren wir eine *Hypothese*, anhand welcher sich Schwachstellen im gegebenen Prozess genauer identifizieren lassen.
3. **Daten vorverarbeiten.** Wir verarbeiten das Ereignisprotokoll vor und teilen es in zwei Teilprotokolle auf: eines, das die vermuteten Schwachstellen enthält und eines, das frei von Schwachstellen ist.
4. **Visualisieren und modellieren.** Anschließend visualisieren wir die jeweiligen Teilprotokolle, zum Beispiel mittels zeitannotierter Direkt-Folge-Graphen und dokumentieren Gemeinsamkeiten und Unterschiede. In diesem Schritt können auch die Techniken aus Kapitel 12 benutzt werden, um Prozessmodelle für die Teilprotokolle automatisch zu erstellen.
5. **Bewerten, Interpretieren, Hypothese beantworten.** Erst jetzt bewerten und interpretieren wir die dokumentierten Gemeinsamkeiten und Unterschiede und versuchen abzuleiten, ob unsere Hypothese aus Schritt 2 ausreichend bestätigt ist und ob wir die ursprüngliche Frage über Schwachstellen beantwortet sehen. In diesem Schritt können auch die *Conformance-Checking*-Techniken aus Kapitel 11 benutzt werden, um die Prozessqualität quantitativ zu erfassen.
6. **Schlussfolgern oder Wiederholen.** Ist die Hypothese nicht schlüssig belegt oder die Frage nicht abschließend beantwortet, liefern uns die vorherigen Schritte ein besseres Verständnis des Prozesses, der Daten und des Problems. Mit diesem besseren Verständnis können wir uns durch Wiederholen der obigen Analyseschritte der Antwort schrittweise annähern.

An der oben beschriebenen Vorgehensweise erkennt man, dass eine sinnvolle Analyse der Protokolldaten immer das Ergebnis eines schöpferisch-kreativen Prozesses ist. Keinesfalls kann man erwarten, dass ein Process-Mining-Werkzeug alle gewünschten Ergebnisse auf Knopfdruck „von selbst" liefert.

Im Folgenden wollen wir herausfinden, ob der im Ereignisprotokoll in Tab. 10.1 aufgezeichnete Prozess eine Schwachstelle hat und worin diese begründet ist.

10.8.1 Prozess- und Daten verstehen

In Abschnitt 10.6 haben wir das Ereignisprotokoll bereits von unvollständigen Abläufen befreit sowie einige Ereignisse entfernt, die für das Verständnis hinderlich waren. Wir vertiefen nun unserer Verständnis des Prozesses anhand dieses bereinigten Protokolls (siehe Abb. 10.8).

Varianten visualisieren und analysieren
Wir analysieren die Ablaufvarianten in Abb. 10.8 auf mögliche Schwachstellen im Kontrollfluss (siehe Kapitel 2) und beobachten:

- Alle Fälle beginnen gleich und vermutlich korrekt mit *Reise planen* und enden gleich und vermutlich korrekt mit *Unterlagen speichern*. Dies ist das Ergebnis der Vorverarbeitung.
- In 4 Fällen beobachten wir das Muster *Reise planen* $\mapsto_L$ *Prüfen*; in Fall 717 wird das Muster als Ganzes wiederholt; weiterhin wird *Prüfen* gefolgt von *Hotel suchen* beziehungsweise *Flug suchen*.
- In Fall 718 jedoch fehlt *Prüfen* nach dem zweiten Auftreten von *Reise planen*, und es tritt auch keine *Suchen*-Aktivität auf. Die fehlende Qualitätsprüfung durch Aktivität *Prüfen* kann eine Schwachstelle sein (siehe Abschnitt 6.2.10).
- *Hotel suchen* und *Flug suchen* treten in beliebiger Reihenfolge auf und *Hotel suchen* wird in Fall 717 sogar einmal wiederholt.
- In 3 Fällen sehen wir *Hotel buchen* $\mapsto_L$ *Flug buchen* in fester Reihenfolge auftreten. Der Verzicht auf Parallelisierung könnte eine zeitraubende Schwachstelle sein (siehe Abschnitt 6.2.9).
- In den Fällen 718 und 720 fehlt jeweils eine der *Buchen*-Aktivitäten, was jedoch mit dem Zweck des Prozesses erklärt werden kann.
- Nur in Fall 720 tritt *Mietwagen buchen* auf.

Direkt-Folge-Graphen analysieren nach Häufigkeiten
Zusätzlich analysieren wir den Direkt-Folge-Graphen mit Häufigkeiten in Abb. 10.9 (links) für das Protokoll aus Abb. 10.8 auf Kontrollfluss-Schwachstellen und beobachten:
- In den fünf Fällen tritt *Reise planen* sieben Mal auf und *Prüfen* sechsmal. Wir beobachten somit unerwünschte *Nacharbeit* für *Reise planen* und *Prüfen* (siehe Abschnitt 6.2.8).
- Die Kante *Reise planen-Hotel buchen* umgeht Prozessschritte, die in allen anderen Fällen ausgeführt werden. Der zugehörige Fall 718 (siehe Abb. 10.8) legt vermutlich ein Problem offen.
- Der Teilpfad *Hotel suchen+abort* $\mapsto_L$ *Mietwagen buchen* tritt lediglich einmal auf. Das Verhalten ist ungewöhnlich, jedoch auch mit den Besonderheiten eines speziellen Falls erklärbar.
- Die Kanten *Flug suchen-Flug buchen* und *Hotel buchen-Unterlagen speichern* umgehen die jeweils andere *Buchen*-Aktivität, was mit den Anforderungen des Prozesses erklärbar ist.

Direkt-Folge-Graphen analysieren nach Zeitdauern
Zusätzlich analysieren wir den Direkt-Folge-Graphen mit Zeitdauern in Abb. 10.9 (rechts) für das Protokoll aus Abb. 10.8 auf Engstellen und beobachten:
- Wird *Reise planen* wiederholt, so treten im Mittel 10,7 Stunden Wartezeit auf. Zwischen *Reise planen* und *Prüfen* treten im Mittel 15,9 Stunden Wartezeit auf. Wird *Hotel suchen* nach *Flug suchen* ausgeführt, beobachten wir 8 Stunden Wartezeit.

Im Vergleich mit allen anderen Wartezeiten können wir hier eindeutig Engstellen beobachten (siehe Abschnitt 6.2.2).
- Tritt *Hotel buchen* direkt nach *Reise planen* auf und wird *Prüfen* ausgelassen, beobachten wir nur etwas über 4 Stunden Wartezeit. Offenbar wurde durch das Auslassen einer Qualitätsprüfung die oben beschriebene Engstelle umgangen.

10.8.2 Hypothese formulieren

Der Prozess scheint mehrere Schwachstellen zu haben, die insbesondere *Reise planen* und *Prüfen* betreffen. Wir beobachten Nacharbeit, Engstellen und das Umgehen von Qualitätsprüfungen. Dies könnte mit der großen Wartezeit zwischen *Reise planen* und *Prüfen* zusammenhängen.

Da die Wartezeit von 15,9 Stunden lediglich ein Mittelwert ist, betrachten wir die *Verteilung* der Wartezeiten zwischen beiden Aktivitäten genauer. Dem vorverarbeiteten Protokoll entnehmen wir folgende Wartezeiten: Fall 717 hat 4:50 Std und nochmal 28:09 Std, Fall 718 hat 30:15 Std, Fall 719 hat 5:06 Std, Fall 720 hat 22:45 Std, und Fall 721 hat 4:25 Std.

Die Wartezeiten liegen jeweils deutlich unter- beziehungsweise oberhalb des Mittelwertes von 15,9 Stunden. Wir wollen daher folgende Hypothese überprüfen: Es gibt relevante Unterschiede zwischen Fällen, die weniger beziehungsweise mehr als 15,9 Stunden Wartezeit vor *Prüfen* haben.[2]

10.8.3 Daten verarbeiten

Um die Hypothese zu überprüfen, definieren wir ein Selektions-Prädikat, um die Fälle mit höchstens 15,9 Stunden Wartezeit zwischen *Reise planen* und *Prüfen* von denen mit mehr als 15,9 Stunden Wartezeit zu trennen. Das Selektions-Prädikat $\varphi(c)$ ist wie folgt definiert: $\varphi(c)$ ist wahr genau dann, wenn es im Ablauf $\#_{\text{Ablauf}}(c) = \langle e_1, \ldots, e_n \rangle$ zwei direkt aufeinanderfolgende Ereignisse e_i, e_{i+1} (mit $1 \leq i < n$) gibt, so dass:
- das erste Ereignis e_i ein Auftreten von *Reise planen* beschreibt
  (formal: $\#_{\text{Aktivität}}(e_i) = $ *Reise planen*),
- das nachfolgende Ereignis e_{i+1} ein Auftreten von *Prüfen* beschreibt
  (formal: $\#_{\text{Aktivität}}(e_i) = $ *Prüfen*),
- und mehr als 15,9 Stunden zwischen beiden Ereignissen liegen
  (formal: $\#_{\text{Zeit}}(e_{i+1}) - \#_{\text{Zeit}}(e_i) > 15,9$ St.).

---

2 Dass wir die Grenze gerade beim Mittelwert ziehen, muss nicht unbedingt so sein. In der Praxis wird man sich die Verteilung der Wartezeiten ansehen, um zu entscheiden, auf welche Weise man sinnvollerweise die Fälle in Klassen unterteilt.

Mit diesem Selektions-Prädikat können wir das vorverarbeitete Ereignisprotokoll L aus Abb. 10.8 in zwei Teilprotokolle aufteilen:

- Das Protokoll der Fälle, die mehr als 15,9 Stunden vor *Prüfen* warten, $L_{>15,9} = \{c \in L \mid \varphi(c) = wahr\}$ enthält die drei Fälle 717, 718 und 720.
- Das Protokoll der Fälle, die höchstens 15,9 Stunden vor *Prüfen* warten, $L_{\leq15,9} = \{c \in L \mid \varphi(c) = falsch\}$ enthält die zwei Fälle 719 und 721.

10.8.4 Visualisieren und Modellieren

Abb. 10.10 zeigt die Direkt-Folge-Graphen der Teilprotokolle $L_{\leq15,9}$ (links) und $L_{>15,9}$ (rechts) mit Zeitannotationen. Wir können folgende Gemeinsamkeiten und Unterschiede feststellen:

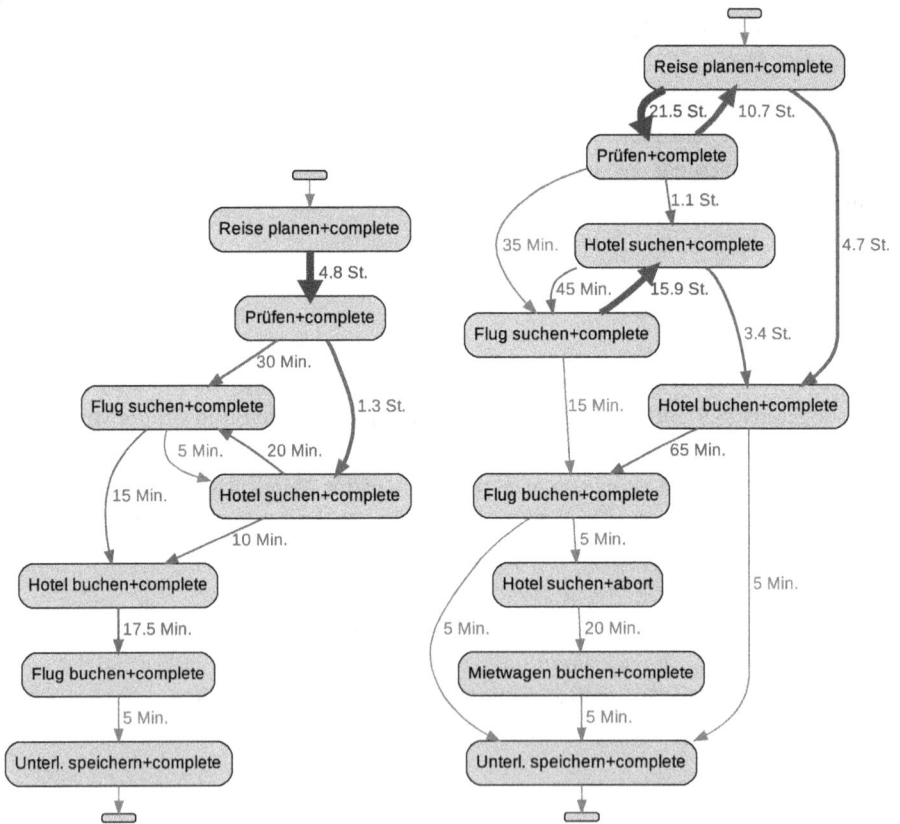

Abb. 10.10: Vergleich der Fälle von Tab. 10.1, die höchstens 15,9 Stunden vor *Prüfen* warten (links) mit den Fällen, die mehr als 15,9 Stunden Wartezeit haben (rechts).

Im Vergleich ist der DFG von $L_{\leq 15,9}$ einfacher und klarer strukturiert als der DFG von $L_{>15,9}$.
- Alle Fälle in $L_{\leq 15,9}$ beginnen mit der Sequenz ⟨*Reise planen, Prüfen, ...*⟩.
- Es folgen *Hotel suchen* und *Flug suchen* in beliebiger Reihenfolge, was auf parallele Ausführung hindeutet.
- Schließlich folgt die Sequenz ⟨*Hotel buchen, Flug buchen, Unterlagen speichern*⟩.
- *Hotel buchen* und *Flug buchen* zeigen nur geringe Wartezeiten. Lediglich *Prüfen* weist eine höhere Wartezeit aus, die jedoch mit 4,8 Stunden deutlich unterhalb der an der Engstelle beobachteten Zeit von 15,9 Stunden liegt.

Im DFG von $L_{>15,9}$ sind alle Schrittfolgen enthalten, die sich im DFG von $L_{\leq 15,9}$ finden, ebenso mehrere der zuvor festgestellten Schwachstellen:
- Nacharbeit für *Reise planen* und *Prüfen*,
- das Umgehen des Prüfungsschrittes mit der Kante *Reise planen-Hotel buchen*,
- Engstellen vor *Prüfen* und wiederholtem *Reise planen* mit 15,5 Stunden bzw. 22,7 Stunden.
- Die meisten anderen Aktivitäten weisen auch höhere Wartezeiten auf als in $L_{>15,9}$, sowie
- ungewöhnliche Aktivitätsfolgen wie *Hotel suchen+abort* gefolgt von *Mietwagen buchen*.

10.8.5 Bewerten, Interpretieren und Hypothese beantworten

Wir können nun die Beobachtungen interpretieren und versuchen, unsere Hypothese zu belegen oder zu widerlegen: Es gibt relevante Unterschiede zwischen Fällen, die weniger beziehungsweise mehr als 15,9 Stunden Wartezeit vor *Prüfen* haben.

Die Fälle in $L_{\leq 15,9}$ entsprechen der idealen Ausführung des Prozesses ohne Schwachstellen (Nacharbeit, Auslassen von Prüfschritten), wie er auch in Abb. 4.11 dokumentiert ist. In $L_{>15,9}$ findet sich dieser gewollte Prozess auch wieder, jedoch auch alle Schwachstellen. Die beiden Teilprotokolle weisen also relevante Unterschiede auf.

10.8.6 Schlussfolgern oder Wiederholen

Die Schwachstellen, die wir im bereinigten Protokoll aus Abb. 10.8 gefunden haben, sind nicht zwangsläufig in allen Prozessausführungen vorhanden. Möglicherweise gibt es einen anderen Aspekt des Prozesses, durch den Schwachstellen begünstigt werden. Hierzu sollten wir nun die Fälle 719 und 721 in $L_{\leq 15,9}$ mit den Fällen 717, 718 und 720 in $L_{>15,9}$ genauer vergleichen. Dabei sollten wir insbesondere die Attribute in Tab. 10.1 besser verstehen, die wir bisher nicht betrachtet haben, beispielsweise *Nutzer, Reisende, Flug* und *Hotel*.

? Vergleichen Sie die Attributwerte für *Nutzer, Reisende, Flug* und *Hotel* für die Fälle 719 und 721 ($L_{\leq 15,9}$) mit den entsprechenden Werten für die Fälle 717, 718 und 720 ($L_{>15,9}$). Welche Besonderheiten bezüglich eines Organisationsbruchs fallen Ihnen auf?

Formulieren Sie eine Hypothese, die die Unterschiede zwischen $L_{\leq 15,9}$ und $L_{>15,9}$ erklären kann. Auf welche Art müssen Sie das Ereignisprotokoll aus Tab. 10.1 verarbeiten, um die Hypothese zu untersuchen?

10.9 Process-Mining als Disziplin

Ereignisprotokolle bilden die Datengrundlage für Process-Mining. Die vorangegangen Abschnitte vermitteln ein Verständnis dieser Daten in Bezug auf Prozesse (vgl. Abschnitte 10.2 und 10.3). Die Ablaufvarianten aus Abschnitt 10.4 und die Direkt-Folge-Graphen aus Abschnitt 10.5 und 10.7 sind einfache, aber effektive Visualierungstechniken für Ereignisdaten. Mit Selektion, Projektion und Aggregation (vgl. Abschnitt 10.6) können wir Ereignisdaten vorverarbeiten und so Prozesse zielgerichtet zum Beispiel auf Schwachstellen untersuchen (vgl. Abschnitt 10.8). Diese Techniken sind „Brot und Butter" jeder datengestützten Analyse eines Prozesses und sind Bestandteil jedes Process-Mining-Werkzeugs.

Die bisher vorgestellten Techniken nutzen jedoch keine Prozessmodelle, wie wir sie in den vorangegangenen Kapiteln kennengelernt haben. Im Process-Mining gibt es drei grundlegende Aufgabenstellungen, um Prozesse anhand von Ereignisdaten und *Modellen* zu analysieren. Sie sind in Abb. 10.11 dargestellt.

Automatische Prozessaufnahme (engl. *process discovery*) hat die Aufgabe, aus einem Ereignisprotokoll automatisch ein Prozessmodell zu erzeugen beziehungsweise zu *erlernen* (engl. *model learning*), das die Abläufe im Protokoll möglichst genau beschreibt. Damit sollen die Ungenauigkeiten der händischen Prozessaufnahme (vgl.

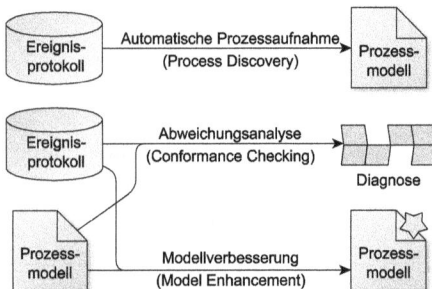

Abb. 10.11: Aufgaben und Techniken zur Ereignisdaten-Analyse mit Process-Mining.

Kapitel 3) und Modellierung vermieden werden. Anders als die Direkt-Folge-Graphen (vgl. Abschnitt 10.5) soll ein solches Prozessmodell Verhalten durch geeignete Geschäftprozessmuster (vgl. Kapitel 2) darstellen. So soll beispielsweise nebenläufige Ausführung und Synchronisation automatisch aus dem Ereignisprotokoll ermittelt werden. Die Modelle können in jeder geeigneten Modellierungssprache erzeugt werden. In Kapitel 12 stellen wir die dabei entstehenden Herausforderungen und mehrere Techniken genauer vor. Oft muss das Ereignisprotokoll vorverarbeitet werden, damit ein gutes Prozessmodell automatisch erlernt werden kann.

Haben wir bereits ein Prozessmodell, wollen wir wissen, wie gut das Modell die im Ereignisprotokoll gespeicherten Abläufe beschreibt. Beispielsweise wird gewünschtes Soll-Verhalten in einem von Hand erstellten Prozessmodell beschrieben. **Automatische Abweichungsanalyse** (engl. *conformance checking*) hat zur Aufgabe, alle Unterschiede zwischen den Abläufen im Ereignisprotokoll und den möglichen Ausführungsfolgen eines gegebenen Prozessmodells zu finden. Im Ergebnis werden Abweichungen vom gewünschten Verhalten erkannt. Anschließend können diese Abweichungen auf Schwachstellen oder Optimierungsmöglichkeiten untersucht werden. Die Abweichungsanalyse hilft auch, die Güte eines automatisch erzeugten Prozessmodells zu bestimmen. Kapitel 11 stellt Techniken zur Abweichungsanalyse vor.

Wir können jedoch auch das gegebene **Prozessmodell verbessern** (engl. *model enhancement*). So liefert ein Prozessmodell, in dem weitere Informationen aus dem Protokoll wie beispielsweise Zeitdauern, Wahrscheinlichkeiten für Entscheidungen [15], oder sogar Daten-Bedingungen für Entscheidungen [19] angetragen sind, ein besseres Verständnis des Prozesses als das reine Kontrollfluss-Modell. Das haben wir bereits bei der Analyse mit Direkt-Folge-Graphen ausgenutzt. Andere Techniken „reparieren" ein Prozessmodell geringerer Güte (mit vielen Abweichungen zum Protokoll) durch möglichst kleine Veränderungen und erzeugen so ein Modell höherer Güte [25]. Mit diesen drei grundlegenden Aufgaben können wir frühere Prozessausführungen untersuchen, um Prozesse für zukünftige Ausführungen zu verbessern.

Darüber hinaus widmet sich Process-Mining inzwischen auch der **Unterstützung von Prozessausführungen zur Laufzeit** (engl. *operational support*). So soll beispielsweise für einen konkreten Fall in einem Geschäftsprozessmanagementsystem (vgl. Kapitel 9) vorhergesagt werden, wann der Fall wahrscheinlich abgeschlossen sein wird. Damit lassen sich Fälle für einzelne Mitarbeiter priorisieren, um zu lange Liegezeiten zu vermeiden. Eine andere Aufgabe ist, für Bearbeiter Entscheidungsempfehlungen zu erzeugen, auf deren Grundlage Entscheidungen konsistent zu anderen Fällen getroffen werden können. Derartige Vorhersage- und Empfehlungsmodelle werden in der Regel mit Maschinen-Lern-Techniken aus Ereignisprotokollen erzeugt.

Wie unterscheiden sich Process-Mining und Simulation, wie sie in Kapitel 7 vorgestellt wurde? ▮**?**

11 Abweichungsanalyse/Conformance-Checking

11.1 Einführung

Sofern sowohl ein Ereignisprotokoll als auch ein Prozessmodell eines Geschäftsprozesses vorliegen, stellt sich die Frage der Konsistenz: Stimmen das im Protokoll aufgezeichnete Verhalten und das in dem Modell erfasste Verhalten überein?

Wie im vorherigen Kapitel erläutert, werden Prozessmodelle für eine Vielzahl von Aufgaben erstellt, angefangen von der Kommunikation über den Prozess bis hin zu seiner Analyse. Prozessmodelle werden weiterhin oft als Grundlage für die Ausführung eines Prozesses verwendet, zum Beispiel als Mittel der Anforderungsspezifikation, in der Funktionsanalyse zur Auswahl von Standardsoftware oder direkt als Implementationsartefakt. Dennoch weicht die eigentliche Prozessausführung oft von dem Prozessmodell ab, gerade in Prozessen, welche nicht vollautomatisch ausgeführt werden. In solchen Szenarien ist ein Modell mitunter nicht vollständig. Verbreitet sind etwa Modelle, die nur die wesentlichen Abläufe des Prozesses zeigen, während die in der Prozessausführung beteiligten Personen im Einzelfall vom modellierten Verhalten abweichen können.

Das Ziel der **Abweichungsanalyse** (engl. *Conformance-Checking*) ist es, die Unterschiede zwischen einem Ereignisprotokoll und einem Prozessmodell zu identifizieren, zu quantifizieren und zu analysieren. Wir werden in diesem Kapitel verschiedene Techniken kennenlernen, um dies zu bewerkstelligen.

Grundsätzlich vergleichen wir bei der Abweichungsanalyse die Abläufe eines einfachen Ereignisprotokolls mit den Ausführungsfolgen eines Prozessmodels. Wir wollen wissen, inwiefern eine Folge von Ereignissen in einem Ablauf des Protokolls einer Ausführungsfolge von Aktivitäten des Prozessmodells entspricht, beziehungsweise wo der Ablauf vom Prozessmodell abweicht.

Zu Illustrationszwecken greifen Abb. 11.1 und Abb. 11.2 den schon bekannten Reisebuchungsprozess wieder auf. Wir erinnern uns: Das beschriftete Petrinetz in Abb. 11.1 formalisiert die Variante des Prozesses, welche bereits als BPMN-Diagramm in Abschnitt 4.5 diskutiert wurde. Dabei sind Transition *t1–t7* stille Transitionen (vgl. Abschnitt 8.5), die nur den Kontrollfluss modellieren und in den Ausführungsfolgen des Prozesses nicht auftauchen. Abb. 11.2 zeigt ein zugehöriges einfaches Ereignisprotokoll, das wir zum Beispiel erhalten, wenn wir das Ereignisprotokoll aus Tab. 10.1 mittels Selektion, Projektion und Aggregation wie in Abb. 10.8 gezeigt vorverarbeiten. Es enthält die Abläufe der vollständigen Fälle 717 bis 721 aus Tab. 10.1 sowie zwei weiterer Fälle 723 und 724. Abschnitt 11.2 geht auf einige relevante Details der Vorverarbeitung ein, die wir für die Abweichungsanalyse berücksichtigen müssen.

Um mögliche Abweichungen zu illustrieren, soll der Ablauf für Fall 718 als Beispiel dienen. Wird dieser Ablauf mit den vom Prozessmodell definierten Ausführungsfolgen verglichen, so fallen mehrere Abweichungen auf. Es wird zweimal *Reise planen*

https://doi.org/10.1515/9783110500165-011

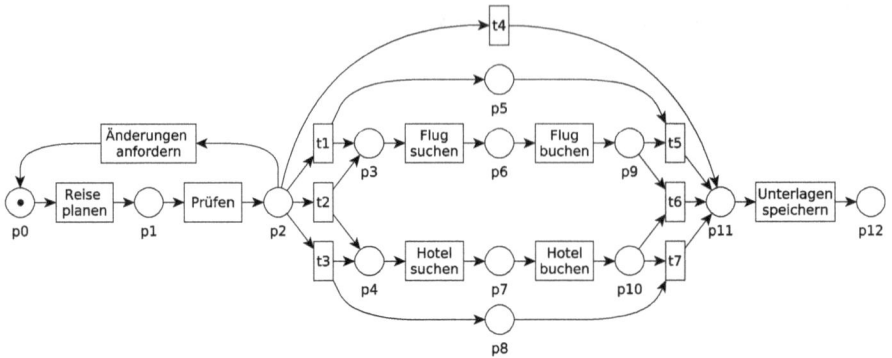

Abb. 11.1: Ein Petrinetz mit Anfangsmarkierung, welches den Reisebuchungsprozess des BPMN-Modells in Abb. 4.11 darstellt.

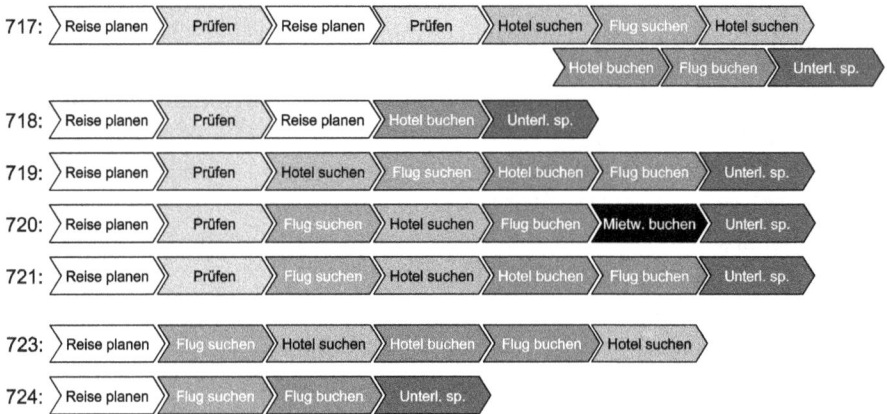

Abb. 11.2: Einige Abläufe eines Ereignisprotokolls des Beispielprozesses. Abläufe für die Fälle 717 bis 721 sind dem Ereignisprotokoll aus Tab. 10.1 entnommen und wie in Abb. 10.8 illustriert bereinigt worden.

durchgeführt, jedoch ohne den dazwischen vorgeschriebenen Arbeitsschritt *Änderungen anfordern*. Ebenso fehlt *Prüfen* nach der zweiten Reiseplanung, und *Hotel suchen* wird übersprungen. Das Erkennen dieser **Abweichungen** ist ein erster Schritt, dem als weiterer Schritt die Analyse für die Gründe der Abweichungen folgen muss. So ist möglicherweise der Schritt *Änderungen anfordern* nicht durch das genutzte Geschäftsprozessmanagementsystem abgebildet und wird ausschließlich per Mail oder Telefon durchgeführt. Eine Abweichung bezogen auf das Fehlen eines entsprechenden Ereignisses in einem Ablauf ist somit erwartbar und deutet nicht direkt auf ein Problem in der Prozessausführung hin. Das Fehlen der Ereignisse für *Prüfen* und *Hotel suchen* mag hingegen nicht durch fehlende Systemunterstützung erklärt werden. Trotzdem ist anzunehmen, dass auch diese beiden Abweichungen eine unterschiedliche Bewertung erfahren. Das Überspringen von *Prüfen* verletzt möglicherweise Richtlinien zur Genehmigung von Reisen, während ein Überspringen von *Hotel suchen* im Einzelfall wohlbegründet sein kann (z. B. durch direkte Buchung eines Tagungshotels bei Teilnahme an einer Fachtagung).

Je nachdem wie man ein Protokoll und ein Modell interpretiert, ermöglicht die Abweichungsanalyse ganz unterschiedliche Schlussfolgerungen. So kann das Modell das **gewünschte Verhalten** darstellen (auch als **Soll-Prozess**, engl. *to-be-process*, bezeichnet), während das Protokoll als das **tatsächlich stattfindende Verhalten** interpretiert wird (**Ist-Prozess**, engl. *as-is-process*). Die Abweichungsanalyse kann somit Einblicke liefern, in welcher Hinsicht die Prozessausführung angepasst werden muss, um den gewünschten Zustand zu erreichen.

Während die obige Interpretation häufig anzutreffen ist, gibt es jedoch weitere Anwendungsszenarien für die Abweichungsanalyse. So kann das Modell auch ein **Referenzmodell** darstellen, welches eine bewährte (engl. als *best practice* bezeichnet) oder sogar standardisierte Prozessausführung beschreibt. Andere mögliche Interpretationen eines Modells sind die Definition einer richtliniengetreuen Prozessausführung oder die Beschreibung einer in Standardsoftware konfigurierten Prozessausführung. Wird nun wiederum angenommen, dass das Protokoll die aktuelle, tatsächliche Prozessausführung beschreibt, lässt die Abweichungsanalyse vielfältige Rückschlüsse zu. Sie hilft zu verstehen, wo und in welchem Umfang im Prozess von einer Referenzbeschreibung abgewichen wird, ob die Ausführung Richtlinien einhält (engl. *compliance*) und in welchem Umfang eine Prozessanpassung notwendig wäre, sofern eine bestimmte Standardsoftware eingesetzt werden soll.

Vor dem Hintergrund dieser Einsatzfelder stellt Abschnitt 11.2 zuerst einige Fragestellungen vor, hinsichtlich derer die Beziehung zwischen einem Ereignisprotokoll und Prozessmodell untersucht werden kann. Anschließend werden drei konkrete Techniken der Abweichungsanalyse diskutiert. Dies umfasst die Abweichungsanalyse mittels Regeln, welche aus dem Modell abgeleitet und für die Abläufe eines Protokolls überprüft werden (Abschnitt 11.3); die Abweichungsanalyse mittels Markenspiel (Abschnitt 11.4); sowie die Abweichungsanalyse mittels Alignments, welche Abläufe des Protokolls und Ausführungsfolgen des Modells aneinander ausrichtet (Abschnitt 11.5). Während diese Techniken zunächst auf die Verhaltensaspekte eines Prozesses beschränkt sind, zeigt Abschnitt 11.6, wie sie um weitere Prozessperspektiven wie zum Beispiel Datenfluss und Ressourcen erweitert werden können. In der Praxis ist weiterhin ein Verständnis der Ursachen von Abweichungen zwischen einem Ereignisprotokoll und einem Prozessmodell essentiell, um Entscheidungen zu treffen. Ansätze, welche auf ein solches Verständnis abzielen, werden in Abschnitt 11.7 vorgestellt. Das Kapitel schließt mit einer Diskussion der eingeführten Konzepte in Abschnitt 11.8.

11.2 Die Beziehung zwischen Ereignisprotokoll und Prozessmodell

Grundsätzlich beschreiben sowohl ein Ereignisprotokoll als auch ein Prozessmodell Verhalten im Sinne möglicher Folgen von Arbeitsschritten eines Prozesses. Eine solche Folge ist in einem Protokoll durch die Ereignisse eines Ablaufs aufgezeichnet beziehungsweise von einem Modell als gültige Ausführungsfolge definiert.

11.2.1 Abläufe und Ausführungsfolgen vergleichen

Wollen wir Abläufe und Ausführungsfolgen vergleichen, müssen wir uns zunächst über einige Annahmen in Prozessmodellen klar werden, die wir bisher nur implizit gemacht haben.

Wir nehmen an, dass das Modell als beschriftetes Petrinetz gegeben ist, dessen Transitionen mit Aktivitätsnamen beziehungsweise Arbeitsschritten beschriftet sind (vgl. Abschnitt 4.3); Ausführungsfolgen des Modells sind Folgen von Aktivitätsnamen. Stille Transitionen wie *t1–t7* in Abb. 11.1 werden dabei ausgelassen (vgl. Abschnitt 8.5). Normalerweise nehmen wir an, dass das Auftreten einer Aktivität in einer Ausführungsfolge, zum Beispiel *Hotel suchen*, beschreibt, dass die Aktivität im Sinne des Aktivitäts-Lebenszyklus *abgeschlossen* wurde (vgl. Abschnitt 9.3). Weiterhin beschreibt jede Ausführungsfolge des Modells eine *vollständige* Ausführung des Prozesses – also eine Folge von Aktivitätsnamen von Start bis Ende (vgl. Abschnitt 8.4).

Abläufe im Ereignisprotokoll müssen wir für die Abweichungsanalyse diesen Annahmen angleichen. Hierzu verarbeiten wir das Ereignisprotokoll vor und wählen mittels *Selektion* allein die vollständigen Abläufe des Protokolls und behalten mittels *Projektion* nur die Ereignisse, für die das Aktivitäts-Lebenszyklus-Attribut den Wert *complete* hat. Legen wir dann als *Ereignisklassen* die Aktivitätsnamen fest, so erhalten wir ein *einfaches* Ereignisprotokoll, dessen Abläufe wir direkt mit den Ausführungsfolgen des Modells vergleichen können. Wir erhalten zum Beispiel die Abläufe für Fälle 717 bis 721 in Abb. 11.2, wenn wir das Ereignisprotokoll aus Tab. 10.1 wie beschrieben vorverarbeiten und wiederholte Aktivitäten aggregieren (vgl. Abb. 10.8). Wir können nun Abläufe und Ausführungsfolgen direkt miteinander vergleichen.

Zu beachten ist jedoch, dass die Menge der Abläufe eines Ereignisprotokolls immer endlich ist, es somit nur eine bestimmte Anzahl von Abläufen gibt, die während der Prozessausführung aufgezeichnet wurden. Ein Prozessmodell hingegen beschreibt mitunter eine unbeschränkte Anzahl von Ausführungsfolgen. Ein typischer Grund dafür sind Schleifen im Kontrollfluss des Prozessmodells. In dem Beispiel des Petrinetzes für die Reisebuchung in Abb. 11.1 wird *Reiseplanung* mitunter mehrfach ausgeführt. Losgelöst von praktischen Erwägungen ist keine Beschränkung der Anzahl von Reiseplanungen (und Prüfungen) im Modell erfasst. Ein Ereignisprotokoll

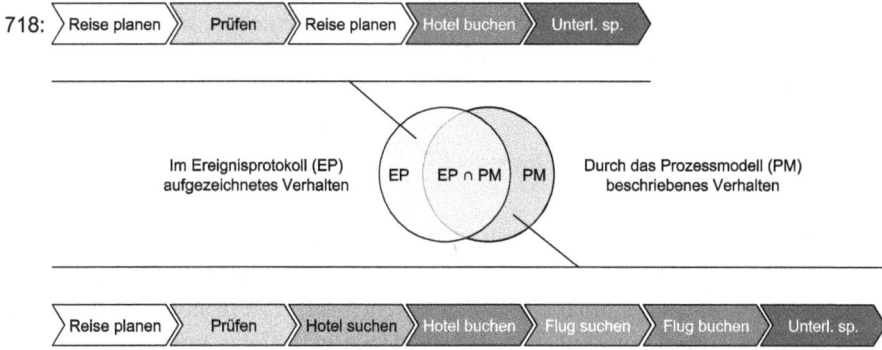

Abb. 11.3: Mögliche Relationen zwischen aufgezeichnetem und modelliertem Verhalten, adaptiert von [15].

des Prozesses wird jedoch immer nur Ablaufvarianten beinhalten, in welchen eine konkrete Anzahl von Reiseplanungen aufgezeichnet wurde.

Vergleicht man das modellierte Verhalten und das aufgezeichnete Verhalten eines Prozesses miteinander, können zwei Arten von **Abweichungen** auftreten. Wie in Abb. 11.3 illustriert, kann es Verhalten geben, welches im Ereignisprotokoll enthalten ist, jedoch nicht vom Prozessmodell erlaubt wird. Umgekehrt ist es möglich, dass Verhalten, welches gültig im Sinne des Modells ist, nicht im Ereignisprotokoll enthalten ist. Abb. 11.3 gibt dafür zwei Beispiele: Die obige Folge, welche dem bereits besprochenen Ablauf für Fall 718 aus Abb. 11.2 entspricht, ist ein Beispiel für aufgezeichnetes Verhalten, welches nicht gültig im Sinne des Modells aus Abb. 11.1 ist. Die untere Folge hingegen beschreibt eine vom Modell erlaubte Ausführungsfolge, welche keine Entsprechung im Ereignisprotokoll in Abb. 11.2 hat. Die Ausführungsfolge ähnelt dem Ablauf für Fall 719, jedoch ist die Reihenfolge der Schritte *Flug suchen* und *Hotel buchen* vertauscht. Das Prozessmodell erlaubt durch die Nebenläufigkeit von Flug- und Hotelbuchung eine beliebige Reihenfolge dieser Schritte.

Um die Beziehung zwischen einem Ereignisprotokoll und einem Prozessmodell genauer zu fassen, existieren Maße, um die beiden Arten von Abweichungen zu quantifizieren. Diese werden im Folgenden erläutert.

11.2.2 Fitness

Fitness bezeichnet die Fähigkeit eines Prozessmodells, das in einem Ereignisprotokoll aufgezeichnete Verhalten zu erklären. Maße für Fitness erlauben eine Beurteilung, ob das Modell eine vollständige Darstellung des aufgezeichnetem Prozessverhaltens ist. Intuitiv sagt Fitness aus, wie groß unter den im Protokoll aufgezeichneten Abläufen der Anteil derer ist, die auch eine laut Modell gültige Folge von Arbeitsschritten darstellen. Sei also EP die Menge der Folgen von Arbeitsschritten, welche sich durch die im Ereignisprotokoll aufgezeichneten Abläufe ergeben, und PM die Menge der Folgen von Arbeitsschritten, für welche das Prozessmodell eine Ausführungsfolge definiert, dann ist:

$$\text{Fitness} = \frac{|EP \cap PM|}{|EP|}. \tag{11.1}$$

Man sieht, dass ein Fitness-Wert von eins genau dann erreicht wird, wenn das Verhalten des Ereignisprotokolls komplett vom Prozessmodell abgedeckt ist. Das heißt: Jeder aufgezeichnete Ablauf ist durch eine entsprechende Ausführungsfolge im Modell erlaubt. Ein Fitness-Wert von Null stellt den umgekehrten Fall dar. Vorausgesetzt, dass das Ereignisprotokoll mindestens einen Ablauf beinhaltet, bedeutet ein Fitness-Wert von Null, dass kein einziger der aufgezeichneten Abläufe gültig im Sinne des Modells ist. In diesem Fall kann das Modell schwerlich als passende Darstellung des Prozessverhaltens angesehen werden.

Für das Prozessmodell aus Abb. 11.1 und die Abläufe aus Abb. 11.2 zeigt sich, dass das Ereignisprotokoll keine perfekte Fitness hat. Die Abläufe der Fälle 719 und 721 im Ereignisprotokoll entsprechen Ausführungsfolgen des Modells. Die Abläufe für Fälle 717, 718, 720, 723 und 724 hingegen zeigen Abweichungen auf.

11.2.3 Präzision und Generalisierung

Die Frage der Fitness, wie viel des aufgezeichneten Verhaltens auch im Modell enthalten ist, lässt sich auch in umgekehrter Richtung stellen: Wie viel des modellierten Verhaltens wurde im Ereignisprotokoll aufgezeichnet? Maße für die **Präzision** eines Modells zielen auf eine Beantwortung genau dieser Frage ab. Sie erlauben Rückschlüsse darauf, wie spezifisch das Modell das aufgezeichnete Verhalten fasst, oder anders ausgedrückt, wie viel Verhalten, welches nicht aufgezeichnet wurde, noch zusätzlich durch das Modell erlaubt wird. Intuitiv sagt uns die Präzision, wie groß unter den vom Modell erlaubten Ausführungsfolgen der Anteil derer ist, die auch tatsächlich durch einen entsprechenden Ablauf protokolliert wurden.

Sei also wieder EP die Menge der Folgen von Arbeitsschritten, welche durch Abläufe im Protokoll aufgezeichnet wurden und PM die Menge der Folgen von Arbeitsschritten, für welche das Modell Ausführungsfolgen definiert. Wir setzen dann:

$$\text{Präzision} = \frac{|EP \cap PM|}{|PM|}. \tag{11.2}$$

An dieser Stelle ist zu beachten, dass die Menge der Ausführungsfolgen eines Modells durchaus unbeschränkt sein kann. Als möglichen Grund dafür haben wir bereits das Vorkommen von Schleifen im Prozessmodell angesprochen. In diesem Fall ist |PM| und damit der Nenner des obigen Bruchs unendlich. Um zu brauchbaren Ergebnissen zu kommen, muss die Menge der betrachteten Ausführungsfolgen eingeschränkt werden, zum Beispiel dadurch, dass Schleifendurchläufe in dem Prozessmodell auf eine vorgegebene endliche Zahl beschränkt werden.

Auch an dieser Stelle seien die Extremwerte betrachtet. Ein Präzisionswert von eins heißt, dass es für jede im Modell mögliche Ausführungsfolge auch mindestens einen entsprechenden Ablauf im Ereignisprotokoll gibt. Ein Präzisionswert von Null hingegen bedeutet, dass keine einzige Ausführungsfolge des Modells einem Ablauf im Protokoll entspricht.

An dieser Stelle ist es wichtig zu sehen, dass ein Präzisionswert von eins praktisch nicht erwartet werden kann und auch nicht unbedingt erstrebenswert ist. Ein Prozessmodell definiert das generell mögliche Verhalten eines Prozesses, während ein Ereignisprotokoll immer nur einen Ausschnitt des Prozessverhaltens beinhaltet. Inwieweit dieser Ausschnitt repräsentativ für das mögliche Prozessverhalten ist, kann in der Praxis nur schwer beurteilt werden. Auch ist ein Modell in der Regel als Abstraktion des möglichen Prozessverhaltens zu verstehen, so dass die Annahme, dass das komplette Verhalten auch Teil des Ereignisprotokoll sein sollte, unbegründet erscheint.

Der obige Aspekt lässt sich mit Modellen, welche Schleifen und Nebenläufigkeit definieren, recht intuitiv illustrieren. Wie bereits oben erläutert, lässt eine Schleife im Kontrollfluss des Prozessmodells eine beliebige, unbeschränkte Anzahl von Wiederholungen von Aktivitätsausführungen zu, zum Beispiel die Reiseplanung in Abb. 11.1. In einem Ereignisprotokoll wird man jedoch immer nur Abläufe mit einer konkreten Anzahl an Wiederholungen finden, zum Beispiel einmal und zweimal in den Abläufen in Abb. 11.2. Vielleicht enthält das Protokoll Abläufe mit fünfmaliger und siebenmaliger Wiederholung der Reiseplanung, nicht jedoch mit viermaliger oder sechsmaliger Wiederholung. Dennoch ist das Modell in Abb. 11.1 eine gute Beschreibung des Prozesses, da es die Möglichkeit der Wiederholung explizit formuliert und von der konkreten Anzahl der Wiederholungen abstrahiert.

Ähnliche Beobachtungen lassen sich für die Nebenläufigkeit anstellen. Die nebenläufige Ausführung von n Aktivitäten erlaubt $n!$ verschiedene Reihenfolgen, diese n Aktivitäten auszuführen.

In Abb. 11.1 sind die Schritte für die Suche und Buchung von Flug und Hotel als nebenläufige Aktivitäten modelliert, was sechs mögliche Reihenfolgen von Aktivitätsausführungen ermöglicht.

Überlegen Sie sich, welche 6 Ausführungsfolgen in diesem Beispiel möglich sind.　**?**

Da wir auf diese Weise schnell zu sehr großen Zahlen von laut Modell möglichen Ausführungsfolgen kommen, kann man praktisch nicht davon ausgehen, alle den Folgen entsprechenden Abläufe in einem Ereignisprotokoll zu finden. Dies gilt vor allem vor dem Hintergrund, dass nicht alle möglichen Abläufe mit gleicher Wahrscheinlichkeit aufgezeichnet werden, da zum Beispiel eine unterschiedliche durchschnittliche Ausführungszeit der Schritte dafür sorgt, dass einige Folgen von Aktivitäten häufiger als andere auftreten. In dem obigen Beispiel kann die Ausführung von *Flug suchen* oft schneller als jene von *Hotel suchen* sein. Das bedeutet, dass es nur mit geringer Wahrscheinlichkeit Abläufe geben wird, in denen *Hotel buchen* (was auf *Hotel suchen* folgt) vor *Flug buchen* (was auf *Flug suchen* folgt) beobachtet wird.

Vor diesem Hintergrund wird nicht nur die Präzision, sondern auch die **Generalisierung** eines Modells bezüglich eines Protokolls betrachtet. Entsprechende Maße zielen darauf ab, zu quantifizieren, wie viel Verhalten das Modell mehr erlaubt als im Protokoll aufgezeichnet wurde. Somit stellt die Generalisierung den Gegenpart zur Präzision dar, woraus ein Zielkonflikt folgt: Einerseits soll ein Modell das aufgezeichnete Verhalten möglichst genau und präzise fassen. Andererseits wird erwartet, dass ein Modell das aufgezeichnete Verhalten in einem gewissen Umfang verallgemeinert.

Abschließend seien die Präzision und Generalisierung wiederum mit dem Prozessmodell aus Abb. 11.1 und den Abläufen aus Abb. 11.2 illustriert. Es ergibt sich in diesem Fall kein Präzisionswert von eins, da das Modell Ausführungsfolgen definiert, für welche keine entsprechenden Abläufe im Ereignisprotokoll existieren. Ein Beispiel für eine solche Ausführungsfolge wurde bereits in Abb. 11.3 gegeben. Ein weiteres Beispiel ist eine Ausführungsfolge, welche nach *Prüfen* direkt *Unterlagen speichern* beinhaltet, wobei weder Flug noch Hotel gesucht und gebucht werden.

11.3 Abweichungsanalyse mittels Regeln

Abb. 11.4 zeigt die verschiedenen Ansätze für eine Abweichungsanalyse, die wir in diesem Kapitel diskutieren wollen. Wir beginnen mit einem Verfahren, das aus dem Prozessmodell Regeln ableitet und dann prüft, inwiefern diese Regeln von den im Protokoll beobachteten Abläufen eingehalten wurden.

11.3.1 Grundidee am Beispiel

Ein Prozessmodell definiert eine Menge möglicher Ausführungsfolgen. Anstatt die Abweichungsanalyse direkt auf dieser Menge zu begründen, können Regeln, welche von allen Ausführungsfolgen des Modells erfüllt werden müssen, als Basis für den Vergleich zwischen vom Modell spezifiziertem und im Protokoll aufgezeichnetem Verhalten dienen. Die Idee ist hierbei, dass die Regeln für die im Ereignisprotokoll aufgezeichneten Abläufe überprüft werden. Die entsprechende Analyse ermöglicht somit Rückschlüsse über die Fitness eines Protokolls und Modells. Sofern ein Ablauf alle Regeln erfüllt, wird er als konsistent mit dem Modell angesehen. Sind einige der Regeln verletzt, ist der Ablauf als nicht gültig hinsichtlich des Modells klassifiziert. Die

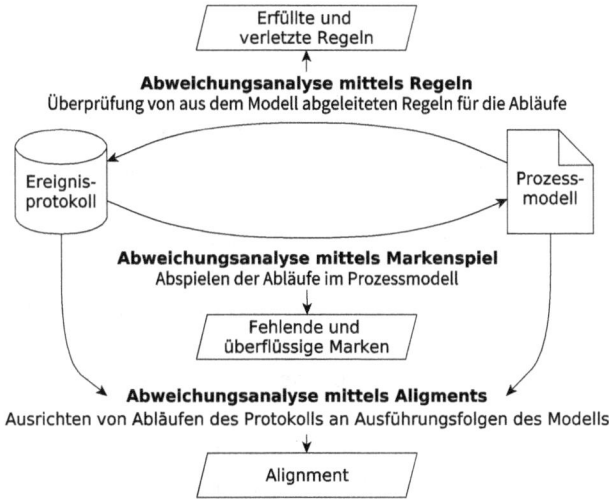

Abb. 11.4: Übersicht über drei wesentliche Techniken der Abweichungsanalyse, nach [15].

Passgenauigkeit des Modells für das aufgezeichnete Verhalten, oben als Frage der Präzision beziehungsweise Generalisierung eingeführt, wird bei einer Abweichungsanalyse mittels Regeln jedoch nicht betrachtet. Ob und in welchem Maße weitere Abläufe existieren könnten, welche nicht in dem Ereignisprotokoll aufgezeichnet sind, und trotzdem die Regeln erfüllen, ist unerheblich.

Als Beispiel soll an dieser Stelle wiederum das Modell aus Abb. 11.1 dienen. Aus dem Modell lassen sich unter anderem folgende Regeln ableiten:

R1 *Prüfen* muss mindestens einmal, kann jedoch auch mehrmals durchgeführt werden.

R2 *Unterlagen speichern* setzt voraus, dass vorab *Prüfen* durchgeführt wurde.

R3 Sofern *Hotel suchen* und *Hotel buchen* in einem Fall durchgeführt werden, muss *Hotel suchen* irgendwann vor *Hotel buchen* abgeschlossen sein.

Überprüft man diese Regeln nun für einige der Abläufe aus Abb. 11.2, ergeben sich folgende Ergebnisse. Der Ablauf für Fall 717 erfüllt alle drei Regeln. Die Abweichung im Sinne der Wiederholung von *Hotel suchen*, welche nicht dem Modell entspricht, wird durch die drei obigen Regeln nicht erfasst. Regel **R1** bezieht sich ausschließlich auf die Häufigkeit der Durchführung von *Prüfung*. Für die Abläufe der Fälle 723 und 724 hingegen werden Abweichungen identifiziert. Beide Abläufe verletzen **R1**, da *Prüfen* nicht durchgeführt wird. Regel **R2** ist jedoch nur für Fall 724 verletzt. Da der Ablauf für Fall 723 gar keinen Schritt *Unterlagen speichern* beinhaltet, ist das Fehlen von *Prüfen* für diese Regel nicht relevant. In Fall 723 ist jedoch die Regel **R3** verletzt, unter der Annahme, dass eine entsprechende Ordnungsbeziehung für alle Durchführungen von *Hotel suchen* und *Hotel buchen* gelten muss.

11.3.2 Regeln im Detail

Ausgehend von der oben illustrierten Grundidee stellt sich eine grundlegende Entwurfsentscheidung: Welche konkreten Arten von Regeln sollen für die Abweichungsanalyse herangezogen werden? Nun, man wird vor allem die Regeln untersuchen, deren Einhaltung als wichtig angesehen wird.

Typischerweise werden unäre und binäre Regeln genutzt. Unäre Regeln befassen sich nur mit dem Vorkommen eines einzelnen Arbeitsschritts. Binäre Regeln haben das Vorkommen von zwei Schritten im Verhältnis zueinander zum Gegenstand. Eine unäre Regel beschreibt, ob beziehungsweise wie oft ein einzelner Arbeitsschritt im Prozess ausgeführt werden kann. Binäre Regeln definieren hingegen eine Abhängigkeit zwischen zwei Schritten.

Die Beschränkung auf unäre und binäre Regeln ist vor allem praktischer Natur. Mehrwertige, n-äre Regeln führen schnell zu einer zu großen Anzahl von zu betrachtenden Regeln. Wollte man für eine große Zahl von Arbeitsschritten auch n-äre Regeln berücksichtigen, könnte die Regelmenge zu groß und unübersichtlich werden.

Auch wenn man ausschließlich unäre und binäre Regeln betrachtet, bleibt es eine wichtige Entwurfsentscheidung, wie die Regeln genau definiert sind. Oft verwendete Regeln beziehen sich zum Beispiel auf folgende Aspekte:

Kardinalitäten Eine Regel definiert eine obere und eine untere Schranke für die Anzahl der Durchführungen eines Schrittes im Rahmen eines Falls. Ein Ablauf eines Ereignisprotokolls erfüllt die Regel, sofern die Anzahl der Ereignisse, welche Ausführungen des entsprechenden Schrittes repräsentieren, die obere und untere Schranke einhält. Ein Beispiel dafür ist Regel *R1*, welche verlangt, dass *Prüfen* mindestens einmal, aber potentiell mehrmals durchgeführt wird.

Kausalitäten Eine Regel definiert eine kausale Abhängigkeit zwischen den Durchführungen zweier Schritte, welche hier X und Y sein sollen. Eine Regel kann nun verlangen, dass jeder Durchführung des zweiten Schrittes Y mindestens eine Durchführung des ersten Schrittes X vorangehen muss (engl. *precedence*). Alternativ kann eine Regel verlangen, dass jede Durchführung von X irgendwann zu einer Durchführung von Y führt (engl. *response*). Regel *R2* illustriert dies im Sinne einer kausalen Abhängigkeit von *Unterlagen speichern* von *Prüfen*. Wiederum lassen sich diese kausalen Abhängigkeiten direkt für die entsprechenden Ereignisse in einem Ablauf des Protokolls überprüfen.

Reihenfolgen Zwei Schritte können mitunter unabhängig voneinander durchgeführt werden, so dass es keine kausale Abhängigkeit gibt. Sofern beide Schritte in einem Fall durchgeführt werden, kann jedoch eine bestimmte Reihenfolge aller entsprechenden Durchführungen verlangt sein. Ein einfaches Beispiel: Man kann sich verloben, ohne zu heiraten. Ebenso kann man heiraten, ohne sich zu verloben. Wenn man aber beides tut, dann muss die Verlobung vor der Heirat erfolgen. Eine Regel kann also eine Reihenfolge festlegen, wie zum Beispiel die oben eingeführte

Regel *R3* hinsichtlich *Hotel suchen* und *Hotel buchen*. In den Abläufen eines Ereignisprotokolls müssen alle entsprechenden Ereignisse nun entsprechend geordnet sein, um die Regel nicht zu verletzen.

Ausschluss Ein weiterer Aspekt des Prozessverhaltens, welcher mit einer binären Regel abgebildet werden kann, ist der gegenseitige Ausschluss von Durchführungen von Arbeitsschritten. So kann die Durchführung eines Schrittes dazu führen, dass ein anderer Schritt nicht mehr für den gleichen Fall durchführbar ist. Ein Ablauf aus einem Ereignisprotokoll erfüllt diese Regel, sofern es im Ablauf keine zwei Ereignisse gibt, welche Durchführungen der Schritte repräsentieren, die sich einander ausschließen. Aus dem Modell in Abb. 11.1 lässt sich keine Regel dieses Typs ableiten. Wir erkennen aber leicht, wann es eine solche Regel geben kann, nämlich immer dann, wenn im Modell das Kontrollflussmuster „Exklusiv-Oder-Teilung" auftritt. Eine beispielhafte Erweiterung in Abb. 11.1 wäre eine Aktivität *Unterlagen drucken*, welche alternativ zu *Unterlagen speichern* durchgeführt werden kann (die entsprechende Transition im Petrinetz würde eine eingehende Kante von der Stelle *p11* und eine ausgehende Kante zu der Stelle *p12* haben). Man würde dann Unterlagen entweder drucken oder aber speichern können, jedoch niemals beides in einem Fall beziehungsweise einer Ausführungsfolge.

Um solche oder ähnliche Regeln für die Abweichungsanalyse zu nutzen, müssen die Regeln für einen Prozess auf Grundlage eines Prozessmodells festgelegt werden. Das Prozessmodell bestimmt also die Regeln, die gelten sollen, jedoch muss sich nicht unbedingt alles, was vom Prozessmodell vorgegeben ist, als Regel wiederfinden.

Zu beachten ist hierbei, dass ein Arbeitsschritt eines Prozesses durch mehrere Aktivitäten in einem Prozessmodell repräsentiert sein kann. Für BPMN-Modelle wurde dies bereits in Abschnitt 4.3 diskutiert. Ebenso wurden in Abschnitt 8.5 beschriftete Petrinetze eingeführt, welche es erlauben, zwei Transitionen die gleiche Beschriftung, und somit den gleichen Arbeitsschritt, zuzuordnen. In unserem Beispiel aus Abb. 11.1 wäre es denkbar, dass *Unterlagen speichern* nicht erst am Ende steht, sondern stattdessen eine Transition *Unterlagen speichern* sowohl nach *Flug buchen* als auch nach *Hotel buchen* platziert ist. Sofern Regeln für Arbeitsschritte aus den Aktivitäten eines Prozessmodells abgeleitet werden, müssen konsequenterweise alle Aktivitäten, welche die entsprechenden Schritte repräsentieren, betrachtet werden.

Im einfachsten Fall werden die Regeln für alle einzelnen Schritte (unäre Regeln) und für alle Paare von Schritten (binäre Regeln) festgelegt. Für den in Abb. 11.1 modellierten Beispielprozess illustrieren Tab. 11.1 und Tab. 11.2 alle aus dem Modell ableitbaren Regeln für die Ausführungskardinalitäten und Reihenfolgen. So wird festgehalten, dass zum Beispiel der Arbeitsschritt *Reise planen* wiederholt werden kann, während *Unterlagen speichern* genau einmal durchgeführt werden muss. Ebenso wird deutlich, dass (aufgrund der entsprechenden Schleife im Prozessmodell) *Reise planen* vor allen anderen Schritten durchgeführt werden muss, mit Ausnahme von *Prüfen*.

Tab. 11.1: Kardinalitätsregeln für den Beispielprozess aus Abb. 11.1.

Reise planen	Prüfen	Flug suchen	Flug buchen	Hotel suchen	Hotel buchen	Unterlagen speichern
$[1, n]$	$[1, n]$	$[0, 1]$	$[0, 1]$	$[0, 1]$	$[0, 1]$	$[1, 1]$

Tab. 11.2: Regeln für die Reihenfolgen von Durchführungen von Arbeitsschritten für den Beispielprozess aus Abb. 11.1.

	Reise planen	Prüfen	Flug suchen	Flug buchen	Hotel suchen	Hotel buchen	Unterlagen speichern
Reise planen			$\rightarrow$	$\rightarrow$	$\rightarrow$	$\rightarrow$	$\rightarrow$
Prüfen			$\rightarrow$	$\rightarrow$	$\rightarrow$	$\rightarrow$	$\rightarrow$
Flug suchen				$\rightarrow$			$\rightarrow$
Flug buchen							$\rightarrow$
Hotel suchen						$\rightarrow$	$\rightarrow$
Hotel buchen							$\rightarrow$
Unterlagen sp.							

Um Regeln für ein gegebenes Prozessmodell festzulegen, muss das durch das Modell beschriebene Verhalten betrachtet werden. Auf Basis der Menge der gültigen Ausführungsfolgen des Modells kann entschieden werden, welche Regeln für welche Aktivitäten und somit Arbeitsschritte gelten sollen. Die Festlegung von Regeln ist typischerweise möglich, indem man alle Ausführungsfolgen beziehungsweise den **Zustandsraum** des Prozessmodells betrachtet (das ist das, was wir bei Petrinetzen als die Sprache bzw. Erreichbarkeitsgraph eines markierten Petrinetzes bezeichnet haben). Das kann jedoch mit einer hohen Berechnungskomplexität einhergehen, da der Zustandsraum sehr groß werden kann.

Um eine Untersuchung des Zustandsraumes zu vermeiden, gibt es für einige Arten von Regeln und Klassen von Prozessmodellen Verfahren, die Regeln direkt aus der Graphstruktur des Prozessmodells abzuleiten. Besonders gut geht dies, sofern ein Prozessmodell ausschließlich aus elementaren Mustern, wie in Abschnitt 2.1 diskutiert, aufgebaut ist. Ein Beispiel wären zwei Arbeitsschritte, welche durch Aktivitäten in einem Block repräsentiert sind, der mit einem XOR-Split beginnt und mit einem XOR-Join endet. Unter der Annahme gewisser Korrektheitseigenschaften des Prozessmodells (vgl. Soundness von Workflownetzen in Abschnitt 8.4) ist klar, dass sich die Ausführung dieser Aktivitäten (bzw. der Arbeitsschritte) gegenseitig ausschließt.

Grundsätzlich ist es natürlich auch möglich, Regeln nur für eine Teilmenge aller Schritte festzulegen. Dies ist sinnvoll, wenn einige Schritte für die Abweichungsanalyse irrelevant sind. Die Festlegung von Regeln erlaubt somit eine feingranulare Steuerung der Analyse.

11.3.3 Hinweise zu Abweichungen

Eine aus einem Modell abgeleitete Menge von Regeln wird für die Abläufe eines Ereignisprotokolls überprüft, um Abweichungen zu identifizieren. Jede zu betrachtende Regel kann dabei von einem Ablauf erfüllt sein oder verletzt werden. Die Menge der von einem Ablauf verletzten Regeln gibt einen ersten Einblick, welche Arbeitsschritte beziehungsweise Paare von Schritten in Abweichungen involviert sind. Rein auf Basis der Häufigkeit, mit der ein Schritt oder ein Paar von Schritten an solchen Regelverletzungen beteiligt ist, können potentiell erste Schwerpunkte der Diskrepanz zwischen modelliertem und aufgezeichnetem Verhalten identifiziert werden. Dies gilt sowohl für die Analyse eines einzelnen Ablaufs als auch für die Analyse aller Abläufe eines Ereignisprotokolls.

Als Beispiel sei hier auf das Modell aus Abb. 11.1 und das Protokoll aus Abb. 11.2 verwiesen. Werden Regeln für die Kardinalitäten und die Reihenfolgen der Durchführungen von Arbeitsschritten als Grundlage der Analyse angenommen, so zeigt sich, dass die Schritte *Prüfen* und *Hotel suchen* besonders häufig Regeln verletzen. So ergeben sich Abweichungen im Sinne der Kardinalitätsregel für *Prüfen* für die Fälle 723 und 724. *Hotel suchen* ist sowohl in Verletzungen der Kardinalitätsregel (Fall 717) als auch der Regel hinsichtlich der Reihenfolge (Fall 723) involviert.

Darüber hinaus kann das Ausmaß der Abweichungen auf Basis der Regeln bemessen werden. Diese Maße quantifizieren die Fitness eines Ablaufs mit dem Modell.[1] Je weniger Regeln verletzt sind, umso besser beschreibt das Modell das aufgezeichnete Verhalten.

Sei L ein einfaches Ereignisprotokoll nach Def. 10.6 als Multi-Menge von Abläufen. Weiterhin sei σ ein Ablauf in diesem Protokoll, P ein Prozessmodell und R_P eine Menge Regeln, welche aus P abgeleitet wurden.

Für einen einzelnen Ablauf lässt sich ein einfaches Fitness-Maß als Verhältnis der erfüllten Regeln und aller betrachteten Regeln definieren:

$$\text{Fitness}(\sigma, P) = \frac{|\{r \in R_P \mid \sigma \text{ erfüllt } r\}|}{|R_P|} \qquad (11.3)$$

Für ein komplettes Ereignisprotokoll L stellt das Verhältnis der von allen Abläufen erfüllten Regeln und allen aufgestellten Regeln ein Maß der Fitness dar:

$$\text{Fitness}(L, P) = \frac{|\{r \in R_P \mid \forall \sigma \in L : \sigma \text{ erfüllt } r\}|}{|R_P|} \qquad (11.4)$$

Auf Basis der Formeln ist klar, dass die Fitness eines Protokolls und eines Modells im Sinne der obigen Maße von der Menge der Regeln abhängt. Bei der Bewertung

---

1 Hier wird der Begriff „Fitness" also anders definiert als in Abschnitt 11.2.2 – die anschauliche Bedeutung bleibt, dass die Übereinstimmung zwischen Modell und tatsächlich beobachtetem Verhalten gemessen werden soll.

der Fitness nach diesen Maßen ist aber zu beachten, dass die Regeln in R_P oft selbst voneinander abhängen. Gibt es beispielsweise für die Reihenfolge die Regel, dass die Ausführung von Arbeitsschritt X stets zu einer Ausführung von Schritt Y führt, muss auch die untere Schranke für die Zahl der Ausführungen von Y mindestens so groß sein wie die untere Schranke für die Zahl der Ausführungen von X. Im folgenden Abschnitt wird genauer betrachtet, welche Konsequenzen sich aus diesen Überlegungen ergeben.

11.3.4 Einschränkungen des Ansatzes

Die Notwendigkeit der Festlegung von Regeln ist nicht nur von Vorteil im Sinne einer feingranularen Steuerung der Abweichungsanalyse, sondern stellt auch den wesentlichen Nachteil des Ansatzes dar. Je nachdem, mit welcher Regelmenge die Abweichungsanalyse arbeitet, kann sie für das gleiche Prozessmodell und Ereignisprotokoll unterschiedliche Abweichungen identifizieren. Es stellt sich somit die Frage, ob es nicht einen *vollständigen* Regelsatz gibt, welcher für alle Arbeitsschritte verwendet werden kann und sicherstellt, dass alle Abweichungen gefunden werden.

Bedauerlicherweise ist die Definition eines vollständigen Regelsatzes im allgemeinen Fall mit einem erheblichen Nachteil verbunden: Selbst für relativ einfach strukturierte Prozessmodelle, deren Menge an gültigen Ausführungsfolgen als reguläre Sprache beschrieben werden kann, braucht es eine sehr hohe Anzahl von Regeln, um das Verhalten vollständig zu erfassen. Neben der damit steigenden Berechnungskomplexität der Abweichungsanalyse (pro Ablauf muss ja jede Regel geprüft werden), wirkt sich dies auch negativ auf die Sinnhaftigkeit der Hinweise zu Abweichungen aus. Die Regeln zeigen teilweise Abhängigkeiten untereinander (die Verletzung einer Regel kann mitunter die Verletzung einer anderen Regel nach sich ziehen), was die Abweichungsmaße beeinflusst. Intuitiv gesprochen wird eine Abweichung mehrmals gezählt, wenn sie zur Verletzung mehrerer Regeln führt. Mit einer steigenden Anzahl von Regeln wird dieses Problem immer gravierender.

Es bleibt festzuhalten, dass Regeln, welche aus einem Prozessmodell abgeleitet werden, einen einfachen Ansatz zur Abweichungsanalyse darstellen. Eine vollständige Analyse aller Regeln, die sich aus einem Prozessmodell ableiten lassen, wird jedoch schon bei Modellen mittlerer Größe schnell ineffizient (sehr viele Regeln müssen überprüft werden) und nicht zielführend (Regelverstöße können nur schwer auf ihre eigentlichen Ursachen zurückgeführt werden).

11.4 Abweichungsanalyse mittels Markenspiel

Ein zweiter Ansatz für die Abweichungsanalyse basiert auf dem Konzept des Markenspiels, wie es für Petrinetze in Kapitel 8 eingeführt worden ist. Dabei wird vom Ereignisprotokoll ausgegangen und versucht, die einzelnen Abläufe in dem Prozessmodell „abzuspielen".

11.4.1 Grundidee am Beispiel

Das Verhalten, das ein Prozessmodell beschreibt, kann man auf der Basis von Zuständen interpretieren. Im Laufe der Ausführung einer Prozessinstanz kann der Prozess verschiedene Zustände aus einer Zustandsmenge annehmen. Die Ausführung einer Aktivität im Prozessmodell bewirkt dann den Übergang von einem Zustand in einen anderen. In jedem Zustand ist klar, welche Aktivitäten potentiell ausführbar sind und welchen Zustandsübergang die Ausführung jeder dieser Aktivitäten auslösen würde.

Sehr anschaulich wird diese Interpretation der Prozessabarbeitung bei der in Kapitel 3 beschriebenen Modellierungssprache EPK: Der Zustand einer Prozessinstanz wird dort durch die Menge der erreichten Ereignisse beschrieben. Zum Beispiel kann ein Zustand des Prozesses aus Abb. 3.6 beschrieben werden durch: „Website aktualisiert und Einladungen versendet". Im Sinne der Terminologie von Petrinetzen ist jeder Zustand durch eine Markierung gegeben. Die potentiell ausführbaren Aktivitäten entsprechen den schaltbereiten, also den aktivierten, Transitionen und die möglichen Zustandsübergänge sind durch die Schaltregel (siehe Definition 8.4) definiert.

Die Abweichungsanalyse mittels Markenspiel überprüft, inwieweit ein im Protokoll aufgezeichneter Ablauf einer vom Modell erlaubten Ausführungsreihenfolge entspricht. Zu diesem Zweck wird versucht, im Prozessmodell die Aktivitäten in der durch die Ereignisse des Ablaufs vorgegebenen Reihenfolge auszuführen. In einem Petrinetz werden demnach die Transitionen in der entsprechenden Reihenfolge geschaltet, ausgehend von der für das Petrinetz gegebenen Anfangsmarkierung, während sich die Änderung der Markierung durch die Schaltregel ergibt. Dabei können nun zwei Situation eintreten, welche auf Abweichungen hinweisen:

- Eine im Protokoll beobachtete Aktivität kann in dem aktuellen Zustand eigentlich nicht ausgeführt werden. Im Petrinetz entspricht dies der Situation, dass die entsprechende Transition in der aktuellen Markierung nicht aktiviert ist, die Plätze in ihrem Vorbereich also nicht mindestens eine Marke tragen. In diesem Fall **fehlen** Marken für das Markenspiel.
- Durch die Ausführung einer Aktivität für ein entsprechendes Ereignis im Protokoll wird ein Zustand erreicht, in dem weitere Aktivitäten ausgeführt werden können, jedoch ist keine Ausführung einer dieser Aktivitäten im Protokoll zu finden. Im Petrinetz ist diese Situation durch Marken im Nachbereich der geschalteten Transition gekennzeichnet, welche im Folgenden niemals konsumiert werden. Es ergeben sich Marken, welche **überschüssig** im Markenspiel sind.

Durch dieses Vorgehen ergibt sich eine neue Interpretation des Begriffs „Fitness": Die Fitness lässt sich aus dem Ergebnis des Abspielens eines Ablaufs bestimmen. Ein Ab-

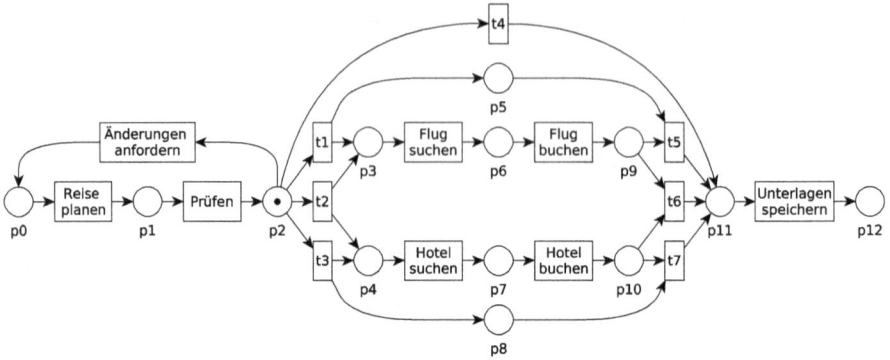

Abb. 11.5: Markierung, welche durch das Schalten der Transitionen für die ersten beiden Ereignisse des Ablaufs für Fall 717 aus Abb. 11.2 erreicht wird.

lauf zeigt perfekte Fitness, sofern sich während des Abspielens keine fehlenden oder überschüssigen Marken ergeben. In Abschnitt 11.4.3 werden wir dies genauer definieren.

Zu Illustrationszwecken sei hier der Ablauf für den Fall 717 aus Abb. 11.2 genommen. Wird dieser Ablauf in dem Prozessmodell aus Abb. 11.1 abgespielt, so ist das erste Ereignis unproblematisch. Die Transition *Reise planen* ist in der Anfangsmarkierung aktiviert. Wird sie geschaltet, wird die Marke im Vorbereich konsumiert und eine Marke im Nachbereich produziert. Auf Basis des Ablaufs wird anschließend die Transition für *Prüfen* geschaltet, welche in der dann vorliegenden Markierung aktiviert ist. In der resultierenden Markierung, gezeigt in Abb. 11.5, ist die Transition *Reise planen*, welche dem nächsten Ereignis im Ablauf entspricht, nun jedoch nicht aktiviert. Um die Analyse weiterzuführen, wird trotzdem die Transition *Reise planen* geschaltet und eine fehlende Marke notiert. Das erneute Schalten der Transition *Prüfen* ist danach problemlos möglich, was zu der in Abb. 11.6 gezeigten Markierung führt. Die fehlende Marke im Vorbereich von *Reise planen* ist hier durch einen gestrichelten Kreis dargestellt.

Anschließend muss im Sinne des Ablaufs die Transition *Hotel suchen* geschaltet werden. Nehmen wir an dieser Stelle an, dass zuerst die stille Transition *t2* geschaltet wird. Für eine solche stille Transition wird kein Ereignis im Ablauf erwartet. Auf die Problematik der Auswahl einer stillen Transition zum Schalten (es sind in der aktuellen Markierung auch die Transitionen *t1*, *t3* und *t4* aktiviert) kommen wir später zurück. Nach dem Schalten von *t2* ist auch die Transition *Hotel suchen* aktiviert, ebenso wie *Flug suchen*. Für das zweite Ereignis *Hotel suchen* wird nun allerdings wieder eine fehlende Marke notiert. Wird der Ablauf weiter abgespielt – unter der Annahme des Schaltens der stillen Transition *t6* zum gegebenen Zeitpunkt – ergibt sich der Zustand in Abb. 11.7. Während des Abspielens ergaben sich zwei fehlende Marken. Zum Abschluss ergeben sich darüber hinaus auch zwei überschüssige Marken. Die Mar-

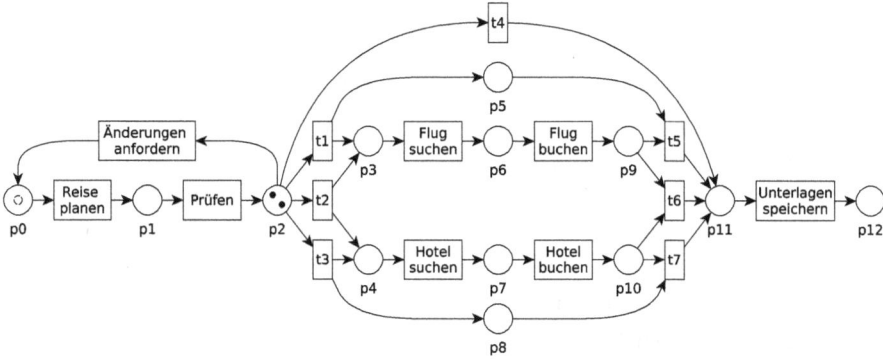

Abb. 11.6: Zustand nach dem Schalten der Transitionen für die ersten vier Ereignisse des Ablaufs für Fall 717 aus Abb. 11.2. Eine fehlende Marke im Vorbereich der Transition *Reise planen* ist durch einen gestrichelten Kreis dargestellt.

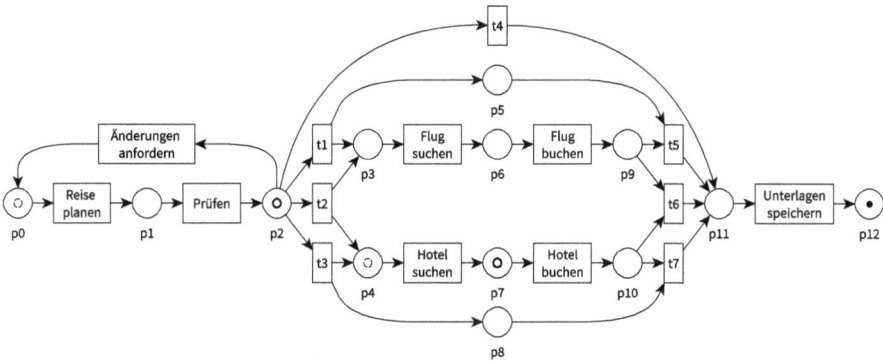

Abb. 11.7: Zustand nach dem (idealisierten) Abspielen des Ablaufs für Fall 717. Es ergeben sich zwei fehlende Marken (gestrichelte Kreise) auf *p0* und *p4*, und zwei überschüssige Marken (durchgezogene Kreise) auf *p2* und *p7*.

ke auf Platz *p12* ist erwartet und repräsentiert den Endzustand. Die Marken auf den Plätzen *p2* und *p7* sind hingegen überschüssig und verdeutlichen Fehler während des Abspielens.

11.4.2 Das Markenspiel im Detail

Um Abweichungen zwischen einem Modell und einem Ablauf zu finden, wird der Ablauf in dem Modell abgespielt. Der Zustand des Modells ändert sich während des Abspielens entsprechend der durch das Modell vorgegebenen Ausführungssemantik. Betrachtet man dieses Vorgehen im Detail, ergibt sich im Wesentlichen der folgende Algorithmus:

1. In einem Initialisierungsschritt wird das erste Ereignis des Ablaufs als das *aktuelle* Ereignis für das Abspielen definiert.
2. Die Aktivität im Prozessmodell (Transition im Petrinetz), welche dem *aktuellen* Ereignis entspricht, wird identifiziert.
3. Das *aktuelle* Ereignis wird im *aktuellen Zustand* des Modells ausgeführt. Das heißt, dass die entsprechende Transition im Petrinetz in der aktuellen Markierung geschaltet wird, was die Markierung im Sinne der Schaltregel ändert: Von allen Plätzen im Vorbereich wird eine Marke **konsumiert**, auf allen Plätzen im Nachbereich wird eine Marke **produziert**.
4. Der resultierende Zustand wird als der neue *aktuelle* Zustand definiert.
5. Sofern das *aktuelle* Ereignis nicht das letzte in dem Ablauf war, wird das folgende Ereignis als das *aktuelle* Ereignis definiert. Das Abspielen setzt sich dann mit dem zweiten Schritt fort.

Während das obige Verfahren recht einfach ist, beinhaltet es doch eine subtile Annahme, welche in der Praxis zu beachten ist. So wird im zweiten Schritt angenommen, dass für ein Ereignis des Protokolls eine entsprechende Aktivität im Prozessmodell direkt gefunden werden kann. Intuitiv heißt dies, dass für jedes Ereignis immer genau klar ist, wie es abgespielt werden muss. Diese Annahme ist jedoch problematisch. Es kann durchaus sein, dass für ein Ereignis mehrere Aktivitäten oder gar keine Aktivität für das Abspielen in dem Prozessmodell gefunden werden.

Weiterhin trifft das obige Verfahren keine Aussage zu der etwaigen Notwendigkeit, auch Aktivitäten im Prozessmodell auszuführen, für welche kein Ereignis im Ereignisprotokoll erwartet wird. Dies trifft insbesondere auf stille Transitionen in einem Petrinetz zu, wie bereits an dem vorgestellten Beispiel deutlich wurde.

Die Problematiken des Findens von Aktivitäten für das Abspielen und des Abspielens von Aktivitäten ohne Entsprechung im Ereignisprotokoll werden zum Ende des Kapitels noch genauer erläutert.

11.4.3 Hinweise zu Abweichungen

Die Abweichungsanalyse mittels Markenspiel zielt auf die Fitness von Abläufen mit einem gegebenen Prozessmodell ab. Ein Ablauf zeigt perfekte Fitness, wenn sich während des Abspielens keine fehlenden oder überschüssigen Marken ergeben. Sofern dies für alle Abläufe eines Ereignisprotokolls gilt, ist das Prozessmodell offensichtlich geeignet, das aufgezeichnete Prozessverhalten zu erklären.

Die oben eingeführten Begriffe der fehlenden und überschüssigen Marken während des Abspielens sind darüber hinaus hilfreich, Hinweise zu gefundenen Abweichungen zu geben. So geben die fehlenden und überschüssigen Marken, welche nach dem Abspielen des Beispielablaufs in Abb. 11.7 ersichtlich sind, direkt Hinweise auf

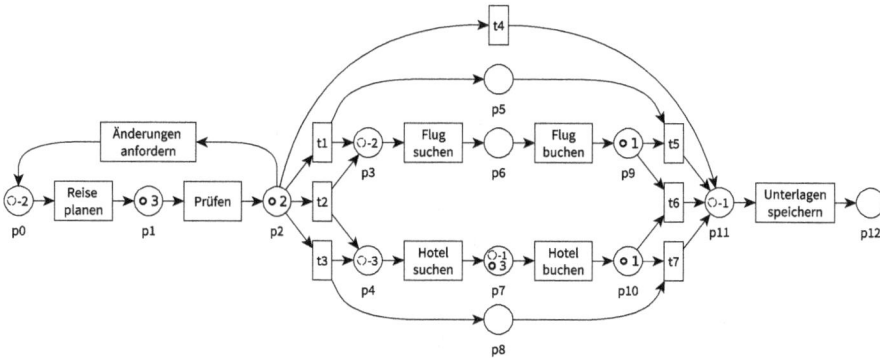

Abb. 11.8: Zustand nach dem (idealisierten, unter Annahme eines sinnhaften Schaltens der stillen Transitionen) Abspielen aller Abläufe aus Abb. 11.2.

Abweichungen hinsichtlich *Änderungen anfordern*. Die überschüssige Marke im Vorbereich der Transition und fehlende Marke im Nachbereich deuten hier auf eine Unterlassung der Durchführung des entsprechenden Arbeitsschrittes hin. Eine weitere Abweichung bezieht sich auf den Schritt *Hotel suchen*, wobei die fehlende Marke im Vorbereich der Transition und die überschüssige Marke im Nachbereich Hinweis auf eine unerlaubte Durchführung des Schrittes in dem Fall sind.

Entsprechende Hinweise sind auch in aggregierter Form, also nach dem Abspielen einer Vielzahl von Abläufen eines Ereignisprotokolls besonders hilfreich. Plätze im Petrinetz, für welche eine Vielzahl an fehlenden oder überschüssigen Marken (über alle Abläufe hinweg) registriert wurden, geben einen direkten Hinweis auf Abweichungsschwerpunkte. In dem Beispielprozessmodell ergibt sich nach dem Abspielen der Abläufe aus Abb. 11.2 der in Abb. 11.8 dargestellte Zustand. Es werden viele Abweichungen gefunden, wobei zum Beispiel die Hotelsuche und -buchung generell mehr Abweichungen als die Flugsuche und -buchung aufweist.

Mit der Anzahl der fehlenden und überschüssigen Marken erhalten wir ein weiteres Maß für die Fitness eines Ablaufs. Während die einfache Anzahl der entsprechenden Marken bereits als Maß gelten kann, so ist es sinnvoll, eine Normalisierung hinsichtlich der Länge des abgespielten Ablaufs durchzuführen. Ohne eine solche Normalisierung würde beispielsweise eine fehlende Marke während des Abspielens eines Ablaufs mit zwei Ereignissen genauso gewichtet werden wie im Falle eines Ablaufs mit 200 Ereignissen.

Eine einfache Normalisierung wird erreicht, indem die fehlenden und überschüssigen Marken ins Verhältnis zu allen während des Abspielens konsumierten beziehungsweise produzierten Marken gesetzt werden. Seien wieder σ ein Ablauf aus einem einfachen Ereignisprotokoll L und P ein Prozessmodell. Wird nun σ in P abgespielt, ergeben sich vier Zähler: konsumiert(σ, P), produziert(σ, P), fehlend(σ, P) und überschüssig(σ, P) für alle konsumierten, produzierten, fehlenden und überschüssigen Marken. Auf Basis dieser Zähler lässt sich ein Maß für die Fitness zwischen dem Ablauf σ und dem Prozessmodell P wie folgt definieren:

$$\text{Fitness}(\sigma, P) = \frac{1}{2}\left(1 - \frac{\text{fehlend}(\sigma, P)}{\text{konsumiert}(\sigma, P)}\right) + \frac{1}{2}\left(1 - \frac{\text{überschüssig}(\sigma, P)}{\text{produziert}(\sigma, P)}\right) \qquad (11.5)$$

Um die Fitness zwischen allen im Protokoll L aufgezeichneten Abläufen und dem Prozessmodell P zu messen, können wir definieren, wobei $\sum_{\sigma \in L}$ jedes vielfache Vorkommen eines Ablaufs in der Multi-Menge L zählt:

$$\text{Fitness}(L, P) = \frac{1}{2}\left(1 - \frac{\sum_{\sigma \in L} \text{fehlend}(\sigma, P)}{\sum_{\sigma \in L} \text{konsumiert}(\sigma, P)}\right)$$
$$+ \frac{1}{2}\left(1 - \frac{\sum_{\sigma \in L} \text{überschüssig}(\sigma, P)}{\sum_{\sigma \in L} \text{produziert}(\sigma, P)}\right) \qquad (11.6)$$

Die obigen Formeln ergeben einen Fitness-Wert von eins, sofern während des Abspielens keine fehlenden oder überschüssigen Marken registriert wurden. Wie bereits angemerkt, setzt dies jedoch voraus, dass für jedes Ereignis in einem Ablauf klar ist, wie es in dem Prozessmodell abzuspielen ist. Die obigen Maße müssen also vor dem Hintergrund der im folgenden Abschnitt beschriebenen Problematik betrachtet werden.

11.4.4 Einschränkungen des Ansatzes

Das Abspielen eines Ablaufes in einem Prozessmodell setzt voraus, dass die Aktivitäten für die Ereignisse des Ablaufs problemlos identifiziert werden können. Somit ergibt sich ein Problem, sobald Ereignisse aufgezeichnet wurden, welche die Durchführung von Arbeitsschritten signalisieren, die gar nicht als Aktivitäten im Prozessmodell vorkommen.

Im Beispiel des Ereignisprotokolls aus Abb. 11.2 findet sich solch ein Ereignis für den Ablauf des Falls 720. Das Ereignis für den Schritt *Mietwagen buchen* findet keine Entsprechung in den Aktivitäten des Prozessmodells in Abb. 11.1. In dem oben vorgestellten Algorithmus für das Abspielen eines Ablaufs können solche Ereignisse ignoriert werden, so dass das Abspielen einfach mit dem nachfolgenden Ereignis fortgesetzt wird. Praktisch führt dies jedoch zu einem verzerrten Analyseergebnis, da keine entsprechende Abweichung vermerkt wird.

Von dem offensichtlichen Problem der nicht vorhandenen Aktivität abgesehen, ergeben sich noch weitere, subtilere Herausforderungen in der Umsetzung des Ansatzes. Mitunter gibt es mehr als eine Möglichkeit, wie ein Ablauf im Prozessmodell „abgespielt" werden kann. Das kann zwei Ursachen haben. Erstens kann es mehrere Aktivitäten in dem Modell geben, welche einen durch ein Ereignis repräsentierten Arbeitsschritt modellieren und Kandidaten für das Abspielen des Ereignisses sind. Zweitens kann es mehrere Folgezustände geben, in welchen sich das Modell nach der Ausführung einer Aktivität befinden kann und welche Ausgangspunkt für das Abspielen weiterer Ereignisse sind.

Der erste Fall kann mit dem Beispielmodell aus Abb. 11.1 nicht eintreten, da jedem Arbeitsschritt eindeutig eine Aktivität zugeordnet ist. Im Unterabschnitt 11.3.2 haben wir aber schon besprochen, dass das nicht immer so sein muss. Wir hatten dort den Fall diskutiert, dass die Transition *Unterlagen speichern* nicht am Ende des Prozesses, sondern sowohl nach *Flug buchen* als auch nach *Hotel buchen* platziert ist und außerdem aus einem Ereignis mit Aktivitätsnamen *Unterlagen speichern* nicht zu erkennen ist, zu welcher von beiden Transitionen es gehört. Findet sich nun im Protokoll ein Ereignis, welches die Durchführung des Schrittes *Unterlagen speichern* signalisiert, wäre unklar, welche von beiden Transitionen für das Abspielen des Ereignisses herangezogen werden soll. Die Konsequenz wäre ein Nichtdeterminismus, welcher dazu führt, dass auch die bereits besprochenen Hinweise auf Abweichungen (Zähler für fehlende und überschüssige Marken), sowie die Berechnung der Fitnessmaße nichtdeterministisch werden. Es ist hier wichtig, zu sehen, dass jedwede Heuristik, eine der in Frage kommenden Aktivitäten für das Abspielen des Ereignisses auszuwählen, das Problem nicht grundsätzlich löst. Im allgemeinen Fall kann sich die heuristische Auswahl einer Aktivität (z. B. dadurch, dass sie in dem aktuellen Zustand ausführbar ist) später immer als ungünstig herausstellen. „Ungünstig" heißt an dieser Stelle, dass die Auswahl einer anderen Aktivität zu weniger fehlenden und überschüssigen Marken – und somit zu höheren Fitnesswerten – geführt hätte.

Eine Mehrdeutigkeit während des Abspielens eines Ablaufs kann ebenfalls durch die möglichen Zustandsübergänge in einem Prozessmodell zustande kommen. Problematisch ist hier, dass einige Zustandsübergänge nicht beobachtbar sind und dadurch auch keine Ereignisse für diese Zustandsübergänge aufgezeichnet werden können. In einem BPMN-Prozessmodell ergeben sich solche Übergänge zum Beispiel durch XOR-Gateways, welche Entscheidungspunkte modellieren. Wenn man im Ereignisprotokoll nur die ausgeführten Aktivitäten protokolliert, nicht aber die am XOR-Gateway gefällten Entscheidungen, fehlt eine wichtige Information im Protokoll. Vor dem Treffen der Entscheidung befindet sich der Prozess nämlich in einem anderen Zustand als danach. Bei diesem Zustandsübergang wurde jedoch keine Aktivität ausgeführt, welche den erreichten Zustand eindeutig charakterisieren würde. In einem Petrinetz wird entsprechendes Verhalten durch stille Transitionen modelliert.

Wie bereits erwähnt, setzt das Abspielen der Abläufe in Abb. 11.2 im Modell aus Abb. 11.1 das sinnvolle Schalten von stillen Transitionen voraus. Während des Abspielens des Ablaufes für Fall 717 sind in der in Abb. 11.6 visualisierten Markierung vier stille Transition aktiviert (*t1–t4*). Es ergibt sich das Problem, dass der Folgezustand nach dem Abspielen eines Ereignisses nicht eindeutig definiert ist. Wird nun ein Folgezustand nichtdeterministisch gewählt, führt dies zu verzerrten Analyseergebnissen. Im Beispiel aus Abb. 11.6 gelingt ein *optimales* Abspielen (mit möglichst wenigen fehlenden und überschüssigen Marken) nur durch das Schalten von Transition *t2*. Wieder lässt sich das zugrundeliegende Problem nicht durch die Nutzung einer Heuristik für die Auswahl des Folgezustands lösen. Im allgemeinen Fall kann sich diese Auswahl in der Gesamtsicht immer als ungünstig erweisen, also in einem Abspielvorgang resultieren, welcher *insgesamt* mehr als notwendigerweise fehlende und überschüssige Marken aufweist.

Zusammenfassend lässt sich sagen, dass mittels Markenspiel ein einfaches Verfahren für die Abweichungsanalyse definiert werden kann. Im Gegensatz zum ersten Ansatz, welcher auf Regeln aufbaut, werden hierbei die Abläufe des Ereignisprotokolls als Ausgangspunkt genommen. Zu beachten ist, dass die Analyse durch den oben beschriebenen Nichtdeterminismus während des Abspielens verzerrt werden kann. Dies wirft die Frage auf, ob man das optimale Abspielen eines Ablaufs nicht als Suchproblem auffassen könnte. So würden alle möglichen Aktivitäten, welche für das Abspielen eines Ereignisses in Frage kommen, sowie alle möglichen Folgezustände betrachtet werden, um einen Abspielvorgang mit minimaler Anzahl von fehlenden und überschüssigen Marken zu finden. Eine Verallgemeinerung dieser Idee führt zu dem Begriff des Alignments, welcher die Basis für einen weiteren Ansatz für die Abweichungsanalyse darstellt und im Folgenden erläutert wird.

11.5 Abweichungsanalyse mittels Alignments

Die Abweichungsanalyse mittels Alignments kann als Verallgemeinerung der Analyse mittels Markenspiel angesehen werden. Die grundsätzliche Idee eines Alignments ist es, für jeden Ablauf eines Ereignisprotokolls eine „möglichst gut korrespondierende" Ausführungsfolge im Prozessmodell zu finden. Für diese Suche kommt jede Ausführungsfolge des Modells in Frage, nicht nur jene, welche sich durch ein Abspielen des Ablaufs ergibt. Im Gegensatz zu den bereits besprochenen Ansätzen, welche entweder ausschließlich vom Modell (Regeln ableiten) oder vom Ereignisprotokoll (Abläufe abspielen) ausgehen, wird für die Abweichungsanalyse ein symmetrischer Ansatz genutzt.

11.5.1 Grundidee am Beispiel

Ein **Alignment** setzt ein Ereignis eines Ablaufs jeweils mit einer Aktivitätsausführung in einer vom Prozessmodell erlaubten Ausführungsfolge in Beziehung, wobei die Reihenfolge der Ereignisse beziehungsweise Aktivitätsausführungen gewahrt wird. Ein Alignment lässt sich als Tabelle mit zwei Zeilen darstellen. In der oberen Zeile steht der protokollierte Ablauf, in der unteren Zeile eine vom Modell erlaubte Ausführungsfolge (genauer: für Petrinetze eine mögliche Schaltfolge). Wenn ein Ereignis aus dem Protokoll einer Aktivität in der vom Modell erlaubten Ausführungsfolge entspricht, werden sie in einer Tabellenspalte übereinander angeordnet. Sofern es für ein Ereignis oder eine Aktivitätsausführung kein korrespondierendes Element gibt, so wird dies in der Tabelle mit dem Symbol ≫ vermerkt (in der Literatur wird teilweise auch ⊥ genutzt).

Für den Ablauf für Fall 717 aus Abb. 11.2 lässt sich zum Beispiel folgendes Alignment mit einer Ausführungsfolge des Modells aus Abb. 11.1 konstruieren (Ereignisse und Aktivitäten sind über die Anfangsbuchstaben ihrer Bezeichner abgekürzt, z. B. RP für *Reise planen*):

Ablauf	RP	P	≫	RP	P	HS	FS	HS	HB	FB	US
Ausführungsfolge	RP	P	ÄA	RP	P	HS	FS	≫	HB	FB	US

Jedes Paar aus einem Ereignis und einer Aktivitätsausführung in einem Alignment wird als Zug bezeichnet. Ein Alignment ist somit eine Folge von Zügen. Je nachdem, ob das Ereignis und die Aktivitätsausführung zusammen passen, sie also den gleichen Arbeitsschritt beschreiben, unterscheidet man folgende Züge:

- **Synchroner Zug:** Das Ereignis und die Aktivitätsausführung beschreiben den gleichen Arbeitsschritt. Ein synchroner Zug stellt das erwartete Verhalten dar. In dem obigen Beispiel sind die Ereignisse und die Aktivitätsausführungen für *Reise planen* (RP) Teil zweier synchroner Züge.
- **Modellzug:** Eine Aktivität hätte laut Prozessmodell ausgeführt werden sollen, der Ablauf beinhaltet jedoch kein entsprechendes Ereignis. Ein Modellzug beschreibt die Situation, dass ein laut Modell notwendiger Arbeitsschritt ausgelassen wurde (oder nicht entsprechend aufgezeichnet wurde). *Änderungen anfordern* (ÄA) ist Teil eines Modellzugs in dem obigen Beispiel.
- **Protokollzug:** Für ein protokolliertes Ereignis im Ablauf gibt es keine korrespondierende Aktivitätsausführung in der Ausführungsfolge des Modells. Ein Protokollzug stellt das Gegenstück zu einem Modellzug dar, zum Beispiel für das zweite Ereignis *Hotel suchen* (HS) in dem obigen Alignment.

Für den Ablauf des Falls 717 ist oben bereits ein Alignment mit einer Ausführungsfolge des Modells gezeigt worden. Dies ist allerdings nur ein spezielles Beispiel. Für den Ablauf kann auch das folgende Alignment konstruiert werden:

Ablauf	RP	P	RP	P	HS	FS	HS	HB	≫	FB	US
Ausführungsfolge	RP	P	≫	≫	HS	FS	≫	HB	FB	≫	US

Das Alignment beinhaltet sechs synchrone Schritte, einen Modellzug und vier Protokollzüge. Im Vergleich zu dem zuerst eingeführten Alignment mit je einem Modellzug und Protokollzug weist dieses Alignment eine höhere Anzahl an asynchronen Zügen auf. Bei näherer Betrachtung stellt sich ebenfalls heraus, dass sich die Abweichungen bezüglich *Flug buchen* durch eine andere Wahl der Züge vermeiden lassen.

Diesem Sachverhalt wird durch die Definition einer **Kostenfunktion** für Alignments Rechnung getragen, welche die Abweichung zwischen Ablauf und Ausführungsfolge quantifiziert. Auf dieser Basis kann ein **optimales Alignment** bestimmt werden. Intuitiv gesprochen ist ein Alignment optimal, sofern es nur die minimal notwendigen Abweichungen zwischen dem Ablauf und einer Ausführungsfolge des Prozessmodells beinhaltet.

Technisch gesehen werden in einem Alignment jedem Modellzug und Protokollzug Kosten zugeordnet, im Regelfall in Höhe von eins, wohingegen synchrone Züge keine Kosten verursachen. Ein Alignment ist nun optimal für einen bestimmten Ablauf und ein Prozessmodell, wenn diese Kosten minimal sind. An dieser Stelle ist es entscheidend zu verstehen, dass die Optimalität eines Alignments für einen gegebenen Ablauf über *alle* möglichen Alignments *aller* vollständigen Ausführungsfolgen des Prozessmodells definiert ist. Es wird aus der Menge aller Ausführungsfolgen des Modells eine Ausführungsfolge ausgewählt, welche am besten zu den Ereignissen in dem gegebenen Ablauf passt.

Das zweite obige Alignment ist nicht optimal, da der Modellzug und der Protokollzug bezogen auf *Flug buchen* überschüssig sind. Werden die beiden Schritte durch einen synchronen Schritt ersetzt, sinken die Kosten des Alignments von fünf auf drei. Trotzdem ist das Alignment nicht optimal hinsichtlich des Prozessmodells aus Abb. 11.1. Das erste obige Alignment hat geringere Kosten von zwei, was auch den minimal möglichen Kosten entspricht.

Für einen Ablauf und ein Prozessmodell existieren mitunter mehrere optimale Alignments. Jene können sowohl auf der gleichen als auch auf unterschiedlichen Ausführungsfolgen des Modells basieren. Sie stellen unterschiedliche Folgen von Schritten (synchron, Modellzug, Protokollzug) dar, welche jedoch die gleichen Kosten haben. In dem hier besprochenen Kostenmodell entspricht dies der gleichen Anzahl der Modell- und Protokollzüge.

11.5.2 Berechnung eines Alignments

Die Abweichungsanalyse mittels Alignments basiert darauf, dass für jeden Ablauf im Ereignisprotokoll (oder zumindest jede Ablaufvariante) ein optimales Alignment berechnet wird. Diese Berechnung ist jedoch alles andere als trivial, kommen für jeden Ablauf doch alle Ausführungsfolgen des Modells in Betracht. Jede dieser Ausführungsfolgen ermöglicht wiederum die Definition einer Vielzahl von Zugfolgen in der Berechnung eines Alignments.

Die Berechnung eines optimalen Alignments zwischen einem Ablauf und einem Prozessmodell kann als Suchproblem aufgefasst werden. Wir suchen ein Alignment mit möglichst minimalen Kosten. Um dieses zu finden, wird ein sogenanntes **Produktmodell** (engl. *synchronous product*) definiert. Dieses entsteht durch die Kombination des ursprünglichen Prozessmodells mit einem Modell, welches den Ablauf darstellt.

Wie ein solches Produktmodell konstruiert wird, zeigt Abb. 11.9 am Beispiel für den bereits als Beispiel genutzten Ablauf des Falls 717 und das Prozessmodell aus Abb. 11.1. Oben ist das betrachtete Prozessmodell gezeichnet, unten die Transitionen,

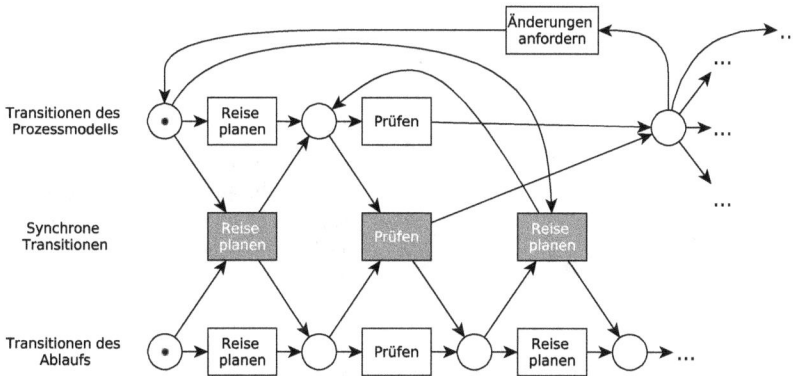

Abb. 11.9: Ausschnitt des Produktmodells für den Ablauf des Falls 717 mit dem Prozessmodell.

welche die im Ablauf protokollierten Ereignisse repräsentieren. Um nun die Transitionen des Prozessmodells mit den Transitionen des protokollierten Ablaufs miteinander in Beziehung zu setzen, enthält das Produktmodell weitere, sogenannte **synchrone Aktivitäten** beziehungsweise Transitionen (in Abb. 11.9 grau dargestellt). Eine solche synchrone Aktivität wird für jedes Paar aus Aktivitäten des Prozessmodells und des Modells für den Ablauf erzeugt, welche den gleichen Arbeitsschritt darstellen. Die Ausführung einer solchen synchronen Aktivität entspricht dem konsistenten Fortschritt in Modell und Ablauf, demnach einem synchronen Zug in der Berechnung eines Alignments. Die Ausführung einer Aktivität des ursprünglichen Prozessmodells oder des Modells für den Ablauf entspricht hingegen einem Modellzug beziehungsweise Protokollzug.

In dem in Abb. 11.9 gezeigten Ausschnitt des Produktmodells wollen wir uns noch einmal die „grauen" Transitionen, welche die synchronen Aktivitäten darstellen, genauer ansehen. Die Vor- und Nachbereiche dieser Transitionen ergeben sich aus den Vor- und Nachbereichen der entsprechenden Transitionen in dem ursprünglichen Prozessmodell beziehungsweise dem Modell des Ablaufs. Hierbei ist zu beachten, dass für jede Kombination dieser Transitionen eine synchrone Transition eingefügt wird. Aus diesem Grund beinhaltet das Produktmodell in Abb. 11.9 zwei Transitionen für eine synchrone Aktivität *Reise planen*.

Der Zustandsraum des Produktmodells beschreibt den Suchraum für die Berechnung eines optimalen Alignments. Für das Beispiel aus Abb. 11.9 ist der Zustandsraum in Abb. 11.10 illustriert. Jeder Zustandsübergang in dem Zustandsraum entspricht entweder einem Modellzug (vertikale Zustandsübergänge in Abb. 11.10), einem Protokollzug (horizontale Zustandsübergänge) oder einem synchronen Zug (diagonale, gestrichelte Zustandsübergänge). Wird nun jedem Zustandsübergang der entsprechende Kostenwert zugeordnet, eins für alle Modell- und Protokollzüge, Null für alle synchronen Züge, entspricht ein optimales Aligment einem Pfad mit minimalen Kosten, wel-

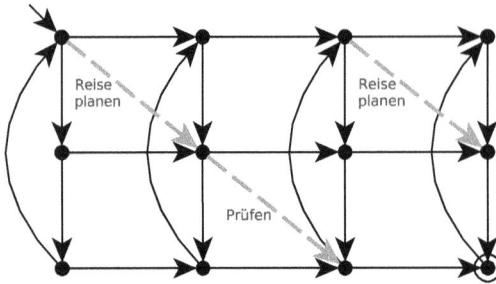

Abb. 11.10: Zustandsraum des Produktmodells aus Abb. 11.9. Gestrichelte Zustandsübergänge repräsentieren die „grauen" Transitionen in Abb. 11.9, welche die synchronen Aktivitäten modellieren.

cher von dem initialen Zustand (oben links) zu dem finalen Zustand (unten rechts) führt.

Auf Basis dieser Formalisierung entspricht die Berechnung eines optimalen Alignments der Suche nach einem kürzesten Pfad in einem gerichteten Graphen mit Kantengewichten. Für dieses Problem lassen sich eine Vielzahl von Standardalgorithmen der Graphentheorie anwenden. So kann eine optimale Lösung mit dem Algorithmus von Dijkstra oder der A*-Suche gefunden werden.

11.5.3 Hinweise zu Abweichungen

Die Züge eines Alignments geben direkt Aufschluss über potentiell vorhandene Abweichungen zwischen einem Ablauf und einem Prozessmodell. Sofern ein Ablauf perfekte Fitness hat, also einer Ausführungsfolge des Modells entspricht, besteht ein optimales Alignment ausschließlich aus synchronen Zügen. Sofern ein optimales Alignment auch Modell- oder Protokollzüge beinhaltet, geben diese Schritte direkt Hinweise zu den Ereignissen oder Aktivitätsausführungen, welche Abweichungen darstellen.

Mit dem eingangs in Unterabschnitt 11.5.1 diskutierten Alignment lassen sich die Schritte *Änderungen anfordern* und *Hotel suchen* als Abweichung identifizieren. Wie bereits angemerkt, kann es mehr als ein optimales Alignment geben (die dann natürlich alle dieselben Kosten haben). Verschiedene solche optimale Alignments können unterschiedliche Hinweise bezüglich der Abweichungen geben, da sie potentiell Modell- oder Protokollzüge mit anderen Ereignissen oder Aktivitätsausführungen beinhalten.

Fasst man die Modell- und Protokollzüge von optimalen Alignments aller Abläufe eines Ereignisprotokolls zusammen, können Abweichungsschwerpunkte erkannt werden. Stellt sich über alle Abläufe hinweg heraus, dass gewisse Ereignisse und Aktivitätsausführungen in einer Vielzahl von Modell- und Protokollzügen referenziert werden, ist dies ein klarer Hinweis auf eine systematische Abweichung. Berechnet man zum Beispiel optimale Alignments für alle Abläufe aus Abb. 11.2, so ergeben sich eine Reihe von asynchronen Zügen in Bezug auf *Prüfen* und *Hotel suchen.*

Mit den bisherigen Überlegungen zu den Kosten von Alignments kommen wir nun auch zu einer neuen möglichen Definition für den Begriff der Fitness. In einem ersten Schritt könnte man direkt die Kosten eines optimalen Alignments, also die Anzahl der Modell- und Protokollzüge, als Maß für die Fitness des entsprechenden Ablaufs nutzen. Solch ein Maß hätte jedoch den Nachteil, dass die Kosten stark von der Länge des betrachteten Ablaufs abhängen – bei längeren Abläufen sind mehr Modell- und Protokollzüge und damit höhere Kosten zu erwarten als bei kürzeren.

Vor diesem Hintergrund wird typischerweise eine Normalisierung der Kosten eines optimalen Alignments mittels der maximal möglichen Kosten vorgenommen. Jene ergeben sich in einem Alignment, welches ausschließlich aus Modell- und Protokollzügen besteht. Während die Kosten (die Anzahl) der Protokollzüge direkt durch den Ablauf vorgegeben sind, hängen die Kosten (die Anzahl) der Modellzüge von der Länge einer bestimmten für das Alignment gewählten Ausführungsfolge des Prozessmodells ab. Da die Ausführungsfolge ausschließlich mit Modellzügen in dem Alignment bedacht wird, ist es zielführend, eine Folge minimaler Länge auszuwählen.

Für das Prozessmodell in Abb. 11.1 hat die Ausführungsfolge ⟨*Reise planen*, *Prüfen*, (*t4*), *Unterlagen speichern*⟩ eine minimale Länge, wobei das Schalten der stillen Transition *t4* keine Kosten verursacht. Für den Ablauf für Fall 717 mit 10 Ereignissen ergeben sich somit maximal mögliche Kosten von $10 + 3 = 13$ für ein optimales Alignment.

Sei L ein einfaches Ereignisprotokoll, σ ein Ablauf in diesem Protokoll und P ein Prozessmodell. Die Menge der von P erlaubten Ausführungsfolgen (also das, was wir in Definition 8.5 als Sprache des Petrinetzes bezeichnet haben) sei $S(P)$.

Weiterhin seien Kosten$(\sigma, S(P))$ die Kosten eines optimalen Alignments von Ablauf σ mit $S(P)$, Kosten$(\sigma, \{\langle\rangle\})$ die Kosten eines optimalen Alignments von σ mit einer Menge, welche nur eine leere Ausführungsfolge beinhaltet, und Kosten$(\langle\rangle, \{x\})$ die Kosten eines optimalen Aligments eines leeren Ablaufs ohne Ereignisse mit einer Ausführungsfolge $x \in S(P)$ des Prozessmodells. Auf Basis dessen lässt sich ein Maß für die Fitness zwischen σ und P wie folgt definieren:

$$\text{Fitness}(\sigma, P) = 1 - \left(\frac{\text{Kosten}(\sigma, S(P))}{\text{Kosten}(\sigma, \{\langle\rangle\}) + \min_{x \in S(P)} \text{Kosten}(\langle\rangle, \{x\})} \right) \tag{11.7}$$

Es ist leicht zu sehen, dass dieses Maß einen Fitnesswert von eins berechnet, falls der Ablauf einer Ausführungsfolge des Modells entspricht. Ein entsprechendes optimales Alignment verursacht keine Kosten.

Während das obige Maß die Übereinstimmung zwischen einem einzelnen Ablauf und dem Prozessmodell P misst, können wir ein Maß für die Fitness zwischen dem Prozessmodell P und dem Protokoll L insgesamt wie folgt definieren:

$$\text{Fitness}(L, P) = 1 - \left(\frac{\sum_{\sigma \in L} \text{Kosten}(\sigma, S(P))}{\sum_{\sigma \in L} (\text{Kosten}(\sigma, \{\langle\rangle\})) + |L| \cdot \min_{x \in S(P)} \text{Kosten}(\langle\rangle, \{x\})} \right) \tag{11.8}$$

Mithilfe eines Alignments kann jedoch nicht nur die Fitness eines oder mehrerer Abläufe berechnet werden. Es ist ebenso möglich, die *Präzision* des Modells hinsichtlich eines Ereignisprotokolls zu quantifizieren. Zur Erinnerung: Die Präzision beschreibt, welcher Anteil an vom Modell erlaubten Ausführungsfolgen tatsächlich durch entsprechende Abläufe im Ereignisprotokoll aufgezeichnet wurde. Die Grundidee ist dabei, dass Ausführungsfolgen, welche niemals in einem optimalen Alignment enthalten sind, Verhalten darstellen, welches über das in dem Ereignisprotokoll aufgezeichnete Verhalten hinausgeht.

Gegeben sei ein optimales Alignment, also ein Paar aus einem Ablauf und einer Ausführungsfolge des Prozessmodells. Ist das Prozessmodell als Petrinetz modelliert, können wir den Begriff „Ausführungsfolge" mit dem Begriff „Schaltfolge" gleichsetzen.

Für jeden der in der Schaltfolge durchlaufenen Zustände des Petrinetzes kann nun betrachtet werden, welche Transitionen (die ja für Aktivitäten stehen) schaltbereit (aktiviert) waren. Je mehr Transitionen aktiviert waren und je weniger von diesen Transitionen für das optimale Abspielen (im Sinne des optimalen Alignments) der Abläufe eines Ereignisprotokolls notwendig sind, umso geringer ist die Präzision des Modells. Die entsprechenden Transitionen stellen zusätzliches, nicht im Protokoll aufgezeichnetes Verhalten dar. Sie beschreiben ein Verhalten, das laut Prozessmodell möglich wäre, im Ereignisprotokoll aber nie beobachtet wurde.

Wir betrachten jetzt einen Ablauf $\sigma = \langle e_1, e_2, \dots, e_n \rangle$ und daraus ein Ereignis e_i. Sei $\text{Bereit}_P(e)$ dann die Anzahl der Transitionen (Aktivitäten), die im Petrinetz (Prozessmodell) P aktiviert sind, wenn der betrachtete Ablauf so wie vom optimalen Alignment vorgegeben bis zur Stelle e_i in P abgespielt wurde. Weiterhin werden nun alle Abläufe des Ereignisprotokolls betrachtet, welche ebenfalls mit der Folge $\langle e_1, e_2, \dots, e_i \rangle$ beginnen. Sei nun $\text{Bereit}_L(e_i)$ die Anzahl der verschiedenen Ereignisse, die in diesen Abläufen an Position $i + 1$ stehen, die also direkt auf das Ereignis e_i folgen. Sofern in dieser Betrachtung ausschließlich Abläufe mit perfekter Fitness betrachtet werden, ist $\text{Bereit}_L(e_i)$ kleiner oder gleich der durch $\text{Bereit}_P(e)$ definierten Anzahl. Das Verhältnis der beiden Werte gibt dann an, wie viele Transitionen im Petrinetz geschaltet werden könnten (also, wie viele Aktivitäten im Prozessmodell ausgeführt werden könnten), welche jedoch nie in einem Ablauf aufgezeichnet wurden. Das Verhältnis ergibt ein Maß für die Präzision des Modells P hinsichtlich des Ereignisprotokolls L:

$$\text{Präzision}(L, P) = \frac{\sum_{\substack{\langle e_1, e_2, \dots, e_n \rangle \in L \\ 1 \le i \le n}} \text{Bereit}_L(e_i)}{\sum_{\substack{\langle e_1, e_2, \dots, e_n \rangle \in L \\ 1 \le i \le n}} \text{Bereit}_P(e_i)} \tag{11.9}$$

11.6 Integration weiterer Prozessaspekte

Alle in den vorherigen Abschnitten betrachteten Verfahren für die Abweichungsanalyse haben gemeinsam, dass sie sich auf die Verhaltenssicht im Sinne des Kontrollflusses eines Prozesses beschränken. Wir haben aber in Tab. 1.3 auf Seite 10 noch weitere Sichten kennengelernt. Auch die in diesen Sichten behandelten Prozessaspekte können in die Abweichungsanalyse integriert werden. Voraussetzung dafür ist, dass diese Aspekte sowohl im Prozessmodell erfasst sind als auch im Ereignisprotokoll aufgezeichnet wurden. Im Folgenden wird dies beispielhaft für zeitliche Abhängigkeiten und die in einem Prozess behandelten Daten illustriert werden. Anders als in den vorangegangenen Abschnitten, betrachten wir nun das strukturierte Ereignisprotokoll mit allen Ereignisattributen.

Ausgangspunkt sei das Prozessmodell des schon bekannten Reisebuchungsprozesses in Abb. 11.1. Darüber hinaus soll nun angenommen werden, dass das Modell zusätzlich zu dem Kontrollfluss folgende Forderungen spezifiziert:

- Die Arbeitsschritte *Flug buchen* und *Hotel buchen* müssen innerhalb von sieben Tagen nach dem Schritt *Prüfen* durchgeführt werden. Es gibt demnach eine zeitliche Abhängigkeit zwischen den Schritten.
- Die Entscheidung über die Durchführung der Schritte *Flug suchen* und *Flug buchen* hängt davon ab, ob die Reiseplanung inklusive Flug genehmigt wurde, was durch den Schritt *Prüfen* repräsentiert ist. Die Entscheidung basiert somit auf den im Verlauf des Buchungsvorgangs erzeugten Daten.

Diese Forderungen können nun verletzt sein, selbst wenn die Ereignisse eines Ablaufs einer Ausführungsfolge des Prozessmodells entsprechen (der Ablauf zeigt perfekte Fitness).

Der in Abb. 11.11 gegebene Ablauf zeigt zum Beispiel keine Abweichungen im Sinne des Kontrollflusses. Die Folge der in den Ereignissen referenzierten Arbeitsschritte entspricht einer gültigen Ausführungsfolge des Prozessmodells. Auf Basis der Zeitstempel der Ereignisse zeigt sich jedoch, dass der Arbeitsschritt *Flug buchen* nicht innerhalb von sieben Tagen nach *Prüfen*, sondern erst später ausgeführt worden ist. Es liegt eine Abweichung hinsichtlich der oben definierten zeitlichen Abhängigkeit vor. Weiterhin ist die Durchführung der Arbeitsschritte *Flug suchen* und *Flug buchen* nicht im Sinne des Ergebnisses des Schrittes *Prüfen*, welcher keine entsprechende Genehmigung erteilt hat.

Entsprechende Abweichungen lassen sich algorithmisch identifizieren, indem der Begriff des Alignments um die entsprechenden Aspekte des aufgezeichneten

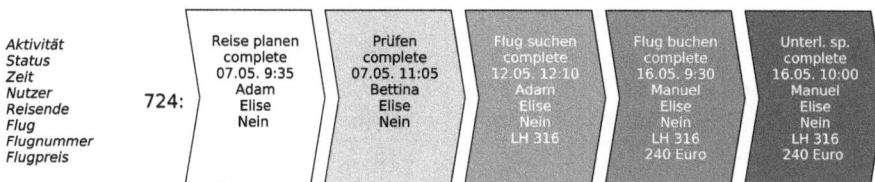

	724:	Reise planen complete 07.05. 9:35 Adam Elise Nein	Prüfen complete 07.05. 11:05 Bettina Elise Nein	Flug suchen complete 12.05. 12:10 Adam Elise Nein LH 316	Flug buchen complete 16.05. 9:30 Manuel Elise Nein LH 316 240 Euro	Unterl. sp. complete 16.05. 10:00 Manuel Elise Nein LH 316 240 Euro
Aktivität Status Zeit Nutzer Reisende Flug Flugnummer Flugpreis						

Abb. 11.11: Weiterer Ablauf des Reisebuchungsprozesses inklusive Zeiten und Daten.

beziehungsweise modellierten Prozesses erweitert wird (engl. *multi-perspective alignment*). Ein synchroner Zug ist nicht nur dadurch charakterisiert, dass Ereignis und Aktivität den gleichen Arbeitsschritt referenzieren, sondern sie müssen auch hinsichtlich der anderen Aspekte übereinstimmen. Modell- und Protokollzüge hingegen signalisieren potentiell nicht nur Abweichungen hinsichtlich der Durchführung oder Nichtdurchführung von Arbeitsschritten, sondern auch hinsichtlich der Zeitstempel oder Datenwerte. Für die eingangs erwähnten Aspekte, zeitliche und Datenabhängigkeiten, lässt sich dies wie folgt umsetzen:

- Zeitliche Abhängigkeiten, welche zwischen den Aktivitäten eines Prozessmodells definiert sind, müssen durch die Zeitstempel der Ereignisse, welche die Ausführung der entsprechenden Prozessschritte signalisieren, erfüllt sein.
- Für jede Aktivität eines Prozessmodells lassen sich alle möglichen Ausführungskontexte im Sinne der Datenwerte bestimmen (unter der Annahme, dass das Schema und die Wertebereiche der Daten bekannt sind). Die in den Ereignissen vermerkten Daten müssen nun einem dieser Ausführungskontexte entsprechen.

Für den Beispielablauf aus Abb. 11.11 könnte ein Alignment zum Beispiel wie folgt definiert werden (der Einfachheit halber werden ausschließlich die Zeitstempel und die Fluggenehmigung dargestellt):

Ablauf	RP 07.05. 9:35 Nein	P 07.05. 11:05 Nein	FS 12.05. 12:10 Nein	FB 16.05. 9:30 Nein	US 16.05. 10:00 Nein
Ausführungs- folge	RP 07.05. 9:35 Nein	P 07.05. 11:05 Nein	FS 12.05. 12:10 **Ja**	FB **14.05. 9:30** **Ja**	US 16.05. 10:00 Nein

In dem Alignment sind der dritte und vierte Zug nicht synchron, sondern stellen Modellzüge dar. In den Ausführungen der entsprechenden Aktivitäten des Prozessmodells dürfen der Zeitstempel und der Wert für das Attribut der Fluggenehmigung nicht wie in den Ereignissen gesetzt sein, wodurch sich Abweichungen ergeben.

Anhand des Beispiels lässt sich jedoch auch zeigen, dass die Einbindung zusätzlicher Aspekte die Menge der möglichen Alignments und somit die Menge der potentiell zu betrachtenden Abweichungen stark vergrößert. Für den gleichen Ablauf ist auch folgendes Alignment denkbar:

Ablauf	RP 07.05. 9:35 Nein	P 07.05. 11:05 Nein	FS 12.05. 12:10 Nein	FB 16.05. 9:30 Nein	US 16.05. 10:00 Nein
Ausführungs- folge	RP 07.05. 9:35 Nein	P 07.05. 11:05 Nein	≫ – –	≫ – –	US 16.05. 10:00 Nein

In diesem Alignment zeigen die Züge keine Abweichungen hinsichtlich zeitlicher oder Datenabhängigkeiten, sondern beziehen sich auf die Kontrollflussinformationen.

Dieses Beispiel zeigt, dass sich Abweichungen hinsichtlich verschiedener Prozessaspekte beeinflussen und sogar potentiell gegenseitig ausschließen. Technisch gesehen lassen sich Abweichungen in verschiedenen Aspekten mit unterschiedlichen Kosten versehen, was in der Berechnung eines optimalen Alignments Abweichungen hinsichtlich gewisser Aspekte präferiert. Sofern zum Beispiel kein allzu großes Vertrauen in die aufgezeichneten Zeitstempel existiert, können Abweichungen für diesen Aspekt mit geringeren Kosten als Kontrollflussabweichungen versehen werden. Somit würde im obigen Beispiel erreicht werden, dass das erste Alignment anstelle des zweiten Aligments berechnet wird.

In der Praxis stellen entsprechende Wechselwirkungen zwischen den Prozessaspekten eine Herausforderung dar, da sie die Menge der durch optimale Alignments implizierten Abweichungen vergrößern. Da jedes optimale Alignment als eine alternative Erläuterung der Abweichungen zwischen Modell und Ablauf gesehen werden kann, wird eine Interpretation der Analyseergebnisse erschwert.

11.7 Ursachenanalyse für Abweichungen

Sofern die Abweichungen zwischen einem Prozessmodell und einem Ereignisprotokoll mittels einer der eingeführten Techniken der Abweichungsanalyse identifiziert sind, stellt sich die Frage nach der Ursache der Abweichung. Auch wenn die eigentliche Ursache im Sinne eines kausalen Zusammenhangs nicht auf Basis der Daten ermittelt werden kann, so kann das Analysieren von beobachteten Zusammenhängen von Abweichungen mit in dem Protokoll aufgezeichneten weiteren Prozesssichten hilfreiche Einblicke geben. Im Gegensatz zur Integration der Prozesssichten in die eigentliche Abweichungsanalyse wie sie im vorangegangenen Abschnitt vorgestellt wurde, können Datenaspekte Hinweise darauf geben, *unter welchen Bedingungen* bestimmte Kontrollflussabweichungen auftreten. Es sei nochmals betont, dass sich diese Überlegungen ausschließlich auf Beobachtungen anhand der im Protokoll aufgezeichneten Abläufe beziehen. Bestimmte Ablaufattribute können tatsächlich ursächlich dafür verantwortlich sein, dass sich Abweichungen ergeben. Es ist aber auch möglich, dass zusätzliche, im Protokoll nicht erfasste, Aspekte sowohl auf ein Ablaufattribut als auch auf die Wahrscheinlichkeit für das Auftretens einer Abweichung Einfluss haben. Und schließlich ist es auch möglich, dass nur rein zufällig Abweichungen gerade dann auftraten, wenn der Ablauf bestimmte Werte für ein Attribut aufwies. Entsprechende Analyseergebnisse sind mit Sorgfalt und Vorsicht zu interpretieren.

Eine Analyse von Ursachen für Abweichungen nutzt als Grundlage Verfahren der automatischen Klassifikation von Abläufen.

In unserem Beispiel könnten wir zum Beispiel alle Abläufe, bei deren optimalem Alignment der Modellzug *Prüfen* auftritt, als eine Klasse definieren. Uns interessieren also die Fälle, in denen der Arbeitsschritt *Prüfen* durch eine Aktivität des Prozessmodells zwar vorgegeben war, jedoch kein entsprechendes Ereignis in dem Ablauf verzeichnet ist.

Wir fragen uns nun, unter welchen Bedingungen, das heißt beim Vorliegen welcher Werte der Ablaufattribute, ein Ablauf mit größerer Wahrscheinlichkeit zu dieser Klasse gehört.

Oft wird für diese Analyse ein regelbasierter Klassifikator, beispielsweise ein Entscheidungsbaum, herangezogen.[2] Die Blattknoten des Baumes entsprechen den Klassen von Kontrollflussabweichungen, wohingegen die Nicht-Blattknoten Prädikate über die Werte von Ablaufattributen darstellen.

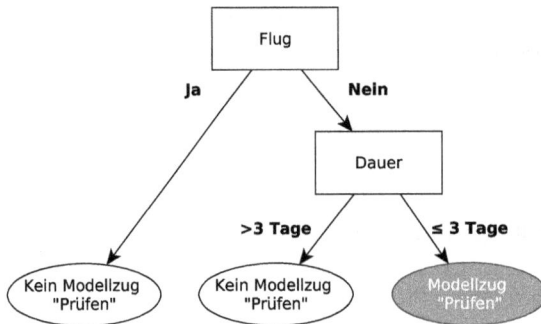

Abb. 11.12: Entscheidungsbaum für das Auftreten eines Modellzugs für den Arbeitsschritt *Prüfen*.

Im Sinne des obigen Beispiels würde zum Beispiel ein Entscheidungsbaum gelernt, welcher auf Basis der Ablaufattribute diejenigen Abläufe, für welche optimale Alignments einen Modellzug für *Prüfen* beinhalten von jenen separiert, für welche dies nicht der Fall ist. Ein Beispiel für einen solchen Entscheidungsbaum ist in Abb. 11.12 gezeigt. Auf Basis dessen kann nun die Schlussfolgerung gezogen werden, dass die Nichtausführung des Schrittes *Prüfen* an der entsprechenden Stelle im Ablauf typischerweise im Kontext von solchen Reisen auftritt, die nicht länger als drei Tage dauern und ohne Flug gebucht wurden. Während dies noch keinen ursächlichen Zusammenhang belegt, ist diese Information mitunter hilfreich, um die tatsächliche Ursache der Abweichung genauer zu verstehen. Entsprechende Analyseergebnisse helfen, die Suche nach den Ursachen einzugrenzen und zu lenken.

Das obige Beispiel illustriert die Unterstützung der Ursachenanalyse von Abweichungen mit einem recht einfachen Szenario. Das entsprechende Vorgehen kann jedoch in einer Vielzahl von Dimensionen erweitert werden. Die Definition von Klas-

---

2 Näheres zum Lernen von Entscheidungsbäumen findet sich in Büchern zur Künstlichen Intelligenz und zur Datenanalyse, z. B. in [23].

sen kann sich nicht nur auf eine einzelne Abweichung, sondern auf (überlappungs-freie) Mengen von Abweichungen stützen. Ein Beispiel wäre die Definition einer Klasse durch das Auftreten sowohl eines Modellzugs *Prüfen* als auch eines Protokollzugs *Prüfen*, was der Ausführung von *Prüfen* zum falschen (nicht im Modell spezifizierten) Zeitpunkt entspricht. Darüber hinaus können für die Klassifikation nicht nur die Werte von Ablaufattribute, welche einem Ablaufobjekt zugeordnet werden, sondern auch jene von einzelnen Ereignissen genutzt werden. Im Allgemeinen führt dies zu der Frage, für welche Eigenschaften eines Ablaufs ein Zusammenhang mit Kontrollflussabweichungen sinnvollerweise untersucht werden sollte (engl. allgemein als *feature engineering* bezeichnet). Neben der Sinnhaftigkeit der Eigenschaften stellen sich in vielen Szenarien darüber hinaus Fragen zur Privatheit von Daten. So ist das Ermitteln von Abweichungen im Bezug auf persönliche Daten (im beispielhaften Ereignisprotokoll in Tab. 10.1 wären das Daten zu Nutzer und Reisenden) in vielen Fällen durch datenschutzrechtliche Regelungen gar nicht gestattet.

Schlussendlich ergibt sich eine gewisse Problematik aus der Nichteindeutigkeit von optimalen Alignments. Wird ein Ablauf auf Basis der Abweichungen aus einem optimalen Ablauf einer Klasse zugeordnet, so könnte ein anderes optimales Alignment andere Abweichungen beinhalten und somit zu einer anderen Klasse führen. Dieser Umstand führt zu einer gewissen Unschärfe in der Klassifikation von Abläufen, welche zum Beispiel durch das Betrachten der Menge der Abweichungen *aller* anstelle nur eines optimalen Alignments adressiert werden kann.

11.8 Zum Nachdenken und Weiterlesen

Die vorangegangenen Abschnitte widmeten sich der grundsätzlichen Idee sowie den wesentlichen Verfahren der Abweichungsanalyse. Weiterführende Informationen zu den formalen Grundlagen und algorithmischen Aspekten des Conformance-Checkings finden sich in dem gleichnamigen Lehrbuch von Carmona et al. [15]. So diskutiert das Buch zum Beispiel auch Verfahren für die Abweichungsanalyse in Online-Szenarien, in welchen die Ereignisse nicht statisch als Ereignisprotokoll vorliegen, sondern dynamisch als Ereignisstrom verarbeitet werden müssen. Darüber hinaus zeigt es weitere Anwendungsgebiete von Techniken der Abweichungsanalyse auf, beispielsweise ihre Nutzung für eine Analyse von quantitativen Eigenschaften der Prozessausführung.

Abschließend sei auf zwei Aspekte aus dem Bereich der Abweichungsanalyse verwiesen, welche sich sowohl durch eine hohe praktische Relevanz als auch offene Forschungsfragen auszeichnen.

Typischerweise erfolgt die Abweichungsanalyse mit einer gewissen Unsicherheit was die Qualität des Prozessmodells beziehungsweise des Ereignisprotokolls angeht. So ist in vielen praktischen Anwendungsfällen nicht vollständig klar, bis zu welchem

Grad ein Modell oder ein Protokoll vertrauenswürdig sind. Abstraktionsentscheidungen in der Modellierung oder auch kontinuierliche Änderungen eines Prozesses können dazu führen, dass ein Prozessmodell den tatsächlichen Prozess nicht korrekt abbildet. Gleichermaßen kann jedoch auch die Aufzeichnung des Verhaltens in einem Ereignisprotokoll nicht akkurat sein, zum Beispiel durch unzuverlässige Protokollierungsmechanismen oder aufgrund von mangelhafter Datengewinnung aus Informationssystemen. Auch wenn der letzte Aspekt in der Praxis oft vernachlässigt wird und das aufgezeichnete Verhalten als tatsächliches Verhalten interpretiert wird, so ergeben sich im allgemeinen Fall alternative Erklärungen für Abweichungen zwischen einem Modell und einem Protokoll.

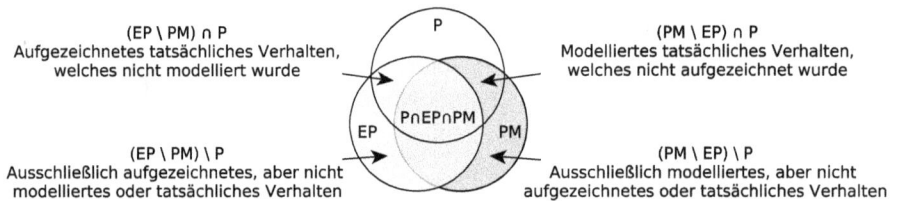

Abb. 11.13: Mögliche Relationen zwischen aufgezeichnetem, modelliertem, und tatsächlichem Verhalten, adaptiert von [15].

Abb. 11.13 verdeutlicht diese Möglichkeiten, indem es das Mengendiagramm aus Abb. 11.3 um die Perspektive des tatsächlichen Prozessverhaltens erweitert. In diesem Mengendiagramm steht P für das tatsächliche Verhalten, EP für das im Ereignisprotokoll protokollierte Verhalten und PM für das im Prozessmodell spezifizierte Verhalten. Sowohl aufgezeichnetes jedoch nicht modelliertes, als auch modelliertes jedoch nicht aufgezeichnetes Verhalten können entweder dem tatsächlichen Verhalten entsprechen oder auch nicht.

Aus dieser Betrachtung ergeben sich direkt Fragen, wie Abweichungen zwischen einem Modell und einem Protokoll interpretiert werden sollten und welche Konsequenzen sich daraus ableiten. Werden diese Abweichungen mit der mangelhaften Qualität des Modells begründet, können Verfahren für die Änderung des Modells auf Basis des Ereignisprotokolls angewandt werden, um Konsistenz zu erzeugen (engl. *model repair*). Entsprechende Verfahren sind zum Beispiel in [7, 25, 71] zu finden. Werden die Abweichungen jedoch als Folge von Problemen in der Aufzeichnung des Verhaltens in dem Ereignisprotokoll angesehen, können die Abläufe entsprechend transformiert werden, um die Konsistenz zu erhöhen (engl. *log repair*). Entsprechende Verfahren für die Transformation eines Protokolls entfernen zum Beispiel Verhalten, welches besonders selten aufgezeichnet wurde [17], oder fügen Ereignisse auf Basis logischer Regeln oder stochastischer Verfahren in Abläufe ein [16, 76].

Sofern beide Erklärungsmuster für Abweichungen in Betracht kommen, kann die Abweichungsanalyse als Optimierungsproblem aufgefasst werden [77]. Das zugrundeliegende Problem (engl. *generalised conformance checking*) zielt auf die gleichzeitige Änderung des Prozessmodells und des Ereignisprotokolls ab, so dass die Anzahl der Abweichungen minimiert wird. Diese Änderungen dürfen jedoch nur innerhalb gewisser, durch die Vertrauenswürdigkeit des Modells beziehungsweise des Protokolls vorgegebener Grenzen erfolgen.

Ein weiterer Gegenstand der wissenschaftlichen Diskussion sind die existierenden Maße für die Evaluation der Beziehungen zwischen aufgezeichnetem und modelliertem Verhalten. In Abschnitt 11.2 sind die grundsätzlichen Dimensionen der Fitness einerseits sowie der Präzision und Generalisierung andererseits bereits erläutert worden. Die folgenden Abschnitte haben weiterhin konkrete Definitionen für entsprechende Maße auf Basis von überprüften Regeln, der durch Markenspiel erzeugten Marken oder eines Alignments vorgestellt. In der Literatur sind noch eine Vielzahl weiterer Maße definiert worden, was zu einer gewissen Beliebigkeit der quantitativen Ergebnisse der Abweichungsanalyse führt.

Vor diesem Hintergrund gibt es erste Ergebnisse, welche eine systematische Definition entsprechender Maße auf Basis wohldefinierter Axiome zum Ziel haben [92, 72, 90]. Die Anforderungen reichen von allgemeinen Eigenschaften von Maßen, wie zum Beispiel Determinismus, zu gewissen Anforderungen hinsichtlich ihrer Monotonie. Ein Beispiel für letztere ist, dass die Änderung eines Prozessmodells, welche ausschließlich zu der Ermöglichung neuer Ausführungsfolgen führt und alle bisherigen Ausführungsfolgen weiterhin gültig lässt, niemals die Fitness mit einem bestimmten Ereignisprotokoll verringern kann. Ein Großteil der existierenden Maße im Bereich der Abweichungsanalyse verletzt jedoch diese beziehungsweise ähnlich gelagerte Axiome. Die Definition sinnvoller Axiome und von Maßen, welche auf ihnen aufbauen, ist ein aktueller Forschungsgegenstand.

Überlegen Sie sich für den hier als Beispiel genommenen Reisebuchungsprozess, welche Arten von Abweichungen als praktisch besonders wichtig angenommen werden können. Überprüfen Sie, ob und unter welchen Umständen Sie diese Abweichungen mit den drei vorgestellten Verfahren (regelbasiert, mittels Markenspiel, mittels Alignments) identifizieren könnten.

Für die Abweichungsanalyse wird angenommen, dass neben dem Ereignisprotokoll auch ein Prozessmodell gegeben ist. Nun kann ein Prozessmodell durch Process- Mining-Techniken aus dem Ereignisprotokoll konstruiert werden. Für einen Direkt-Folge-Graphen wurde dies bereits in Kapitel 10 besprochen, weitere Algorithmen für diese Konstruktion werden im nächsten Kapitel vorgestellt. Überlegen Sie sich, in welchen Anwendungsszenarien es sinnvoll sein kann, eine Abweichungsanalyse zwischen einem Protokoll und einem Modell durchzuführen, auch wenn das Modell direkt aus dem Protokoll konstruiert wurde.

? Gehen Sie davon aus, dass eine Abweichungsanalyse für ein gegebenes Prozessmodell und ein Ereignisprotokoll durchgeführt wird. Nehmen wir an, dass das Protokoll einen Zeitraum von einem Jahr abdeckt und nun aggregierte Hinweise bezüglich der häufigsten Abweichungen berechnet werden, so wie es für die verschiedenen Verfahren diskutiert wurde. Erläutern Sie, warum diese Hinweise problematisch sind, sofern sich die Ausführung des Prozesses in dem durch das Protokoll abgedeckten Zeitraumes signifikant geändert hat, zum Beispiel durch rechtliche Regelungen, welche in der Mitte des Jahres in Kraft traten.

12 Automatische Prozessaufnahme mit Process-Discovery

12.1 Einführung

Mit Process-Mining wollen wir einen bestehenden Geschäftsprozess anhand der im Protokoll aufgezeichneten Ereignis-Daten verstehen. In Kapitel 10 haben wir dafür den *Direkt-Folge-Graphen* als einfache, aber sehr aussagekräftige Darstellung der Abläufe im Ereignisprotokoll kennengelernt. Mit seiner Hilfe konnten wir einen uns zuvor unbekannten Prozess genauer verstehen und Schwachstellen analysieren. Allerdings haben wir auch die Schwächen des Direkt-Folge-Graphen kennengelernt. Er kann komplexes Verhalten wie parallele Ausführungen nicht gut darstellen – hier bietet ein Prozessmodell als EPK, BPMN-Diagramm oder Petrinetz die besseren Ausdrucksmittel.

In Abschnitt 10.9 haben wir die drei grundsätzlichen Anwendungen für Prozessmodelle im Process-Mining vorgestellt: die automatische Prozesserkennung aus einem Ereignisprotokoll (Process-Discovery), die Analyse der Abweichungen zwischen einem gegebenen Prozessmodell und einem Ereignisprotokoll (Conformance Checking) und die Erweiterung eines Prozessmodells anhand eines Protokolls (Enhancement). Nachdem wir die Abweichungsanalyse in Kapitel 11 bereits kennengelernt haben, betrachten wir nun die vermutlich interessanteste Anwendung des Process-Minings: ein Prozessmodell automatisch anhand eines Ereignisprotokolls zu erstellen.

Die Aufgabenstellung der **automatischen Prozessaufnahme** klingt zunächst einfach: Gegeben ist ein einfaches Ereignisprotokoll L. Dabei werden als Ereignisklassen in der Regel die Aktivitätsnamen gewählt, da wir ja ein Modell erstellen wollen, das die Kontrollflusslogik der beobachteten Aktivitätsausführungen beschreibt. Uns interessiert jetzt auch, wie oft Ablaufvarianten beobachtet wurden, daher betrachten wir das einfache Ereignisprotokoll als Multimenge (dargestellt mit eckigen Klammern). Die Schreibweise

$$L = [\langle A, B, C, E, F \rangle^{100},$$
$$\langle A, D, F \rangle^{30},$$
$$\langle A, C, B, E, F \rangle^{50}]$$

sagt uns beispielsweise, dass die Ablaufvariante $\langle A, D, F \rangle$ 30-mal beobachtet wurde.

Wir wollen aus L ein Prozessmodell, beispielsweise ein Petrinetz N, erstellen, das L möglichst „gut" beschreibt. In Kapitel 11 haben wir bereits die Kriterien Fitness (jeder Ablauf in L entspricht einer möglichen Schaltfolge in N, vgl. Abschnitt 11.2.2), Präzision (N hat möglichst nur die Schaltfolgen, die sich auch L finden) und Generalisierung (N beschreibt neben den protokollierten Abläufen auch weitere, die vernünftigerweise zu erwarten sind, vgl. Abschnitt 11.2.3) kennengelernt. Anhand dieser Kriterien können wir schon einmal messen, wie gut N zum Protokoll L passt.

https://doi.org/10.1515/9783110500165-012

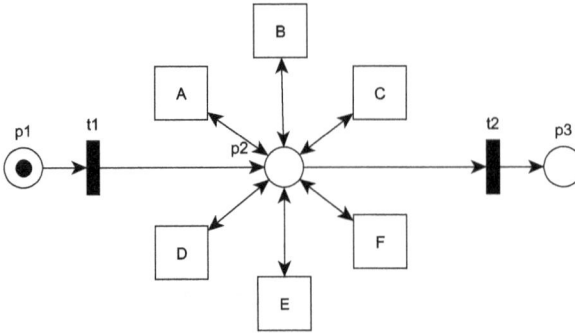

Abb. 12.1: Das Blumenmodell zu Protokoll *L*: ein einfaches Prozessmodell mit perfekter Fitness und geringer Präzision.

Betrachten wir die „Lösung" in Abb. 12.1. Das Petrinetz kann jeden der Abläufe in *L* abspielen (bzw. ausführen, vgl. Kapitel 8), es hat also perfekte Fitness. Es kann allerdings ebenso alle anderen beliebigen Abfolgen der Aktivitäten *A-F* abspielen und ist damit überhaupt nicht präzise und ein eher schlechtes Modell für *L*. Aufgrund seiner Form wird es auch „Blumenmodell" (engl. *flower model*) genannt.

Unsere zweite „Lösung" in Abb. 12.2 bildet den Gegenpol zum Modell in Abb. 12.1. Es beschreibt die am häufigsten auftretende Ablaufvariante $\langle A, B, C, E, F \rangle^{100}$. Es ist damit sehr präzise, da es nur Abläufe beschreibt, die auch in *L* vorkommen, allerdings hat es geringe Fitness – die meisten Abläufe aus *L* werden überhaupt nicht beschrieben.

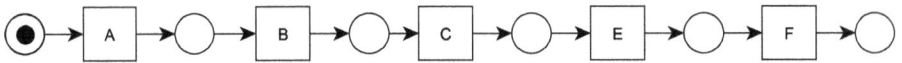

Abb. 12.2: Das 1-Ablauf-Modell zu Protokoll *L*: ein einfaches Prozessmodell mit hoher Präzision, aber geringer Fitness.

Unsere dritte „Lösung" in Abb. 12.3 hat dieses Problem nicht. Dieses Modell beschreibt genau die Abläufe des Protokolls und hat damit perfekte Fitness und Präzision. Es generalisiert jedoch nicht über die Abläufe hinaus und ist insbesondere unnötig komplex: die meisten Aktivitäten treten mehrfach im Modell auf. Was wir uns stattdessen wünschen würden, wäre eine erkennbare Kontrollflusslogik, wie wir sie aus den Geschäftsprozessmustern aus Kapitel 2 kennen. In der Process-Mining-Literatur wird dieser Qualitätsaspekt **Einfachheit** (engl. *simplicity*) der Prozessmodellstruktur genannt.

Insbesondere der letzte Punkt – das Finden der Kontrollflusslogik – ist die zentrale Aufgabe des Process-Discoverys. Dazu gehört auch, dass die erkannten Modelle auch technisch fehlerfrei sind, wofür wir die *Soundness*-Eigenschaft in Abschnitt 8.4 kennengelernt haben. Dabei ist Soundness Voraussetzung dafür, dass das Modell überhaupt wohldefinierte Abläufe hat, die wir mit den Abläufen im Protokoll vergleichen können.

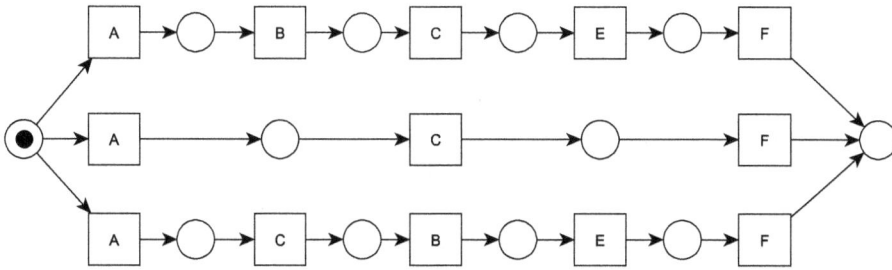

Abb. 12.3: Das Ablaufmodell zu Protokoll *L*: ein Prozessmodell mit perfekter Präzision und Fitness, jedoch unnötig komplex und mit schlechter Generalisierung.

Fassen wir diese Aufgabe noch einmal zusammen. Zu einem Ereignisprotokoll *L* wollen wir ein Modell *N* erhalten, so dass

1. *N* möglichst alle Abläufe aus *L* beschreibt (hohe Fitness),
2. *N* möglichst wenige zusätzliche Abläufe über *L* hinaus hat (hohe Präzision),
3. *N* möglichst alle weiteren, wahrscheinlichen Abläufe des Prozesses beschreibt (hohe Generalisierung),
4. *N* auf möglichst einfache Art die Kontrollflusslogik beschreibt (Einfachheit der Modellstruktur), und
5. *N* sound ist.

Überlegen Sie, inwiefern diese 5 Qualitätskriterien für die automatische Prozessaufnahme sich mit den Modellierungsprinzipien in Abschnitt 1.3 und mit den Modellierungsrichtlinien in Kapitel 5 decken. Welche Unterschiede gibt es?

Wir werden in diesem Kapitel zwei Process-Discovery-Techniken im Detail vorstellen: den Alpha-Algorithmus und den Heuristic-Miner. Anhand des Alpha-Algorithmus in Abschnitt 12.2 werden wir kennenlernen, wie wir insbesondere einfache Kontrollflusslogik aus Ereignisprotokollen erkennen können.

In der Praxis treffen wir allerdings oft auf Ereignisprotokolle, in denen sich durch Abweichungen und seltenes Verhalten die Logik nicht mehr einfach ermitteln lässt. In diesem Fall gibt es oft keine ideale Lösung, die alle vier Qualitätskriterien gut oder sogar perfekt erfüllt. Vielmehr müssen wir uns entscheiden, wie wir die Kriterien ausbalancieren. Beispielsweise verzichten wir auf etwas Fitness, um im Gegenzug gute Präzision und ein einfaches Modell zu erhalten. Der Heuristic-Miner ist eine Technik, mit dem sich diese Balance durch einstellbare Schwellwerte erzielen lässt. Wir stellen diese Technik in Abschnitt 12.3 vor.

Anschließend geben wir in Abschnitt 12.4 einen Ausblick auf viele weitere Process-Discovery-Techniken und vergleichen ihre Eigenschaften. Schließlich verweisen wir auf Process-Mining-Werkzeuge und Datensätze für erste eigene Schritte im Process-Mining in Abschnitt 12.5.

12.2 Der Alpha-Algorithmus

Der Alpha-Algorithmus ist ein vergleichsweise einfacher Process-Discovery-Algorithmus, an dem sich die Idee der automatischen Prozessaufnahme gut illustrieren lässt. Jedoch erwartet der Alpha-Algorithmus, dass das Ereignisprotokoll vollständig bezüglich des enthaltenden Prozessverhaltens ist (engl. *behavioral completeness*). Das ist eine strenge Annahme, die ihn anfällig für Fehler oder Unvollständigkeiten des Ereignisprotokolls macht. Trotzdem werden wir den Algorithmus im Folgenden besprechen, um die Grundzüge der automatischen Prozessaufnahme darzustellen. Am Ende dieses Abschnitts werden wir noch einmal auf die Einschränkungen des Algorithmus zu sprechen kommen.

Die generelle Idee des Alpha-Algorithmus ist es, Verhaltensrelationen zwischen zwei oder mehreren Ereignisklassen auf Basis der für ein Ereignisprotokoll ermittelten Direkt-Folge-Relation abzuleiten. Die identifizierten Ereignisklassen und die Verhaltensrelationen zwischen ihnen dienen dann als Grundlage zur Erstellung eines Prozessmodels. Der Alpha-Algorithmus geht dabei davon aus, dass jede Ereignisklasse im einfachen Ereignisprotokoll ein Aktivitätsname ist, das heißt, auf die jeweils ausgeführte Aktivität verweist (vgl. Kapitel 10).

In diesem Kapitel werden wir das Resultat des Alpha-Algorithmus als Petrinetz darstellen, in dem jede Transition eine der Aktiviäten im Ereignisprotokoll modelliert. Jedoch ist die Idee des Alpha-Miners nicht an eine Prozessmodellierungssprache gebunden. Der Algorithmus kann auch so angepasst werden, dass er beispielsweise ein BPMN-Prozessdiagramm produziert.

12.2.1 Verhaltensrelationen

Grundsätzlich arbeitet der Alpha-Algorithmus mit der Direkt-Folge-Relation $a \mapsto_L b$ (vgl. Kapitel 10) eines Ereignisprotokolls. Daraus lassen sich drei weitere Verhaltensrelationen ableiten. Wir schreiben wie in Def. 10.7 $a \mapsto_L b$, wenn es im Ereignisprotokoll L einen Ablauf der Form $\langle \ldots, a, b, \ldots \rangle$ gibt, in dem die Aktivität a direkt von der Aktivität b gefolgt wird. Wir schreiben $a \not\mapsto_L b$, falls es keinen solchen Ablauf gibt. Weiter definieren wir die drei folgenden Verhaltensrelationen **Kausalität** (engl. *causality*), **Parallelität** (engl. *parallelism*) und **Exklusivität** (engl. *exclusiveness*) zwischen Aktivitäten:

- Kausalität (Symbol: $a \Rightarrow_L b$) gilt, wenn $a \mapsto_L b$ und $b \not\mapsto_L a$.
- Parallelität (Symbol: $a \parallel_L b$) gilt, wenn $a \mapsto_L b$ und $b \mapsto_L a$.
- Exklusivität (Symbol: $a \#_L b$) gilt, wenn $a \not\mapsto_L b$ und $b \not\mapsto_L a$.

Der Index L an den Relationssymbolen kann weggelassen werden, wenn klar ist, welches Ereignisprotokoll L gemeint ist.

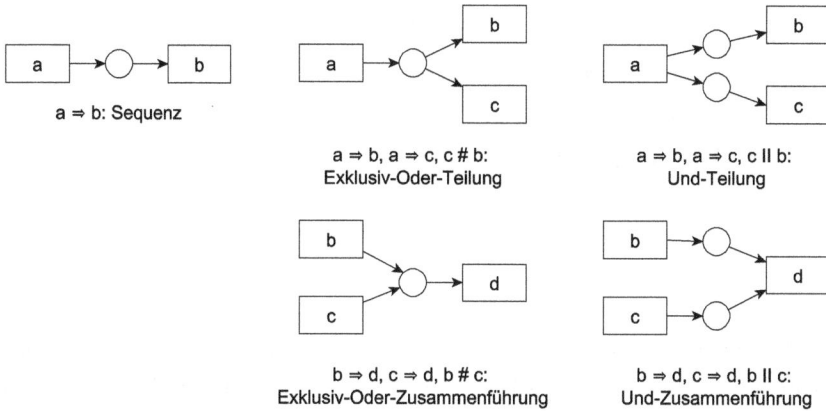

Abb. 12.4: Überführung der Verhaltensrelationen in einfache Kontrollflussmuster.

Diese Verhaltensrelationen dienen als Grundlage, um typische Kontrollflussmuster (vgl. Kapitel 2) abzuleiten, wie in Abb. 12.4 dargestellt.

Wird in den Abläufen eines Ereignisprotokolls L die Aktivität b direkt nach der Aktivität a beobachtet ($a \mapsto_L b$), aber nie a direkt nach b ($b \not\mapsto_L a$), dann wird eine kausale Beziehung zwischen a und b angenommen. Dies kann dann in einem Prozessmodel als Kontrollflussmuster „Sequenz" der Aktivitäten a und b ($a \Rightarrow b$) dargestellt werden (vgl. Abb. 12.4 links).

Beobachten wir zusätzlich, dass eine Aktivität a eine kausale Nachfolgebeziehung zu zwei oder mehreren Aktivitäten hat, beispielsweise $a \Rightarrow_L b$ und $a \Rightarrow_L c$, dann wird die Beziehung zwischen den beiden letzteren zusätzlich geprüft: Gilt $b \#_L c$, das heißt, gibt es weder einen Ablauf der Form $\langle \dots, b, c, \dots \rangle$ noch einen Ablauf der Form $\langle \dots, c, b, \dots \rangle$, dann kann eine Exklusiv-Oder-Teilung abgeleitet werden, die der Aktivität a folgt (vgl. Abb. 12.4 Mitte). Gibt es sowohl einen Ablauf der Form $\langle \dots, b, c, \dots \rangle$ als auch einen Ablauf der Form $\langle \dots, c, b, \dots \rangle$, dann wird Parallelität zwischen Aktivitäten b und c ($b \parallel_L c$) angenommen und als Kontrollflussmuster „Und-Teilung" nach a dargestellt (vgl. Abb. 12.4 rechts).

Das Gleiche passiert, wenn eine Aktivität d zwei oder mehreren Ereignissen folgt, beispielsweise $b \Rightarrow_L d$ und $c \Rightarrow_L d$. Sind b und c in einer exklusiven Beziehung, dann lässt sich ableiten, dass die Aktivität d einer Exklusiv-Oder-Verknüpfung folgt. Sind b und c in einer parallelen Beziehung, dann lässt sich eine Und-Verknüpfung ableiten.

Beweisen Sie, dass für zwei Ereignisse a und b, die gemeinsam in einem Ablauf vorkommen, immer genau eine der vier Beziehungen $a \Rightarrow_L b$, $a \Leftarrow_L b$, $a \parallel_L b$ oder $a \#_L b$ gilt!

Betrachten wir folgendes Ereignisprotokoll als Beispiel: $L = \{\langle A, B, C, E, F \rangle, \langle A, D, F \rangle, \langle A, C, B, E, F \rangle\}$. Gehen wir nun einzeln durch jeden Ablauf im Protokoll, dann können wir die in Tab. 12.1 abgebildeten Direkt-Folge-Relationen identifizieren.

Tab. 12.1: Direkt-Folge-Relationen des Ereignisprotokolls $L = \{\langle A, B, C, E, F \rangle, \langle A, D, F \rangle, \langle A, C, B, E, F \rangle\}$. Pro Spalte werden die für einen Ablauf identifizierten, noch nicht in einer früheren Tabellenspalte erfassten Direkt-Folge-Relationen des Ablaufs dargestellt.

$A \mapsto_L B$	$A \mapsto_L D$	$A \mapsto_L C$
$B \mapsto_L C$	$D \mapsto_L F$	$C \mapsto_L B$
$C \mapsto_L E$		$B \mapsto_L E$
$E \mapsto_L F$		

Auf deren Basis können wir nun für jedes Paar von Ereignisklassen (bzw. Aktivitäten) ableiten, ob zwischen ihnen die Verhaltensrelationen Kausalität ($\mapsto$), Parallelität ($\parallel$) oder Exklusivität (#) gilt. Wir können diese Relationen in einer Verhaltensrelationen-Matrix abbilden, wie in Tab. 12.2 gezeigt. In dieser werden alle vorkommenden Ereignisklassen eines Protokolls gegenübergestellt und notiert, wie sie sich zueinander verhalten. A ist beispielsweise exklusiv zu A, weil es im Ereignisprotokoll keinen Ablauf mit zwei aufeinanderfolgenden Einträgen A gibt. A ist aber in einer kausalen Beziehung zu B ($A \mapsto_L B$), weil im ersten Ablauf des gegebenen Protokolls B direkt auf A folgt, aber es keinen Ablauf gibt, in dem A direkt auf B folgt.

Tab. 12.2: Verhaltensrelationen-Matrix für jedes Ereignispaar des Ereignisprotokolls $L = \{\langle A, B, C, E, F \rangle, \langle A, D, F \rangle, \langle A, C, B, E, F \rangle\}$.

	A	B	C	D	E	F
A	#	$\Rightarrow$	$\Rightarrow$	$\Rightarrow$	#	#
B	$\Leftarrow$	#	$\parallel$	#	$\Rightarrow$	#
C	$\Leftarrow$	$\parallel$	#	#	$\Rightarrow$	#
D	$\Leftarrow$	#	#	#	#	$\Rightarrow$
E	#	$\Leftarrow$	$\Leftarrow$	#	#	$\Rightarrow$
F	#	#	#	$\Leftarrow$	$\Leftarrow$	#

Wir können nun mit den bereits eingeführten Regeln in Abb. 12.4 aus den Verhaltensrelationen in der Matrix in Tab. 12.2 einfache Kontrollflussmuster zwischen den Aktivitäten A-F herleiten und so ein Prozess-Modell erstellen. Wie der Alpha-Algorithmus dabei genau vorgeht und dabei insbesondere alle Kontrollflussmuster „integriert" herleitet, wird im nächste Teilabschnitt gezeigt.

? Leiten Sie aus den Verhaltensrelationen in der Matrix in Tab. 12.2 mittels der Kontrollflussmuster in Abb. 12.4 zunächst von Hand ein Petrinetz N ab, das alle Abläufe des Ereignisprotokolls $L = \{\langle A, B, C, E, F \rangle, \langle A, D, F \rangle, \langle A, C, B, E, F \rangle\}$ abspielen kann.

12.2.2 Algorithmus

Zunächst beschreiben wir den Alpha-Algorithmus formal und illustrieren ihn dann anhand des Beispielprotokolls. Die Grundidee ist, dass ein Petrinetz gesucht wird, dessen Transitionen durch genau die Ereignisklassen des Ereignisprotokolls beschrieben werden. Das entspricht der Denkweise, dass jedes Ereignis die Ausführung einer Aktivität (seiner Ereignisklasse) beschreibt und dass die Ausführung einer solchen Aktivität in einem Petrinetz durch Schalten einer Transition beschrieben wird. Bei der Konstruktion des Petrinetzes beginnen wir mit der Konstruktion der Menge der Transitionen.

Definition 12.1 (Alpha-Miner). Sei L ein einfaches Ereignisprotokoll und Σ_L die Menge der Aktivitäten (Ereignisklassen) in L. Dann bilden wir ein Petrinetz (P_L, T_L, W_L) wie folgt:

1. Die Menge der Transitionen T_L ist die Menge aller Aktivitäten, die in einem Ablauf von L vorkommen, entspricht also gerade der Menge Σ_L.

2. $T_I \subseteq T_L$ umfasst diejenigen Aktivitäten, die als erste Aktivität eines Ablaufs auftreten.

3. $T_O \subseteq T_L$ umfasst diejenigen Aktivitäten, die als letzte Aktivität eines Ablaufs auftreten.

4. Um die Abhängigkeiten zwischen den Aktivitäten (bzw. zwischen den Transitionen in unserem zu konstruierenden Petrinetz) zu beschreiben, bilden wir eine Menge X_L wie folgt:
   - Elemente von X_L sind Paare der Form (A, B) mit $A \subseteq T_L$ und $B \subseteq T_L$, wobei $A \neq \emptyset$ und $B \neq \emptyset$.
   - Wenn $(A, B) \in X_L$, $a \in A$ und $b \in B$, dann muss gelten: $a \Rightarrow_L b$, das heißt die Aktivitäten aus A wurden im Ereignisprotokoll direkt vor den Aktivitäten aus B beobachtet.
   - Wenn $(A, B) \in X_L$, $a_1 \in A$ und $a_2 \in A$ (wobei $a_1 \neq a_2$), dann muss weiterhin gelten: $a_1 \#_L a_2$. Damit wird ausgesagt, dass **entweder** a_1 **oder** a_2 vor einer Aktivität aus B beobachtet wurde, was dem Kontrollflussmuster „Exklusiv-Oder-Zusammenführung" entspricht.
   - Analog muss, falls $(A, B) \in X_L$, $b_1 \in B$ und $b_2 \in B$ (wobei $b_1 \neq b_2$), gelten: $b_1 \#_L b_2$. Damit wird ausgesagt, dass **entweder** b_1 **oder** b_2 nach einer Aktivität aus A beobachtet wurde, was dem Kontrollflussmuster „Exklusiv-Oder-Teilung" entspricht.

5. Aus der Menge X_L konstruieren wir eine Menge $Y_L \subseteq X_L$, die nur die „maximalen" Paare berücksichtigt. Eine Paar $(A, B) \in X_L$ gehört genau dann auch zu Y_L, wenn es kein von (A, B) selbst verschiedenes „größeres" Paar $(A', B') \in X_L$ gibt, so dass $A \subseteq A'$ und $B \subseteq B'$.

6. Die Menge P_L der Stellen unseres Petrinetzes bilden wir so, dass für jedes Paar $(A,B) \in Y_L$ eine Stelle $p_{(A,B)}$ gebildet wird. Außerdem ergänzen wir noch eine Anfangsstelle i_L und eine Endstelle o_L. Somit erhalten wir:

$$P_L = \{p_{(A,B)} \mid (A,B) \in Y_L\} \cup \{i_L, o_L\}.$$

7. Die Menge W_L an Kanten für das resultierende Petrinetz ergibt sich, indem jede Transition aus der Vorgängermenge A mit der Stelle $p_{(A,B)}$ verbunden wird und diese wiederum mit jeder Transition aus der Nachfolgermenge B. Zusätzlich wird die Anfangsstelle i_L mit allen Transition aus T_I verbunden und die Transitionen aus T_O mit der Endstelle o_L:

$$W_L = \{(a, p_{A,B}) \mid (A,B) \in Y_L \wedge a \in A\} \cup \{(p_{A,B}, b) \mid (A,B) \in Y_L \wedge b \in B\} \cup \{(i_L, t) \mid t \in T_I\} \cup \{(t, o_L) \mid t \in T_O\}.$$

Kommen wir zurück zum Beispiel $L = \{\langle A,B,C,E,F\rangle, \langle A,D,F\rangle, \langle A,C,B,E,F\rangle\}$. Wenden wir den Alpha-Algorithmus auf dieses Protokoll an, dann ergeben sich folgende Mengen, wie dargestellt in Tab. 12.3:

Tab. 12.3: Gebildete Mengen des Alpha-Algorithmus für das Ereignisprotokoll $L = \{\langle A,B,C,E,F\rangle, \langle A,D,F\rangle, \langle A,C,B,E,F\rangle\}$.

$T_L = \{A,B,C,D,E,F,G\}$
$T_I = \{A\}$
$T_O = \{F\}$
$X_L = \{(A,B),(A,C),(A,D),(A,\{B,D\}),(A,\{C,D\}),(B,E),(C,E),(D,F),(E,F),(\{D,E\},F)\}$
$Y_L = \{(A,\{B,D\}),(A,\{C,D\}),(B,E),(C,E),(\{D,E\},F)\}$
$P_L = \{i_L, p_{(A,\{B,D\})}, p_{(A,\{C,D\})}, p_{(B,E)}, p_{(C,E)}, p_{(\{D,E\},F)}, o_L\}$
$W_L = \{(i_L,A),(A, p_{(A,\{B,D\})})),(p_{(A,\{B,D\})}, B),(p_{(A,\{B,D\})}, D), \dots, (F, o_L)\}$

1. In $T_L = \{A,B,C,D,E,F\}$ finden wir alle Ereignisklassen, die in den Abläufen von L vorkommen, als Transitionen wieder. Der Alpha-Algorithmus nimmt an, dass jede Ereignisklasse (jede Aktivität) auf eine Transition im Petrinetz abgebildet wird.

2. $T_I = \{A\}$ enthält für unser Beispielprotokoll nur A, da alle Abläufe mit dieser Aktivität starten.

3. Das Gleiche können wir für die Menge $T_O = \{F\}$ beobachten, welche nur F enthält.

4. Für die Bildung der Menge $X_L = \{(A,B),(A,C),(A,D),(A,\{B,D\}),(A,\{C,D\}),\dots\}$ wurde die Verhaltensrelationen-Matrix aus Tab. 12.2 genutzt. Wir können beobachten, dass die Aktivität A in einer kausalen Beziehung zu B, C und D steht, dass also gilt: $A \Rightarrow_L B$, $A \Rightarrow_L C$ und $A \Rightarrow_L D$. Diese Aktivitätspaare (A,B), (A,C), (A,D) wurden in X_L mit aufgenommen. Da weiterhin gilt: $B\#D$ und $C\#D$, werden auch die Paare $(A,\{B,D\})$ und $(A,\{C,D\})$ mit in die Menge X_L aufgenommen.

5. In $Y_L = \{(A,\{B,D\}),(A,\{C,D\}),\dots\}$ werden nur die maximalen Paare berücksichtigt, so dass nur noch $(A,\{B,D\})$ und $(A,\{C,D\})$ in Y_L zu finden sind.

6. Mithilfe der Menge Y_L kann nun die Menge $P_L = \{i_L, p_{(A,\{B,D\})}, p_{(A,\{C,D\})}, \ldots\}$ der Stellen generiert werden. Für jedes Element in Y_L wird eine Stelle generiert. Beispielsweise wird für das Paar $(A, \{B, D\}) \in Y_L$ die Stelle $p_{(A,\{B,D\})}$ erzeugt. Zusätzlich nehmen wir i_L als initiale Stelle und o_L als finale Stelle des Petrinetzes.

7. Als Letztes wird die Menge der Kanten $W_L = \{(i_L, A), (A, p_{(A,\{B,D\})}), (p_{(A,\{B,D\})}, B),$ $(p_{(A,\{B,D\})}, D), \ldots, (F, o_L)\}$ erstellt, um die generierten Transitionen und Stellen zu verbinden. Dabei wird jede Transition, die sich linksseitig in einem Transitionspaar in der Menge Y_L befindet (im formalen Algorithmus als die Menge A bezeichnet) mit der entsprechenden Stelle verbunden. Beispielsweise wird A mit der Stelle $p_{(A,\{B,D\})}$ verbunden, sodass wir die Kante $(A, p_{(A,\{B,D\})})$ in W_L finden. Die Stellen werden auch mit den entsprechenden Transitionen verbunden, die sich rechtsseitig im Transitionspaar in der Menge Y_L befinden (im formalen Algorithmus als die Menge B bezeichnet). Zum Beispiel hat die Stelle $p_{(A,\{B,D\})}$ eine ausgehende Kante zu B und D, abgebildet durch die Kanten $(p_{(A,\{B,D\})}, B)$ und $(p_{(A,\{B,D\})}, D)$. Zusätzlich werden Kanten von der Anfangsstelle i_L zu allen Transition aus T_I gebildet und die Transitionen aus T_O werden mit der Endstelle o_L durch Kanten verbunden.

Das Petrinetz, das wir mit Hilfe des Alpha-Algorithmus erstellt haben, ist in Abb. 12.5 graphisch dargestellt.

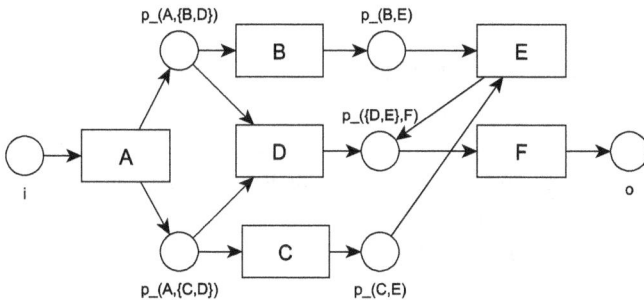

Abb. 12.5: Das resultierende, graphisch dargestellte Petrinetz bei Anwendung des Alpha-Algorithmus für das Ereignisprotokoll $L = \{\langle A, B, C, E, F\rangle, \langle A, D, F\rangle, \langle A, C, B, E, F\rangle\}$.

12.2.3 Eigenschaften und Einschränkung

Wie im vorherigen Abschnitt dargestellt, nutzt der Alpha-Algorithmus *alle* beobachtbaren Direkt-Folge-Beziehungen und leitet daraus Kontrollflussbeziehungen zwischen den Ereignisklassen eines Ereignisprotokolls ab. Daraus ergeben sich folgende Einschränkungen:

Anfälligkeit bezüglich Fehlern oder Unvollständigkeit des Ereignisprotokolls

Der Algorithmus berücksichtigt *alle* vorkommenden Direkt-Folgebeziehungen in einem Ereignisprotokoll und beachtet nicht die Häufigkeit, in der bestimmte Ablaufvarianten auftreten. Das bedeutet, dass alle vorkommenden Ablaufvarianten und alle Direkt-Folge-Beziehungen als gleichwertig beachtet werden. Der Algorithmus ist damit nicht robust gegenüber im Protokoll aufgezeichneten Abweichungen. Beispielsweise könnte in unserem Beispielprotokoll L zusätzlich einmal die Ablaufvariante $\langle A, B, C, D, E, F \rangle^1$ beobachtet worden sein, also $L = \{\langle A, B, C, E, F \rangle^{100}, \langle A, D, F \rangle^{30}, \langle A, C, B, E, F \rangle^{50}, \langle A, B, C, D, E, F \rangle^1\}$. Nun gilt B # D nicht mehr und der Alpha-Algorithmus erzeugt ein gänzlich anderes Prozess-Modell, obwohl die abweichende Ausführung nur sehr selten beobachtet wurde.

Zusätzlich erwartet der Algorithmus, dass jede existierende direkte Nachfolgebeziehung mindestens einmal im Ereignisprotokoll beobachtet wurde. Falls aber ein Ereignisprotokoll unvollständig ist, kann der Alpha-Algorithmus manche Kontrollflussmuster nicht mehr ableiten. Fehlt beispielsweise Ablaufvariante $\langle A, C, B, E, F \rangle$ in L, so kann der Alpha-Algorithmus $B \parallel C$ und die zugehörige Und-Verzweigung nicht mehr ableiten. Diese Eigenschaften machen den Algorithmus wenig praxisrelevant. Abweichungen und Unvollständigkeiten sind in realen Ereignisprotokollen häufig zu finden. Daher ist es wichtig, dass ein robuster Process-Discovery-Algorithmus die Häufigkeiten der ausgeführten Ablaufvarianten berücksichtigt.

Keine korrekte Darstellung von kurzen Schleifen

Der einfache Alpha-Algorithmus kann Schleifen der Länge 1, wenn Ereignisse der selben Klasse mehrfach vorkommen, wie zum Beispiel *AAA*, und Schleifen der Länge 2, beispielsweise *ABAB*, nicht korrekt abbilden. Es gibt eine Erweiterung des Algorithmus, den Alpha+-Algorithmus, zum Beispiel beschrieben in [107], der durch eine Erweiterung der Verhaltensrelationen das Erkennen von kurzen Schleifen möglich macht.

? Überlegen Sie, inwiefern sich diese Schwächen mit Vorverarbeitungs-Operationen auf Ereignisprotokollen noch ausgleichen lassen und wann dies nicht mehr gelingt.

12.3 Heuristische Prozessaufnahme

Der Alpha-Algorithmus ermittelt Kontrollfluss-Muster exakt anhand genau aller Paare in der Direkt-Folge-Relation. Dieses exakte Vorgehen ist nicht robust, das heißt, es führt zu fehlerhaften Modellen bei Ereignisprotokollen, in denen einige wenige Abläufe von der „hauptsächlichen" Kontrollflusslogik abweichen (vgl. Abschnitt 12.2.3). Der **Heuristic-Miner-Algorithmus** ersetzt die exakte Bestimmung der Logik durch ein heuristisches Vorgehen. Die Heuristik ermöglicht es, seltene Beziehungen zwischen

Ereignissen zu erkennen und herauszufiltern. Grundannahme dieser Heuristik ist, dass sich die eigentliche oder „hauptsächliche" Logik in den häufigsten Ereignisabfolgen wiederfindet. Jede selten beobachtete Abfolge wird hingegen als Abweichung angenommen, die wir gerade *nicht* im aufgenommenen Prozessmodell beschreiben wollen. Die vom Heuristic-Miner aufgenommenen Modelle haben damit zwar keine perfekte Fitness, sind aber im Vergleich zum Alpha-Algorithmus von besserer Qualität hinsichtlich der anderen Kriterien Präzision, Generalisierung, und der einfachen Beschreibung der Logik.

Der Heuristic-Miner-Algorithmus arbeitet in 2 Schritten. Er erzeugt zunächst aus dem Ereignisprotokoll L einen **Abhängigkeitsgraphen**, der nur die „hauptsächlichen" kausalen Abhängigkeiten zwischen den Prozess-Aktivitäten beschreibt. Im zweiten Schritt wird die Kontrollflusslogik zwischen den im Graphen kausal abhängigen Aktivitäten bestimmt. Aus dem Abhängigkeitsgraphen und der Logik leiten wir dann ein Prozess-Modell als Petrinetz ab.

12.3.1 Grundidee: Hauptsächliche kausale Abhängikeiten heuristisch bestimmen

Der Heuristic-Miner ermittelt – wie auch der Alpha-Algorithmus – zunächst die kausalen Abhängkeiten des Prozesses aus der Direkt-Folge-Relation $\mapsto_L$ zwischen je zwei Aktivitäten (bzw. Ereignisklassen) von L. Das Ereignisprotokoll ist dabei jedoch eine Multimenge von Abläufen, das heißt, wir wissen für jede Ablaufvariante, wie oft sie in L aufgezeichnet wurde (vgl. Abschnitt 10.4).

Wir erinnern uns, dass der Alpha-Algorithmus aus der Direkt-Folge-Relation $a \mapsto_L b$ die kausale Beziehung $a \Rightarrow_L$ wie folgt ableitet: $a \Rightarrow_L b$ gilt wenn $a \mapsto_L b$ und $b \not\mapsto_L a$.

Das heißt aber auch: Sobald ein einziges Mal aufgrund eines abweichenden Ablaufs im Protokoll ein Eintrag der Form $\langle \ldots, b, a, \ldots \rangle$ auftaucht, gilt $b \mapsto_L a$, und die Beziehung $a \Rightarrow_L b$ wird vom Alpha-Algorithmus nicht mehr diagnostiziert.

Die folgende Heuristik erlaubt es dem Heuristic-Miner, $b \mapsto_L a$ zu „ignorieren", wenn die Relation nur selten genug auftritt. Hierbei betrachten wir sowohl absolute Häufigkeiten von $b \mapsto_L a$ als auch das Verhältnis der Häufigkeiten von $a \mapsto_L b$ und $b \mapsto_L a$ in drei Schritten.

Konstruktion der Häufigkeitsmatrix-Matrix
Wir erzeugen eine Matrix H, in der jeder Eintrag $H(a, b)$ angibt, wie oft $\langle \ldots a, b \ldots \rangle$ in L beobachtet wurde. Der Wert $H(a, b)$ entspricht den Häufigkeiten im Direkt-Folge-Graphen (vgl. Abschnitt 10.5). Wir nennen H auch die **Häufigkeitsmatrix** von L.

Konstruktion der Abhängigkeitsmatrix
Aus der Häufigkeitsmatrix H wird eine weitere Matrix A abgeleitet, die wir die **Abhängigkeitsmatrix** nennen. Jeder Eintrag $A(a, b)$ in der Matrix A ist eine Zahl zwischen

−1 und 1, die angibt, wie gut L die Aussage „b folgt kausal auf a" ($a \Rightarrow_L b$) unterstützt. Dabei sind wir uns sicherer, dass $a \Rightarrow_L b$ gilt, wenn wir $a \mapsto_L b$ sehr viel häufiger beobachtet haben, als $b \mapsto_L a$. Mit folgender Formel werden die Einträge in der Abhängigkeitsmatrix A bestimmt:

$$A(a,b) = \begin{cases} \frac{H(a,b)-H(b,a)}{H(a,b)+H(b,a)+1} & \text{falls } a \neq b \\ \frac{H(a,a)}{H(a,a)+1} & \text{falls } a = b \end{cases}$$

Der Wert $A(a,b)$ ist nahe 1, wenn $H(a,b)$ sehr viel grösser als $H(b,a)$ ist – dann gilt vermutlich $a \mapsto_L b$ und $b \not\mapsto_L a$ und somit $a \Rightarrow_L b$.

Ist umgekehrt $H(b,a)$ sehr viel größer als $H(a,b)$, dann gilt vermutlich $a \not\mapsto_L b$ und $b \mapsto_L a$ und somit $b \Rightarrow_L a$, was in $H(a,b)$ als ein Wert nahe −1 ausgedrückt ist.

Sind $H(a,b)$ und $H(b,a)$ etwa gleich groß, können wir nicht sicher $a \Rightarrow_L b$ oder $b \Rightarrow_L a$ ableiten und $A(a,b)$ ist ungefähr 0. Der Summand $\cdots +1$ im Nenner stellt sicher, dass der Bruch auch für $H(a,b) = H(b,a) = 0$ definiert ist.

Darüberhinaus erlaubt uns diese Formel im zweiten Fall $a = b$ auch direkte Wiederholungen $\langle \ldots a, a \ldots \rangle$ zu erkennen. Die durch $A(a,a)$ beschriebene „Abhängigkeit" $a \Rightarrow_L a$ können wir im Modell als sogenannte kurze Schleife oder Selbst-Schleife (engl. *self-loop*) im Modell aufnehmen.

Heuristische Schwellwerte

Ob $a \Rightarrow_L b$ gilt, können wir nun anhand der Zahlenwerte der absoluten Häufigkeit $A(a,b)$ und der relativen Stärke der Abhängigkeiten $H(a,b)$ heuristisch bestimmen.

Wir legen zwei **Schwellwerte** $0 \leq s_A$ und $0 \leq s_H \leq 1$ fest. Gelten $A(a,b) \geq s_A$ und $H(a,b) \geq s_H$, so nehmen wir an, dass die kausale Beziehung $a \Rightarrow_L b$ gilt. Die Schwellwerte s_A und s_H sind dabei frei wählbar und drücken aus, wie viele „Beweise" das Ereignisprotokoll L enthalten soll, dass wir bereit sind, die Kausalität $a \Rightarrow_L b$ im Modell abzubilden.

Wählen wir einen hohen Wert für s_A, so verlangen wir viele Beobachtungen $\langle \ldots a, b \ldots \rangle$ als „Beweis" für $a \Rightarrow_L b$. Wählen wir einen niedrigen Schwellert für s_A, zum Beispiel $s_A = 0$, so sind wir bereit, auch schon eine einzelne Beobachtung $\langle \ldots a, b \ldots \rangle$ als „Beweis" für $a \Rightarrow_L b$ zu akzeptieren.

Mit einem hohen Schwellwert für s_H akzeptieren wir $a \Rightarrow_L b$ nur, wenn es keine oder nur wenige Abweichungen $\langle \ldots b, a \ldots \rangle$ gibt. Bei einem niedrigen Schwellwert für s_H erlauben wir mehr Abweichungen $\langle \ldots b, a \ldots \rangle$ im Ereignisprotokoll und akzeptieren trotzdem noch $a \Rightarrow_L b$.

Die Verwendung von Schwellwerten ist der heuristische Anteil des Heuristic Miners. In der Literatur existieren Empfehlungen für die Wahl des Schwellwerts [20, 105, 8].

Für welche Schwellwerte s_A und s_H stimmt die Heuristik für $a \Rightarrow_L b$ mit der Definition für $a \Rightarrow_L b$ des Alpha-Algorithmus überein? **?**

Konstruktion des Abhängigkeitsgraphen

Welche kausalen Abhängigkeiten der Form $a \Rightarrow_L b$ wir akzeptieren, halten wir im sogenannten **Abhängigkeitsgraphen** fest.

Wie beim Alpha-Algorithmus hat der Abhängigkeitsgraph für jede Aktivität (bzw. jede Ereignisklasse) in L einen Knoten. Der Graph hat eine Kante von der Aktivität a zu der Aktivität b, wenn $H(a, b) \geq s_H$ den Häufigkeits-Schwellwert s_H überschreitet und $A(a, b) \geq a_H$ den Abhängigkeits-Schwellwert s_A überschreitet.

12.3.2 Der Heuristic-Miner am Beispiel

Zur Veranschaulichung der Schritte des Heuristic-Miners nehmen wir folgendes einfaches Ereignisprotokoll an:

$$L = [\langle A, B, C, E, F \rangle^{20},$$
$$\langle A, D, F \rangle^{40},$$
$$\langle A, C, B, E, F \rangle^{100}$$
$$\langle A, B, B, C, E, F \rangle^{20}$$
$$\langle A, B, C, D, E, F \rangle^{20}]$$

Im Gegensatz zum vorherigen Abschnitt sind in diesem Protokoll nicht nur die Ablaufvarianten dargestellt, sondern auch ihren Häufigkeiten als hochgestellte Zahl angegeben.

Für dieses Ereignisprotokoll ermitteln wir zuerst die Häufigkeitsmatrix H, die zählt, wie oft jede Direkt-Folge-Relation $a \mapsto_L b$ vorkommt, siehe Tab. 12.4. So folgt beispielsweise B auf A ($A \mapsto_L B$) 60-mal, davon 20-mal in Ablaufvariante 1, 20-mal in

Tab. 12.4: Häufigkeitsmatrix des Ereignisprotokolls
$L = [\langle A, B, C, E, F \rangle^{20}, \langle A, D, F \rangle^{40}, \langle A, C, B, E, F \rangle^{100}, \langle A, B, B, C, E, F \rangle^{20}, \langle A, B, C, D, E, F \rangle^{20}]$.

$\mapsto_L$	A	B	C	D	E	F
A		60	100	40		
B		20	60		100	
C		100		20	40	
D					20	40
E					30	160
F						

Tab. 12.5: Abhängigkeitsmatrix für die Häufigkeitsmatrix aus Tab. 12.4.

$\Rightarrow^L$	A	B	C	D	E	F
A		0,984	0,99	0,976		
B	−0,984	0,952	−0,248		0,99	
C	−0,99	0,248		0,952	0,976	
D	−0,976		−0,952		0,952	0,976
E		−0,99	−0,976	−0,952		0,994
F				−0,976	−0,994	

Ablaufvariante 4 und 20-mal in Ablaufvariante 5. *B* folgt direkt auf *B* 20-mal. Zellen ohne Inhalt in Tab. 12.4 bedeuten, dass es keine Direkt-Folge-Beziehung zwischen zwei Ereignissen gibt. Beispielsweise folgt *A* nie direkt auf *B*.

Aus der Häufigkeitsmatrix *H* in Tab. 12.4 berechnen wir nun die Abhängigkeitsmatrix $A(a, b)$ und erhalten Tab. 12.5 als Ergebnis. Beispielsweise bestimmt sich das Abhängigkeitsmaß zwischen A und B als $A(a, b) = \frac{60-0}{60+0+1} = 0{,}984$. Umgekehrt ist das Abhängigkeitsmaß zwischen B und A: $A(b, a) = -0{,}984$. Das Abhängigkeitsmaß zwischen C und B ist $A(c, b) = \frac{100-60}{60+100+1} = 0{,}248$, denn wir beobachten, dass sowohl C auf B als auch (seltener) B auf C folgt.

Wir konstruieren nun den Abhängigkeitsgraphen. Für jede Aktivität $A, \ldots, F$ erzeugen wir einen Knoten. Für jedes Aktivitäts-Paar (a, b) erzeugen wir eine Kante, wenn $A(a, b) \geq s_A$ und $H(a, b) \geq s_H$.

Die Abb. 12.6–12.10 zeigen fünf verschiedene Abhängigkeitsgraphen für *L* für fünf verschiedene Schwellwert-Paare.

Legen wir als Beispiel $s_H = 10$ und $s_A = 0{,}02$ fest. Diese Schwellwerte liegen unter jedem (positiven) Eintrag in *H* und *A*. Der zugehörige Abhängigkeitsgraph in Abb. 12.6 enthält damit alle kausalen Abhängigkeiten aus *A*, die einen positiven Wert haben.

Erhöhen wir s_A auf 0,5, so liegt $A(c, b) = 0{,}248 < 0{,}5$ unter dem Schwellwert und ist im zugehörigen Abhängigkeitsgraphen in Abb. 12.7 nicht enthalten. Dieser Schwellwert entspricht der Annahme, dass wir uns wegen der 40-maligen Beobachtung von $\langle \ldots B, C \ldots \rangle$ in der 1. und 5. Ablaufvariante nicht mehr sicher sind, dass $C \Rightarrow_L B$ gilt, obwohl wir $\langle \ldots C, B \ldots \rangle$ gesehen haben. Mit dem ersten Schwellwert $s_A = 0{,}02$ hingegen geben wir $\langle \ldots C, B \ldots \rangle$ mehr Vertrauen und leiten in Abb. 12.6 $C \Rightarrow_L B$ trotz des Auftre-

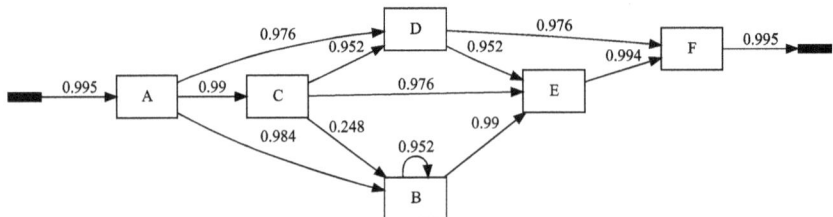

Abb. 12.6: Abhängigkeitsgraph für $s_H = 10$ und $s_A = 0{,}02$.

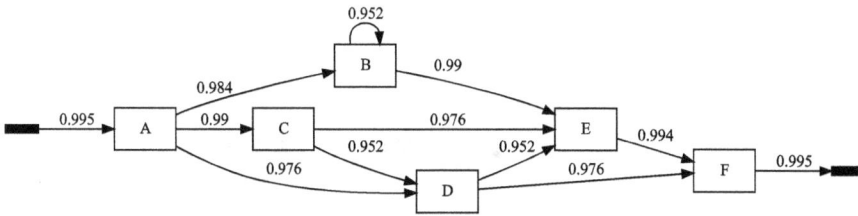

Abb. 12.7: Abhängigkeitsgraph für $s_H = 10$ und $s_A = 0{,}5$.

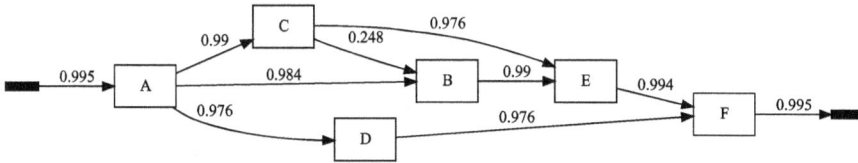

Abb. 12.8: Abhängigkeitsgraph für $s_H = 40$ und $s_A = 0{,}02$.

tens von $\langle \dots B, C \dots \rangle$ ab. Wir werden später noch sehen, dass uns der Schwellwert s_A von 0,5 erlaubt, $B\|_L C$ abzuleiten.

Erhöhen wir s_H auf 40 und belassen $s_A = 0{,}02$, so liegen $H(b, b) = 20 < 40$ und $H(d, c) = 20 < 40$ unter dem Schwellwert und sind im zugehörigen Abhängigkeitsgraphen in Abb. 12.8 nicht enthalten. Die Abhängigkeit $C \Rightarrow_L B$ hingegen ist enthalten. Wir haben hier also selten auftretendes, aber eindeutiges Verhalten weggelassen. Erhöhen wir s_H weiter auf 100, erhalten wir den Abhängigkeitsgraphen in Abb. 12.10, der nur die häufigste Ablaufvariante beschreibt.

Wählen wir $s_H = 40$ und $s_A = 0{,}5$, erhalten wir den Abhängigkeitsgraphen in Abb. 12.9. Er bildet alles hinreichend häufige Verhalten ab ($s_H = 40$) und lässt nur seltene Abweichungen zu ($s_A = 0{,}5$), um noch kausale Abhängigkeiten abzuleiten. Dieser Graph stellt tatsächlich nur die „hauptsächlichen" kausalen Abhängigkeiten des Ereignisprotokolls dar.

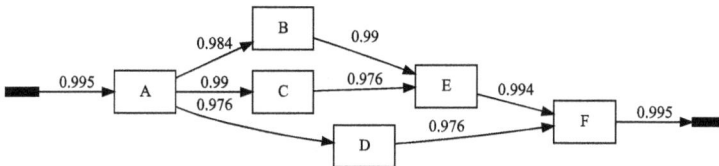

Abb. 12.9: Abhängigkeitsgraph für $s_H = 40$ und $s_A = 0{,}5$.

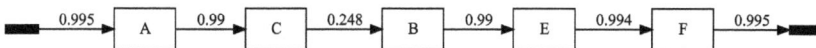

Abb. 12.10: Abhängigkeitsgraph für $s_H = 100$ und $s_A = 0{,}02$.

12.3.3 Kontrollflusslogik heuristisch ableiten

Die Abhängigkeitsgraphen zeigen bisher nur Kausalitäts-Beziehungen und nach welchen Aktivitäten Verzweigungen stattfinden. Beispielsweise sehen wir im Graphen in Abb. 12.9, dass der Prozess nach A in B, C, und D verzweigt. Damit sind B, C, und D die *kausalen Nachfolger* von A. Wir wissen aber noch nicht, ob es sich dabei um eine Und-Teilung oder um eine Exklusiv-Oder-Teilung handelt. Das soll nun erkannt werden, und im letzten Schritt soll ein Petrinetz konstruiert werden, das den Prozess modelliert.

Wir erläutern im Folgenden eine einfache heuristische Regel, die zählt, wie oft B, C, und D *gemeinsam* in einem Ablauf nach A auftreten. Treten sie immer gemeinsam auf, wie in Ablauf $\langle A, B, C, D, E, F \rangle$, so gilt eine Und-Teilung. Treten sie nie gemeinsam auf, sondern immer nur einzeln, wie in Ablauf $\langle A, D, F \rangle$ so gilt eine Exklusiv-Oder-Teilung. An diesem Beispiel sehen wir aber schon, dass sich beide Fälle überschneiden können: D tritt nämlich sowohl gemeinsam mit B, C, und D auf, als auch allein. Wir nutzen wiederum eine Heuristik, um verschiedene Fälle von Teilungen zu unterscheiden und nur die „sicheren" Fälle ins Modell aufzunehmen.

Die Grundidee ist, alle möglichen *Mengen von kausalen Nachfolgern* von A separat auf Und-Teilung zu testen. Gibt es mehrere Mengen von Nachfolgern, für die eine Und-Teilung gilt, dann unterscheiden wir zwischen diesen zusätzlich mit einer Exklusiv-Oder-Teilung.

1. Die direkten Nachfolger von A im Abhängigkeitsgraphen in Abb. 12.9 sind $\{B, C, D\}$. Wir betrachten alle nichtleeren Teilmengen als mögliche Mengen von kausalen Nachfolgern, also $\{B\}$, $\{C\}$, $\{D\}$, $\{B, C\}$, $\{C, D\}$, $\{B, C, D\}$.

2. Wir zählen nun, wie oft jede der Nachfolger-Mengen X *direkt, allein* nach A in den Abläufen von L auftaucht und notieren das als Wert w_X.
   Wir sehen zum Beispiel, dass in L die Menge $\{B, C, D\}$ in Ablauf $\langle A, \underline{B}, \underline{C}, \underline{D}, E, F \rangle^{20}$ direkt 20-mal auf A folgt. Das heißt, wir beobachten 20-mal eine Und-Teilung zwischen B, C, und D nach A in L: $w_{\{B,C,D\}} = 20$.
   Die Menge $\{C, D\}$ hingegen taucht in keinem Ablauf in L direkt nach A allein auf – der Ablauf $\langle A, \underline{B}, \underline{C}, \underline{D}, E, F \rangle^{20}$ enthält nämlich auch B. Wir beobachten also *keine* Und-Teilung nur zwischen C und D nach A.
   Die Menge $\{B, C\}$ taucht insgesamt 140-mal direkt allein auf, in den Abläufen $\langle A, \underline{B}, \underline{C}, E, F \rangle^{20}$, $\langle A, \underline{C}, \underline{B}, E, F \rangle^{100}$, und $\langle A, \underline{B}, \underline{B}, \underline{C}, E, F \rangle^{20}$: $w_{\{B,C\}} = 140$.
   Die Mengen $\{B\}$ und $\{C\}$ tauchen nie allein nach A auf, die Menge $\{D\}$ hingegen 40-mal in $\langle A, \underline{D}, F \rangle^{40}$: $w_{\{D\}} = 40$.

3. Wir wählen nun wieder einen Schwellwert s_w und wollen nur für die Nachfolger-Mengen X Und-Teilungen im Modell eintragen, für die $w_X \geq s_w$ ist. Wählen wir beispielsweise $s_w = 40$, so werden wir nur die Nachfolgermengen $\{B, C\}$ und $\{D\}$ von A im Modell berücksichtigen, wobei wir $\{D\}$ natürlich nicht als Und-Teilung, sondern als Sequenz nach A eintragen werden.

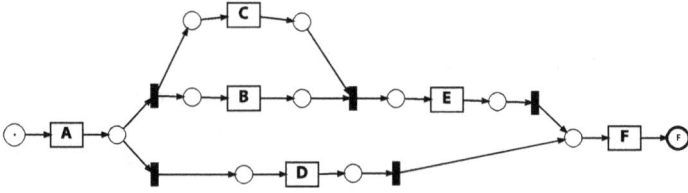

Abb. 12.11: Vom Heuristic-Miner aus dem Abhängigkeitsgraphen aus Abb. 12.9 erzeugtes Petrinetz für $s_x = 40$.

4. Auf die gleiche Art können wir für jede Aktivität auch für die Mengen der kausalen Vorgänger bestimmen, ob eine Und-Zusammenführung beobachtet wurde.

Wir erzeugen nun ein Petrinetz-Modell aus dem Abhängkeitsgraphen und den zuvor bestimmten Nachfolger- und Vorgängermengen, für die eine Und-Teilung beziehungsweise -Zusammenführung in L beobachtet wurde.

1. Für jeden Knoten A im Abhängigkeitsgraphen erzeugen wir eine Transition t_A sowie genau eine Stelle in_A im Vorbereich von t_A und eine Stelle out_A im Nachbereich von t_A. Das Netz in Abb. 12.11 hat die Transitionen A bis F mit ihren jeweiligen Vor- und Nachstellen.

2. Für jede Menge X von kausalen Nachfolgern von A im Abhängigkeitsgraphen, für die $w_X \geq s_w$ ist, erzeugen wir eine Und-Teilung: Wir fügen eine neue Transition $t_{A,X}$ ein, mit einer Kante $(out_A, t_{A,X})$ und jeweils einer Kante $(t_{A,X}, in_x)$ für jede Transition t_x eines kausalen Nachfolgers von a in der Menge X. Wir beschriften $t_{A,X}$ mit τ als „stille" Transition (vgl. Kapitel 8). Hat A mehrere solche Nachfolger-Mengen X_1 und X_2, so bilden t_{A,X_1} und t_{A,X_2} an der Stelle out_A automatisch eine Exklusiv-Oder-Teilung. Das Netz in Abb. 12.11 hat Transitionen $t_{A,\{B,C\}}$ (Und-Teilung B und C) und $t_{A,\{D\}}$, die in einer Exklusiv-Oder-Teilung nach A stehen.

3. Auf die gleiche Art wird für jede Menge X von kausalen Vorgängern von A eine Und-Zusammenführung mit einer Transition $t_{X,A}$ erzeugt. Das Netz in Abb. 12.11 hat Transitionen $t_{\{B,C\},E}$, $t_{\{E\},F}$ und $t_{\{D\},F}$.

Wie unterscheiden sich die Petrinetze in Abb. 12.11 und Abb. 12.5? Welches Petrinetz erhalten Sie, wenn Sie den Alpha-Algorithmus auf das Ereignisprotokoll aus Abschnitt 12.3 anwenden? Welche Petrinetze erhalten Sie, wenn Sie andere Schwellwerte s_H, s_A, s_w wählen?

12.3.4 Eigenschaften und Einschränkung

Der Heuristic-Miner ist ein Process-Discovery-Algorithmus, der reale Ereignisprotokolle mit selten erwartbaren Fehlern und selten auftretendem, ungewöhnlichem Verhalten gut behandeln kann, indem diese durch das Abhängigkeitsmaß zwischen Ereignissen herausgefiltert werden. Durch diese Eigenschaften eignet sich der Heuristic-Miner dazu, sich ein erstes „Bild" vom Prozess zu machen.

Zentrale Eigenschaft des Heuristic-Miners ist dabei, dass die erzeugten Modelle gerade keine perfekte Fitness (vgl. Kapitel 10) haben, da ja Verhalten gewollt herausgefiltert wird. Im Gegenzug sind die Modelle einfacher: unstrukturierte und seltene Abhängigkeiten kommen durch Herausfiltern im Modell nicht mehr vor, was zu weniger Kanten und Knoten im Modell führt. Damit sind die Modelle tendenziell einfacher und ein besseres Layout kann automatisch für sie berechnet werden (vgl. Abschnitt 5.4). Die Präzision der Modelle ist tendenziell höher, da gerade nur das im Ereignisprotokoll häufige Verhalten auch im Modell abgebildet wird.

Darüber hinaus ist der Heuristic-Miner „robust". Zum einen ändert sich das Ergebnis des Heuristic-Miners nicht (stark), wenn einige Ablaufvarianten neu hinzukommen oder sich in ihrer Häufigkeit verändern. Zum anderen sind auch die verschiedenen Modelle, die der Heuristic-Miner mit veschiedenen Schwellwerten erzeugt, einander ähnlich, vgl. die verschiedenen Abhängigkeitsgraphen in Abb. 12.6–12.10.

Allerdings ist es schwierig, die Verhaltens-Qualität der Modelle formal genau zu bestimmen. Der Algorithmus erzeugt nämlich nicht notwendigerweise Prozessmodelle, die sound sind (vgl. Kapitel 8). Das liegt daran, dass durch die Wahl eines Schwellwerts nicht immer alle Ausführungen vollständig betrachtet werden, und dass die Kontrollflusslogik nur lokal mit einer einfachen Zählheuristik abgeleitet wird.

Diese Einschränkung bedeutet auch, dass die Modelle, die vom Heuristic-Miner erzeugt werden, immer vorsichtig interpretiert werden müssen, um keine falschen Schlussfolgerungen zu ziehen.

12.4 Welcher Process-Discovery-Algorithmus ist der richtige?

Die beiden vorgestellten Process-Discovery-Algorithmen Alpha und Heuristic- Miner haben sehr unterschiedliche Herangehensweisen und Eigenschaften. Auf das selbe Ereignisprotokoll angewendet, erkennen Alpha-Algorithms und Heuristic-Miner in der Regel *unterschiedliche* Modelle von unterschiedlicher Qualität bezüglich Fitness, Präzision, Generalisierung und Einfachheit (vgl. Abschnitt 12.1) sowie Soundness (vgl. Abschnitt 8.4). Dies trifft auch auf alle weiteren Process-Discovery-Algorithmen zu.

Im Folgenden vergleichen wir die Eigenschaften des Direkt-Folge-Graphen mit dem Alpha-Algorithmus, dem Heuristic-Miner und weiteren Process-Discovery-Algorithmen. Wir stellen diese Algorithmen jeweils kurz vor und besprechen, für welche Situationen sie geeignet sind.

12.4.1 Direkt-Folge-Graph

Der Direkt-Folge-Graph zeigt alle direkt aufeinander folgenden Aktivitäten, siehe Abschnitt 10.5.

Tab. 12.6: Eigenschaften des Direkt-Folge-Graphen.

Eigenschaften des Direkt-Folge-Graphen	Wann benutzen?
Theorie: Kein eigentliches Prozessmodell, sondern Datenvisualisierung. Keine Parallelität, maximale Fitness, geringe Präzision. Jeder Kante im Graphen entspricht ein direktes Aufeinanderfolgen von Ereignissen im Protokoll. **Praxis:** Einfache Graphen, insbesondere, wenn Direkt-Folge-Beziehungen, die nur selten vorkommen, herausgefiltert wurden.	In der Praxis gut geeignet, um Einblick in komplexe Ereignisprotokolle mit vielen Ausführungsvarianten zu erhalten und Abweichungen herauszufiltern. Insbesondere, wenn Nutzer mit formalen Prozessmodellen nicht vertraut sind. Analysen der Häufigkeiten und Zeit sind jedoch nicht belastbar, wenn gefiltert wurde [100].
Verfügbar in: Er ist in praktisch allen Process-Mining-Werkzeugen enthalten und oft der einzige Algorithmus in kommerzieller Process-Mining-Software [100]. Der Nutzer kann mit Schiebereglern Ereignisse sowie Direkt-Folge-Beziehungen, die nur selten vorkommen, aus dem Graphen herausfiltern [50].	

Abb. 12.12 zeigt den Direkt-Folge-Graphen der vollständigen Fälle des Ereignisprotokolls aus Tab. 10.1. Tab. 12.6 fasst die Eigenschaften des Direkt-Folge-Graphen zusammen.

12.4.2 Alpha-Algorithmus

Der Alpha-Algorithmus leitet aus der Direkt-Folge-Relation die zweistelligen Verhaltensrelationen Sequenz, Auswahl und Parallelität ab und berechnet anhand dieser Relationen für die Transitionen auf passende Weise Stellen und Kanten, die die Auseinander- beziehungsweise Zusammenführung des Kontrollflusses übernehmen. Er wertet keine Häufigkeiten aus, ein Filtern findet somit nicht statt. Es gibt mehrere Erweiterungen, zum Beispiel Alpha++ [107]. Abb. 12.13 zeigt das Ergebnis des Alpha-Algorithmus angewandt auf die vollständigen Fälle des Ereignisprotokolls aus Tab. 10.1. Tab. 12.7 fasst die Eigenschaften des Alpha-Algorithmus zusammen.

Tab. 12.7: Eigenschaften des Alpha-Algorithmus.

Eigenschaften des Alpha-Algorithmus	Wann benutzen?
Theorie: Kann für eine bestimmte Klasse von Prozessen die Prozesse exakt und fehlerfrei wiederentdecken (hohe Fitness, Präzision, Generalisierung, Einfachheit, Soundness). **Praxis:** Ungeeignet, Modelle sind oft nicht sound oder haben sehr schlechte Fitness.	Um Prinzipien zur Erkennung von Kontrollflusslogik mittels Process-Discovery zu verstehen. Für Analyse von Protokollen in der Praxis ungeeignet [20].
Verfügbar in: ProM (Alpha Miner), pm4py.org	

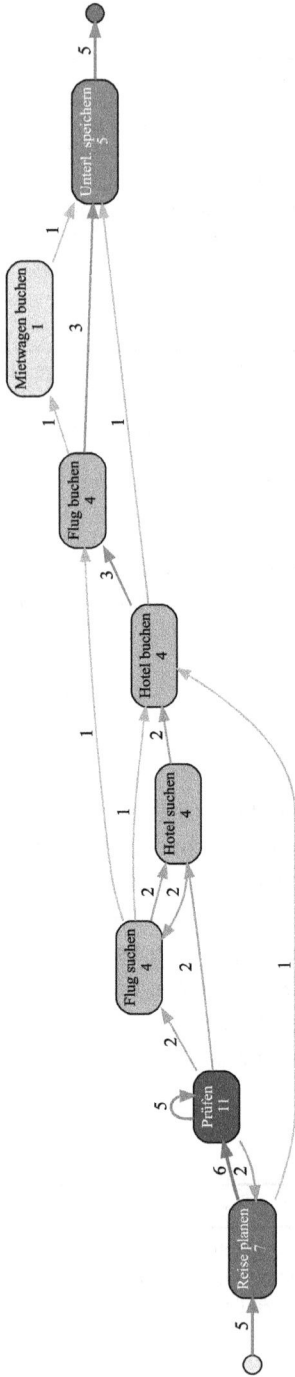

Abb. 12.12: Direkt-Folge-Graph, erzeugt mit dem Directly-Follows Miner aus ProM aus den vollständigen Fällen des Ereignisprotokolls aus Tab. 10.1.

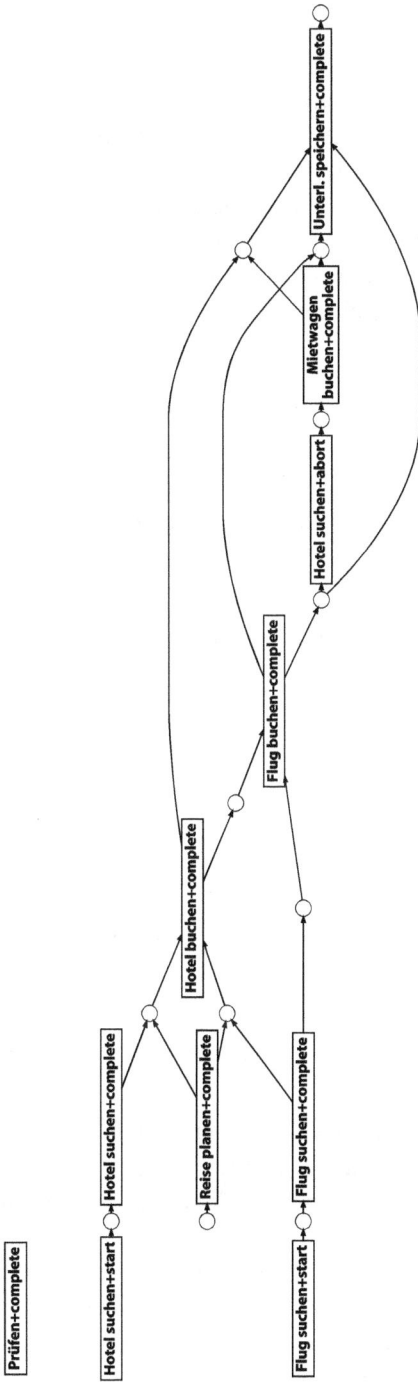

Abb. 12.13: Alpha-Algorithmus angewandt auf die vollständigen Fälle des Ereignisprotokolls aus Tab. 10.1, nicht sound, Fitness nicht definiert.

12.4.3 Heuristic-Miner

Der Heuristic-Miner bestimmt die häufigsten Abhängigkeiten zwischen Aktivitäten aus der Direkt-Folge-Relation. Aus dem Auftreten von Kombinationen von Vorgänger-/Nachfolger-Aktivitäten wird lokale Kontrollflusslogik als Parallelität beziehungsweise Verzweigung nach und vor Aktivitäten abgeleitet. Es gibt mehrere Erweiterungen, zum Beispiel Fodina [105] und den Structured-Heuristic-Miner [8].

Abb. 12.14 zeigt das Ergebnis des Interactive Data-Aware Heuristic-Miners angewandt auf die vollständigen Fälle des Ereignisprotokolls aus Tab. 10.1. Tab. 12.8 fasst die Eigenschaften des Heuristic-Miners zusammen.

Tab. 12.8: Eigenschaften des Heuristic-Miners.

Eigenschaften des Heuristic-Miners	Wann benutzen?
Theorie: Bewahrt – durch Herausfiltern seltener Abhängigkeiten – keine Fitness und erzielt damit höhere Präzision und einfachere Modelle. Keine weiteren Garantien. **Praxis:** Je nach Schwellwert sind Modelle einfach und bilden die häufigen Abhängigkeiten und die Kontrollflusslogik lokal gut ab. Modelle sind in der Regel nicht sound und können, bei stark unstrukturierten Prozessen, auch sehr komplex werden; hier kann „Nachstrukturieren" des Prozesses die Modellqualität erheblich verbessern [8].	In der Praxis gut geeignet, um Einblick in komplexe Ereignisprotokolle mit vielen Ausführungsvarianten zu erhalten und Abweichungen herauszufiltern. Besser als Direkt-Folge-Graphen, da Kontrollflusslogik (Parallelität) abgebildet werden kann. Wegen Soundness-Problemen jedoch oft nicht geeignet für belastbare Qualitätsanalysen.

Verfügbar in: ProM (Interactive Data-Aware Heuristic Miner), pm4py.org, processmining.be/fodina/, apromore.org/platform/tools

12.4.4 Transition-System-Miner

Der Transition-System-Miner berechnet zunächst alle Präfixe aller Abläufe im Ereignisprotokoll. So hat der Ablauf $\langle A, B, B, A \rangle$ die Präfixe $\langle \rangle$ (leerer Präfix), $\langle A \rangle$, $\langle A, B \rangle$, $\langle A, B, B \rangle$, $\langle A, B, B, A \rangle$. Der Transition System Miner abstrahiert dann jeden Präfix als Menge, Multimenge oder Liste der letzten k Aktivitäten als einen eigenen Zustand. Wird die Abstraktion „Menge der letzten 2 Aktivitäten" gewählt, erzeugt der Transition System Miner beispielsweise die Zustände $\{\}$, $\{A\}$, $\{A, B\}$, $\{B\}$, $\{A, B\}$ in denen sich der Prozess nach dem jeweiligen Präfix befindet. Anhand der Übergänge von einem Präfix zum nächsten werden die Übergänge zwischen den Zuständen generiert, zum Beispiel $\{\} \xrightarrow{A} \{A\}$, $\{A\} \xrightarrow{B} \{A, B\}$, $\{A, B\} \xrightarrow{B} \{B\}$ und $\{B\} \xrightarrow{A} \{A, B\}$. Das Ergebnis ist ein Transitionssystem, das alle Abläufe im Protokoll beschreibt [101].

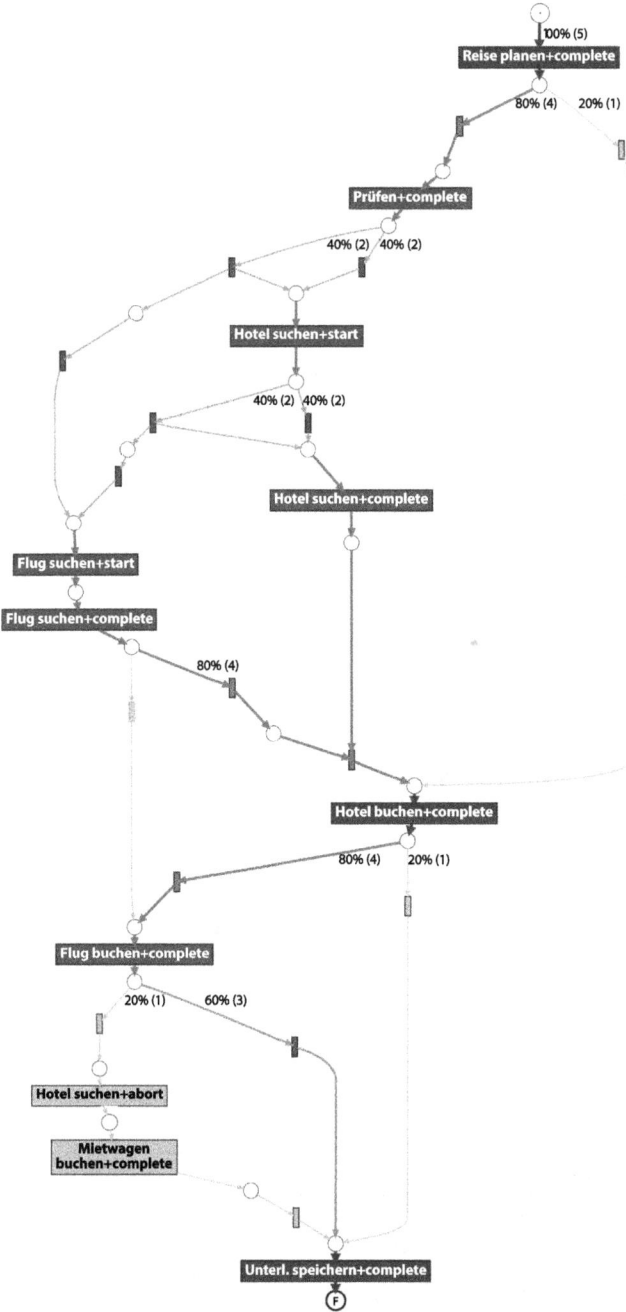

Abb. 12.14: Interactive Data-Aware Heuristic Miner angewandt auf die vollständigen Fälle des Ereignisprotokolls aus Tab. 10.1, nicht sound, Fitness 0,795, Präzision 0,718.

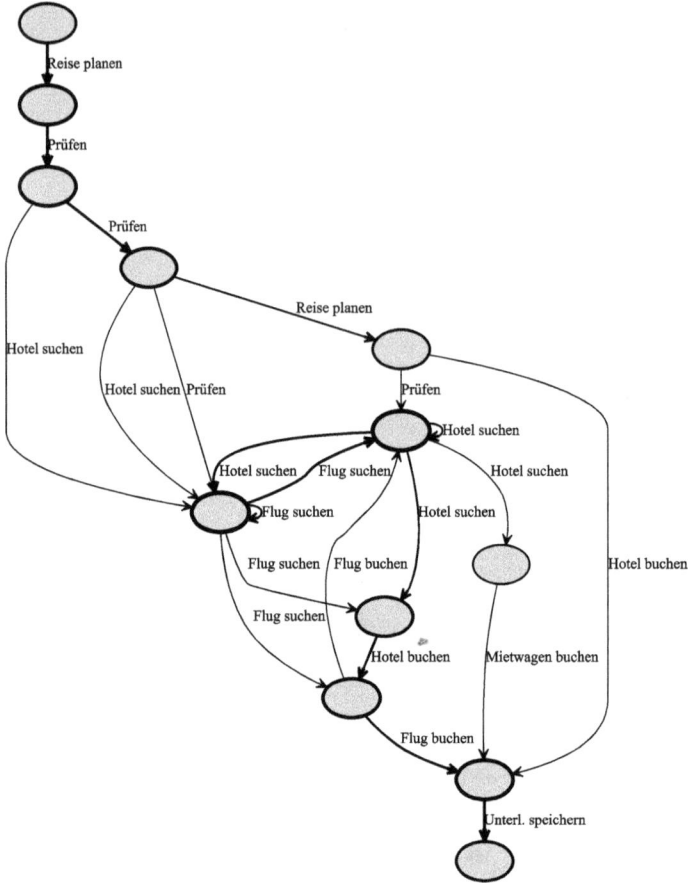

Abb. 12.15: Transition-System-Miner aus ProM angewandt auf die vollständigen Fälle des Ereignis-protokolls aus Tab. 10.1. Die Zustände sind definiert als die Menge der 3 im jeweiligen Präfix zuletzt beobachteten Aktivitäten.

Tab. 12.9: Eigenschaften des Transition-System-Miners.

Eigenschaften des Transition-System-Miners	Wann benutzen?
Theorie: Verallgemeinerung des Direkt-Folge-Graphen, keine Parallelität, perfekte Fitness, frei einstellbare Präzision/Generalisierung (durch Wahl der Abstraktion), immer sound. **Praxis:** Für kleine bis mittelgroße Protokolle gut geeignet, wenn Nebenläufigkeit nicht relevant ist. Modell immer wohldefiniert und belastbar, zum Beispiel für Berechnung von Performanz.	Um Präzision und Generalisierung beim Process-Discovery zu verstehen. Wenn sehr präzise Modelle für die Berechnung von Performanz benötigt werden. Die Abstraktionsfunktionen des Transition-System-Miners werden auch benutzt, um Vorhersagemodelle für den nächsten Prozessschritt [93] oder die verbleibende Abarbeitungszeit [9] zu erstellen.
Verfügbar in: ProM (Mine Transition System)	

Abb. 12.15 zeigt das Ergebnis des Transition-System-Miners (Multimenge aller Aktivitäten im Präfix), angewandt auf die vollständigen Fälle des Ereignisprotokolls aus Tab. 10.1. Tab. 12.9 fasst die Eigenschaften des Transition-System-Miners zusammen.

12.4.5 ILP-Miner

Der ILP-Miner verwendet die sogenannte Regionen-Theorie für Petrinetze, um Petrinetz-Stellen als sogenannte lokale Constraints (vorstellbar als „Schnittstellen" zwischen Transitionen) zu erkennen: eine Nach-Transition kann erst schalten, wenn eine

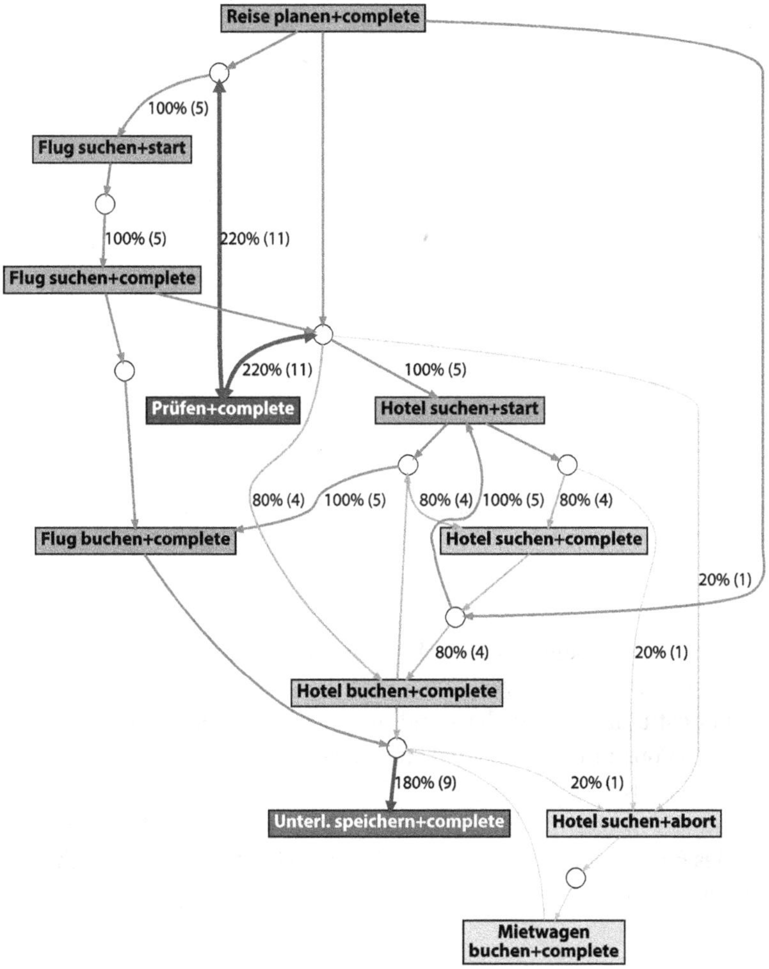

Abb. 12.16: Ergebnis des ILP-Miners angewandt auf die vollständigen Fälle des Ereignisprotokolls aus Tab. 10.1.

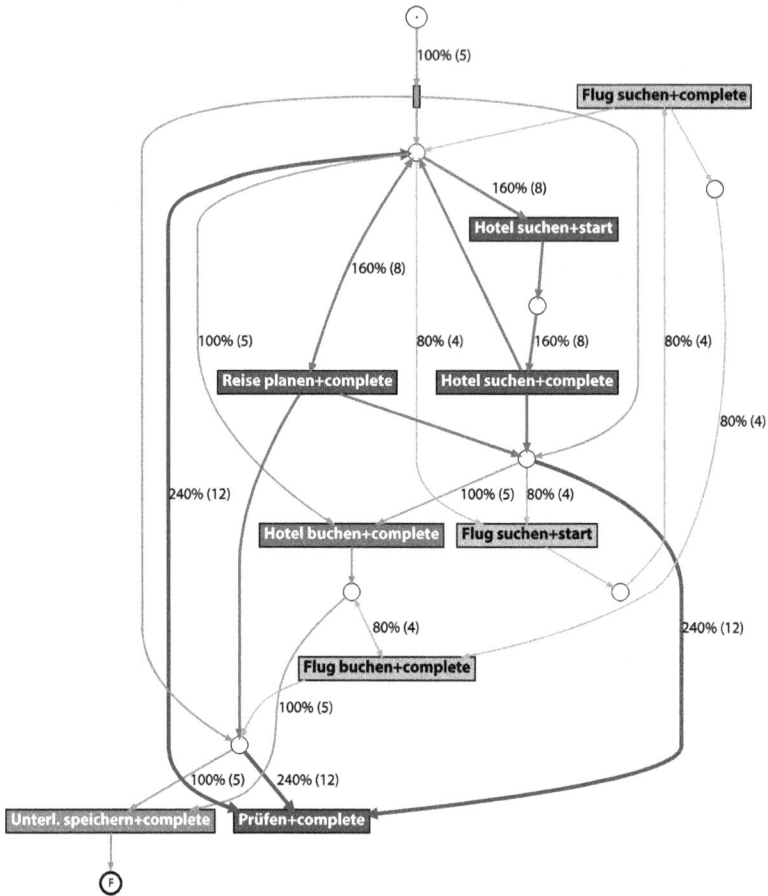

Abb. 12.17: Ergebnis des ILP-Miners nach Herausfiltern selten beobachteten Verhaltens, angewandt auf die vollständigen Fälle des Ereignisprotokolls aus Tab. 10.1. Das Modell hat Fitness 0,792 und Präzision 0,432.

Vor-Transition der Stelle geschaltet hat. Der ILP Miner erzeugt ein ganzzahliges lineares Optimierungsproblem (engl. *Integer Linear Program* (ILP)), dessen Lösungen alle gültigen lokalen Constraints (also Stellen) sind [103]. Erweiterungen erlauben es, die Menge der erzeugten Constraints kontrolliert zu reduzieren und so selten vorkommendes Verhalten zu filtern. [104]

Abb. 12.16 und 12.17 zeigen das Ergebnis des ILP-Miners, angewandt auf die vollständigen Fälle des Ereignisprotokolls aus Tab. 10.1. Tab. 12.10 fasst die Eigenschaften des ILP-Miners zusammen.

Tab. 12.10: Eigenschaften des ILP-Miners.

Eigenschaften des ILP-Miners	Wann benutzen?
Theorie: Garantiert in der Grundvariante perfekte Fitness [103] und ist immer das präziseste Modell mit perfekter Fitness. Kann aufgrund der Arbeitsweise deutlich mehr komplexe Kontrollfluss-Muster erkennen als andere Algorithmen (nicht beschränkt auf Free-Choice). Modelle sind immer verklemmungsfrei, aber nicht zwingend sound. Ist in gewisser Weise ein Verallgemeinerung des Alpha-Algorithmus. **Praxis:** Die Grundvariante [103] kann Abweichungen nicht filtern. Die Modelle sind übermäßig komplex, lassen sich durch eine Nachbearbeitung jedoch erheblich vereinfachen [24] und führen zu praktisch brauchbaren Modellen. Erweiterung [104] erlaubt durch Filtern ebenfalls, die Einfachheit zu steuern.	Wenn hohe/perfekte Fitness ein wichtiges Kriterium ist und der Prozess Nicht-Free-Choice-Konstrukte hat, also nicht nur durch parallele Verzweigung/Zusammenführung und Auswahl beschrieben werden kann. Braucht etwas Expertise, um die richtigen Parameter (bei der Nachbearbeitung [24] oder in der Erweiterung [104]) zu wählen.

Verfügbar in: ProM (Mine for a Petri net using ILP, ILP-based Process-Discovery, Simplify Mined Models using Uma)

12.4.6 Inductive-Miner-Familie

Die Inductive-Miner-Familie basiert auf einem rekursiven Teile-und-herrsche-Algorithmus (Divide-and-Conquer) auf dem Ereignisprotokoll, um *blockstrukturierte* Modelle (vgl. Abschnitt 5.2.6) zu erkennen. In Abb. 3.10 befinden sich beispielsweise die Aktivitäten B, D, E, F, H, I, J, L, M, N, P und Q in einem Block, die Aktivitäten C, G, K und O bilden einen anderen Block. Beide genannten Blöcke wären wiederum Kinder eines übergeordneten Blocks, und sie stehen untereinander in der Beziehung „Und-Teilung".

Weitere mögliche Beziehungen zwischen Blöcken sind: Sequenz, Exklusiv-Oder-Teilung, Multi-Auswahl und Strukturierte Schleife, also die wesentlichsten in Abschnitt 2.1 eingeführten Kontrollflussmuster.

Der Inductive-Miner (IM) berechnet in jedem Schritt zuerst den Direkt-Folge-Graphen und berechnet dann eine Partitionierung der Aktivitäten des Graphen in Teilmengen, die die Kinder des aktuell untersuchten Blocks des Prozesses bilden. Eine Teilmenge kann eine einzelne Aktivität sein oder eine Menge von Aktivitäten, die wiederum einen Unter-Block bilden. Der IM bestimmt das Kontrollflussmuster, das die Beziehung zwischen den Kindern des aktuellen Blocks beschreibt, anhand typischer Kanten-„Fußabdrücke" zwischen den Partitionen. Beispielsweise sind in einem Block mit exklusiver Auswahl keine Kanten zwischen den Partitionen im Direkt-Folge-Graphen zu finden. Das Ereignisprotokoll wird dann in die Aktivitäten der jeweiligen

Partition aufgeteilt und der IM wird dann auf den Teil-Protokollen rekursiv angewendet.

? Überlegen Sie, welche „Fußabdrücke" die Blöcke für Sequenz, Parallelität und Schleife im Direkt-Folge-Graph hinterlassen.

Das Prinzip ist als Rahmenwerk [47] mit vielen Varianten und Erweiterungen entwickelt [45], zum Beispiel mit Filtern abweichenden Verhaltens [48].

Tab. 12.11: Eigenschaften des Inductive-Miners.

Eigenschaften des Inductive-Miners	Wann benutzen?
Theorie: Modelle haben perfekte Fitness (außer wenn gefiltert wird), sind immer blockstrukturiert und damit immer einfach und sound. Kann, ähnlich wie der Alpha-Algorithmus, nahezu alle blockstrukturierten Modelle exakt erkennen (perfekte Generalisierung) [46]. **Praxis:** Kann auch mit Abweichungen und selten vorkommendem Verhalten in großen Ereignisprotokollen gut umgehen. Ist der Prozess jedoch deutlich nicht blockstrukturiert, so haben die Modelle geringe Präzision, da das Verhalten in eine Blockstruktur mit vielen Schleifen „gepresst" wird.	Sehr gut geeignet für die Analyse relativ gut strukturierte Prozesse, auch mit abweichendem und selten protokolliertem Verhalten. Angeraten, wenn präzise Nachfolgen-Analysen (Performanz, Abweichungen) erforderlich sind, da Modelle garantiert sound sind. Die erzeugte Blockstruktur ist in der Regel besser verständlich als die Modellstrukturen der anderen Algorithmen. Gewünschter Grad an Fitness kann eingestellt werden (geringe Fitness erlaubt höhere Präzision). Varianten erlauben Process-Discovery auf beliebig großen Ereignisprotokollen in linearer Zeit [49]. Nicht geeignet, um einen ersten Einblick in unstrukturierte Prozesse zu erhalten, braucht Vorverarbeitung.

Verfügbar in: ProM (Inductive Miner, Inductive Visual Miner, pm4py.org)

Abb. 12.18 zeigt das Ergebnis des Inductiver-Miners (mit Filtern), angewandt auf die vollständigen Fälle des Ereignisprotokolls aus Tab. 10.1. Tab. 12.11 fasst die Eigenschaften des Inductive-Miners zusammen.

12.4.7 Evolutionary-Tree-Miner

Der Evolutionary-Tree-Miner (ETM) ist ein genetischer Algorithmus. Er erzeugt zunächst eine zufällige Menge von blockstrukturierten Prozessmodellen als „Anfangs-Generation". In jeder Generation evaluiert der ETM jedes Modell bezüglich Fitness, Präzision, Generalisierung und Einfachheit. Anschließend erzeugt er die nächste Generation durch Beibehalten, Mutieren, und Kreuz-Kombinieren der besten Modelle

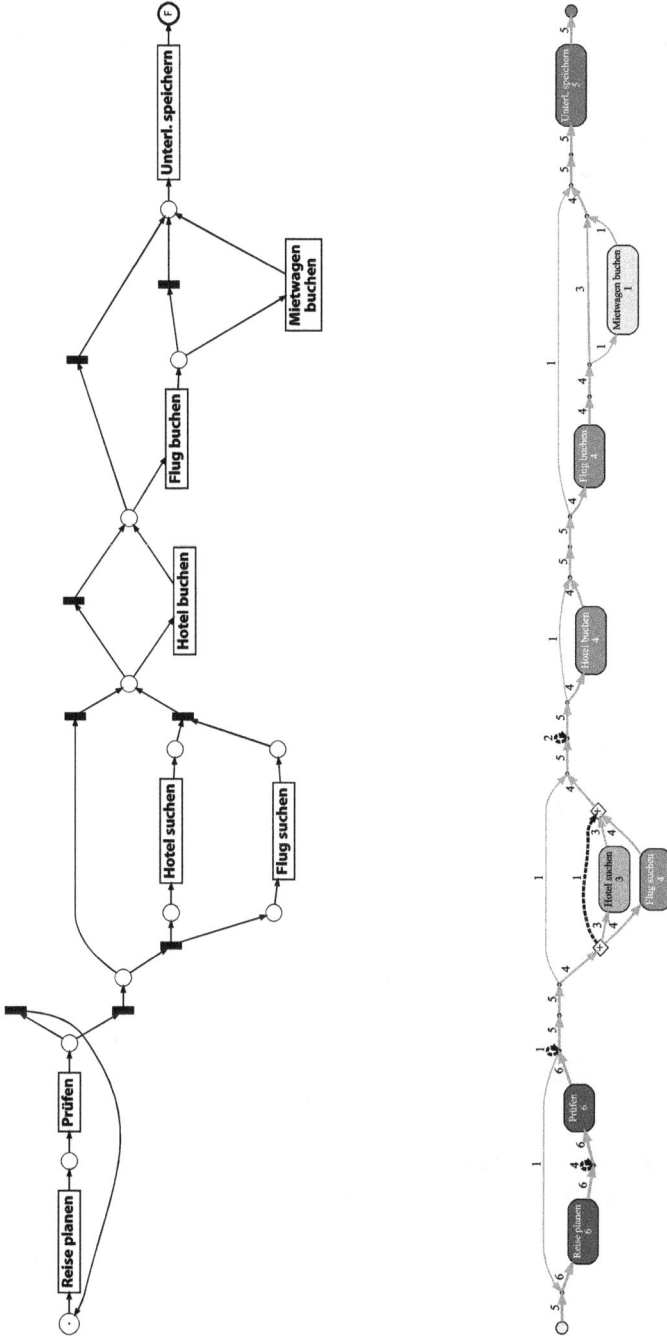

Abb. 12.18: Inductive-Miner (mit Filtern) angewandt auf die vollständigen Fälle des Ereignisprotokolls aus Tab. 10.1 als Petrinetz (links) und als BPMN-ähnliche Visualisierung (XOR-Gateways sind als kleine Punkte dargestellt) mit Kennzeichnung der Abweichungen (rechts). Das Modell ist sound, hat Fitness 0,766 und Präzision 0,804.

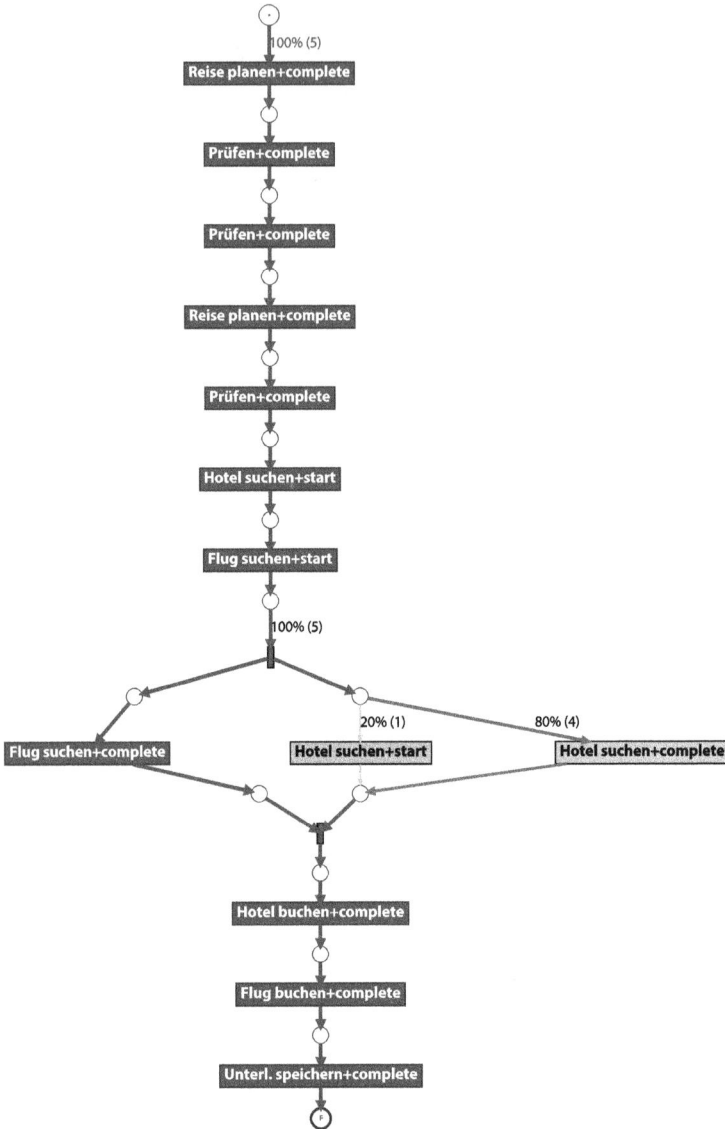

Abb. 12.19: Evolutionary-Tree-Miner angewandt auf die vollständigen Fälle des Ereignisprotokolls aus Tab. 10.1. Das Modell ist sound, hat Fitness 0,844 und Präzision 0,964.

der vorherigen Generation. Diese Schleife wird so lange wiederholt, bis die besten Modelle einen Ziel-Schwellwert in der Qualität erreichen [14].

Abb. 12.19 zeigt das Ergebnis des ETM, angewandt auf die vollständigen Fälle des Ereignisprotokolls aus Tab. 10.1. Tab. 12.12 fasst die Eigenschaften des Evolutionary-Tree-Miner zusammen.

Tab. 12.12: Eigenschaften des Evolutionary-Tree-Miners.

Eigenschaften des Evolutionary-Tree-Miners	Wann benutzen?
Theorie: Erzeugt bei beliebig langer Laufzeit immer die Modelle mit der besten kombinierten Maßzahl aus Fitness und Präzision. Erzeugt dabei stets mehrere gute Lösungen, die sich in der Balance der Qualitätskriterien unterscheiden (Fitness gegen Präzision). Modelle sind immer sound. Kann, anders als alle andere Algorithmen, Modelle mit mehrfach auftretenden Aktivitäten erzeugen. **Praxis:** Laufzeit zum Erkennen von Modellen hoher Güte aus Protokollen in der Praxis liegt im Bereich mehrerer Stunden. Der ETM benötigt damit stets länger als alle anderen Techniken.	Aufgrund der hohen Laufzeit derzeit kaum praktisch anwendbar. Der genetische Ansatz findet jedoch regelmäßig Modelle, die andere Techniken nicht finden können [9]. Der Ansatz ist daher hauptsächlich für die Erforschung neuer, besserer Process-Discovery-Techniken relevant.

Verfügbar in: ProM (Mine a Process Tree with ETM, Mine a Pareto-Front with ETM)

12.4.8 Split-Miner

Der Split-Miner ist ein heuristischer Algorithmus, der Ideen des Inductive-Miners [47] und des Nachstrukturierens [8] integriert. Er erkennt zunächst häufige, direkte, gerichtete Abhängigkeiten im Direkt-Folge-Graphen (analog zum Heuristic-Miner). Anschließend erkennt er die Logik aller Verzweigungsknoten anhand von „Fußabdrücken" bezüglich der Nachfolgeknoten (wie beim Inductive-Miner beschrieben) und modelliert alle Zusammenführungsknoten als Multi-Zusammenführung (OR-Join). Der Split-Miner nutzt dann die Prozess-Struktur-Theorie (analog zum Structured-Heuristics-Miner [8]), um die Logik des OR-Joins anhand der vorangegangenen Split-Knoten einzuschränken. War zum Beispiel der vorangegangene Split ein XOR-Split, kann der OR-Join als XOR-Join eingeschränkt werden [10].

Abb. 12.20 zeigt das Ergebnis des Split-Miners, angewandt auf die vollständigen Fälle des Ereignisprotokolls aus Tab. 10.1. Tab. 12.13 fasst die Eigenschaften des Split-Miners zusammen.

Vergleichen Sie die verschiedenen Modelle in diesem Kapitel und überlegen Sie, welches Modell Sie als das „Beste" wählen würden und warum. **[?]**

Recherchieren und experimentieren Sie: Welcher Process-Discovery-Algorithmus führt im Allgemeinen zu Prozess-Modellen mit gutem Layout wie in Abschnitt 5.4 erläutert? **[?]**

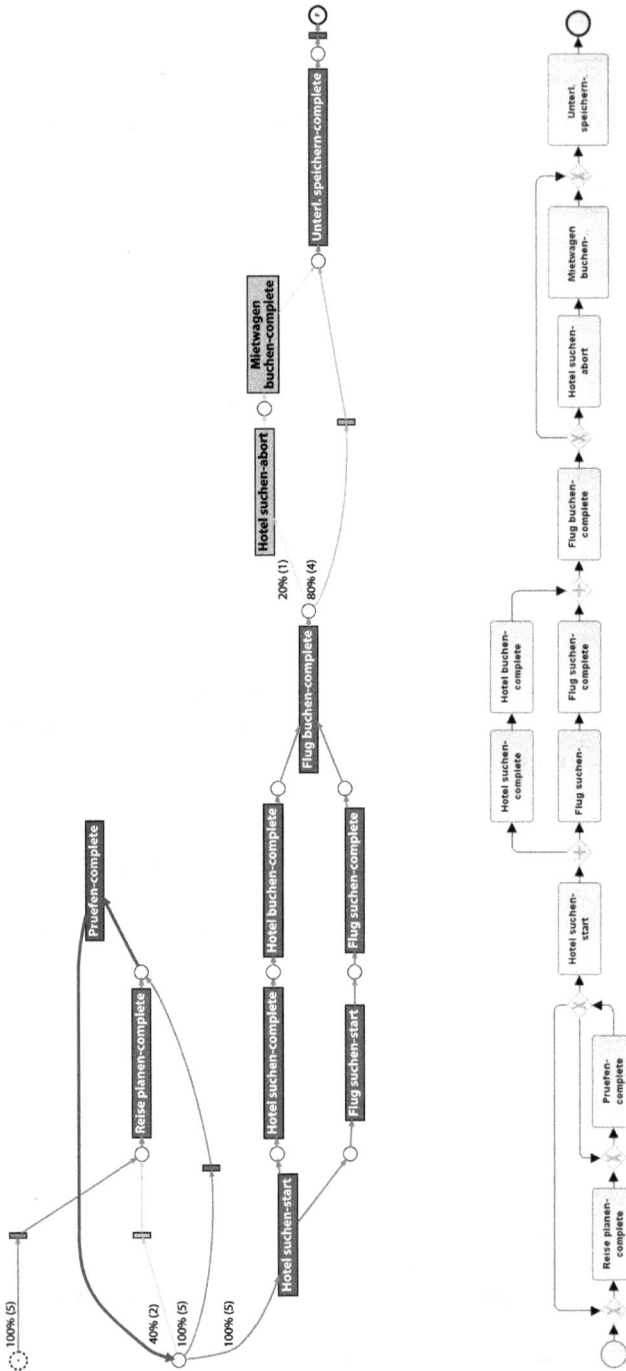

Abb. 12.20: Split-Miner angewandt auf die vollständigen Fälle des Ereignisprotokolls aus Tab. 10.1 als Petrinetz (links) und als BPMN-Modell (rechts). Das Modell ist sound, hat Fitness 0,878 und Präzision 0,763.

Tab. 12.13: Eigenschaften des Split-Miners.

Eigenschaften des Split-Miners	Wann benutzen?
Theorie: Ähnlich zum Heuristic-Miner, bewahrt keine Fitness; präferiert durch die Art des Filters und der Split-Erkennung jedoch Präzision gegenüber Fitness. Modelle sind garantiert verklemmungsfrei, jedoch nicht garantiert sound. Kann, im Gegensatz zum Inductive Miner, auch nicht blockstrukturierte Modelle erkennen. **Praxis:** Modelle haben im Mittel die beste Balance aus Fitness und Präzision, insbesondere bei nicht blockstrukturierten Prozessen. Modelle können auf nicht vorverarbeiteten Protokollen jedoch sehr groß und komplex werden (nicht mehr einfach).	Generell sehr robuster Algorithmus mit guter Balance zwischen Fitness und Präzision. Geeignet, um das häufige Verhalten im Prozess mit hoher Präzision abzubilden. Insbesondere geeignet, wenn Modelle von nicht blockstrukturierten Prozessen erkannt werden sollen oder wenn perfekte Fitness nicht zwingend ist. Liefert im Vergleich zum Heuristic-Miner konsistentere Ereignisse höherer Qualität, bietet bessere Balance in Bezug auf Fitness und Präzision als der Inductive-Miner. Kann auf Protokollen mit stark unstrukturierten Abläufen oder vielen Abweichungen jedoch zu sehr komplexen Modellen führen und braucht dann Vorverarbeitung.
Verfügbar in: apromore.org/platform/tools	

12.5 Zum Ausprobieren und Selbermachen

Die vorangegangenen Kapitel haben — als erste Einführung in das Thema Process-Mining — Ereignisprotokolle, Process-Discovery und Abweichungsanalyse vorgestellt. Die beste Art, diese Techniken besser zu verstehen, ist, sie selber anzuwenden.

Das *4.TU Research Center for Data* hält unter der URL https://data.4tu.nl/ und dem Schlagwort „real life event logs" für alle Interessierten, Studenten und Forscher mehrere Ereignisprotokolle aus der industriellen Praxis bereit. Sie sind im CSV- oder im XES-Format gespeichert und können damit in allen Process-Mining-Werkzeugen analysiert werden.

Es gibt mehrere frei zugängliche Process-Mining-Werkzeuge, die die zuvor vorgestellten Techniken implementieren.

– Die Process Mining Workbench *ProM*[1] war die erste Process-Mining-Plattform und bietet inzwischen mehr als 1500 verschiedene Process-Mining-Plugins.
– PM4Py[2] bietet mehrere Process-Mining-Techniken als Python-Bibliothek an, ebenso wie PMLab.[3]

---

[1] http://promtools.org/
[2] http://pm4py.org/
[3] https://github.com/pmlab/pmlab-full

–   Das R-Paket bupaR[4] bietet ebenfalls Process-Mining-Techniken innerhalb der Programmiersprache R an.
–   Die Geschäftsprozessanalyse-Plattform Apromore[5] bindet Process-Mining-Techniken ein und bietet auch Kommandozeilen-Werkzeuge neuerer Techniken an.[6]

---

4 https://www.bupar.net/
5 https://apromore.org/
6 https://apromore.org/platform/tools/

13 Entscheidungsintensive und flexible Prozesse

13.1 Entscheidungsintensive Prozesse

In vielen Prozessen wird die konkrete Ausführungsfolge der Aktivtäten erst durch die Auswertung von verschiedenen Daten zur Laufzeit bestimmt. Diese Prozesse enthalten daher typischerweise eine große Anzahl an Entscheidungspunkten (modelliert als XOR-Split oder OR-Split), an denen die aktuellen Werte verknüpfter Daten beziehungsweise Variablen während der Prozessdurchführung mit hinterlegten Bedingungen verglichen werden. Je nach Ergebnis der Entscheidung werden bestimmte Pfade gewählt oder nicht.

Entscheidungsintensive (engl. *decision intensive*) Prozesse finden sich in vielen verschiedenen Bereichen wieder, etwa bei Versicherungen oder Kreditinstituten. Der Prozess der Abarbeitung eines Kreditantrags hängt beispielsweise von vielen verschiedenen Faktoren ab. Zuerst wird die Kreditwürdigkeit einer antragstellenden Person festgestellt. Allein diese Feststellung beruht auf zahlreichen Daten, wie dem Beruf oder dem Gehalt des Antragstellers. Die Modellierung der komplexen **Entscheidungslogik**, die hinter der Feststellung der Kreditwürdigkeit steckt, gestaltet sich mit den Mitteln klassischer Prozessmodellierungssprachen wie BPMN schwierig. In der Praxis ist es wichtig, den Prozessfluss von der Entscheidungslogik zu trennen, also nicht beispielsweise eine Entscheidung durch viele hintereinanderliegende Entscheidungspunkte zu modellieren. Einerseits wird das Prozessmodell sonst schnell unübersichtlich, andererseits ändern sich Regeln meist häufiger als die eigentliche Prozessstruktur.

13.1.1 Geschäftsregeln in Prozessen

Geschäftsregeln (engl. *business rules*) legen systematisch die Logik fest, die hinter komplexen Entscheidungen liegt. Sie stellen daher die Basis zur Definition von entscheidungsintensiven Prozessen dar. Geschäftsregeln spezifizieren Bedingungen auf einer Menge von Daten des abgebildeten Prozesses. Die Auswertung beziehungsweise der Vergleich aktueller Daten mit diesen Bedingungen zum Zeitpunkt der Prozessausführung führt zu einem bestimmten Ergebnis. Zur vollständigen Ablauforganisation ist also nach wie vor ein Prozessmodell notwendig, welches die Ergebnisse der Regelauswertung verarbeitet und darauf basierend den weiteren Prozessverlauf bestimmt. Geschäftsregeln und Prozesse sind in der Praxis häufig getrennte Welten, die nur an bestimmten Punkten miteinander verknüpft sind. Der übliche Weg bei der Modellierung besteht in der Auslagerung komplexer Entscheidungen in Geschäftsregeln.

BPMN (siehe Kapitel 4) sieht zur Verknüpfung von Geschäftsregeln die **Geschäftsregelaufgabe** (engl. *business rule task*) vor. Inhaltlich gesehen kapselt sie eine komplexe Entscheidung. Technisch beschreibt sie den Aufruf eines Regelsystems (engl.

https://doi.org/10.1515/9783110500165-013

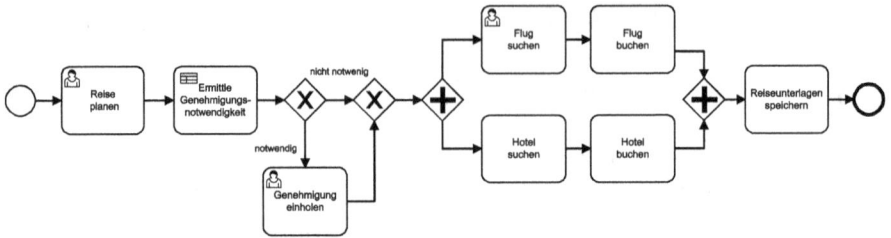

Abb. 13.1: Reiseplanungsprozess mit Geschäftsregelaufgabe.

business rule management systems). Das Ergebnis der Entscheidung liefert die Grundlage für eine nachfolgende Verzweigung.

Im Beispiel in Abb. 13.1 wird die komplexe Entscheidung über die Notwendigkeit einer Genehmigung einer Reise nicht im Prozess selbst modelliert sondern in eine Geschäftsregelaufgabe (*Ermittle Genehmigungsnotwendigkeit*) ausgelagert. Vom aufgerufenen Regelsystem wird dann zur Laufzeit des Prozesses zum Beispiel anhand einer sogenannten Entscheidungstabelle das Ergebnis der Entscheidung bestimmt. Der Ausgang der Entscheidung, das heißt Genehmigung notwendig oder nicht, steuert den weiteren Verlauf des Prozesses. Liefert die Entscheidung beispielsweise das Ergebnis „notwendig", so muss vor der weiteren Bearbeitung des Prozesses eine Genehmigung eingeholt werden.

13.1.2 Decision Modeling and Notation (DMN)

Das bedeutendste Rahmenwerk zur Abbildung von Geschäftsregeln ist die 2014 vorgestellte **Decision Model and Notation (DMN)**, die aktuell in Version 1.1 vorliegt. Anstatt komplexe Ausdrücke an den ausgehenden Pfaden eines X(OR)-Gateways zu definieren, lassen sich mit DMN komplexe Entscheidungen mit externen Diagrammen und Tabellen separat modellieren und anschließend mit einer BPMN-Geschäftsregelaufgabe verbinden. Die Geschäftsregeln werden, wie das gesamte Prozessmodell auch, vor der Prozessausführung definiert und während der Ausführung des Prozesses durch das DMN-Regelsystem ausgewertet. Dieses Regelsystem wird von einem Prozessausführungssystem aufgerufen, sobald eine Prozessinstanz eine Geschäftsregelaufgabe oder ein mit einer DMN-Tabelle verknüpftes Bedingungsereignis (engl. *conditional event*) erreicht. DMN erlaubt die Definition von Geschäftsregeln anhand von drei Aspekten. Der **Entscheidungsgraph** (engl. *decision requirements graph*) beschreibt, wodurch welche Entscheidungen beeinflusst werden. Des Weiteren definiert DMN eine eigene formale Ausdruckssprache (engl. *Friendly Enough Expression Language* – kurz *FEEL*), wie bestimmte Werte aus Variablen extrahiert werden. In **Entscheidungstabellen** (engl. *decision tables*) werden schließlich die konkreten Bedingungen an Variablen definiert, die zu einem bestimmten Ergebnis führen.

Der so genannte **Entscheidungsgraph** (auch Entscheidungsdiagramm genannt) zerlegt die eigentliche Entscheidung in mehrere Teilentscheidungen. Die folgenden Modellelemente können als Knoten in Entscheidungsgraphen dargestellt werden:

- Entscheidung (Rechteck): Eine Entscheidung bezeichnet die Bestimmung eines Entscheidungsergebnisses aufgrund von Eingangsdaten unter Verwendung einer Entscheidungslogik, die eine oder mehrere Geschäftslogiken referenzieren kann. Entscheidungen können von anderen Entscheidungen abhängen.
- Geschäftslogik (Rechteck mit abgeschnittenen Ecken): Eine Geschäftslogik bezeichnet eine Funktion, die betriebswirtschaftliches Wissen kapselt, zum Beispiel in Form eines Analysemodells.
- Wissensquelle (Rechteck mit Welle): Eine Wissensquelle bezeichnet eine (verantwortliche) Autorität für eine Entscheidung. Als Wissensquelle kann eine Organisationseinheit mit der Kompetenz, Entscheidungen zu treffen, angegeben werden. Ebenso ist aber zum Beispiel auch ein Gesetzestext eine Wissensquelle.
- Informationen (abgerundetes Rechteck): Informationen fließen als Eingangsdaten in eine oder mehrere Entscheidungen ein.

Kanten stellen in Entscheidungsgraphen Anforderungsbeziehungen dar. Die folgenden Kantentypen können in Entscheidungsgraphen verwendet werden:

- Informationsanforderung (Durchgezogene Linie mit Pfeil): Eine Informationsanforderung bezeichnet Eingangsdaten oder Entscheidungsergebnisse, die als Eingangsdaten für eine Entscheidung genutzt werden.
- Kompetenzanforderung (Gestrichelte Linie mit Kreis): Eine Kompetenzanforderung bezeichnet die Abhängigkeit eines DMN-Knotens von einem anderen, der als Quelle von Wissen agiert.
- Wissensanforderung (Gestrichelte Linie mit Pfeil): Eine Wissensanforderung bezeichnet den Aufruf einer Geschäftslogik durch die Entscheidungslogik einer Entscheidung.

Im Beispiel in Abb. 13.2 wird zuerst die Kreditwürdigkeit bestimmt (Entscheidung). Dazu wird als Information (abgerundetes Rechteck) der Beruf und das Gehalt des Antragstellers verwendet. Die verantwortliche Kompetenz für diese Entscheidung (Rechtecke mit Welle) liegt bei der Kreditabteilung. Das Ergebnis dieser ersten Entscheidung fließt, neben der Kredithöhe, in die nächste Entscheidung zur Bestimmung des Zinssatzes ein. Die Zinssatzberechnung folgt dabei einer bestimmten Geschäftslogik (Rechteck mit abgeschnittenen Ecken). Der Graph ist nützlich, um strukturiert die verschiedenen Einflussfaktoren einer Gesamtentscheidung diskutieren und definieren zu können.

Entscheidungen mit Hilfe von Entscheidungsgraphen zu verstehen oder zu dokumentieren ist hilfreich. Eine weitere Aufgabe ist jedoch das automatisierte Auswerten

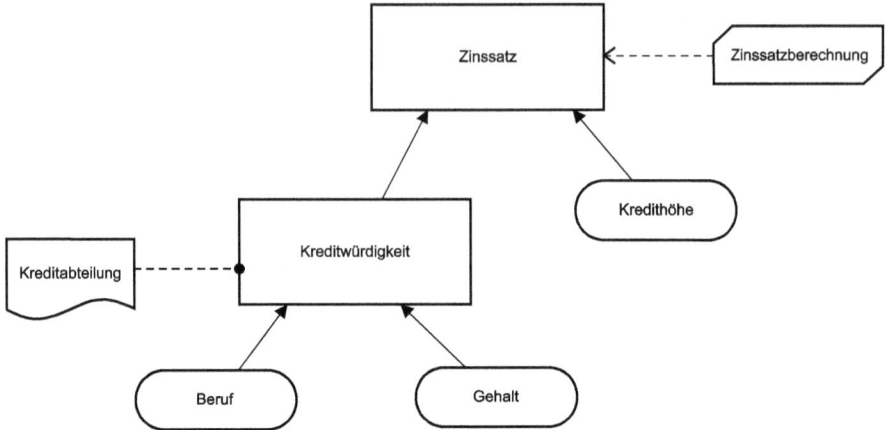

Abb. 13.2: DMN-Entscheidungsgraph.

von Bedingungen und damit das automatische Treffen von Entscheidungen. DMN bietet für die Beschreibung der Entscheidungslogik zwei Werkzeuge: **Entscheidungstabellen** und eine eigene formale Ausdrucksprache. Die Inhalte einer Entscheidungstabelle sind intuitiv: In jeder Tabellenzeile steht eine Regel. Auf der linken Seite sind jeweils Bedingungen eingetragen, auf der rechten Seite die Ergebnisse. Wenn die Bedingungen auf der linken Seite zutreffen, wird das Ergebnis auf der rechten Seite der Tabelle zurückgegeben. Zusätzlich lässt sich eine Bemerkung pro Zeile erfassen, in der die Motivation oder die Begründung der Regel Platz findet. Oft ist dies auch ein Hinweis auf gesetzliche Anforderungen oder interne Richtlinien.

Abb. 13.3 zeigt eine beispielhafte Entscheidungstabelle, wie sie im Kontext des Reiseplanungsprozesses Anwendung finden könnte. Aus der Entscheidungstabelle wird ersichtlich, wann eine Genehmigung für die Reise notwendig ist. Wenn das Reiseziel innerhalb Deutschlands ist und die Reisedauer kleiner oder gleich fünf Tagen beträgt, ist keine Genehmigung notwendig. Wenn die Reise nach Frankreich, England, Belgien oder in die Niederlande geht, darf die Reisezeit ohne Genehmigung

Genehmigungsnotwendigkeit		
Entscheidung_Genehmigung		
F	Input	Output
	Reiseziel = **Belgien** Dauer = **2**	Genehmigung
	string integer	string
1	"Deutschland" <= 5	"nicht notwendig"
2	"Frankreich", "England", "Belgien", "Niederlande" <= 2	"nicht notwendig" = **nicht notwendig**
3	- > 5	"notwendig"
4		"notwendig"

Abb. 13.3: Entscheidungstabelle zur Genehmigungsnotwendigkeit.

zwei Tage nicht überschreiten. Bei Reisen, die länger als fünf Tage dauern, unabhängig davon, welches Land das Ziel ist, ist immer eine Genehmigung notwendig. Bei Reisen in Länder, die bisher nicht genannt wurden, ist unabhängig von der Reisedauer eine Genehmigung einzuholen. Anhand dieser Tabelle wird ersichtlich, dass Entscheidungen, die nur von zwei Variablen abhängen, bereits sehr komplex und unüberschaubar werden können.

Sehen wir uns die Entscheidungslogik der Entscheidungstabelle in Abb. 13.3 für den Fall an, dass das Reiseziel „Belgien" ist und die Reisedauer zwei Tage beträgt. Diese Eingangsdaten führen dazu, dass nur Regel 2 zutrifft. Die automatisierte Auswertung der Entscheidungstabelle liefert deshalb als Ergebnis „nicht notwendig". Dieser Wert wird letztendlich in der Variable „Genehmigung" abgelegt und kann im weiteren Verlauf des Prozesses (siehe Abb. 13.1) ausgewertet werden.

Ein wichtiges konzeptuelles Element der Entscheidungstabelle ist die so genannte **Hit-Policy**. Dieses Konzept definiert, was passiert, wenn mehrere Zeilen einer Tabelle (also mehrere Regeln) gleichzeitig anwendbar wären. Im Beispiel wird die Hit-Policy „First" (abgekürzt: F) verwendet. Das bedeutet, die erste Zeile beziehungsweise Regel, die zutrifft, bestimmt das Ergebnis der Entscheidung. Die Hit-Policy entscheidet, wie viele Zeilen einer Entscheidungstabelle zutreffen können beziehungsweise in die Auswertung einbezogen werden und wie mit den Ergebnissen umgegangen wird. Der erste Buchstabe des Namens der Hit-Policy wird in der linken oberen Ecke der Tabelle angezeigt, um die Hit-Policy zu kennzeichnen.

Single-Hit-Policies erlauben nur ein Ergebnis:
- U(nique): Es muss genau eine Zeile zutreffen.
- A(ny): Beliebig viele Zeilen können zutreffen, müssen dann aber das gleiche Ergebnis liefern.
- F(irst): Die erste Zeile, die zutrifft, bestimmt das Ergebnis.
- P(riority): Die Zeile mit der höchsten Priorität trifft zu. Die Prioritätsermittlung ist nicht ganz trivial und wird hier nicht weiter erläutert.

Multiple-Hit-Policies erlauben, dass mehrere Ergebnisse geliefert werden:
- R(ule Order): Liste der Ergebnisse in der Reihenfolge der Tabellenzeilen,
- C(ollect): Liste aller Ergebnisse ohne Reihenfolge. Es kann optional eine der folgenden Funktionen hinzugefügt werden: + (Sum), < (Min), > (Max), (Count). Auf diese Weise wird die Rückgabemenge zu einem Einzelergebnis zusammengefasst.
- O(utput Order): Liste der Ergebnisse in der Reihenfolge der Priorität.

Damit Entscheidungstabellen wirklich ausgeführt beziehungsweise zur Laufzeit automatisiert ausgewertet werden können, müssen die Regeln formal definiert werden. Dafür spezifiziert DMN die Ausdruckssprache FEEL. Dabei sind unter anderem Operatoren (z. B. <, >, =), aber auch Bereiche (z. B. [1..5]) und Datumsfunktionen definiert. Es können außerdem von außen Daten in die Regelausführung übergeben werden, gegen die verglichen wird.

13.2 Flexible Prozesse

Prozesse in Organisationen besitzen nicht selten eine erhebliche Dynamik. Als Folge davon werden Prozesse häufig auf unterschiedliche Weise durchgeführt und können nicht vollständig spezifiziert werden. Die Ausführung dieser sogenannten **flexiblen oder schwach strukturierten Prozesse** ist in großem Maße abhängig von menschlichen Akteuren, deren Entscheidungen und Expertenwissen. Akteure besitzen in diesen Prozessen deutlich mehr Entscheidungsfreiheit bei der Wahl der durchzuführenden Aktivitäten sowie deren Ausführungsreihenfolge. Diese Prozesse sind daher besonders vielseitig.

---

i Man spricht auch von der Klasse der wissensintensiven Prozesse (engl. *knowledge intensive processes*). Der Forschungsbereich der Fallbehandlung (engl. *case management*) bezeichnet die Instanzen derartiger Prozesse als Fälle (engl. *cases*). Flexible Prozesse finden sich in allen Bereichen der Gesellschaft wieder, beispielsweise in der Versicherungs- oder Kriminalfallbearbeitung, in Forschungs- und Entwicklungsprozessen oder im Gesundheitswesen.

Zur Erläuterung der Eigenschaften flexibler Prozesse betrachten wir exemplarisch einen vereinfachten Ausschnitt des Reiseplanungsprozesses. Wie im Abschnitt zuvor erläutert, muss in bestimmten Fällen eine Reisegenehmigung eingeholt werden. Des Weiteren müssen Unterkünfte und Flüge gebucht werden. Je nach Sichtweise auf diesen Prozess kann es sich auch hierbei um einen flexiblen Prozess handeln. Preise für Unterkünfte und Flüge ändern sich oft rapide und häufig. Bei einer flexiblen Auffassung des Prozesses kann prozessausführenden Personen daher die Flexibilität eingeräumt werden, die entsprechenden Buchungen noch vor der Reisegenehmigung durchzuführen.

13.2.1 Vollständig regelbasierte Prozessmodelle

In traditionellen Prozessmodellierungssprachen wie EPKs (siehe Kapitel 3) und BPMN (siehe Kapitel 4) steht die Abbildung jeder möglichen Ausführungsfolge im Vordergrund. Jede Aktion muss bereits zur Entwurfszeit bekannt sein und in Form von sequentiellen, alternativen oder parallelen Pfaden im Modell explizit abgebildet werden. Die traditionelle Prozessmodellierung ist also besonders gut geeignet für strikte, routineartige Prozesse, bei denen eine relative kleine Anzahl an verschiedenen Abläufen zur Entwurfszeit bekannt ist.

Für entscheidungsintensive und flexible Prozesse sind andere Modellierungsansätze erforderlich. Statt ausdrücklich alle Ausführungsmöglichkeiten zu modellieren, wird bei regelbasierten beziehungsweise deklarativen (engl. *declarative*) Prozessmodellen anders vorgegangen. Ein solches Prozessmodell umfasst einerseits die Definition von Aktivitäten beziehungsweise Aufgaben, andererseits eine Menge von **ein-**

schränkenden Regeln (engl. *constraints*), denen mögliche Abläufe unterworfen sind. Wir haben solche Einschränkungen schon in Abschnitt 11.3.2 als Regeln bei der Abweichungsanalyse kennengelernt. Abläufe und mögliche Pfade müssen nicht explizit modelliert werden, sondern ergeben sich durch Berücksichtigung der Einschränkungen und sind somit implizit gegeben. In einem deklarativen Modell werden zunächst alle Aktionen als möglich erachtet. Je mehr Einschränkungen zu einem Modell hinzugefügt werden, desto weniger Aktionen sind möglich. Zu einem bestimmten Zeitpunkt sind somit alle Aktionen möglich, die keiner Einschränkung widersprechen. Da nicht jeder mögliche Ablauf explizit modelliert werden muss, sind deklarative Modelle zur Abbildung flexibler Prozesse gut geeignet. Die wichtigsten Vertreter deklarativer Prozessmodellierungssprachen sind DECLARE und Case Management Model and Notation (CMMN). Diese Sprachen werden in den folgenden Abschnitten erläutert.

13.2.2 DECLARE

DECLARE ist ein Rahmenwerk zur Modellierung und Ausführung von deklarativen Prozessmodellen. Innerhalb des Rahmenwerks lassen sich **Regel-Schablonen** (engl. *constraint templates*) für einschränkende Regeln definieren und zu einer Sprache zusammenfassen. Eine Schablone ist ein wiederverwendbares Muster von Regeln, das Platzhalter für einzusetzende Aktivitäten aufweist. Zwei Sprachen, die dieses Konzept umsetzen, sind ConDec und DecSerFlow. Um die Modelle ausführen zu können, müssen die Regeln auf einen maschineninterpretierbaren Formalismus abgebildet werden. Bisher wurden im Rahmen von DECLARE zwei Formalismen vorgeschlagen: die Lineare Temporale Logik (LTL) und das Ereigniskalkül (engl. *Event Calculus*, kurz EC). Für jede Schablone muss eine Entsprechung im jeweiligen Formalismus hinterlegt werden, das heißt es muss eine Transformation der graphisch modellierten Regel in den Formalismus geben. Die Prozessmodelle können so in eine validierbare und ausführbare Form übersetzt werden.

Ein Beispiel ist die einschränkende Regel „wenn a durchgeführt wird, muss irgendwann danach auch b durchgeführt werden". Diese Regel kann als Funktion *response(a, b)* ausgedrückt werden. Als grafische Repräsentation dieser Funktion ist eine Verbindungslinie mit einem Punkt am Anfang zwischen den Aktivitäten *a* und *b* vorgesehen (siehe Abb. 13.4). Die Abbildung der oben genannten Regel auf einen LTL-Ausdruck lautet $\square(a \Rightarrow \lozenge b)$. Mit Hilfe der LTL lassen sich Aussagen über Folgen von Zuständen formulieren. Das Symbol $\square$ sagt aus, dass der Ausdruck in Klammern für jeden Zustand der Ausführung gilt. Das Symbol $\lozenge$ sagt aus, dass der folgende Ausdruck in irgendeinem Zustand der Folge gilt. Die Formel sagt also, dass das Eintreten

Abb. 13.4: Graphische Repräsentation der Funktion *response(a,b)*.

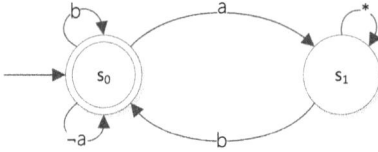

Abb. 13.5: Zugehöriger endlicher Automat zur Funktion *response(a,b)*.

von *a* immer irgendwann das Eintreten von *b* zur Folge haben muss. Die LTL-Formel muss zur Interpretation wiederum in einen Automaten (Abb. 13.5) überführt werden, der dann durchlaufen werden kann und die erlaubten Zustandsübergänge enthält. Mit Hilfe dieser Automaten kann dann der Zustand einer Regel überwacht werden. Jede Ausführung einer Aufgabe durch den Benutzer löst bei den Automaten einen Übergang aus. Befindet sich der Automat in einem akzeptierenden Zustand, gilt die Regel als erfüllt. Ist der Automat hingegen in einem nicht akzeptierenden Zustand, von dem aus jedoch ein akzeptierender Zustand erreichbar ist, dann gilt die entsprechende Regel als vorübergehend verletzt. Andernfalls ist und bleibt die Regel verletzt.

---

i Auch für flexible Prozesse gibt es Process-Mining-Algorithmen, beispielsweise den DeclareMiner [55], den CMMN Miner [84] oder den SQLMiner [83]. Zur Ableitung von deklarativen Prozessmodellen aus Ereignisprotokollen wird eine bestimmte Menge an Schablonen von einschränkenden Regeln der Zielsprache, zum Beispiel DECLARE, ausgewählt. Diese Schablonen enthalten Platzhalter für konkrete Werte und stellen Muster der Zusammenhänge dar, die im gegebenen Ereignisprotokoll entdeckt werden sollen. Die Analyse einer bestimmten Schablone kann als Suchanfrage an das Ereignisprotokoll betrachtet werden. Lösungen der Suchanfrage sind alle Kombinationen von passenden Werten für die Platzhalter, die eine konkrete einschränkende Regel ergeben, welche im betrachteten Ereignisprotokoll erfüllt ist.

Die Einschränkungen in DECLARE setzen Aktivitäten zeitlich in Beziehung zueinander. Diese Einschränkungen können im Ganzen wiederum von beliebigen Bedingungen abhängen. Die Einschränkung *response(a, b)* mit der Bedingung $x < 3$ fordert, dass wenn *a* durchgeführt wurde, auch irgendwann danach *b* durchgeführt werden muss, falls der Wert der Variable *x* kleiner drei ist. In den existierenden wissenschaftlichen Arbeiten zu DECLARE werden dutzende verschiedene Schablonen beziehungsweise Funktionen, deren graphische Repräsentation und zugehörige LTL-Semantik eingeführt. Mit Hilfe dieser Bibliothek an Schablonen lassen sich somit vollständige deklarative Prozessmodelle formulieren und auf Basis der Überführung zu Automaten auch ausführen.

13.2.3 Case Management Modeling and Notation (CMMN)

Die **Case Management Model and Notation (CMMN)** wurde von der OMG Anfang 2013 das erste Mal vorgeschlagen. Die Basis von CMMN bildet jedoch bereits der Guard-Stage-Milestone-Ansatz aus dem Jahr 2010 [37]. Wie auch BPMN, kombiniert

CMMN eine reduzierte grafische Darstellung in Diagrammen mit einem technisch detaillierten Modell und ist daher gut für die Vermittlung zwischen Fach- und IT-Abteilung geeignet. Die Motivation ist, dass ein Fall (engl. *case*) anders als ein traditioneller Prozess nicht als vorgegebener Pfad von Aktivitäten abgearbeitet werden kann, weil diese Pfade nicht im Voraus bekannt sind, sondern erst durch Erfahrung etabliert und außerdem von Fall zu Fall sehr verschieden sein können. Um Fälle durch ein IT-System unterstützen zu können, definiert die CMMN eine deklarative Sprache.

In einem CMMN-Diagramm wird ein Fall durch eine **Fallmappe** (engl. *case file*) – symbolisiert durch ein Aktenordner-Symbol – dargestellt. Die Struktur des Falls wird im Wesentlichen mittels Aufgaben (engl. *Task*), den Elementen der Fallmappe (engl. *CaseFileItem*) und **Meilensteinen** (engl. *Milestone*) modelliert. Die Teilnehmer werden über Rollen (engl. *Role*) mit den **Benutzer-Aufgaben** (engl. *HumanTask*) des Falls verknüpft. Regeln werden durch sogenannte **Wächter** (engl. *Sentry*) realisiert, bei denen es sich um Tripel aus Ereignis, Bedingung und Aktion (engl. *Event Condition Action*, kurz *ECA*) handelt. Tritt das Ereignis ein und ist die Bedingung erfüllt, dann wird die Aktion ausgelöst. Ereignisse können sich dabei auf Zustandsübergänge von Elementen der Fallmappe (engl. *CaseFileItemTransition*) oder von Aufgaben, Meilensteinen oder Ereignissen (engl. *PlanItemTransition*) beziehen. Die Bedingung eines Wächters kann sich lediglich auf die Fallmappe beziehen. Die resultierende Aktion ist das Beginnen oder Beenden einer Aufgabe, eines Abschnitts oder eines Meilensteins.

Im Beispiel in Abb. 13.6 wird die Beziehung zwischen *Reise planen* und *Genehmigung einholen* durch den gestrichelten Pfeil mit Raute modelliert. Die konkrete Eingangsbedingung (engl. *entry criterion*) ist nicht grafisch dargestellt. Diese Bedingung besagt, dass die Benutzer-Aufgabe *Genehmigung einholen* genau dann aktiviert werden kann, wenn die Aufgabe *Reise planen* beendet wurde. Die Punkt-Punkt-Strich-Verbindung (engl. *connector*) sagt aus, dass der Abschluss der linken Aufgabe die Eingangsbedingung für den Start der rechten Aktivität ist. Anders als beim traditionellen Reiseplanungs-Prozess sind die Aufgaben *Flug suchen* und *Hotel suchen* zeitlich unabhängig von der Reiseplanung und der Genehmigung. Dementsprechend können bereits Flüge gesucht und gebucht werden, auch wenn noch keine Genehmigung erfolgt ist. Aufgaben können durch Abschnitte (engl. *stages*) modularisiert werden. Abschnitte werden als Achtecke visualisiert und können selbst Ein- und Ausgangsbedingungen besitzen. Das Beispiel enthält einen Abschnitt *Buchungen vornehmen*, der die Flug- und Hotelbuchung umschließt. Erst wenn dieser Abschnitt abgeschlossen ist, kann mit der Aufgabe *Reiseunterlagen speichern* begonnen werden. Ausstiegsbedingungen (engl. *exit criterion*) für den gesamten Fall beziehungsweise flexiblen Prozess sind mit dem äußeren Rahmen durch Linien und einer schwarzen Raute verbunden. Das Startsymbol in einer Aufgabe (engl. *manual activation rule*), dargestellt durch das Symbol ▷, zeigt an, dass eine Aufgabe nicht automatisch startet, wenn die Eingangsbedingungen erfüllt sind. Für solche Aufgaben ist eine (graphisch nicht dargestellte) Bedingung hinterlegt, die entscheidet, ob die Aktivität manuell gestartet werden muss. Zur Repräsentation der organisatorischen Perspektive, das heißt von Personen und

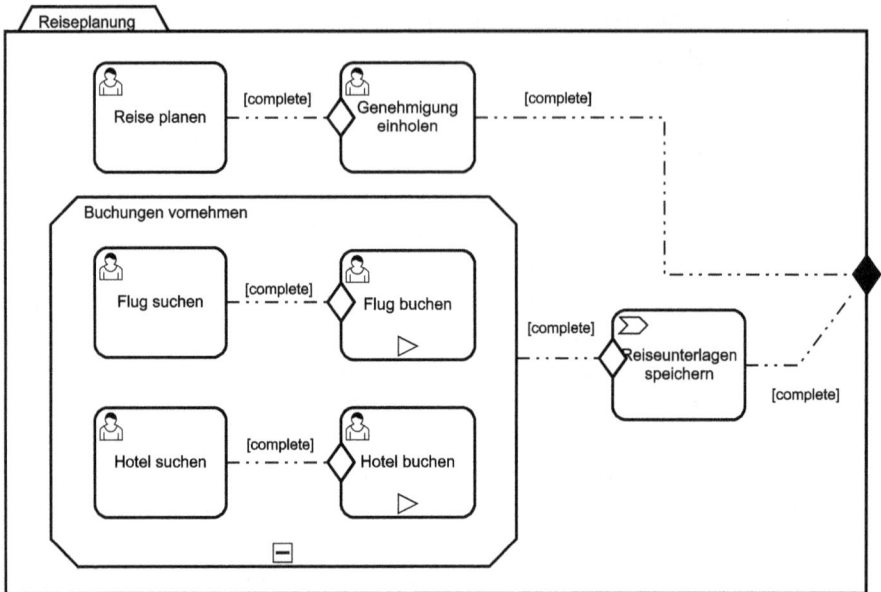

Abb. 13.6: CMMN-Prozessmodell des flexiblen Reiseplanungsprozesses.

Zuweisungsregeln, können in CMMN lediglich Fall-Rollen (engl. *CaseRoles*) definiert werden, welche jedoch nicht Teil des graphischen Modells sind. Es könnte demnach definiert werden, dass der Schritt *Genehmigung einholen* von einer Person in der Rolle *Sekretariat* durchgeführt werden muss.

CMMN erlaubt außerdem eine Integration mit den beiden bereits erläuterten Standardsprachen BPMN (siehe Kapitel 4) und DMN (siehe Kapitel 13.1.2). Eine Prozess-Aufgabe (engl. *process task*) im CMMN-Diagramm, gekennzeichnet durch das Pfeil-Symbol, zeigt an, dass für diese Aufgabe ein in BPMN modellierter Prozess hinterlegt ist. Wird eine Prozess-Aufgabe (in Abb. 13.6 ist dies beispielsweise die Aufgabe *Reiseunterlagen speichern*) im Laufe der Ausführung des CMMN-Modells aktiviert, so wird das hinterlegte BPMN-Prozessmodell aufgerufen und ausgeführt. Eine Entscheidungs-Aufgabe (engl. *decision task*), gekennzeichnet durch eine Minitabelle, zeigt an, dass für diese Aktivität ein DMN-Modell in Form einer Entscheidungstabelle hinterlegt ist. Analog zu Geschäftsregelaufgabe in BPMN wird hier ein Regelsystem aufgerufen und anhand der hinterlegten Tabelle eine Entscheidung getroffen.

13.3 Zum Nachdenken und Weiterlesen

In diesem Kapitel wurden die entscheidungsintensiven und flexiblen Prozesse betrachtet und die Modellierungssprachen DMN, CMMN und DECLARE eingeführt. DMN ist das bedeutendste Rahmenwerk zur Abbildung von Geschäftsregeln. Hiermit lassen sich komplexe Entscheidungen in externe Diagramme und Tabellen auslagern. CMMN hingegen ist der Standard zur deklarativen Modellierung von flexiblen, besonders vielseitigen Prozessen.

Die Modellierung, Ausführung und Verifikation von deklarativen Prozessmodellen ist aktuell noch Gegenstand der Forschung, weshalb zahlreiche verschiedene Ansätze existieren, die unterschiedliche Problematiken betrachten. DECLARE ist ein Vertreter dieser aktuellen Forschungsansätze. Es gibt jedoch noch weitere Sprachen und Rahmenwerke wie zum Beispiel DCR-Graphen (*Dynamic Condition Response graphs*) oder verschiedene Erweiterungen der Sprache DECLARE, zum Beispiel MP-DECLARE (*Multi-Perspective DECLARE*).

Bei weiterem Interesse an DMN und CMMN verweisen wir auf den DMN-Standard [66], den CMMN-Standard [65] oder vertiefende Bücher zu DMN und CMMN, beispielsweise das sehr lesenswerte Praxishandbuch von Freud und Rücker [29]. Ein quelloffenes und erweiterbares DMN- und CMMN-Modellierungswerkzeug, das wir auch hier für die Modellierung der gegebenen Beispiele verwendet haben, ist das Camunda-Werkzeug https://bpmn.io/.

Literatur

[1] G. Acampora, A. Vitiello, B. Di Stefano, W. M. P. van der Aalst, C. W. Günther, und H. M. W. Verbeek. IEEE 1849TM: The XES standard: The second IEEE standard sponsored by IEEE computational intelligence society. *IEEE Comput. Intell. Mag.*, Seiten 4–8, May 2017.

[2] C. Alexander. *The Timeless Way of Building*. Oxford University Press, 1979.

[3] E. Allman. Managing technical debt. *Commun. ACM*, 55(5):50–55, 2012.

[4] T. Allweyer. *BPMN 2.0-Business Process Model and Notation: Einführung in den Standard für die Geschäftsprozessmodellierung*. BoD – Books on Demand, 2015.

[5] American Society of Mechanical Engineers. *Operation and flow process charts*, 1947.

[6] C. Arévalo, M. J. Escalona, I. Ramos, und M. Domínguez-Muñoz. A metamodel to integrate business processes time perspective in BPMN 2.0. *Inf. Softw. Technol.*, 77:17–33, 2016.

[7] A. Armas-Cervantes, N. R. T. P. van Beest, M. La Rosa, M. Dumas, und L. García-Bañuelos. Interactive and incremental business process model repair. Im *On the Move to Meaningful Internet Systems, OTM 2017*, Band 10573 von *Lecture Notes in Computer Science*, Seiten 53–74. Springer, 2017.

[8] A. Augusto, R. Conforti, M. Dumas, M. La Rosa, und G. Bruno. Automated discovery of structured process models from event logs: the discover-and-structure approach. *Data Knowl. Eng.*, 117:373–392, 2018.

[9] A. Augusto, R. Conforti, M. Dumas, M. La Rosa, F. M. Maggi, A. Marrella, M. Mecella, und A. Soo. Automated discovery of process models from event logs: review and benchmark. *IEEE Trans. Knowl. Data Eng.*, 31(4):686–705, 2019.

[10] A. Augusto, R. Conforti, M. Dumas, M. La Rosa, und A. Polyvyanyy. Split miner: automated discovery of accurate and simple business process models from event logs. *Knowl. Inf. Syst.*, 59(2):251–284, 2019.

[11] H. Balzert. *Lehrbuch der Softwaretechnik: Entwurf, Implementierung, Installation und Betrieb*. Spektrum Akademischer Verlag, 3. Auflage, 2011.

[12] R. Bergenthum and R. Lorenz. Verification of scenarios in Petri nets using compact tokenflows. *Fundam. Inform.*, 137(1):117–142, 2015.

[13] R. Braun, H. Schlieter, M. Burwitz, und W. Esswein. BPMN4CP: design and implementation of a BPMN extension for clinical pathways. Im *2014 IEEE International Conference on Bioinformatics and Biomedicine (BIBM)*, Seiten 9–16. IEEE, 2014.

[14] J. C. A. M. Buijs, B. F. van Dongen, und W. M. P. van der Aalst. Quality dimensions in process discovery: the importance of fitness, precision, generalization and simplicity. *Int. J. Coop. Inf. Syst.*, 23(1), 2014.

[15] J. Carmona, B. F. van Dongen, A. Solti, und M. Weidlich. *Conformance Checking – Relating Processes and Models*. Springer, 2018.

[16] F. Chesani, R. De Masellis, C. Di Francescomarino, C. Ghidini, P. Mello, M. Montali, und S. Tessaris. Abducing workflow traces: a general framework to manage incompleteness in business processes. Im *ECAI 2016 – 22nd European Conference on Artificial Intelligence*, Band 285 von *Frontiers in Artificial Intelligence and Applications*, Seiten 1734–1735. IOS Press, 2016.

[17] R. Conforti, M. La Rosa, und A. H. M. ter Hofstede. Filtering out infrequent behavior from business process event logs. *IEEE Trans. Knowl. Data Eng.*, 29(2):300–314, 2017.

[18] R. Davis. Teaching note – teaching project simulation in excel using pert-beta distributions. *INFORMS Trans. Ed.*, 8(3):139–148, 2008.

[19] M. de Leoni and W. M. P. van der Aalst. Data-aware process mining: discovering decisions in processes using alignments. Im *Proceedings of the 28th Annual ACM Symposium on Applied Computing, SAC'13*, Seiten 1454–1461. ACM, 2013.

https://doi.org/10.1515/9783110500165-014

[20]   J. De Weerdt, M. De Backer, J. Vanthienen, und B. Baesens. A multi-dimensional quality assessment of state-of-the-art process discovery algorithms using real-life event logs. *Inf. Syst.*, 37(7):654–676, 2012.

[21]   A. Drescher, A. Koschmider, und A. Oberweis. *Modellierung und Analyse von Geschäftsprozessen – Grundlagen und Übungsaufgaben mit Lösungen*. De Gruyter, Berlin, Boston, 2017.

[22]   M. Eley. *Simulation in der Logistik: Einführung in die Erstellung ereignisdiskreter Modelle unter Verwendung des Werkzeuges Plant Simulation*. Springer-Lehrbuch. Springer Gabler, 2012.

[23]   W. Ertel. *Grundkurs Künstliche Intelligenz: Eine praxisorientierte Einführung.* Vieweg + Teubner, Wiesbaden, 2009.

[24]   D. Fahland and W. M. P. van der Aalst. Simplifying discovered process models in a controlled manner. *Inf. Syst.*, 38(4):585–605, 2013.

[25]   D. Fahland and W M. P. van der Aalst. Model repair – aligning process models to reality. *Inf. Syst.*, 47:220–243, 2015.

[26]   M. Fellmann, A. Koschmider, R. Laue, A. Schoknecht, und A. Vetter. Business process model patterns: state-of-the-art, research classification and taxonomy. *Bus. Process Manag. J.*, 25(5):972–994, 2019.

[27]   K. Figl, J. Mendling, und M. Strembeck. The influence of notational deficiencies on process model comprehension. *J. Assoc. Inf. Syst.*, 14(6):1, 2013.

[28]   G. Fischer, M. Lehner, und A. Puchert. *Einführung in die Stochastik: Die grundlegenden Fakten mit zahlreichen Erläuterungen, Beispielen und Übungsaufgaben*. Springer Fachmedien, 2015.

[29]   J. Freund and B. Rücker. *Praxishandbuch BPMN: mit Einführung in CMMN und DMN*. Carl Hanser Verlag GmbH Co KG, 2016.

[30]   E. Gamma, R. Helm, R. Johnson, und J. Vlissides. *Design Patterns: Elements of Reusable Object-Oriented Software*. Addison-Wesley Longman Publishing, 1995.

[31]   M. Garey. Optimal task sequencing with precedence constraints. *Discrete Math.*, 37(4):37–56, 1973.

[32]   H. Gehring. Simulation. Im Tomas Gal, Hrsg., *Grundlagen des Operations Research*, Seiten 290–339. Springer, 1989.

[33]   F. B. Gilbreth and L. Moller Gilbreth. *Process charts*, 1921.

[34]   U. Goltz and W. Reisig. Processes of place/transition-nets. Im *Automata, Languages and Programming, 10th Colloquium*, Band 154 von *Lecture Notes in Computer Science*, Seiten 264–277. Springer, 1983.

[35]   V. Gruhn and R. Laue. Forderungen an hierarchische EPK-Schemata. Im *EPK*, Band 303 von *CEUR Workshop Proceedings*, Seiten 59–76, 2007.

[36]   C. Günther. First XES Standard Definition version 1.0. Xes standard proposal, Nov 2009.

[37]   R. Hull, E. Damaggio, F. Fournier, M. Gupta, F. T. Heath III, S. Hobson, M. Linehan, S. Maradugu, A. Nigam, P. Sukaviriya, und R. Vaculin. Introducing the guard-stage-milestone approach for specifying business entity lifecycles. Im *Proceedings of the 7th International Conference on Web Services and Formal Methods*, Seiten 1–24. Springer, 2010.

[38]   IEEE 1849 (XES) WG. IEEE Standard for eXtensible Event Stream (XES) for Achieving Interoperability in Event Logs and Event Streams. *IEEE Std 1849–2016*, Seiten 1–50, Nov 2016.

[39]   F. Imgrund and C. Janiesch. *Understanding the Need for New Perspectives on BPM in the Digital Age: An Empirical Analysis*, Band 360 von *Lecture Notes in Business Information Processing*, Seiten 275–286. Springer, Cham, 2019.

[40]   G. Keller. *SAP R/3 prozessorientiert anwenden*. Addison-Wesley, München, 1999.

[41]   M. Koch, I. Manuylov, und M. Smolka. Robots and Firms. CESifo Working Paper, No. 7608. https://papers.ssrn.com/sol3/papers.cfm?abstract_id=3377705, last access on 2019-07-29, 2019.

[42]   J. Kohlhammer, D. U. Proff, und A. Wiener. *Visual Business Analytics – Effektiver Zugang zu Daten und Informationen*. Edition TDWI. dpunkt, 2013.

[43]   V. Lanninger and O. Wendt. Customizing von standardsoftware. http://www.enzyklopaedie-der-wirtschaftsinformatik.de/wi-enzyklopaedie/lexikon/is-management/Einsatz-von-Standardanwendungssoftware/Customizing-von-Standardsoftware, last access on 2019-07-29, 2012.

[44]   R. Laue and C. Mueller. The business process simulation standard (BPSIM): chances and limits. Im *30th European Conference on Modelling and Simulation, ECMS 2016*, Seiten 413–418. European Council for Modeling and Simulation, 2016.

[45]   S. J. J. Leemans. *Robust Process Mining with Guarantees*. PhD thesis, Department of Mathematics and Computer Science, May 2017. Proefschrift.

[46]   S. J. J. Leemans and D. Fahland. Information-preserving abstractions of event data in process mining. *Knowl. Inf. Syst.*, 62(3):1143–1197, 2020.

[47]   S. J. J. Leemans, D. Fahland, und W. M. P. van der Aalst. Discovering block-structured process models from event logs – a constructive approach. Im *Application and Theory of Petri Nets and Concurrency – 34th International Conference, PETRI NETS 2013*, Band 7927 von *Lecture Notes in Computer Science*, Seiten 311–329. Springer, 2013.

[48]   S. J. J. Leemans, D. Fahland, und W. M. P. van der Aalst. Discovering block-structured process models from event logs containing infrequent behaviour. Im *Business Process Management Workshops – BPM 2013 International Workshops*, Band 171 von *Lecture Notes in Business Information Processing*, Seiten 66–78. Springer, 2013.

[49]   S. J. J. Leemans, D. Fahland, und W. M. P. van der Aalst. Scalable process discovery and conformance checking. *Softw. Syst. Model.*, 17(2):599–631, 2018.

[50]   S. J. J. Leemans, E. Poppe, und M. Thandar Wynn. Directly follows-based process mining: exploration & a case study. Im *International Conference on Process Mining, ICPM 2019*, Seiten 25–32. IEEE, 2019.

[51]   H. Leopold. *Natural Language in Business Process Models*. Springer, 2013.

[52]   H. Leopold, R.-H. Eid-Sabbagh, J. Mendling, L. Guerreiro Azevedo, und F. A. Baião. Detection of naming convention violations in process models for different languages. *Decis. Support Syst.*, 56:310–325, 2013.

[53]   H. Leopold, J. Mendling, und O. Günther. Learning from quality issues of BPMN models from industry. *IEEE Softw.*, 33(4):26–33, 2016.

[54]   M. Lynne Markus. Technochange management: using it to drive organizational change. *J. Inf. Technol.*, 19(1):4–20, 2004.

[55]   F. M. Maggi, A. J. Mooij, und W. M. P. van der Aalst. User-guided discovery of declarative process models. Im *Proceedings of the IEEE Symposium on Computational Intelligence and Data Mining, CIDM*, Seiten 192–199, 2011.

[56]   D. Malcolm, J. Roseboom, C. Clark, und W. Fazarj. Applications of a technique for R & D program evaluation. *Oper. Res.*, 7:646–669, 1959.

[57]   S. L. Mansar and H. A. Reijers. Best practices in business process redesign: use and impact. *Bus. Process Manag. J.*, 13(2):193–213, 2007.

[58]   R. E. Mayer. *Multimedia Learning*. Cambridge University Press, New York, NY, USA, 2001.

[59]   J. Mendling and M. Nüttgens. Exchanging EPC business process models with EPML. Im *XML4BPM 2004, Proceedings of the 1st GI Workshop XML4BPM – XML Interchange Formats for Business Process Management at 7th GI Conference Modellierung 2004*, Seiten 61–80, 2004.

[60] J. Mendling, H. A. Reijers, und J. Recker. Activity labeling in process modeling: empirical insights and recommendations. *Inf. Syst.*, 35(4):467–482, 2010.

[61] J. Mendling, H. A. Reijers, und W. M. P. van der Aalst. Seven process modeling guidelines (7PMG). *Inf. Softw. Technol.*, 52(2):127–136, 2010.

[62] M. Nüttgens and F. J. Rump. Syntax und Semantik Ereignisgesteuerter Prozessketten (EPK). Im *Promise 2002 – Prozessorientierte Methoden und Werkzeuge für die Entwicklung von Informationssystemen*, Seiten 64–77, 2002.

[63] A. Oberweis. *Modellierung und Ausführung von Workflows mit Petri-Netzen*. Habilitation, 1996.

[64] Object Management Group. *Business Process Model and Notation (BPMN), Version 2.0*, January 2011, 2016.

[65] Object Management Group. *Case Management Model and Notation (CMMN), Version 1.1*, December 2016, 2016.

[66] Object Management Group. *Decision Model and Notation (DMN), Version 1.2*, January 2019, 2019.

[67] M. A. Ould. *Business Proesses – Modelling and Analysis for Re-engineering and Improvement*. John Wiley and Sons, 1995.

[68] M. P. Papazoglou. *Web Services and SOA: Principles and Technology*. Prentice Hall, 2. Auflage, 2007.

[69] C. A. Petri. *Kommunikation mit Automaten*. Promotion, Institut für instrumentelle Mathematik, Bonn, 1962.

[70] F. Pittke, H. Leopold, und J. Mendling. When language meets language: anti patterns resulting from mixing natural and modeling language. Im *Business Process Management Workshops*, Band 202 von *Lecture Notes in Business Information Processing*, Seiten 118–129. Springer, 2014.

[71] A. Polyvyanyy, W. M. P. van der Aalst, A. H. M. ter Hofstede, und M. Thandar Wynn. Impact-driven process model repair. *ACM Trans. Softw. Eng. Methodol.*, 25(4):28:1–28:60, 2017.

[72] A. Polyvyanyy, A. Solti, M. Weidlich, C. Di Ciccio, und J. Mendling. Monotone precision and recall measures for comparing executions and specifications of dynamic systems. *CoRR*, abs/1812.07334, 2018.

[73] L. Pufahl, T. Y. Wong, und M. Weske. Design of an extensible BPMN process simulator. Im *Business Process Management Workshops – BPM 2017 International Workshops*, Band 308 von *Lecture Notes in Business Information Processing*, Seiten 782–795. Springer, 2018.

[74] J. Recker. Opportunities and constraints: the current struggle with BPMN. *Bus. Process Manag. J.*, 16(1):181–201, 2010.

[75] J. Recker and A. Dreiling. Does it matter which process modelling language we teach or use? An experimental study on understanding process modelling languages without formal education. Im *ACIS 2007 Proceedings*, Seite 45, 2007.

[76] A. Rogge-Solti, R. Mans, W. M. P. van der Aalst, und M. Weske. Improving documentation by repairing event logs. Im *The Practice of Enterprise Modeling – 6th IFIP WG 8.1 Working Conference, PoEM 2013*, Band 165 von *Lecture Notes in Business Information Processing*, Seiten 129–144. Springer, 2013.

[77] A. Rogge-Solti, A. Senderovich, M. Weidlich, J. Mendling, und A. Gal. In log and model we trust? A generalized conformance checking framework. Im *Business Process Management – 14th International Conference, BPM 2016*, Band 9850 von *Lecture Notes in Computer Science*, Seiten 179–196. Springer, 2016.

[78] F. J. Rump. *Geschäftsprozeßmanagement auf der Basis ereignisgesteuerter Prozeßketten*. B. G. Teubner Verlag Stuttgart Leipzig, 1999.

[79] N. Russell, A. H. M. ter Hofstede, D. Edmond, und W. M. P. van der Aalst. Workflow data patterns: identification, representation and tool support. Im *Proceedings of the 24th International Conference on Conceptual Modeling, ER'05*, Seiten 353–368. Springer-Verlag, Berlin, Heidelberg, 2005.

[80] N. Russell, A. H. M. ter Hofstede, W. M. P. van der Aalst, und N. Mulyar. *Workflow Control-Flow Patterns: A Revised View*. Technical Report BPM-06-22, BPM Center, 2006.

[81] N. Russell, W. M. P. van der Aalst, A. H. M. ter Hofstede, und D. Edmond. Workflow resource patterns: identification, representation and tool support. Im *Advanced Information Systems Engineering*, Seiten 216–232, Springer Berlin Heidelberg, Berlin, Heidelberg, 2005.

[82] N. Russell, V. van der. Aalst, und A. Ter Hofstede. *Workflow Patterns: The Definitive Guide*. MIT Press Cambridge, Massachusetts, 2016.

[83] S. Schönig, C. Di Ciccio, F. M. Maggi, und J. Mendling. Discovery of multi-perspective declarative process models. Im *Service-Oriented Computing – 14th International Conference, ICSOC*, Seiten 87–103, 2016.

[84] S. Schönig, M. Zeising, und S. Jablonski. Supporting collaborative work by learning process models and patterns from cases. Im *9th IEEE International Conference on Collaborative Computing: Networking, Applications and Worksharing*, Seiten 60–69, 2013.

[85] Y. Shafranovich. *Common Format and MIME Type for Comma-Separated Values (CSV) Files*. RFC 4180, RFC Editor, October 2005.

[86] K. Siebertz, D. Bebber, und T. van Hochkirchen. *Statistische Versuchsplanung – Design of Experiments (DoE)*. Springer-Verlag, 2010.

[87] B. Silver. *BPMN Method and Style*. Cody-Cassidy Press, 2009.

[88] *Simulation diskreter Prozesse*. eXamen.press, Springer Vieweg, 2013.

[89] L. J. R. Stroppi, O. Chiotti, und P. D. Villarreal. A BPMN 2.0 extension to define the resource perspective of business process models. Im *XIV Congreso Iberoamericano en Software Engineering*, 2011.

[90] A. F. Syring, N. Tax, und W. M. P. van der Aalst. Evaluating conformance measures in process mining using conformance propositions. Im *Transactions on Petri Nets and Other Models of Concurrency*, Bd. 14, Seiten 192–221, 2019.

[91] W. Tang. *Meta Object Facility*, Seiten 1722–1723. Springer US, Boston, MA, 2009.

[92] N. Tax, X. Lu, N. Sidorova, D. Fahland, und W. M. P. van der Aalst. The imprecisions of precision measures in process mining. *Inf. Process. Lett.*, 135:1–8, 2018.

[93] I. Teinemaa, M. Dumas, M. La Rosa, und F. M. Maggi. Outcome-oriented predictive process monitoring: review and benchmark. *ACM Trans. Knowl. Discov. Data*, 13(2):17:1–17:57, 2019.

[94] Workflow Management Coalition (WfMC). *The workflow reference model*. Document number tc00-1003. http://www.wfmc.org/standards/docs/tc003v11.pdf, 1995.

[95] W. M. P. van der Aalst. Verification of workflow nets. Im *Application and Theory of Petri Nets*, Seiten 407–426, 1997.

[96] W. M. P. van der Aalst. The application of Petri Nets to workflow management. *J. Circuits Syst. Comput.*, 8(1):21–66, 1998.

[97] W. M. P. van der Aalst. Woflan: a Petri-net-based workflow analyzer. *Syst. Anal. Model. Simul.*, 35(3):345–357, 1999.

[98] W. M. P. van der Aalst. Re-engineering knock-out processes. *Decis. Support Syst.*, 30(4):451–468, 2001.

[99] W. M. P. van der Aalst. Business process simulation survival guide. Im Jan vom Brocke und Michael Rosemann, Hrsg., *Handbook on Business Process Management 1, Introduction, Methods, and Information Systems*, 2. Auflage, Seiten 337–370. Springer, 2015.

[100] W. M. P. van der Aalst. A practitioner's guide to process mining: limitations of the directly-follows graph. Im *International Conference on Enterprise Information Systems (Centeris 2019)*, Seiten 1–8. Elsevier, 2019.

[101] W. M. P. van der Aalst, V. A. Rubin, H. M. W. Verbeek, B. F. van Dongen, E. Kindler, und C. W. Günther. Process mining: a two-step approach to balance between underfitting and overfitting. *Softw. Syst. Model.*, 9(1):87–111, 2010.

[102] W. M. P. van der Aalst, A. H. M. ter Hofstede, B. Kiepuszewski, und A. Barros. Workflow patterns. *Distrib. Parallel Databases*, 14(3):5–51, 2003.

[103] J. M. E. M. van der Werf, B. F. van Dongen, C. A. J. Hurkens, und A. Serebrenik. Process discovery using integer linear programming. *Fundam. Inform.*, 94(3–4):387–412, 2009.

[104] S. J. van Zelst, B. F. van Dongen, W. M. P. van der Aalst, und H. M. W. Verbeek. Discovering workflow nets using integer linear programming. *Computing*, 100(5):529–556, 2018.

[105] S. K. L. M. vanden Broucke and J. De Weerdt. Fodina: a robust and flexible heuristic process discovery technique. *Decis. Support Syst.*, 100:109–118, 2017.

[106] VDI-Richtlinie 3633. *Simulation von Logistik-, Materialfluß und Produktionssystemen, Blatt 1*, 2014.

[107] L. Wen, W. M. Aalst, J. Wang, und J. Sun. Mining process models with non-free-choice constructs. *Data Min. Knowl. Discov.*, 15(2):145–180, October 2007.

[108] M. Weske. *Business Process Management: Concepts, Languages, Architectures*. Springer Publishing Company, 2010.

[109] M. Weske. *Business Process Management: Concepts, Languages, Architectures*. Springer, 3. Auflage, 2019.

[110] S. A White. *Introduction to BPMN*. BPTrends, July 2004.

[111] H. Wimmel. *Entscheidbarkeit bei Petri Netzen*. Springer, 2008.

[112] R. Wirth. CRISP-DM: towards a standard process model for data mining. Im *Proceedings of the Fourth International Conference on the Practical Application of Knowledge Discovery and Data Mining*, Seiten 29–39, 2000.

[113] P. Wohed, W. M. P. van der Aalst, M. Dumas, A. H. M. ter Hofstede, und N. Russell. On the suitability of BPMN for business process modelling. Im *Business Process Management*, Seiten 161–176. Springer Berlin Heidelberg, 2006.

[114] *Workflow Management Coalition. Business Process Simulation Specification, Version 2.0, Document Number WFMC-BPSWG-2016-1*, 2016.

[115] *Workflow Management: Models, Methods, and Systems*. MIT Press, Cambridge, USA, 2002.

[116] S. Zor, F. Leymann, und D. Schumm. A proposal of BPMN extensions for the manufacturing domain. Im *Proceedings of 44th CIRP International Conference on Manufacturing Systems*, 2011.

[117] M. Zur Muehlen and J. Recker. How much language is enough? Theoretical and practical use of the business process modeling notation. Im *Seminal Contributions to Information Systems Engineering*, Seiten 429–443. Springer, 2013.

[118] M. zur Muehlen, J. Recker, und M. Indulska. Sometimes less is more: Are process modeling languages overly complex? Im *Workshops Proceedings of the 11th International IEEE Enterprise Distributed Object Computing Conference, ECOCW 2007*, Seiten 197–204. IEEE Computer Society.

Stichwortverzeichnis